美国财经战略研究丛书

美国利益集团
与大国财政问题

2018

中选检验

李超民 编著

中国出版集团　东方出版中心

图书在版编目（CIP）数据

美国利益集团与大国财政问题：2018中选检验 / 李
超民编著. －上海：东方出版中心, 2020.4
　（美国财经战略研究丛书）
　ISBN 978-7-5473-1616-0

　Ⅰ.①美… Ⅱ.①李… Ⅲ.①财政政策－研究－美国
Ⅳ.①F817.120

　中国版本图书馆CIP数据核字（2020）第047520号

美国利益集团与大国财政问题：2018中选检验

编　　著　李超民
责任编辑　王欢欢
封面设计　陈绿竞

出版发行　东方出版中心
地　　址　上海市仙霞路345号
邮政编码　200336
电　　话　021- 62417400
印 刷 者　上海万卷印刷股份有限公司

开　　本　710mm × 1000mm　1/16
印　　张　23
字　　数　296千字
版　　次　2020年5月第1版
印　　次　2020年5月第1次印刷
定　　价　98.00元

编辑委员会

丛书序言

许　涛

　　上海财经大学成立一个多世纪以来,秉持"厚德博学、经济匡时"的校训,薪火相传,励精图治。在中华人民共和国成立后,上海财经大学为国家建设输送了大量财经管理和相关专业人才。学校正在为建成国际知名、财经特色鲜明的高水平研究型大学而努力。

　　上海财经大学较早开始进行美国财政与经济研究,并形成了一定研究优势。在当今中华民族伟大复兴战略全局和世界百年未有之大变局时代大背景下,上海财经大学更加注重美国财经理论、政策、体制以及大国财经治理经验和教训的研究。

　　近代以来,尤其是第二次世界大战以后,美国在全球财经治理方面取得了不少经验,也有一些教训。中美建交四十多年来,两国经贸和投资关系愈加深入,形成了你中有我、我中有你的交融局面。2018年,中国是美国的第一大贸易伙伴,贸易总额高达6 600亿美元;中国是美国第三大商品出口地、第一大进口来源地,年出口总值1 200亿美元,进口总值5 400亿美元;中国还是美国国债的第二大持有国,共持有1.1万亿美元(美方数据),两国的相互利益远远大于分歧。目前两国还建立了外交安全对话、全面经济对话、执法及网络安全对话、社会和人文对话等四大高级别对话机制,进一步促进了两国关系发展。

有鉴于此，在 2015 年，我们根据教育部《国别和区域研究中心建设指引（试行）》，在财政部、上海市政府有关计划和学校科研资助下，策划成立了上海财经大学公共政策与治理研究院、美国财政与经济研究所，并组建了"美国财税动态"研究课题组，集中校内外学术资源，瞄准了 2016 年美国大选和财税改革大辩论的契机，围绕美国财政、金融、税收、经济等政策发展进行跟踪研究，取得了一系列研究成果，有关研究报告获得党和国家高层的批示，获得财政部和国家税务总局等主要领导的多次批示，并在政策咨询和理论界产生了良好的学术影响，成为学校科研工作的新增长点，也为今后学校在培养"国别通""领域通""区域通"人才方面打下坚实根基。

《美国财经战略研究丛书》，是以专题形式，较为全面、客观、动态呈现美国财经治理的政策以及重要智库、主要媒体的相关观点的系列丛书。丛书在 2016 年以来"美国财税动态"课题组连续研究成果基础上，按照美国联邦政府年度施政和财经治理的政策内容进行整合，并按照宏观经济、财政支出、税收和相关内容，组织结构、进行编辑，每年出版一种。丛书的出版将为我国大国财经治理提供政策咨询材料和有力参照，并促进我校的国别和区域研究中心建设，为学科建设提供支撑。

2019 年国庆节

丛书序言

胡怡建

　　成立于 2013 年 9 月的上海财经大学公共政策与治理研究院,是上海市教委重点建设的十大高校智库之一。通过建立多学科融合、协同研究、机制创新的科研平台,围绕财政、税收、医疗、教育、土地、社会保障、行政管理等领域,组织专家开展政策咨询和决策研究,致力于以问题为导向,破解中国经济社会发展中的难题,服务政府决策和社会需求,为政府提供公共政策与治理咨询报告,向社会传播公共政策与治理知识,在中国经济改革与社会发展中发挥"咨政启民"的"思想库"作用。

　　作为公共政策与治理研究智库,研究院在开展政策咨询和决策研究中,沉淀和积累了大量研究成果。这些成果以决策咨询研究报告为主,也包括论文、专著、评论等多种成果形式。为使研究成果得到及时传播,让社会分享研究成果,我们把研究成果分为财政、税收、社会保障、行政管理等系列,以丛书方式出版。

　　现在,呈现在我们面前的《美国财经战略研究丛书》是整个公共政策与治理研究丛书的一个子系列。《美国财经战略研究丛书》是由研究院研究人员对美国财政经济发展、政策调整、制度变革所涉及的重大财经理论和实践问题,进行长期跟踪研究积累完成的政策研究报告或专著。

推进公共政策与治理研究成果出版是研究院的一项重点工作,我们将以努力打造政策研究精品和研究院品牌为己任,提升理论和政策研究水平,引领社会,服务人民。

2019 年 12 月 26 日

本书序

李超民

习近平总书记十分重视新型智库建设。"知己知彼,百战不殆"是学习国内外先进经验的应有态度,上海财经大学公共政策与治理研究院、美国财政与经济研究所就是在这一背景下成立的国内高端专业化智库,长期专注于研究美国财税制度与经验,旨在为国家财经治理、宏观经济政策制定和财经战略布局,提供科学资料和决策依据,为财经理论与政策科学研究、教学提供参考资料,并为推动美国财经研究积累基础数据和学术支撑。目前,我们专注于两方面工作,一是开展美国财税制度研究,二是对美国财税治理进行动态追踪,编辑《美国财税动态》月刊即为工作之一。自 2016 年《美国财税动态》月刊出版以来,已走过了四年历程,我们对美国特朗普政治周期所涉及的政治经济和财政、社会政策的施政特点,有了更加全面、客观的了解和把握。

民族复兴需要理财。中国自古就有"民不益赋而天下用饶"的理财思想与传统,然而时至近代,民族精神沉沦,列强肆虐神州,国际治理秩序颠覆,国家治理体制残破,利权易手。而在二战后全面崛起的美利坚合众国,妙用大国博弈,先后致列强数败俱伤,凭借天时、地利与人和,凌驾东西方各国之上至今已数十年。在美国崛起的背后,所倚仗的核心手段之一就是强大的财力基础,而这与美国立国之始即开始建立、后经不断充实的细密财税制度分不开,更与这个重商主义国家的政治家善于财经、经略陆洋的理财实践息息相关。然而自 20 世纪末以来，美国在历经互联网泡沫破裂、"9·11"恐怖袭击事件、阿富汗与伊拉克两场长时间的反恐战争，并遭遇经济"大衰退"（The Great Recession）打击之后，国内财政形势陡变，每月财政赤字上升到五六百亿美元以上，连续出现巨额年度财政赤字。截至 2019 年底债务总额将突破 23 万亿美元，美国全国人均大约负债 6 万美元以上，债务总额的 GDP 占比高达 108%，公众持有的国债比重高达 75% 左右，而且在 2019 年第三季度将再次出现"债务上限"难题。虽想尽各种办法，但仍是积重难返，导致联邦政府屡屡面临财政悬崖，严重影响财政金融信用。短短十多年内，竟出现如此猛烈的国力逆转，美国还有补救措施吗？作为古老东方大国的中国如何学习它的理财经验、避免惨痛教训呢？这些都是必须研究的问题。

　　美国财税制度值得借鉴之处颇多。仅举其要者，首先，预算制度是财政制度的核心和基础，也是财政改革的关键。美国最早建立了现代预算制度，并形成了由美国总统直接控制预算大权的架构，由白宫管理与预算办公室（OMB）、国会预算办公室（CBO）以及财政部等共同制定年度预算，以预算改革推动国家治理结构转型，并根据需要不断调整，以法律形式予以保障；在财税管理层面，通过零基预算、绩效预算到综合财务报告制度等手段，提升预算管理水平。其次，科学利用财政政策服务经济增长与就业，在支出制度上，按照强制支出和相机支出分类管理，保障基本民生后，再按照"量入为出"或者"量出为入"原则安排相机支出；在税收制度上，设置了以所得税为主体的税收制度，个人所得税税率较高，企业所得税税率较低，同时还采用各种减免、抵扣、转移支付手段，推动区域经济发展和私人经济创业发展，解决就业和社会保障、医疗保障建设需求。再次，通过利益集团博弈，在法制框架内，寻求财政的可持续性。复次，财政政策与货币政策协调结合。最后，把握国际财税治理制高点，引领并参与国际财税合作，占尽国际财税治理先机，并服务于大国财经战略需要，服务于国内政治、经济、社会需要。但是，美国财税制度并非尽善尽美，这是由于其制度内在缺陷难以克服造成的。所以延至当代，美国面临越来越大的财政挑战，主要表现为支出失控、债台高筑、寅吃卯粮等。但核心问题是利益集团过于强大，而且利益集团绑架了财税政策，例如农产品补贴集团、军工利益集团、移民利益集团等，这些都意味着美国必须改革财税制度。然而，"财政乃庶政之母"，改革牵一发而动全身，有识之士都已看到，联邦财政的不可持续才是根本难题，只有把削减支出、增加税收、削减社会福利和医疗支出、降低军费这些政策结合起来，才有助于改变当前窘境。然而，实施综合改革又可能导致伤筋动骨、经济增长下滑，危及财政收入增长，还会导致社会不稳。美国财政治理的这些教训是值得警惕的。

我们对美国财经战略的研究才刚刚起步。从战后国际战略格局变化规律看，美国通过一战、二战积累起来的巨大财力，对于美国霸权长期稳固始终起主导作用，先是经过朝鲜战争、越南战争以及中东石油危机，后又有冷战结束、互联网泡沫破裂。21世纪以来，美国还发动了阿富汗战争、伊拉克战争，耗费数万亿美元巨资几无所获，随后爆发"大衰退"危机。一系列的危机事件都使美国财力、国力消耗巨大，尤其是近30年来互联网经济发展、全球化趋势不可遏止、新兴国家崛起，改变了国际资本与财富的流向与地缘政治形势，如何顺应这一趋势将非常值得关注。

特朗普入主白宫为我们全面完整观察美国财政改革提供了机会。从特朗普参选期间的言论和改革主张看，他似乎并不代表真正的"老大党"（GOP）利益，更不代表民主党高层利益和社会精英利益，反而代表中下层，尤其是制造业蓝领工人的利益，甚至很多中产阶级都支持他，这些群体在冷战后国际格局变化和全球化进程中，尤其是在21世纪以来，所受经济损失较多，普遍对于华盛顿的"精英治国"模式感到怨愤。实际上正是特朗普"重新使美国伟大"的许愿得到了这些人的选票，使他们暂时改变了美国精英政治格局。而特朗普提出通过减税措施实现经济增长、促进中低收入阶层获得更多福利，通过采取保守主义路线，退出《跨太平洋伙伴关系协议》（TPP），重新谈判《北美自由贸易协定》（NAFTA）并签订新的《美墨加协定》（USMCA），驱逐非法移民增加就业需求，保护美国就业，对中国大幅提高关税、大打贸易战等做法，掀起轩然大波，搅动了世界形势。对此西方国家率先采取了对策, 如英国、爱尔兰等国都展开了低税率竞争。但是,特朗普改革是否能够如愿以偿, 如何牵动美国国内的利益格局变化, 都值得长时间观察。但有一点可以肯定, 那就是如果他不能破除利益集团对于财税政策的绑架, 改革成功的概率仍旧会很低。曼库·奥尔森(Mancur Olson)在《国家的兴衰: 经济增长、滞胀和社会僵化》一书中, 早已验证大国国势兴衰主要是利益集团造成的, 利益集团的存在不容废除特殊利益、反对反垄断政策, 导致傻瓜政府、伤害经济繁荣、降低经济绩效、减少社会平等、阻碍社会流动性, 值得重视。

本书所有文献均为第一手原始资料。《美国利益集团与大国财政问题: 2018 中选检验》作为《美国财经战略研究丛书》之一出版, 力图从一个侧面反映当前美国财经治理的重要发展, 为我国战略机遇期决策提供学术材料, 同时也为美国财经研究提供资料积累。全书主要资料来自笔者主编的《美国财税动态》月刊(2016 至今), 选材范围既有白宫管理与预算办公室(OMB)、财政部、国税局(IRS)、商务部、美国劳工部劳工统计局(BEA)、国防部等美国联邦行政当局文献, 也有国会两院, 两院专门委员会, 如预算、拨款、筹款、军事、科技委员会文件, 还有国会研究和监督部门国会预算办公室、国会研究处和总审计局等的文件, 还包括相关重要智库文献, 其中主要是布鲁金斯学会、彼得森国际经济研究所(PIIE)、税收政策中心、税收基金会、经济政策研究所、美国国际战略研究中心(CSIS)、传统基金会、政客新闻网(POLITICO)、辛迪加项目(Project-Syndicate), 以及来自美国国防和军工利益集团的网站"防务快讯"(Breaking Defense)、美国海军研究所新闻等文献, 最后收入了如《美国大西洋月刊》(*The Atlantic*)、《华盛顿时报》(*Washington Times*)、《纽约时报》(*New York Times*)、《今日美国》报(*USA Today*)等一些重要媒体的观点。

"经济匡时"是上海财经大学的优秀学风。国务院新闻办公室原主任赵启正先生对于开展本课题研究给予了指导, 在此向赵启正先生表达崇高的致意和感谢。上海财经大学公共政策与治理研究院院长胡怡建教授对本课题研究和出版工作倾注了大量心血, 提供了必要的科研条件与出版资助。上海财经大学李超民教授倾力编著了这部丛书,其他直接参与本书前期材料整理的年轻研究人员主要包括:孔晏、熊璞、李威锋、李维佳、龚德昱、常乐、马樱梦等。编辑委员会总干事付春副教授做了许多具体组织工作。由于美国财税学科的专业性很强,我们在编写的过程中还引进了地方实务部门的年轻专业人员,在此向他们表示感谢。东方出版中心对本书出版做了大量前期准备,上海市美国问题研究所赵舒婷为本书的出版搭桥牵线,提供热情帮助,在此一并表示感谢。当然我们的研究由于素材积累还不够多,定会存在诸多不足,然文责自负,期盼获得读者的谅解与支持。

本书出版得到 2018 年国家社会科学基金课题《美国财税改革对美在华高科技企业影响及我国的对策研究》(18BGJ003)资助。

2019 年 9 月

目　录

第 1 章　"重新伟大"与中期选举

1.1 2018 年中期选举的政治经济背景

赢得 2018 年中期选举是保证特朗普顺利施政的重要一仗。美国国会每两年举行一次选举,其中一次与四年一度的总统大选同时举行,另一次则在总统任期第二年举行,2018 年国会选举即中期选举。国会两院、州长以及地方行政、立法机构的部分席位将在中期选举中改选。中期选举是对在任总统及其所代表的执政党政绩的初步检验,中期选举对于国家走向也具有重大的影响。一般而言,中期选举的主要内容是:众议院所有的 435 个席位改选;参议院约三分之一的席位改选;36 个州长和 3 个美属领地首领改选;众多城市市长改选。美国两党制衡的政治体制决定了总统与国会只有相互合作,才能保证总统的执政理念和政策得到贯彻落实。[1]

特朗普落实"使美国重新伟大"的理念面临着很多改革任务。除了 2017 年底通过的《减税与就业法》(Tax Cut and Job Act,TCJA),特朗普还面临着放松监管、促进海外资本回流、杜绝非法移民、推动就业增加和经济增长等诸多财政经济问题。然而最为关键的难题是建设可持续的联邦财政,而且他将从 2018 年起掌控联邦预算,真正开始治国理政。2018 年 1 月份,特朗普在当选一年后的第一

---

[1] 2018 美国中期选举,https://china. usembassy-china. org. cn/zh/2018-mid-term-election/,2019 年 9 月 12 日。

次国情咨文中,较为详细地列举了执政政绩,也明确了下一步的施政方向,而财税改革、减少贸易赤字将是难打的硬仗,同时也关乎特朗普 2020 年的大选连任,连任大选投票将是他执政合格与否的"试金石",是美国选民对他的政绩总考核。奥巴马执政八年期间,留下了《2011 年预算控制法》《平价医疗法案》《巴黎气候协定》在内的诸多政治遗产,并推动了《跨太平洋伙伴关系协定》,启动了《跨大西洋贸易和投资伙伴关系协定》(TTIP)谈判,而特朗普当选总统后提出了一系列反建制主张,而且摒弃奥巴马政治遗产,主张推行大规模减税和财政扩张计划,提振美国经济。但由于政府换届、政策磨合、联邦政府债务高企,特朗普能否顺利推行施政,面临较大不确定性。

1.2 传统基金会评特朗普国情咨文

美国当地时间 2018 年 1 月 30 日,美国总统特朗普在国会联席会议上发表就任以来首个国情咨文演讲。传统基金会部分专家对特朗普演讲涉及的税改、放松监管、国际贸易、司法改革等九大政策内容作出回应,保守媒体《每日信号》(*The Daily Signal*)进行了报道,其主要观点如下:[1]

1.2.1 税改取得了一定成果

《减税与就业法》给美国人民带来了工作机会和加薪机会。在立法签署不到一个月的时间里,来自各行各业共计 260 余家企业宣布提高奖金并增加投资,这一举措直接惠及 300 多万美国人。2018 年 2 月,由于受益于持续税改,几乎所有美国工人的工资都会增长。将企业税率从 35% 下调至 21%,增强了美国企业的全球竞争优势,同时,这一政策将为美国人带来更多的就业机会、更高的薪酬和更多的投资机会。然而,改革不可能一蹴而就,许多个人和企业的减税计划将在

---

[1] "Here's an In-Depth Analysis of Trump's Policy Proposals in His State of the Union Speech," *The Daily Signal*, January 30, 2018.

2026 年前到期,这为政府提供了增加税收的机会,而非削减支出,国会和总统必须努力使美国纳税人永久减税。

大多数美国人将由于税率降低、储蓄增加而受益,并提升生活水平。特朗普总统强调一个年收入为 7.5 万美元的典型美国家庭,税收将减免一半。以由销售代表和兼职护士夫妻以及三个孩子组成,并有一份抵押贷款。目前以每年赚取 7.5 万美元的家庭为例,根据新立法,他们可以每年额外储蓄 2 000 美元用于子女教育。他们的邻居是一位年收入 5 万美元的老师,每年纳税额约占收入的 10%,但根据新立法,他每年将额外储蓄 1 100 美元。另一个从事百叶窗经营业务的家族也将从减税中获益,2018 年,他们公司的利润将达到 25 万美元,根据减税立法,他们可以将 1.3 万美元用于企业经营、提高工资或发放奖金,而非向政府纳税。当美国政府减税时,所有美国人都会获益。

小企业税率进一步降低。特朗普总统强调企业税率的最终目标是 20%,这是《减税与就业法》的重要部分,没有任何商量的余地,以个人所得形式缴纳较低税款的小型企业或税收穿透体将会获得新的税收优惠。虽然降低小型企业和税收穿透体的边际税率是经济增长的一个重要组成部分,但由于存在个人所得与小规模企业商业收入之间的税率差异从而导致纳税差额,因此,站在政府的角度,会鼓励纳税人将个人所得视为商业收入来纳税。这种新的税收优惠并不存在一贯的政策依据,任意偏袒某些类型的企业将再次导致情况复杂化,并将为非生产性税务筹划提供可乘之机。当 2025 年企业抵免政策到期时,国会不应该扩大其范围,而应将重点放在进一步降低个人税率,公平对待所有来源的所得。

《减税与就业法》将很快给绝大多数美国工人带来更高的薪水。有些人的税后薪酬已有重大改变,因为低税率和更高的儿童税收抵免为美国居民提供了更高的可支配收入。那么新税法将产生什么影响呢?

(一)简化个人税制。《减税与就业法》将帮助一般的美国工人简化纳税流程。通过实行更高的扣除标准和更低的税率,取代现有的扣除和免税制度,许多工人跟踪其税务记录和纳税申报将花费更少的时间,他们甚至可以节省付给会计师的税务咨询或筹划费用。估计立法将减少一半以上数量的纳税人，从而为大约2 100万~2 800万美国人节省了追踪和逐项扣除税款的麻烦。

（二）取消个人强制保险税。正如总统所强调的那样，《减税与就业法》取消了对个人和家庭的征税，每年最高减税在5万美元以内。取消奥巴马医改的个人保险税后，将为个人和家庭节省成百上千美元。最重要的是，这将赋予个人自由纳税权，而非强制性规定。

（三）政府机构重组。政府为"恢复公民和政府之间的信任关系"所做的努力包括提升政府效率和责任感。为响应总统重组政府的行政命令，传统基金会制作了两份全面的报告，其一是关于政府跨部门改革的建议，如增强联邦对私营部门的竞争力，减少繁文缛节；其二是100多条个人建议，内容涉及减少浪费、重复、效率低下和不必要的联邦职能。这些提案中的许多内容属于政府计划的一部分，甚至有些已经开始实施。

（四）改革联邦雇员制度。国会应该响应总统的号召："赋予每一位内阁部长必要的权力，奖励优秀的员工，并罢免破坏或辜负公众信任的联邦雇员。"罢免联邦雇员不等同于刑事起诉，不应花费较长时间。除了减轻联邦雇员的负担外，传统基金会还提出了一套全面的联邦薪酬改革方案，这将使联邦政府更具竞争力，并在10年内节约3 000亿美元的税收。

（五）取消州和地方扣除。全部或部分取消州和地方的税收扣除。研究发现，州和地方税收扣除导致巨大扭曲，不利于高税收地区的高收入纳税人，还会刺激各州加重赋税。取消州和地方扣除，以及取消市政债券利息扣除改革，将使联邦预算赤字在10年内增加1.7万亿美元。部分取消这些扣除项目，不仅可以为大幅度降息提供理由，从而推动经济增长，而且还可以消除国家不必要的增税动机。

1.2.2 精简行政管理

特朗普总统在其执政的第一年取消了很多法规。这一点比以前美国历史上的任何一届政府都要出色。长期以来民众对行政当局的批评是,发布了一个又一个扼杀投资和减少就业的不必要规则,为美国经济带来超额负担。仅在2015 年,奥巴马当局在全国范围内征收超过 220 亿美元税收。特朗普在总统竞选期间和执政第一年再三强调,他打算解决这个问题。事实上,他和他的政府高级成员发誓,要重塑目前的行政状态。

总统计划采用两种改革方式。首先,他任命米克·马尔瓦尼(Mick Mulvaney)为美国预算局局长,娜奥米·饶(Neomi Rao)为信息与监管事务办公室主任,他们将协助总统完成消除那些非必要法规。其次,特朗普发布了一系列行政命令,指示高级官员积极审查过度的联邦法规对经济增长的影响,清除不必要的法规,确保政府机构不会以越权方式行事,尊重联邦制的价值观,并始终以成本和收益为指导。此外,作为监管改革计划的又一步骤,特朗普总统签署了根据 1996 年国会审议法通过的 15 项国会联合决议。这些联合决议废除了前总统奥巴马执政时期颁布的法规。

1.2.3　复杂的国际贸易

特朗普执政第一年让民众看到了更多促进经济增长的举措。但与此同时,过去一年来的贸易政策和言论与创造就业的趋势背道而驰。国际贸易讨论中的一个重要问题是有关概念的内涵与外延,在个人或商业融资的背景下,一项贸易行为与在国际收支环境中有不同含义。假设一家外国公司在休斯敦的一艘驳船上建造一座石油加工设施,如果设施(及其工作)被迁移到另一个国家,设施的价值将被视为出口,运输驳船总体贸易倾向于盈余。相反,如果该设施永久停泊在休斯敦,则会增加债务。

大多数人更愿意听到"贸易顺差"而不是"债务"。在假设的例子中,一家外国公司支付了美国人制造的东西的相应价钱,即使在毫无盈利的情况下,也将长期工作岗位留在了美国。理论和数据都表明,在国际贸易中,资金以相似的幅度流动,贸易逆差不可避免,也必然是由外资流入的盈余所弥补。毫无疑问,违反贸易规则应该受到质疑，贸易协定应更加完善以解决诸如知识产权保护等问题。然而，贸易赤字不是不公平贸易或违反贸易规则的现象。贸易政策被误读会导致我们远离创造就业机会的经济自由，而这种自由对国内市场来说至关重要。

总统呼吁签订新的互惠公平贸易协议保护美国工人和知识产权。这预示美英之间将达成一项突破性的自由贸易区协议。特朗普当局曾明确表示，英国处于贸易协议的"最前沿"，特朗普对此进行了解释。美国和英国之间的商品贸易基本平衡，两国之间的贸易投资超过 2 500 亿美元。毫无疑问，英国作为一个拥有巨大智力资本和超过一千年法律遗产的国家，在实施产权和贸易规则上具有领先地位。

引发自由贸易争议的部分原因，是部分国家没有履行其承诺，英国的自由贸易即将脱离欧盟成员国的控制，这符合美国的利益。传统基金会于 2014 年首先提出这一论点，今天来看，美英自由贸易协定比以往任何时候都更强大。

1.2.4　司法改革

遴选联邦大法官。特朗普总统虽然只是简单地提到了他任命优秀法官的工作，但他在重塑联邦司法制度方面取得的历史性成就不能被低估。迄今为止，参议院已经确认了 13 个上诉法院，这比美国历史上的任何总统都多。特朗普表示，他正在"与参议院合作，指定将严格执行宪法的法官"。随着尼尔·戈萨奇（Neil Gorsuch）、埃米·巴雷特（Amy Barrett）、戴维·斯特拉斯（David Strass）等法官的任命到位。他圆满完成了这一任务，但目前仍总共有 160 多个职位空缺。总统的工作还远未完成。

通过监狱改革，给囚犯新生的机会。特朗普专注于经济政策，创造经济繁荣，造福所有人，支持人力资源开发，使每个人都能"充分发挥潜能"。他恰逢其时地提出了法律改革，帮助囚犯回归社会，从而引导一个遵纪守法、繁荣稳定的社会。特朗普当局应与国会合作，激励符合条件的罪犯参加辅导、职业技能培训、戒毒治疗和其他减少累犯计划。此外，政府可以分享像得克萨斯州这样的保守地区的成功案例,这些州降低了犯罪率和惩戒支出,并且提升了公共安全和地区繁荣。

1.2.5 移民政策改革

特朗普呼吁终止连锁移民和多元化签证计划。2018财年,在美国移民制度中,通过依亲移民和多元化移民方式拿到绿卡的比例为72%,与此同时,该制度仅为工作签证分配了12%的份额。从某种角度来看,美国议员应该参考加拿大和澳大利亚等其他传统移民接收国的移民制度,这些国家高度重视基于价值和经济的移民。2016年,加拿大通过家庭团聚移民拿到永久居民签证的比例为26%,投资移民占52%,澳大利亚的相应移民比例为33%和67%。

美国一贯坚持以价值为基础的经济制度,支持配偶和子女团聚义不容辞,但是大多数美国的绿卡应该分配给那些想在美国工作并有公司想要雇佣的移民。

1.2.6 国防及外交政策

(一)成功打击"伊斯兰国"(ISIS)极端恐怖分子。特朗普肯定了打击"伊斯兰国"极端恐怖分子所取得的进展。叙利亚和伊拉克的"伊斯兰王权"已经基本上被摧毁,特朗普进行了一系列战术调整,加速了"伊斯兰国"极端恐怖分子的垮台。

"伊斯兰国"极端恐怖分子尚未完全被消灭。事实上,未来会有很多艰苦的工作。"伊斯兰国"极端恐怖分子可能会在伊拉克和叙利亚发动叛乱活动,不可忽视中东、亚洲、非洲以及西方的"伊斯兰国"极端恐怖分子在未来几年内可能造成的威胁,美国必须随时准备应战。此外,特朗普指出,"伊斯兰国"极端恐怖分子的产生和结束,并不代表针对激进主义的战争进程,基地组织仍然是高度危险的,美国针对极端主义的全面战略也必须解决潜在和衍生危险。

(二)重振军事。当前美国迫切需要重振军事力量。美国前总统布什指出"强大的军事力量是美国最可靠的防御手段"。但美国在过去8年军费预算严重削减,过去 26 年的持续部署阻碍了军事发展。舰艇人员训练不足,空军战斗机中队和陆军作战旅也战备不足。陆军、海军、海军陆战队和空军的军事力量比半个世纪以前弱化了很多。

然而,美国的利益每天都受到挑战。朝鲜洲际弹道导弹、俄罗斯的所谓侵略威胁等都是特朗普总统呼吁"充分资助国防"的原因所在。但是,为了获得军事拨款,首先必须让国会采取行动,提交逾期未拨款的 2018 年国防资金,然后批准总统要求的 2019 年国防资金。拖延时间越长,对美国的危害就越大。

(三)更新老化的现代化防御体系。总统呼吁"实现现代化并重建本国核武库"。虽然他希望永远不要使用核武器,但必须具备强大的防御支持力量。然而美国的核武库正在老化,基础设施日益老化,科学家们逐渐退休,他认为如果美国疏于重视和管理,必将受到威胁。美国自 1992 年以来没有对核武器进行过测试,其中洲际弹道导弹已有 48 年未经过测试,一些导弹已有 28 年未发射,有的轰炸机已有 58 年没更新,美国必须投资这一关键的军事领域。

(四)美国将对俄罗斯的不信任进行到底。特朗普当局坚决反对俄罗斯。美国不相信普京领导的俄罗斯。在特朗普总统的领导下,美国一直维持和加强对俄罗斯的经济制裁。美国认为俄罗斯继续在乌克兰东部作战,占领克里米亚,违背了"明斯克二号停火协议"。近期根据传统基金会国家安全问题学者卢克·科菲(Luke Coffey)的报告,俄罗斯仍然占据格鲁吉亚大约 20% 的领土。俄罗斯对这些事件的干预,进一步让美国认为它不可信。

特朗普宣布俄罗斯是竞争对手。俄罗斯对"我们的利益、经济和价值观"构成巨大挑战,但不必如此惊慌。在特朗普总统执政的第一年,白宫已经对俄罗斯政府采取了所谓"现实"和"明智"的行动,这些行动证明特朗普将俄罗斯视为一种威胁,认为普京不可信任。

(五)在伊朗问题上保持强势。特朗普在演讲中特别关注伊朗。

(六)继续推行针对伊朗的敌对外交政策。包括政治、经济和军事政策。

特朗普还要"解决可怕的《伊朗核问题协议》中的根本缺陷"。他提到,已要求国会与行政当局合作,如果德黑兰超过了指定的浓缩铀储备、离心机和核导弹的开发基准红线,则修正立法,强制对伊朗的核活动施加额外限制。美国政府可以单方面改变伊朗裂变材料积累的关键限制,不受"日落条款"约束,该协议原定在 15 年内到期。这将剥夺德黑兰升级浓缩铀工业规模的选择权,影响缩短实现核突破所需的时间。限制伊朗核计划为美国政府提供了更多军事外交和制裁的机会。

特朗普当局以伊朗发展弹道导弹为由对伊朗不断施压。他出台多项制裁措施,还称要退出协议或废除协议重新谈判,但奥巴马当局决定推迟,而不是阻止伊朗的核能力。为了加强制裁的威慑作用,政府必须与国会密切合作解决伊朗核协议问题,两党议会的支持是维持美国长期外交政策的重要支柱。如果国会不愿意或不能在核问题上与行政当局保持一致,那么特朗普总统就会单干,防止伊朗成为下一个朝鲜。

1.2.7　能源和基础设施

(一)建设新基础设施。特朗普再次呼吁修复国家基础设施。包括道路、桥梁和铁路,同时消除阻碍更新基础设施建设的监管障碍,并大幅提高预算。所有新基础设施筹资都应以有意义的监管改革为前提,以《国家环境政策法》(NEPA)为例,完成运输或水利相关项目的国家环境政策立法影响评估的平均时间,从 20 世纪 70 年代的 2.2 年扩大到 2011 年的 6.6 年,延长的每一天都会增加纳税人的成本。

必须取消《国家环境政策法》。在过渡时期,国会和特朗普当局会采取以下措施来减轻这一过时法规造成的危害:1. 减少《国家环境政策法》审查。许多其他的监管要求使得全面的《国家环境政策法》审查既不必要又多余,审查应限于主要的环境问题,不涉及任何其他管制或许可程序。2. 规定时间限制。与许多其他环境法规一样,应在每个程序步骤确定最后期限。3. 取消温室气体测定。没有可靠的科学证据可以肯定地将特定量的温室气体与环境影响相关联。

在没有任何因果关系的情况下，《国家环境政策法》要求各机构对温室气体排放进行测试是不合理的。4. 研究限制的替代品。评估超出拟议项目的替代行动导致《国家环境政策法》流程冗长，《国家环境政策法》评估应限于能够以较低成本和可用技术完成既定目标的替代方案。

总统赞许推进即将到来的基础设施建设。这正如预期的那样，预计将在未来两到四周内宣布更多细节。的确，在现代化国家基础设施建设方面有很多事情需要做。然而，解决方案并不是为了进一步巩固联邦政府对基础设施的普遍影响力，而是为了修复由于广泛的联邦干预调节和控制国家基础设施资金而导致的体系破坏问题。

必须解决监管拖延问题。正如总统提到的那样，阻碍基础设施项目实施是"耻辱"，如果项目拖延多年，则会增加不必要的时间和资金成本。平均而言，对所有基础设施项目进行审查才能获得最终的环境影响报告，这一流程大致需要五年多的时间。几十年来，一些较大的项目陷入了监管困局，只有将审查时间缩减至两年（甚至一年）才能实现现有系统的根本性改进。政府应该采取一系列类似的改革措施，从而建立一个更加有效和负责任的基础设施体系。传统基金会估计，实施一揽子战略改革可以充分推动政府在不增加联邦支出的情况下实现 1 万亿美元基础设施投资。

但总统错误地描绘了美国基础设施的状况。有人嘲笑美国的基础设施"摇摇欲坠"，但实际上，国家的主要基础设施状况令人满意：在过去 25 年中，具有"结构性缺陷"的国家桥梁数量（不是不安全的，但显示维护需求高）已经下降了一半以上。国家公路系统显示 93% 以上的行驶路面都是良好的。机场的运载能力、安全质量和商业服务不断优化。美国海港仍然是世界上最大的国际贸易通道之一。一个成熟的基础设施提案将考虑这些数据，因为这关系到亿万美元不必要的支出，虽然总统只简要介绍了他的基础设施计划，但政府可能会以自由市场原则作为推动基础设施融资的手段，如果总统抓住这个时机，国家将会受益匪浅。

（二）新能源发展方向。特朗普退出《巴黎气候协定》是正确的。退出《巴黎气候协定》，扭转奥巴马时代的气候监管，对美国经济来说是一个闪光点。传统基金会数据分析中心估计，到 2035 年，参加《巴黎协定》将导致美国国内生产总值总计亏损 2.5 万亿美元，导致典型的美国四口家庭收入亏损 2 万美元，以及电力支出显著增加。模型显示，伴随气候和海平面微小变化的将是沉重的成本。

特朗普在美国新能源开采上的措施也值得期待。例如，他的能源独立行政命令允许在联邦土地上进行压裂作业，采掘尚未开发的大量石油和天然气资源。传统基金会的研究发现，充分利用国内的能源将使美国成为全球能源强国，产生巨大的经济效益。从现在到 2035 年，可得收益为 2.4 万亿美元国内生产总值，相当于每个四口之家收入 2.7 万美元。这会导致气候和海平面的微小变化。奥巴马的反能源政策与特朗普的能源议程对经济的影响存在明显差异，两者之间的 个相似之处就是都不会对气候产生明显的影响。

（三）淘汰有缺陷的"碳社会成本"措施。特朗普总统提到可能拖延基础设施投资的规定。这些不必要的法规扼杀了美国经济，特朗普当局结束煤炭之争、美国能源之争的关键组成，是淘汰有缺陷的"碳社会成本"措施。

奥巴马当局利用碳的社会成本来证明其气候议程的合理性。通过对排放到大气中的大量二氧化碳施加高昂惩罚费用，强化监管力度和增加财政收入用于其他项目，其立场是排放二氧化碳对全球变暖造成损害。传统基金会数据分析中心严格检查了这些模型，发现这些模式可以很容易地被决策者操纵。在输入中进行简单、非常合理的更改会产生截然不同的结果，这使得其结果对监管分析毫无用处。研究结果显示，特朗普总统要求淘汰这些模型，是制定监管政策的正当理由。

（四）能源独立。煤炭和美国能源战争已经结束。特朗普总统将会在能源政策方面取得胜利，在一年时间内，美国在完成传统基金会的能源议程方面取得了重大进展，除了开放了大量的国内资源外，还取消了昂贵、无效的规章。特朗普已签署了两份单独的行政命令，以此来推动 Keystone XL 和 Dakota Access 管线工程的施工。美国环保局推翻了奥巴马当局的气候政策，废除了清洁电力计划，特朗普宣布撤出《巴黎气候协定》。

政府还采取了必要的措施来缓和前政府的"能源储存"政策。开放外大陆架允许油气开发，允许在联邦政府所属国土上对外租赁能源资源开发权，重新开启煤矿开采租赁，修订煤法规。美国内政部还为阿拉斯加的联邦土地开辟了新的能源生产领域，政府取得的税改胜利还包括对开放的北极国家野生动物保护区进行石油和天然气钻探这一能源政策方面的重大胜利。特朗普税改的胜利者遍布全国，使能源市场更自由和更具竞争力的政策改革不仅对美国经济有利，而且对于将从更实惠的能源价格中受益的家庭同样有利。

利用基础设施实施环境改革。美国拥有干净、健康的环境以及安全、结构完善的基础设施，但是，美国的主要环境政策已经过时，因此拖延了基础设施投资，导致激励措施错配，虽然权力集中在美国政府，但未产生任何有意义的环境效益。美国环保局利用不断扩大的权力来实施严格的法规，合规成本越来越高，边际环境回报递减。这些环境监管障碍阻碍了各种类型的基础设施投资，从道路、桥梁到管道和输电线路。任何基础设施建议都必须依赖于实质性的监管环境改革，重点是向国家过渡权力，创造市场激励，以及取消高昂无效的政策法规，以更低的成本来改善环境。

1.2.8　医疗政策

特朗普未提及国会废除并取代奥巴马医保法。社会各界广泛认为废除该立法将抬高保险价格，导致更多的人丧失医疗保险。正如总统所指出的，2017 年12 月共和党控制的国会通过的税收立法已经废除了《平价医疗法案》中的个人强制令，准许在私人市场上购买医疗保险，而不是由奥巴马医改的授权或纳税，这是正确的做法。现在，议员需要完成这项工作并修复破碎的私人市场，以便所有美国人都拥有更好和更实惠的健康选择。

共和党议员过去 7 年来承诺废除奥巴医保法的损害赔偿。据福克斯新闻调查显示,如今 82% 的美国人非常关心医疗保健。保守党已准备好一项医疗改革计划,通过赋权各州经营真正具有竞争力的健康保险市场,帮助最弱势群体获得高质量的医疗服务,从而促进更多的保险覆盖选择。

特朗普强调要严肃对待阿片类药物滥用危机。解决滥用危机不是一件容易的事情,政府的联邦行动清单显示了现实情况和行动规模及范围,州和地方采取的行动进一步突出了紧迫性。仅依靠某项行动无法结束这场危机,还需要一系列战略来解决供需矛盾,并为需要帮助的人提供护理。政府单枪匹马作战也并不现实,还需要联邦、州和地方政府,以及社区、邻居和家庭的共同合作。在应对这场危机时,联邦、州和地方政府应慎重选择相关政策和举措,力求保持平衡,减少意外后果。

特朗普表示要对毒贩采取强硬手段,同时为吸毒者提供治疗服务。为此,他已经采取了多种措施。特朗普总统在就职演说中表达了他对阿片类药物滥用危机的认识。自那时以来,特朗普总统动员了行政当局大部分力量,对抗阿片类药物滥用危机,宣布解决阿片类危机是联邦政府最高的药物管制优先事项。2017 年 3 月,总统成立了反毒品委员会和阿片类危机委员会,以评估当前联邦对吸毒成瘾问题的反应程度和有效性,并提出改善和提升反应的策略。委员会于 2017 年 11 月 1 日发布最终报告。2017 年 9 月,疾病控制和预防中心启动了宣传阿片成瘾危害的处方控制活动的(处方药警觉)(Rx Awareness)计划。阿片类药物欺诈和滥用司法检测单位首次对外国芬太尼制造商进行了起诉,并在采购网络犯罪市场(AlphaBay)缴获了大量芬太尼和海洛因。通过阿片类行动计划,美国食品和药物管理局将对处方阿片类药物制造商施加新要求。

美国全国卫生研究院正在与学术界和制药工业合作研发非成瘾性药物。2017 年 9 月,国防部、退伍军人事务局和卫生与公众服务部联合宣布了一项为期六年的多机构合作研究计划,为服务人员和退伍军人开发非药物疼痛管理解决方案,共计投资 8 100 万美元。卫生与公众服务部制定了五项针对阿片类药物滥用危机的具体战略:增加治疗和康复中心体量,扭转使用过量药物的现状,提升公共卫生监督并加强对流行病的疾控,为创新研究提供支持,推进疼痛管理的更好实践。

美国国务院最后确定了一项具有约束力的联合国协定。在 1988 年《禁止非法贩运麻醉药品和精神药物公约》中,其中增加了两种芬太尼前体化学品,因此,该部秉持强有力的国际立场,把危机药品置于国际控制之下。白宫指出,自特朗普总统就职以来,已向预防、医疗、急救人员协调、高风险区执法资金、处方药监测计划、康复和矫正系统等拨款超过 10 亿美元。

1.2.9　教育政策

支持职业教育。总统谈到职业教育的必要性,这是许多年轻人的一个关键选择,因为传统的四年制大学学位并非适合每个人。一些高中毕业生将被成功定义为工作出色人员,学校是许多年轻人成功的入口,但并不一定是唯一的途径。重要的是,父母、家庭和学生应该能够自由选择学生的未来,国会和行政部门应该确保监管和公共部门等不会妨碍教育机会。

增加教育储蓄。特朗普总统在演讲中鼓吹了教育和自由的胜利,他列举了许多家庭在 2017 年年底通过减税措施获得额外资金用于大学教育。在减税方面,议员为家庭提供了更多的方式来使用他们自己的教育储蓄,用于通常所说的"529 大学储蓄计划"。根据新法律,"529"可以支付私立 K‐12 的学费以及学杂费。最近的"529"扩展包括可以支付 K‐12 费用是很重要的一步,国会和政府还需更加努力。

1.3　特朗普提振美国经济增长的举措

2017 年,美国股市强劲,就业增长稳定,GDP 增速快于过去几年的 2.5%。到 2018 年,就业和国内生产总值增长持续看好,但由于担心通胀和利率上升,股市变得非常波动。现在是评估特朗普经济计划的好时机,以及它是否会真正改善美国经济增长至总统宣称的水平。特朗普和他的经济团队作出重大承诺推动未来经济增长。虽然官方预算估计年增长率将上升至 3%,但总统表示增长速度可能会更快。政府已迅速采取监管行动,减少环境规定并允许进行更多钻探。随着新的金融监管机构的到位,银行规定有所放松,尽管没有发生重大变化。2017 年底通过了税收改革立法,大幅度降低了企业税率,并降低了一些人的个人税收。布鲁金斯学会高级研究员贝利(Martin Neil Baily)发表了政策评论。[1]

1.3.1 帮助企业增加利润,鼓励企业投资美国,创造良好的就业机会

政府提振经济的核心举措是减税立法。将企业税率从 35%降至 21%,表面上看,减少企业税收政策是解决问题的方法,自经济衰退结束以来,企业一直蓬勃发展,利润在国民收入中的占比有所上升,尽管不是所有的公司,也不是所有的行业都做得很好,但平均而言,美国公司现在手头有大量现金,他们有资源扩大生产规模、增加投资。很少有公司支付全额法定税率,因为多年来法律赋予了各种减税。美国的企业所得税占国内生产总值的比例要低于经合组织国家的平均水平。

企业所得税边际税率高于大多数其他发达经济体。企业税改革意味着要取消扣减和减税,并利用所得收入来降低税率,这在政治上很难做到,因为失去减税的公司正在努力保留它们。除了一些重要的例外情况外,政府的税收立法选择了轻松的方式,大部分减税不变,然后削减法定税率并减少国外所得税。

对税改立法影响长期经济增长的估计看法迥异。分析者根据关于未来10 年增长率在 0.06% 至 0.09% 之间的结论,推测税收改革的激励措施对经济增长的影响非常小。这些技术分析可能低估了特朗普政策的影响。一些企业领导人表示,奥巴马不理解企业如何运作,将经济问题归咎于商界人士,并且不理解只有经济状况良好,商界人士才能赚钱。虽然许多商界人士认识到特朗普存在

---

[1] Martin Neil Baily, "Trump's formula for growing the U. S. economy — what will work and what won't," Brookings institution, February 16, 2018.

的问题，但他们认为他是一个支持他们的生意人，并相信他将能够促进更快的增长。

1.3.2 减少监管以帮助小型和大型公司成长

环境和能源管制有所放松。美国的监管环境变得非常烦琐，多个联邦、州和地方机构可能必须就许可达成一致，而且法律体系可能会拖延对投资和扩张的最终批准。奥巴马当局努力简化审批流程，但仍然非常支持清洁环境。美国环保局的新负责人反对大多数法规，认为全球变暖可能是一件好事。政府正在取消温室气体排放限制。

政府放开了更多的钻探土地，取消了对燃煤的限制。这些变化是否会解决经济中的紧迫问题？在新技术的推动下，美国的能源产量一直在增加。石油产量每天超过 1 000 万桶，天然气非常便宜而且富足。现有可再生能源与化石燃料相比已经变得具有价格竞争力。最终，当前政府的能源去管制具有象征意义，对近期增长几乎没有影响。鉴于此，放弃减少有害排放的努力似乎是错误的。

小企业贷款更加容易。中小企业在经济衰退期间遭受重创，并且复苏缓慢。随着经济的增长，这一部门的经济状况进一步好转，但仍然落后。几十年来，创业公司的数量一直在减少，原因尚未完全了解。在过去的几十年中，减少仅仅是技术变化的反应，大型零售商和连锁餐厅的扩张驱动了小型创业公司。最近，这种减少一直存在于高科技和高增长的创业公司，而这种减少的原因仍是一个谜。自大衰退以来，融资匮乏可能导致了这个问题。在大衰退之前，新公司可以通过利用创始人家中的房产权益起步。房价已经恢复，但仍然没有以往的房屋权益供给，新创公司不得不寻找其他资金来源。在 21 世纪的头几年获得贷款太容易了，而今天可能太难了。过度放松贷款限制会增加再次发生危机的可能性，但这在未来几年不太可能发生。普遍的商业乐观情绪，加上放松的贷款规则，将帮助小型企业群体，并适量促进经济增长。

1.3.3 改革贸易和移民限制政策

特朗普的贸易和移民政策与共和党的传统相违背。传统上,由于遭受反对,民主党在贸易协议方面比共和党人更加矛盾,尽管最终民主党领导人都支持他们。和大多数经济学家一样,贝利支持更自由的贸易,因为它使美国能专注于经济中美国生产力最强的部分。虽然一些工人和公司受到贸易的伤害,但整体自由贸易有利于美国的增长。

特朗普的贸易限制将提高消费者的成本并招致贸易伙伴的报复。尽管里根总统有自由市场的意识形态,但在 20 世纪 80 年代他为了保护美国的工业而对从日本进口的汽车实行了配额限制。日本公司的回应是跳过障碍并将最先进的生产设施带到美国市场,贸易壁垒并没有阻止美国消费者购买日本汽车。今天,想要避免洗衣机或太阳能电池板等新关税的公司可以在此扩大业务。当然,特朗普不是受贸易理论的驱使,而是因为指责贸易造成蓝领工作岗位下降能带来政治优势。特朗普的贸易政策可能会损害美国的贸易伙伴,如墨西哥或加拿大,并有损美国在世界上的地位,但它们对美国经济增长的影响不大。也就是说,中国有很多经济武器,与中国进行贸易战将会具有非常大的破坏性。

移民限制可能会导致经济增速放缓。特朗普提出减少合法移民和关闭边界,以消除非法移民。皮尤研究中心估计,在没有移民的情况下,美国的工作适龄人口实际上会开始减少,因此,如果大量减少移民人数,劳动力增长和总体经济增长率可能会大幅下降。移民在创业公司中一直很重要,特别是在科技公司中。移民对硅谷的形成做出了部分贡献。对移民的敌意会阻止聪明和有才华的人到美国来,并且会破坏美国经济长期的增长。很难对影响确定一个数字,但实际影响可能相当大。

1.3.4 重建美国基础设施

特朗普在大选时承诺推出大型基础设施投资项目。具体细节现在还在制定,并且提议的联邦资助额在 10 年内为 2 000 亿美元。毫无疑问,美国需要升级其基础设施，道路、桥梁、港口、电网、供水和其他方面都需要改善。在政府的计划中，2 000亿美元将通过私人，州和地方资金撬动1.5万亿美元的资金。联邦资金将分为200亿美元用于"具有国家意义的项目"，500亿美元用于农村地区拨款，其余的用于贷款支持或其他可能的高杠杆。政府还希望缩短许可和批准的时间。

加快审批程序和缩短诉讼延误肯定有益。但实际上这很难做到，因为许多法规都是国家法律。而花费2 000亿美元并将其扩张到1.5万亿美元将是一个非常巧妙的安排，值得注意的是，2 000亿美元不是联邦资金的净增加额，其中一部分资金只是现有资金的转移。认为政府的基础设施举措将对美国经济增长产生重大的积极影响是一个延伸的想法。

1.3.5　增长提速的障碍：需求和供给

在充分就业状态下，实施大规模的赤字融资型财政扩张并不常见。财政刺激措施几乎肯定会促进2018—2019年的经济增长，萧条经济体的优势在于雇主正在为工人而战，甚至愿意雇用非熟练工人并对他们进行培训，20世纪60年代末以及20世纪90年代末期的萧条经济中，工人表现良好。

联储有责任防止高压经济体变成通货膨胀经济体。在20世纪60年代经济萧条之后，通胀问题持续了15年。然而，在20世纪90年代经济萧条的情况下，通胀问题没有出现，实际上美联储已经难以将通货膨胀率提高到2%的目标。经济学家预测，随着通胀保持在低位甚至下降，美联储量化宽松政策造成的失控的通货膨胀已经下降。在通货膨胀和失业之间权衡的菲利普斯曲线的信徒取得了更好的成绩，但并没有太大的改善。

通胀的决定因素受外部经济体的影响。中国以及亚洲供应链的崛起压低了制成品的价格，商品供给的扩大缓解了石油、金属和食品的价格压力。日本以及欧洲经济衰退加剧、中国经济增长放缓使全球需求疲软。但是这些力量已经走到了尽头，或者已经不足以抵消现在正在增长的全球经济以及可能通过其充分就业准则爆发的美国经济。美联储已经迅速加息,如果通胀回升,他们将加快步伐。目前股市开始波动,因为投资者突然对通胀和美联储的反应感到震惊。利率上升可能会抑制美国经济增长。

需求扩张带来的增长幅度有限,供给增长成为主要的机会。供给方面的增长是通货紧缩。如果来自劳动力增长较快或生产率增长较快,美联储将愿意适应更快的增长。从更快的劳动力增长中获得更多的好处不是起点。多年来,由于人口老龄化和缺乏好工作,劳动力就业率一直在下降。如果财政刺激措施导致高压经济并创造更好的就业机会,那么劳动力供给可能会有所改善。然而,本土出生的劳动力供给量高于预期取得的任何结果,将被该政府对移民的限制所抵消。如果大幅削减移民,我们不会实现国会预算办公室目前预测的劳动力每年增长 0.5% 的目标。

生产率增长模式不稳定且难以预测。从 1950 年到 20 世纪 70 年代初,人均国内生产总值每年增长约 2.3%。20 世纪 90 年代中期之前,年增长率为 1.3%,20 世纪 90 年代中期至 2004 年之间,它再次恢复每年 2.8% 的快速增长速度,随后降低到每年 1.1% 以下。自 2004 年以来,生产率增长缓慢是国内生产总值增长如此缓慢的最大原因。假设有一个奇迹,人均国内生产总值的增长率恢复到 1995 年至 2004 年之间的 2.8%,劳动力年增长率为 0.5%,GDP 增长率为 3.3%,达到了政府的估计值。另一方面,假设生产率增长不会提高,而是保持在 2004 年至 2017 年的同样速度,这将使长期 GDP 增长率达到每年 1.6%。如果移民限制使劳动力增长为 0.5% 以下,那么 GDP 增长的下限就更低,大概是 1.3%。这是一个大范围的可能值,经济结果将对美国生活水平的提高和本届政府的命运产生重大影响。

恢复经济强劲增长的困难在于超高速生产率增长出现机会渺茫。在作预测时,国会预算办公室对快速增长和 2004 年以来增速放缓进行平均,估计经济的长期可持续增长率为每年 1.9%,这个数字实际上相当乐观。它并没有假设移民人数大幅减少,它假设每个工人的 GDP 增长率比 2004 年以来的增长率高出

0.3 个百分点。人们可以把这个数字作为特朗普增长政策的成功得分,哪怕他的野心更大。

1.3.6　实行赤字政策

预算赤字问题还没有引起任何注意。但更多的人将意识到它,年度联邦赤字预计将超过 1 万亿美元,债务与国内生产总值的比率快速奔向 100%。债务和赤字是否会推动经济增长?迄今为止,赤字警告尚未得到注意的原因是选民没有看到不利影响。美国人能够利用联邦服务,如社会保障和医疗保险,而纳税人的支付远低于这些计划的全部费用。那些担心赤字的人指出,我们的子孙将不得不偿还债务,因此我们是将赤字支出转嫁给他们。不过,只要利率维持在低位,负担似乎不算太重。美国人通过从世界其他地方借款来资助预算赤字,但借贷的增速如此之低,以至于看起来很不合理。

联邦赤字问题在未来会影响经济。债务占国内生产总值的比率达到 100%,意味着债务利息的每 1% 必须由国内生产总值的 1% 税收或额外借款支付。美联储已经将短期收益率曲线向上推高,并且随着预计的国债借贷水平,长期利率也必然会上涨。如果美国国债的持有人,包括很多外国投资者和外国政府,觉得美国国债具有风险性,他们将开始要求美国国债提供风险溢价。随着利率上升,美国投资会受到阻碍。企业税的减少刺激了投资,但这可能会因利率上升而扭转。

制造业已经受到预算赤字的影响。国外借款构成金融资本的流入,推高美元的价值,使美国的商品和服务更加昂贵,进口更便宜。美国大规模、持续的贸易赤字始于 20 世纪 80 年代联邦首次出现大规模赤字。预算赤字和贸易赤字之间并不存在直接的年度关系,因为其他因素可能会影响到两者。经济衰退增加了预算赤字,并减少了贸易逆差,就像大萧条时期所发生的那样。

预算赤字造成更高的贸易赤字。预算赤字和贸易赤字之间的联系确实存在,预算赤字的增加会在充分就业经济中造成更高的贸易赤字,这给特朗普的政策带来了讽刺意味。他承诺通过施加贸易限制来对抗贸易赤字,但这些将是无效的。例如,对墨西哥实施贸易壁垒只会将美国进口转向其他产品或其他国家。与此同时,税收立法将推高预算赤字,并使整体贸易赤字恶化。

1.3.7 改善商业情绪与不切实际的期望

特朗普希望通过激励商业领袖扩大投资刺激经济增长。减税立法让公司和雇员手中拥有更多资金,使美国成为更具吸引力的投资地点,强化推动投资增加。但特朗普也引入了对经济增长有负面影响的政策,特别是对移民的限制和联邦赤字的增加。特朗普的成功主张看似不接受任何限制,他谈论不太可能发生的未来增长率。过度看好和交付不足是一种危险的游戏,会导致幻灭,并可能破坏商界领袖的乐观情绪。也许 GDP 统计数据很快就会被视为虚假事实。

1.4 布鲁金斯专家展望 2018 年美国经济

年底是回顾 2017 年经济发展情况的合适时机,更重要的是要展望 2018 年的经济发展。在美国全国公共广播电台的一次访谈中,布鲁金斯学会高级研究员维塞尔(David Wessel)回顾了 2017 年美国的经济运行情况,并对 2018 年的经济前景进行了展望。[1]

1.4.1 2017 年美国经济发展状态良好

2017 年美国经济起步平缓,但增速合理健康。第三季度经通胀调整后的增长率为 3.2%,第四季度增速在 2.5%~3% 之间。失业率从 2017 年底的 4.7% 下降到最近的 4.1%,上一次这么低的失业率是在 17 年前克林顿总统时期。美国 2017 年新增了 200 万个就业岗位,均为私营部门,政府雇员少量下降。我们吸引了大量的失业人员进入就业市场。通货膨胀率低。股票市场在过去一年上涨了

---

[1] David Wessel, "What to expect from the U. S. economy in 2018," Brookings institution, December, 2017.

19%。按照历史标准，利率虽有上涨但仍然较低。消费者支出和商业投资正加速发展。总之，我们将以良好的发展势头进入 2018 年。

1.4.2 对 2018 年美国经济预测观点不一，更多一致

大多数人对 2018 年美国经济的预测持相同观点。除了在对朝关系、与墨西哥的贸易战、特朗普总统与国会针对俄罗斯调查的宪法对抗等方面存在分歧，针对 2018 年经济发展预测，我们将看到更多一致的观点。美国和主要贸易伙伴国的经济增速加快。大幅减税加上预期联邦政府支出增长，将强势推动 2018 年美国经济快速发展，尽管最终能否实现还部分取决于企业和富人如何使用其结余税收。大多数经济学家认为，2018 年失业率将下降到 3.5%，这一下降速度是显著的，同时极度紧张的劳动力市场最终将会推高工资水平。联储有望在 2018 年将目前较低的利率水平上调 3~4 次。但似乎美国经济和市场足以消化。

1.4.3 房地产市场回暖

房地产泡沫破灭 10 年后迎来回暖。现有住房一直销售强劲，建筑商已经加快了新建步伐。根据刚刚更新的标普 Case - Shiller 房价指数，美国房价在过去一年上涨约 6%，现在已经高于经济衰退前的高峰。由于房价上涨，仅有 5% 抵押贷款的房主，债务水平高于房屋价值的比例比几年前下降。更多受房价泡沫破裂重创地区的抵押贷款房主仍处境艰难，如拉斯维加斯、芝加哥、迈阿密、宾夕法尼亚州斯克兰顿和俄亥俄州阿克伦市。税改的确减少了部分房屋所有权的税收优惠，这可能会减缓房价攀升的速度，特别是在高收入高房价的州。

1.4.4 美国经济长期增长并非一帆风顺

在任何一年出现经济衰退的可能性大约为 20%，并且经济衰退难以预测。经济衰退可能出现的问题包括：联储可能会因通货膨胀而恐慌，比预期更快地提高利率，从而放缓经济增长并扰乱金融市场；股价可能会暴跌；大型银行陷入

困境,金融体系的安全防范措施不足。这些可能由其他国家导致,特朗普在贸易问题上的强硬言论也可能会扰乱全球供应链,或者吓跑商业投资者。

美国经济长期增长仍然笼罩阴云。生产率增长水平,即每工时的产出数量极低,这会延缓工资和生活水平的提高;联邦政府债务水平继续升高,虽然这不会马上带来问题,但在将来某个时候肯定会产生严重的后果,一个经济体的快速增长有助于解决这一问题,但尚且不够;贫富差距继续扩大;阿片类危机迅速扼杀生命:2016 年美国死于药物过量的人数超过整个越战期间死亡总人数。

1.5 布鲁金斯学会分析减税初步影响

2017 年 12 月 22 日,特朗普签署了自 1986 年《税收改革法》以来最重大的税改立法。新税法对个人和企业所得税的税率和税基进行了重大调整,影响最重大的是削减最高企业所得税率至 21%,重新设计国际税收规则,并为通道收入设置扣减。其他的重大变化包括设备投资的费用化,取消个人和受抚养人的免税额,对未获得足够医疗保险的人征税,以及企业替代最低税,增加标准扣除、遗产税减免和个人替代最低免税额。在《〈减税与就业法〉影响的初步分析》一文中,布鲁金斯知名学者威廉·盖尔(William Gale)、希拉里·杰尔方德(Hilary Gelfond)等总结了该立法的条款,并对其影响进行了初步分析。[1]

他们发现《减税与就业法》将在短期内刺激经济,但对国内生产总值的长期影响将很小。对国民生产总值(GNP)的影响将小于对国内生产总值的影响,因为法律将产生来自国外的净资本流入,这些资本流入必须在日后偿还。

即使在考虑对经济增长产生的影响之后,新法律也将大幅减少联邦收入。这将使税后收入的分配更加不平等。如果没有同时削减支出或增加其他税收的资金,《减税与就业法》将积累联邦债务并对子孙后代施加负担。如果通过削减

---

[1] William G. Gale, Hilary Gelfond, Aaron Krupkin, Mark Mazur, Eric Toder, "Effects of the Tax Cuts and Jobs Act: A preliminary analysis," www.brookings.edu, June 14, 2018.

支出或增加其他税收以增加资金,最合理的情况下,《减税与就业法》最终也将使大多数家庭的状况与没有实施立法相比变得更糟。

新法律在某些方面简化了税收,但在其他方面却产生了新的复杂性和合规性问题。它将提高医疗保险费并减少医疗保险。它将影响许多部门的活动,包括州和地方的公共支出、慈善组织和住房。

新法律留下了许多未解答的问题。随着时间的推移,许多条款将逐渐失效,使得美国的财政收入大大低于解决长期财政赤字所需的收入。这些方面要求重新考虑《减税与就业法》在未来几年内作出的税收政策选择。

1.6 经济政策研究所批《减税与就业法》无助于增长

近期美国众议院筹款委员会下属税务政策委员会举行了一系列《减税与就业法》影响的听证会。该委员会已邀请公众提交书面证言。这份证言由经济政策研究所(Economic Policy Institute,EPI)负责编制,该研究所是美国的权威研究机构,主要研究政策对中低收入家庭生活水平的影响。经济政策研究所处长比文思(Josh Bivens)和预算政策分析师布莱尔(Hunter Blair)发表了有关的观点。他们认为,《减税与就业法》是一项有严重缺陷的政策,下文内容也支持我们的观点。它将为绝大多数美国最富有的家庭提供很多直接利益,声称其通过间接渠道向低收入和中等收入家庭提供较大收益显然不恰当。[1] 这份证言中的关键点是:

> 目前,还没有令人信服的证据能证实《减税与就业法》对美国经济的影响。那些声称《减税与就业法》已经显示出对美国经济有很大积极影响的证据都是基于摘樱桃式数据,这些数据或者是不能用于计算的,或者是弄虚作假的。

---

[1] Josh Bivens, Hunter Blair, "The likely economic effects of the Tax Cuts and Jobs Act Higher incomes for the top, no discernible effect on wage growth for typical American workers," www.epi.org, June 1, 2018.

➤ 迄今为止,证实《减税与就业法》对经济没有显著影响的最有力原因是:
汇总全套数据现在还为时过早。然而,数据显示大多数经济指标完全没
有呈现出任何突破性的趋势,数据显示,目前没有任何理由宣称《减税与
就业法》有积极影响。

➤ 《减税与就业法》中最大规模,也是唯一的永久性减税,是企业税税率的削
减。因此,关于《减税与就业法》对经济的可能影响,最好的预测是在过去
的企业税率下降之后发生的事情。

➤ 根据过去降低企业税税率的经验(不管是在美国,其他国家或美国各州),
减税不会使大多数美国工人的资本投资和薪资显著增加。

《减税与就业法》影响几何?所有客观分析都表明,当立法完全实施时,《减
税与就业法》的大部分直接收益将流向富裕家庭。例如,税收政策中心估计,到
2027 年,前 1% 的家庭将获得税法总收益的 83%。在《减税与就业法》通过之前,
它的支持者经常宣称该立法会产生间接影响,因为该立法会导致资本投资增高,
而这反过来最终会以更高的生产率形式渗透到经济中,并足以承担大部分美国
工人的工资。自该立法通过以来,其支持者们口口声声称它已经对美国经济产
生了有利的影响。最常见的两种说法是:《减税与就业法》承担所谓的加薪和奖
金支付,而且它还承担美国企业大量增加在工厂、设备和研究开发等方面的投
资,目前的数据显示,这两种说法显然是错误的。关于奖金和工资的说法,有几
点需要说明。

第一,没有证据表明,自《减税与就业法》通过以来,工资增长率已经有了实
质性的回升。

第二,尽管《减税与就业法》激起了大量关于奖金诉求的讨论,但奖金并非永
久性的工资增长,实际上,工资的永久增长依靠的是生产率的提高,并且工人已
经就薪资进行了讨价还价,分享生产力增长的红利。从某种意义上说,把重点放
在永久性工资增长上的奖金已经可以说明,在《减税与就业法》通过之前提出关
于永久性工资增长的主张是过分乐观的。

第三，将近40%的美国工人每年都会获得奖金。因此，在任何一年都可能会有数千万条关于工人收到奖金的报道。没有任何系统性的证据证明《减税与就业法》支持者们的说法——工人们因为减税而奖金激增。

第四，《减税与就业法》确实促进了 2017 年给工人提供奖金。由于劳动力成本可以抵减企业税的费用，所以在税率较低时，这些奖金变得更加划算。由于《减税与就业法》将企业税税率从 35% 降至 21%，2017 年的奖金比 2018 年以及《减税与就业法》之后的所有其他奖金成本都要低得多。这意味着即使 2017 年由于《减税与就业法》使得工人的奖金增加了一些，没有理由认为这种奖金将来会再次发生。

总之，如果 2017 年年末你没有拿到因《减税与就业法》而得的奖金，那么你可能根本就没有再得到它。关于公司投资方面的说法，没有直接的证据表明《减税与就业法》促进了商业投资的显著增长。在《华尔街日报》上发表的一篇令人尴尬的、过度称赞《减税与就业法》立法的文章中，特朗普政府经济顾问委员会（Council of Economic Advisers，CEA）主任凯文·哈塞特（Kevin Hassett）表示，商业投资在 2017 年的最后一个季度增长了 6.3%，这是近年来商业投资增长情况的一次提升。他认为，这是奥巴马政府任职期间投资匮乏现象的复苏和彻底改善。为了解释《减税与就业法》直到 2018 年才开始生效的尴尬事实，以及因此很难用《减税与就业法》来直接解释 2017 年末的投资激增，哈塞特判断企业预测《减税与就业法》的实施会促进未来税后利润的提升，这就是"盈利增加时，资本投资增加，工资也随之增加"。近几十年来，企业利润和高管薪酬都迅速增长，然而普通工人的薪酬并没有增加。但是，先不管这一点，甚至是连资本投资对高利润反应强烈的说法都与奥巴马政府任职期间的投资水平相符。正如哈塞特所说，"可以看出，真正的私人非住宅固定投资在奥巴马政府结束时是很缺乏的"。但这很难说明问题，因为同样是在一些资本投资很匮乏的年份，企业的盈利能力却很高。简而言之，税后利润率低并不是近年来资本投资和经济增长的限制因素，因为盈利能力不低，反而情况很好。

此外,哈塞特极力鼓吹的数据还是值得注意的,因为这证明了《减税与就业法》在刺激投资方面的有效性。他指出 2017 年最后一个季度实际私人非住宅固定资产投资同比增长了 6.3%。2018 年第一季度的初步数据显示,非住宅投资增长率降低到了 6.1%。第一季度数据的第二轮修订将推动非住宅投资增长速度达到 6.8%,比 2017 年最后一个季度快,但仍低于 2011 年和 2014 年的增长速度。总之,我们还没有整体经济数据显示《减税与就业法》刺激了快速投资的热潮。

虽然整体经济数据否定了《减税与就业法》刺激资本投资增长的说法,但是该立法的支持者在最近的报告中援引了支持性证据——来自追踪投资标准普尔 500 公司的非公开数据。该报告称,商业投资在 2018 年第一季度的增长速度高于 2011 年以来的增长速度。但这份报告不应该让人认为官方的经济数据是打了折扣的。这份报告中援引的数据具有非公开性,基本上不可重复,而且标普指数所涵盖的公司只占美国经济私人商业投资总额的 10% 以下。因此,即使这些公司投资速度更快,这种更快速的投资显然也无法拉高与美国生活水平相关的整体经济数据。此外,标普指数公司进行的大量投资可能会在海外完成。这不会提高美国的生产力,也不会在美国国民账户中出现。众所周知,《减税与就业法》激励企业在海外进行投资而不是在美国进行资本投资。相对于标普指数公司,美国总体的资本投资速度是更慢的,这与《减税与就业法》所导致的趋势相一致。总之,美国工人应该不会对标普指数公司增加投资感到安慰,因为美国整体的投资增长速度依然保持平稳。

此外还有,在关于《减税与就业法》影响的辩论中没有任何一方应该对迄今为止的数据进行解读:因为目前还没有足够的数据进行严谨的评估。当然,可以通过过去的经验来评估降低企业税税率对促进投资和工资增长可能造成的影响,经济政策研究所发布的报告和分析就是这么做的。

特朗普政府的经济顾问委员会 2017 年发布了一份文件,认为降低法定企业税税率将促进商业投资、生产率和工资的增长。我们在此后不久发布的报告中指出,为什么这种结果不太可能是真的。降低企业税税率不会提高美国生产率或工资水平最简单的原因是：美国过去曾经进行过的企业税减税并没有表现出这种结果。20 世纪 50 年代以来美国工人的时薪增长，以及最高企业税税率和生产率增长幅度表明，当税率更高时，生产力和薪酬实际上增长得更快。

经济顾问委员会报告称，企业税带来的工资增长效应"从数据看来是非常明显的"，并以一张图表的形式显示：过去两年相较于一系列"高税"国家，"低税"国家的未加权薪资水平增速更快。该观点令人十分费解，最发人深思的是，没有人提出经济顾问委员会分析的这些年份中企业税的税收政策发生了变化，因此这些变化可能与不同的工资结果有关。即使是经济顾问委员会报告本身，也暗示了企业税税收政策的变化是评估的正确变量。在其报告的后一部分，经济顾问委员会称赞了另一项评估"长期结果……认为在企业税税率变动已经完全落实之后，企业税税率引起的短期趋势完全没有表明削减企业税会使得工资增长收益在数据中清晰可见"。

我们利用经济合作发展组织（OECD）的数据，基本上可以复制经济顾问委员会的研究结果。最引人注目的发现是，经济顾问委员会强调的 2015 年和 2016 年"低税率国家"的工资快速增长主要是受到三个小国家不成比例的推动：爱沙尼亚（这两年的平均工资增长率为 6.6%）、冰岛（平均工资增长率为 7.5%）和拉脱维亚（平均工资增长率为 6.8%）。这三个国家合计占未加权"低税率"样本国家的 30%，超过低税率国家工资增长率的一半以上，然而其国内生产总值合计占美国国内生产总值的 0.4% 还不到。

最后，使用相同的经济合作发展组织数据来显示 2000 年至 2016 年企业税率和累积工资增长的变化。这种较长期的评估考察了企业税税率变化对工人薪酬增长的影响，对于检验企业税税率和薪酬变化的理论预测更加重要。企业税税率的变化与工资增长之间没有明显的相关性。因此再一次削减企业所得税对工资有正面影响，绝对不是"从数据上看非常明显的"。事实上，研究表明，企业税税率骤降与工资增长的放缓有关，但是，可以肯定的是非常微不足道，因为降低企业税税率并不会影响工资增长率。

这些说法背后的关键理论是,降低企业税税率将加快对提高生产率和设备的投资,提高国家的资本存量和工人的工作效率,进而提高工资水平。我们可以评估下述因果关系链中的第一个链接"是否更低的企业税税率意味着更高的资本存量"?假设低税率国家吸引更多的资本投资,因此在这段时期结束之前相对于其劳动力应该积累大量的资本存量。正如散点图的趋势线所呈现的那样,这种关系实际上走错了方向——在此期间企业税率较高的国家在 2014 年拥有较大的资本存量。

通过查看美国各州的情况,证实了企业所得税税率与典型工人工资增长之间不具有相关性。这些州在很多方面都验证低企业税税率实际上表现为较高的工资水平,用经济学家的话来说,这些个别州可以被认为是"小而开放"的经济体——意味着他们的工资、价格和利率高度受到该州经济环境以外的因素影响。这一点很重要,因为经济模型表明降低企业所得税税率可能转化为更高的工资水平,但是要求经济体系要小而开放。从数据上看,美国各州降低企业所得税税率与工资增长之间的相关性不高,几乎不可能断言降低联邦企业所得税税率能提高工资水平——因为美国显然不是"小而开放"的经济体系。

从 1980 年至 2010 年间各州企业所得税税率变化,及同期通货膨胀调整后州薪资中值变化数据,完全看不出相关性。这揭示了政策制定者应该面对的关键事实:提高工资需要一系列政策,而且这些能有效提高工资水平的政策大部分不会涉及税收。

我们是否确定这些州没有人会从企业税减税中受益?不是的。通过 1980 年到 2010 年州企业所得税税率变化与最富裕 1%家庭占该州总收入份额变化之间的关系看出,两者之间的相关性更清晰:企业税税率下降,则最富裕 1%家庭占该州总收入的份额增加。

结论:依靠巨额赤字的企业税减税来提升美国的资本投资、生产力和工资等方面的水平是非常脆弱的。过去联邦税收的变化、跨国比较以及美国各州的经验都证明,美国人的工资不会从《减税与就业法》中受益。《减税与就业法》的支持者声称，表明《减税与就业法》已经产生巨大正面影响的说法根本不可信。总而言之，《减税与就业法》将有助于增加现有富裕阶层的收入，同时对美国工人的工资水平提升没什么帮助。此外，《减税与就业法》可能会增加对离岸生产和美国企业利润流回的激励。

1.7　美商会警告贸易战将终结美国繁荣

美国经济在过去的 60 多年有 6 年处于繁盛期。通常所说的繁盛期是满足或接近充分就业、工资上升、通货膨胀较低，并保持稳定、利率也较低时期。而达到这种状态几乎要用将近 10 年的时间。这是一个罕见的历史时刻，应该更好地加以维护，而不是把它搞砸。[1]

美国经济不仅保持稳定增长，而且增长速度已经加快。特朗普执政后，2017 年美国经济增长符合预期，而且比大多数乐观主义者预期的增幅更大。与此同时，2018 年经济有望进一步增长，在未来的几年，很可能继续在税改的推动下维持强劲势头。到那个时候，南希·佩洛西（Nancy Pelosi）所谓的"面包屑"增长将变成一个巨大的庆祝蛋糕。同时，通货膨胀继续保持较低水平。尽管全球经济正处于罕见的同步扩张时期，但美国经济增长更快。欧洲经济增长整体保持着不错的势头，中国、印度以及大部分太平洋地区的经济也在向前发展，甚至俄罗斯和巴西的经济都在增长。

历史上一些糟糕的政策导致经济繁荣时期缩短。早在几年前，有些糟糕的政策就已经制定，但政策结果需要时间证明，但更多时候，糟糕的政策会立即导致经济衰退。好消息是经济面临短期衰退，从而导致政策失败的风险很小，但从长期来看，这样的风险比比皆是，比如即使当前税负仍接近历史水准，但不可持续的联邦财政政策、债务持续增加、联邦政府社会补助项目预计 10 多年内将被

---

[1]　J. D. Foster, "On Tariffs, Don't Snatch Defeat from the Jaws of Victory," https://www.uschamber.com, March 23, 2018.

耗尽,政策风险都很大。从近期来看,虽然联储 2018 年的加息计划已经确定,而且听起来很有道理,但其仍在取消刺激计划。虽然目前尚不会对经济构成直接威胁,但之后会发生什么? 这就要看 2019 年以后了。

2018 年美国经济面临的真正政策威胁是贸易战。贸易战不仅对全球供应链造成巨大破坏,还有可能破坏确保目前经济稳健增长的独特优势——强大的商业和消费者信心。从各方面来看,目前对美国经济的信心正处于或接近于历史最高点。对于商业投资而言,这种信心尤为重要,因为这是税改加快经济增长的主要动力。而贸易战会击退这种信心,从而必然导致经济增长明显放缓。尽管全球钢铁市场存在严重的问题,但特朗普总统关于钢铁和铝的关税政策完全是一个强硬而错误的回应。简而言之,从欧洲进口的钢铁并不是问题源泉。出现问题时应解决问题,而不是将所有部分都扔掉。

但联邦政府仍然缺乏谨慎有效的方案。正如美国商会会长多诺霍(Tom Donohue)所言,"美国商务部强烈反对大幅增加关税的决定"。简而言之,关税正在加重美国消费者的税收负担。每年 300 亿美元的关税至少等于美国家庭在税改后因标准扣除额翻倍增加储蓄的三分之一。如果关税达到 600 亿美元,这一影响将更具破坏性。

古人说最昂贵的威慑武器成本也远低于最便宜的战争。可以肯定的是,美国不会允许其他国家因错误的产业政策而对其经济产生消极影响。但现在的问题是,需要巧妙的建议、建设性方案,保护美国企业和工人,而不是冒着可能扭转美国经济扩张的贸易战风险。

美中必须学会共处,寻找合适的贸易方式则是好的起点。不能因为贸易战而过早终结美国家庭现在的甜蜜时期。

1.8   小结

共和党 2018 年中期选举输掉了众议院多数席位。历史数据显示,美国总统所在政党在中期选举中总会失利：1986 年里根、1994 年克林顿、2006 年小布什、2010 年奥巴马，他们所属的政党都在中期选举中失去众议院多数。回顾奥巴马当局的两次中期选举，2010 年第一次中期选举，奥巴马所代表的民主党失掉了国会众议院，2014 年第二次中期选举，民主党又失掉了国会参议院，至此共和党全面掌控美国国会，此后的两年也成为奥巴马执政最艰难的阶段。而在 2016 年，特朗普正是借助共和党全面控制国会的声威和优势，进入白宫执政的。然而，2018 年中期选举，特朗普所在的共和党丢掉了众议院多数席位，可见美国选民多数是坚持"中道"原则的，即对众议院改选的投票充分反映美国政治制度的"两党制衡"原则，所以，我们也可以认为，2018 年的中期选举标志着特朗普执政仅仅一年之后，就开始面临国会掣肘。而且由于特朗普的个人特质，更是早已引起民主党欲"弹劾"之而后快的意念。

将贸易战作为解决就业问题的抓手必败无疑。如果说 2017 年特朗普执政后的头号目标是改革联邦税制，"重新使美国伟大"，那么 2018 年特朗普的头号政策诉求显然是要解决美国的贸易赤字问题，贸易赤字问题的背后是就业问题，而解决就业问题则要推动制造业回流，特朗普当局期待通过税改加速美国制造业的振兴，解决就业问题。税制改革的重要内容之一，是联邦国际税制从"全球纳税制"全面转型为"有限辖地税制"，改革为美国企业投资国内提供了土壤和保障，而贸易战则要为解决所谓贸易不平衡提供抓手，可见税改与贸易战互为其用，其目的是为了维护美国的经济利益和霸权。然而，美国贸易赤字的造成并不在赤字本身，其本质是由于经常性财政赤字的存在，财政赤字越多，美国从国际债务人手中借贷越多，资本流入就越快，进口国际市场的产品就越多，贸易赤字就更高。而特朗普并不认同这个经济学基本原理，指望靠霸权就能遏制贸易赤字增加，但这无异于缘木求鱼。

第 2 章　美国打不赢的贸易战

2.1 贸易战的财政经济背景

美国经济截至 2018 年第四季度已连续增长 9 年了。通常美国经济增长的主要来源是个人消费支出(PCE)、非个人固定资产投资、联邦政府支出、私人存货投资、各州及地方政府支出叠加,减去居民固定资产投资进口的结果。2018 年美国 GDP 同比增长 2.9%,而 2017 年增长 2.2%,2017—2018 年美国真实 GDP 增长的动力分别是:非居民固定资产投资、私人存货投资、联邦政府支出、出口、个人消费支出,还包括各州与地方政府支出,减去略有减少的居民投资。现价 GDP 达到 20.49 万亿美元,净增 1.01 万亿美元,合 5.2%,而 2017 年增加了 7 782 亿美元,增速为 4.2%。美国 2018 年真实 GDP 增长 2.4%,2017 年真实 GDP 增长 2.3%,这显示了大衰退后美国经济的速度慢增长特点。[1]

联邦财政赤字因税制改革而持续增加。美国当前账户赤字从 2018 年第三季度的 1 266 亿美元增加到第四季度预估的 1 344 亿美元,增加了 78 亿美元,其中第四季度赤字为美国现价 GDP 的 2.6%,第三季度赤字为美国现价 GDP 的 2.5%。当前账户赤字增加的主要原因是货物贸易赤字、二次收入赤字双增加,

---

[1] Gross Domestic Product, 4th quarter and annual 2018 (third estimate); Corporate Profits, 4th quarter and annual 2018, https://www.bea.gov/news/2019/gross-domestic-product-4th-quarter-and-annual-2018-third-estimate-corporate-profits-4th.

037

但是服务贸易盈余抵消了一部分货物贸易赤字。

2017 年的《减税与就业法》对美国经济增长影响深远。国际税改革后，美国的国际交易账户在发生变化，美国跨国企业海外子公司的权益收入（盈利）包括红利（股息）和再投资两个部分，都出现了回流效应。有时红利的回流会超过当期的盈利，这是由于再投资成为负值后造成的。2018 年就出现了这种情形，这是由于美国跨国企业将海外子公司的盈利遣返回美国国内，以满足 2017 年的《减税与就业法》纳税申报政策要求。因此账面显示 2018 年红利高达 6 649 亿美元，而再投资收益只有负 1 416 亿美元。但是再投资收益亦反映出财务账户中直接投资资产的净并购金额。根据税改政策，跨国企业递延利润的纳税期限为8 年，2018 年是第一年。[1]

美国将长期维持三大赤字并存局面。可以预计，在联邦财政赤字的长期影响下，美国国际贸易账户必然是长期的赤字，同时美国国际投资账户也必然是长期赤字伴随，其实质就是美国将长期出现资金的净流入，一方面反映了美国是良好的投资场所，成为国际资本的避风港，另一方面美国对于国际资本的依赖无法中断。

2.2　美国政治与贸易战

2.2.1　参议院拟限制特朗普关税主导权

国会有权"管理与外国的商业活动"，但国会议员数十年来一直逃避履行该职责，近期有 88 名参议员在支持国会贸易政策方面发挥关键作用，恢复国会的宪法权威。参议院外交委员会主席、田纳西州共和党鲍勃·考克（Bob Corker）在2018 年 6 月提出一项举措，要求国会同意总统根据《1962 年贸易扩张法》第232 条征收关税。宪法第一条规定，国会有权"管理与外国的商业活动"，但国会

---

[1]　"U. S. International Transactions, 4th quarter and Year 2018," BEA 19−11, https://www. bea. gov/news/2019/us-international-transactions-4th-quarter-and-year-2018.

议员数十年来一直逃避履行该职责。[1]

是该进行改变的时候了。88 名参议员表示支持国会在决定贸易政策方面发挥关键作用,在此前数月,特朗普总统单方面开征了新关税。参议院的上述行动表明不应允许总统不受任何限制地加征关税。参议员压倒性支持修正美国冷战时期贸易法概念,且此次投票也应成为他们当前努力的动力。

第一个被修正的过时的贸易法是《1962 年贸易扩张法》第 232 条,2018 年3 月份特朗普根据此法对铝和钢铁进口加征关税。田纳西州共和党鲍勃·考克上月提出一项立法,要求国会通过联合决议,对总统使用第 232 条加征关税进行批准,此项提案得到了两党十几位参议员的支持。

这一改变将使国会议员以及他们的选民在审议关税时可以发挥作用,拥有发言权。这一改变不仅可以恢复国会在贸易方面的宪法权威,也可确保根据第232 条征收关税不会仅使部分美国人获益。

认为要求国会批准关税将削弱美国总统谈判能力的言论从根本上说是错误的。根据法定优先事项协商的规定,总统须将降低关税贸易协定提交国会批准。根据第 232 条征收关税的机制也应如此,出于对国会权宜之计的担忧,通过立法设立"快速通道"以便决议不受拖延获得通过。参议员们的行动重申了国会在贸易问题上的宪法权威,修正冷战时期贸易法的努力应该不断推进。

2.2.2 裴敏欣悲观预测中美贸易冲突

贸易争端不是什么新鲜事。大多数中美贸易战的观察者都认为,美国总统特朗普的保护主义信条是贸易争端产生的原因。但这种观点遗漏了一个关键点,即美国维持了数十年的对华外交政策失败了。但是正如 20 世纪 80 年代末的美国和日本,通常的假设是:真正的问题在于经济。但当这发生在战略对手

---

[1] Tori Whiting, "88 Senators Agree Congress Must Have Role in New Tariffs," *The Daily Signal*, July 11, 2018.

之间时,例如今天的美国和中国,可能会有更多的故事。[1]

五年来中美关系发生了根本变化。中国推行"中国制造 2025"计划。此外,中国在南海造岛,美国声称这改变了现状。中国推进"一带一路"倡议,美国隐隐感到其全球地位遭到挑战。美国认为这一切都证明,其对华交往政策已完全失败。

虽然美国尚未制定新的对华政策,但方向明确。2017 年 12 月发布的最新美国国家安全战略和 2018 年 1 月份发布的国防战略表明,美国现在将中国视为"修正主义国家",并决心"反击"中国"在亚太地区取代美国的努力"。正是这一战略目标决定了美国近期的经济举措,包括特朗普提出中国应在两年内削减对美贸易顺差 2 000 亿美元的过分要求。此外,美国国会企图通过一项限制中国在美投资的立法,并正在制定计划,限制在美国大学学习尖端科技的中国学生的签证。

虽然中国也许能通过大量让步和相当程度的运气,在短期内避免毁灭性的贸易战,但美中关系的长期趋势肯定会呈现不断升级的紧张局势,甚至是全面冷战。在这种情况下,遏制中国将成为美国外交政策的组织原则,经济依赖将成为双方不可接受的战略负担。

一旦摆脱经济依赖,美中就没有理由在地缘政治竞争中保持克制。可以肯定的是,这两个核国家之间仍不太可能发生热战。

美中都不想陷入如此危险和代价昂贵且可能持续数十年的冷战。有鉴于此,第二种情形——管理型战略冲突,更有可能出现。在这种情况下,经济脱钩将逐渐发生,但不会完全脱离。尽管双方关系具有对抗性,但都会利用一些经济激励措施,来维持有效关系。同样,虽然两国都会积极争夺军事优势和盟友,但不会进行代理战争,或为与对方发生武装冲突的部队或团体提供直接军事支持。

肯定会有冲突风险,但冲突仍可控。前提是两国都有纪律严明、博识且具有

---

[1] Minxin Pei, "The Shape of Sino-American Conflict," www. project-syndicate. org, June 6, 2018.

战略头脑的国家领导层。然而,今天的美国没有这种领导人。特朗普不稳定的对华态度表明,他既没有战略眼光,也没有外交纪律,进而制定管理型战略冲突政策,更谈不上在冷战中有绝对的把握取得胜利。

短期内,中美关系最可能的发展轨迹是"贸易冲突"。即频繁的经济和外交争执以及偶尔的合作。在这种情况下,双边紧张局势将继续加剧,因为个别争端都通过特定的交换条件彼此孤立地解决,缺乏战略一致性。因此,无论目前的贸易争端如何,美中似乎在转向长期对抗。无论何种形式的冲突,都将给双方、亚洲乃至全球稳定造成高昂的代价。

2.2.3　美财政学家支持特朗普对华关税威胁

美国知名财政学家马丁·费尔德斯坦(Martin Feldstein)在门户网站"辛迪加"发表文章,对特朗普总统针对中国的钢材和铝合金产品加征关税,提出了看法。[1]

特朗普当局的钢材和铝合金关税计划主要针对中国。对美国来说,双边贸易的最重要问题与中国减少钢材产能和停止补贴出口无关。与几乎所有经济学家和大多数政策分析师一样,费尔德斯坦更支持降低贸易关税,或者不征关税。那么,特朗普对进口钢材和铝合金征收巨额关税的决定是否合理? 特朗普无疑看到了对钢材和铝合金产区,以及对加拿大和墨西哥施压的潜在政治利益,特朗普当局要求重新谈判《北美自由贸易协定》。欧盟宣布对美国出口进行报复的计划,但最终欧盟可能会进行谈判,并同意降低对美国产品目前的关税。

对钢材和铝合金加征关税的真正目标是中国。多年来,中国政府一直承诺减少过剩的钢材产能,从而减少按补贴价格计算的向美国出口的过剩钢材产量。但是中国国内要求保护中国自身钢材和铝合金产业工作岗位。美国的关税政策企图平衡中国国内的压力。由于美国的关税只是根据《美国贸易法》的国家安

---

[1]　Martin Feldstein, "The Real Reason for Trump's Steel and Aluminum Tariffs," Project Syndicate, March 15, 2018.

全规定征收的,而不是针对倾销或进口激增,因此,只针对中国的关税,避免北约以及日本和韩国等军事同盟国的进口,避免更大贸易战风险。联邦政府没有说将以此种方式执行关税政策,但是,鉴于关税政策是分阶段实施的,在此期间,贸易伙伴可能会寻求豁免,因此,这样的目标设定似乎是最有可能的。

美国与中国最重要的贸易问题是技术转让。中国补贴出口的钢材和铝合金不是最重要的贸易问题,尽管这些补贴影响了美国钢材和铝合金生产商的利益,但低廉的进口价格也帮助了美国使用钢材和铝合金的企业,以及最终购买这些产品的美国消费者。

美国决策者会如何做? 这使我们回到拟议中的对钢材和铝合金的关税。在费尔德斯坦看来,美国谈判代表企图利用对中国生产商征收关税,威胁中国"放弃"所谓技术转让。

2.2.4　卡罗拉(Axio)称特朗普贸易战致美孤立

特朗普政府决心使其对中国的贸易战不断加码。到 2018 年底,对来自中国的消费品、电子产品和汽车的关税从 10% 提高到 25%,该政策旨在进一步减少美国每年从中国进口的 5 000 亿美元,大体情况是:虽然这可能会使中国损失就业机会,但目前还不清楚这是否会减少中国的整体出口。[1]

事实上,特朗普总统的贸易战正在加剧贸易赤字。对美国经济长期增长来说,最令人不安的是,它正引导亚洲国家及其数十亿消费者转向美国以外的贸易伙伴,特朗普的贸易政策不是约束这些贸易伙伴,而是鼓励他们增加绕过美国的贸易。特朗普 2017 年退出了跨太平洋伙伴关系,但加拿大很快批准了该协议的修订版,并宣布,一家大型新液化天然气工厂将直接与美国对亚洲的天然气出口相竞争。

特朗普的贸易战略可能也不会在汽车行业产生预期效果。他在最后时刻与

---

[1]　Bill Bishop, "Trump's strategy is isolating the U. S. ," www. axios. com, October 26, 2018.

加拿大和墨西哥达成协议,更新《北美自由贸易协定》扩大的"原产地规则"要求,这些实际上将使更便宜的钢铁和汽车零部件制造商受益,尤其是来自亚洲的制造商。

同样的情况也发生在科技行业。特朗普宣称成功阻止高通和谷歌等公司向中国电信巨头中兴通讯出售零部件,以挫败"中国制造2025"战略,但中国的大部分高科技进口产品一开始并不是从美国进口的。

特朗普越是试图孤立中国,其他国家就越会可能替代美国在中国和亚洲的市场份额。当经济和全球供应不再向美国低头时,"美国第一"计划便不可能成功。

2.2.5　纽约舆论批特朗普加关税不利税改

特朗普当局实施贸易保护主义充满讽刺意味。《纽约太阳报》撰文指出,"美国可以通过关税和进口配额等手段对朝鲜、俄罗斯和伊朗等竞争对手实施制裁,使它们承受被剥夺进口的经济亏损。然而现在我们为了让美国更加繁荣,征收惩罚性关税只会损害美国本国,这是犯了逻辑错误。特朗普认为加征钢铁和铝合金关税将挽救数千个蓝领岗位,他十分关心宾夕法尼亚州、俄亥俄州及其他经济衰退地区的工人,我们也不希望工厂倒闭"。[1]

加征关税得不偿失。加征关税将挽救全美14万个钢铁业岗位,但也使500万个与制造业和相关行业的相关岗位面临危机。在竞争激烈的国际市场上,现在这些生产商不得不使用比世界其他国家价格高20%的钢铁,可能比竞争对手价格高7%～10%的铝合金。换句话说,美国国内的钢铁和铝合金行业可能在短期内获得发展,但这两个行业的消费者却要承受较大亏损。提高关税实际上就是增税,这500万个工作中的一部分行业将受到损害,如果他们向国外出口数量减少,贸易赤字就上升,而不是下降。由于当今美国消费者购买的许多东西

---

[1]　Lawrence Kudloe, "Trump's Tariffs Could Defeat Benefits of His Tax Cuts. Ask Reagan," https://www.nysun.com,March 3, 2018.

都是用钢铁或铝合金制成,25%的关税可能会在消费环节转嫁给普通美国百姓。

这对低收入家庭是累退税。特朗普总统应该翻阅有关关税史记录,因为增加关税几乎从未奏效,并且结局几乎都是失败的。1929 年,共和党总统赫伯特·胡佛签署的《斯穆特·霍利关税法》最终酿成并恶化了经济大萧条。理查德·尼克松签署 10%的进口附加费酿成了美国 20 世纪 70 年代的经济滞胀。乔治·布什试图通过对钢铁征收关税拯救钢铁业,也没有效果。特朗普试图用保护主义措施来拯救彩电行业,最终却适得其反,彻底摧毁了国内生产。

加征关税是出于国家安全考虑的说辞站不住脚。尽管进口钢铁竞争激烈,但许多特种钢铁生产商运营情况良好,并在向墨西哥和加拿大出口,加拿大是向美国出口钢铁的第一大国,真的会有人相信加拿大对美国的国家安全构成威胁了吗? 加拿大和墨西哥对美征收报复性关税表示令人担忧。这种针锋相对的贸易战可能会危及北美自由贸易协定,给三国造成严重的经济亏损,并导致股市崩盘。

深化税改增强美国产品国际竞争力才是根本出路。特朗普应继续通过税收、监管、能源改革等,使美国产品在全球市场上更具竞争力,从而为美国带来就业机会和资本。目前,这种情况正以惊人的速度发生,因为特朗普几乎在一夜之间就让美国成为世界上最佳和最可靠的投资地,但是,加征钢铁和铝合金进口关税严重违背这个目标。在 20 世纪 80 年代初,罗纳德·里根提出,对日本钢铁实施反倾销条款,后来他承认,这是少数几个后悔的决定之一。希望特朗普能尽快意识到这点。

2.3 自由派智库与贸易战

2.3.1 布鲁金斯学会

2.3.1.1 布鲁金斯警告贸易战损害美国及盟友

当代有三分之二的国际贸易通过全球价值链发生。结果美国国内的生产过程中,跨越一条或多条边界进口的典型"中国产品",其增加值却有很大一部分来自中国以外的国家,如在华美企,也有来自中国台湾地区以及日本、韩国的零部件供应商。可以说,美国和中国之间的任何贸易战,都将损害第三方的利益。[1]

美国公布了将征收 25% 关税的中国产品清单。美国的《1974 年贸易法》第301 条款授权总统,回应外国政府违反国际贸易协定,以及限制美国贸易的行为。目前,新的关税政策生效前有为期 60 天公示期。301 调查指责了中国的贸易行为。在选择惩罚进口产品种类时,美国面临两难境地。表面看,其目标指向从技术转让中获益的高科技产业,然而,这些行业往往是中国增加值份额最低的行业,比如计算机和电子设备。中国出口产品的增加值中来自中国的部分只有不到一半,其余都是从包括美国在内的其他国家进口的增加值。还应该指出的是,这些行业的产品种类相当广泛,在计算机和电子设备中,有大量差异化产品。有些从中国出口的产品国内增加值很少,甚至不足 10%。中国出口的计算机和电子产品一半以上来自在华跨国公司。在华跨国公司的业务被计入中国国内增加值,这些公司在中国赚了很多钱,这对美国和其他外国所有者来说是利益。中国的产业政策往往是做强本国国有企业,但这些公司根本不出口。1995 年,中国近一半的出口额来自国有企业,而到 2015 年,这个比例已经降到了个位数。

在某些领域,中国的出口主要由国内增加值构成,这些往往是传统工业部门。如纺织业 75% 的增加值是真正的"中国制造"。假如美国不想给本国公司和第三国带来损害,限制目标指向纺织产业这样的传统工业部门才有意义。

美国企业也参与了国际生产链。美国从中国进口总额的 37% 是美国企业用来加强自身竞争力的中间产品,对这些中间产品征收关税,等于是搬起石头砸自己的脚。美国公布的目标产品清单中包括这样一些中间产品,如飞机螺旋桨等。

许多目标产品是消费品,如电视机和洗碗机。当美国征收关税时,最终后果也将由那些支付更高价格的消费者和不得不降低利润率的海外生产商共同承担。所

---

[1] David Dollar, Zhi Wang, "Why a trade war with China would hurt the U. S. and its allies, too," Brookings institution, April 4, 2018.

有这些都意味着，用关税惩罚中国的贸易行为实属下策。其中，部分成本将由美国消费者承担，部分成本由在中国生产或使用来自中国的中间产品的美国企业承担，部分成本由作为中国的供应商的第三国（主要是美国的盟友）企业承担，部分成本将由中国的企业承担（主要是民营企业）。如果美国继续推进 301 调查，根据过去的经验来看，中国肯定会回击。事实上，中国已经很快公布了自己的清单，包括惩罚美国的大豆和飞机出口。同样上述逻辑也适用于中国。恰巧这些美国出口产品大多是美国的国内增加值，所以生产者感到的大部分痛苦将发生在美国，而不是在第三国。

关税是解决美中贸易问题的错误手段。关税将给消费者和第三国带来很多不必要的痛苦，更不用说还会让美国企业陷入贸易战。

2.3.1.2　布鲁金斯学会抨击特朗普贸易政策误导

特朗普对《跨太平洋伙伴关系协定》的态度举棋不定。当特朗普宣布已经安排经济顾问探索重返《跨太平洋伙伴关系协定》的时候，许多贸易专家和分析人士都很高兴，但是当总统发推特一再批评亚洲贸易协定时，他们的希望再次破灭。从中可以窥探两个广泛存在的问题：第一，为什么特朗普这么声势浩大的贸易公告一直没有进展？第二，为什么我们总是为这些空洞的声明而倾倒？[1]

美国有意重新加入《跨太平洋伙伴关系协定》的新闻报道令人生疑。正如我当时所指出的，特朗普上任 16 个月的贸易政策有一个基本规则：不要对新的公告反应过度。事实上，我们可以看到越来越多的当时似乎有新闻价值的政策公告最终不了了之。例如，早在 2017 年 1 月，特朗普就曾建议，他将通过对墨西哥征收关税来支付边境隔离墙的费用，这从未发生过。在 2017 年 4 月的采访中，特朗普表示对进口商品征收"互惠税"感兴趣，这意味着美国应按适用于美国出口的税率对其他国家的进口产品征税。2018 年 2 月，他重新提出了同样的想法，宣布美国将"很快"宣布互惠税，并称将在"本周"提供更多的信息。与此同时，

---

[１]　Geoffrey Gertz, "Why do Trump's announced trade policies keep coming up empty?", www. brookings. edu, April 26, 2018.

我们依然在等待。2019 年 1 月底,美国贸易代表罗伯特·莱特西泽(Robert Lighthizer)表示"在不久的将来"美国政府将选择一个非洲国家开始新的自由贸易协定谈判。当时支持贸易的美国商会热烈赞同,但是到目前为止似乎什么也没有发生。

特朗普的贸易声明并非总是不了了之。其中一些宣言确实产生了表面上的政策变化,但却几乎没有改变基本事实。2017 年 4 月,特朗普对《华盛顿邮报》称,他将终止或者重新谈判糟糕的《美韩自由贸易协定》(KORUS),这引发了一场短暂的恐慌;2018 年 9 月,又出现了一连串的新闻报道称他正认真考虑退出这个协定。最终,2018 年年初,双方达成了一项新协议:这一协议几乎与特朗普此前认为的非常可怕的情况没有什么变化。同样,2018 年 3 月,特朗普宣布了对钢铁和铝的重大新关税,这是迄今最大的贸易举措之一。如果不是因为政府在接下来的几周里宣布了几乎所有主要的钢铁出口地(包括阿根廷、澳大利亚、巴西、韩国、加拿大、墨西哥和欧盟)将获得免征关税的政策改变的话,这将是一次重大的政策变化。

声势浩大的政策声明最终总是归于平淡有多方面的原因。也许以正当身份存在美国贸易代表办公室和商务部的部分官员正在密谋挫败特朗普政府的计划。或者没这么危险,这可能只是进一步证明了政策改革很难。华盛顿体系中存在着许多惯性,要真正推动任何一项政策的改变都需要真正的、注重细节的工作。特朗普政府没有投入到这个艰苦的工作中,因而看不到结果。另一种解释来自国际层面:在政策执行战略中,行政当局未能认识到其他国家也有机构,能够影响美国贸易政策的最终结果。最后,最简单和最有说服力的解释是,这只是特朗普的特点:他不认为竞选活动的言辞和正式的总统声明有什么不同,他并不特别关心他的声明的真实性,而且从来不愿意承认错误。

贸易政策分析人士和记者都需要接受并淡化特朗普贸易政策公告的重要性。4 月 13 日,在美国重新考虑《跨太平洋伙伴关系协定》的消息传出后的第二天,《纽约时报》和《华盛顿邮报》都在头版文章作了重要介绍,但应该清楚了解这一新闻不值得如此广泛地报道,如果我们从政策实际执行的角度来看,特朗普的贸易政策与他的前任并没有多大区别。

过于乐观也可能存在风险:特朗普尚未颠覆贸易政策,并不意味着他终有一天不会成功。尤其是,在贸易议程上有两大尚未完成的项目,即北美自由贸易区的重新谈判和对中国征收新关税。任何一项都有可能产生爆炸性后果。但我认为,大部分证据表明,我们应该期待相反的情况:《北美自由贸易协定》的三个合作伙伴将同意一项新协议,该协议将温和地更新和改革一项已有 25 年历史的协议,而美国和中国将达成一项谈判协议以避免贸易战。他们的贸易关系基本上不会有改变。

最重要的是,除非我们有理由相信,否则,关于新的贸易政策声明我们必须停止听信特朗普的话。到了这个时候,我们被骗了不止两次,该是明智的时候了。

2.3.1.3 布鲁金斯学会分析贸易战伤及美国农民

中国不会试图颠覆目前的国际体系。中国不满特朗普在国家安全战略中将中国认定为试图侵犯美国利益的国家。中国政府官员的声明表明了坚定立场。在特朗普当局宣布对 600 亿美元中国商品征收 25% 关税后,中国很快作出回应,将对包括大豆、飞机在内的美国商品加征关税,中国外交部发言人耿爽表示,这次贸易冲突由美国单方面发起,责任完全在美国。同时美国正在大规模执行制裁措施。他表示愿意持续跟进讨论……。而就目前环境来看,贸易谈判基本上"不可能"进行。

中国反对任何威胁。对于中国而言,购买液化天然气尤为明智,因为他们需要的资源应多样化,并且会大大减少双边赤字。据报道,中国也将更快地开放金融服务,让美国公司得以进入快速发展的中国电子商务市场。中国不接受的美国关键性要求之一,就是停止实施"中国制造 2025"计划中 10 个高科技产业计划。显然,中国愿意就特朗普的贸易保护适度调整政策,改革采购进行谈判,但不愿意"被胁迫"。

特朗普当局下一步将做什么,口径不一。在为例的 60 天内,特朗普必须决定是接受刘鹤提出的贸易条件,还是继续对进口品征收 500 亿美元的关税。而中国将依据这 500 亿美元关税加征美国商品关税。每当特朗普或其他官员对中国发表态度强硬的公开声明时,美国股票都会下跌。而每当发布和平协议声明时,股市又将上涨。这表明大企业对解决两国贸易争端,利害关系重大,因此,倾向于改善市场准入条件,而不是发动贸易战。

对中国出口商品加征关税也会使美国农民遭受不利影响。因此,对于特朗普而言,有太多因素促使他被迫接受中国的交易条件。然而在政治上,理性并不总是占据上风,如果不发生全面贸易战争,在双方作出让步,讨论现在的行为将导致何种局面之前,仍有可能出现针锋相对的关税和贸易冲突。

2.3.1.4　布鲁金斯学会鼓动美联合制华

当前中美关系脆弱一如既往。来自太平洋两岸的多种因素将这段关系推到现阶段的不稳定状态。美方认为中国日益增强的军事信心、共产党的领导以及对美国合法贸易问题的冷回应都在影响着美国的政治话语权,并将一种紧张的意识形态引入双边贸易关系中。对此,特朗普总统并没有采取严密的策略来解决具体问题,只是本能地进行无条件对抗。这种做法不仅不会使中国就这一问题进行回应,反而会损害美国企业与工人的利益。[1]

美国政府各部都将特朗普关于中国的言论解释为允许他们采取自己偏好的行动。由于缺乏对政策协调的重视,其结果就是美国各部门针对中国的台湾、西藏地区,在贸易、技术以及法律等方面几乎同时发起一系列行动。由于这些问题的出现没有优先次序,无法反映出美国希望具体解决某种问题的严肃态度。

在贸易问题上,特朗普政府并没有就具体担忧、明确的目标以及目标战略传达出一致信息。相反,特朗普总统专注于贸易赤字,而其财政部长曾谈到与中国协商解决贸易问题,他认为亟须改变中国的经济模式。与此同时,特朗普总统经

---

[1]　Ryan Hass, "Improving upon Trump's high-risk, low-yield China trade policy," www. brookings. edu, May 3, 2018.

常以热情洋溢的言辞谈论习近平主席，就好像他并不认可政府对中国政策的反对，因此又减轻了美国贸易官员试图施加的压力。特朗普政府在进行关税威胁时，也在台湾地区采取了新措施，淡化双边贸易的焦点。这段时间，贸易与中国台湾地区问题争相出现在中国的头等事务中，使得美国贸易鹰派人士措手不及，因为他们希望中国政府将关注重点放在产业政策上。

中国政府进行了态度坚定的回应。如果特朗普政府组织起来挑战中国经济模式，那么北京就会为捍卫自己的经济体系稳固基础。在国内，习近平总书记呼吁中国要坚定立场，更加自力更生，减少对美国的依赖。中国媒体表示，国家主导部门将在中国经济中保持中心地位，"中国制造2025"计划将保持不变，同时继续推进政府支持的"一带一路"倡议。中国领导人呼吁将作为21世纪高科技产业的芯片、半导体以及其他技术投入本土化使用。

中美之间的贸易冲突是否存在更好的解决路径？冲突将能测试出中美两国的政治痛苦容忍度。尽管中国在经济消耗战中会损失很多，中国的政治体制将使它拥有比特朗普更高的政治痛苦容忍度。

特朗普也手握与中国斡旋的砝码。中国相对较低的美国进口水平给了美国提升关税的机会，美国有足够的空间加强进出境投资筛选，并有能力进一步限制中国经济现代化进程中的关键出口，减缓中国提升价值链的进程。此外，华盛顿也可以限制中国学生（包括STEM领域）的签证，以阻止技术的转移，尽管实际上中国学生会将目的地转到英国、加拿大、澳大利亚以及其他大学和实验室。

如果中美双方坚持抗争到底，最终将导致两败俱伤。这种螺旋式下降将导致经济的偏离，并随着时间的推移，这两个世界最大经济体和贸易体将与世界脱轨。对双方而言，经济分离会产生巨大的经济成本。这会伴随着过度民族主义。美国与中国经济互惠关系的结束也将剥夺中美领导人在面临突发事件时控制态势升级的冷却剂。鉴于这些因素，美国将面临贸易困境。中国购买美国商品以暂时缩小贸易赤字的交易等同于将汽车行业推向市场，而华盛顿目前采用的高调单边胁迫中国让步的做法对于解决实际问题没有什么意义。

一些美国市场参与者仍对控制风险保持乐观态度。因为特朗普经常在威胁到极端立场后回到传统的政策领域。尽管忽略这些因素可能导致某些错误,但依赖于这些得出结论实在是天真的想法,尤其是特朗普在中国的全国人民代表大会召开期间签署所谓的《台湾旅行法》。

2.3.2　彼得森经济研究所

2.3.2.1　彼得森经济研究所分析美冀改革美国外国投资委员会(CFIUS)遏制中国

在中国崛起的最近 25 年里,对美国来说,很少有问题比中国日益增强的科技实力更令其担忧。早在特朗普总统关注这个问题之前,国会就对这个问题深感担忧,并打算在 2017 年通过新的立法来解决这个问题。2018 年夏天,美国国会似乎准备出台一项重大改革,以遏制中国对美国的投资,同时也限制美国企业在中国投资的能力,一旦发现投资活动有可能将敏感性技术转让给中国合作伙伴的话。[1]

国会议员们说,他们的改革措施将写入《外国投资风险评估现代化法》(FIRRMA)中,该法案 2018 年很有可能通过。该法案将增强外国投资委员会在美国的权力。外国投资委员会是一个跨部门执行机构,负责审查外国投资是否"可能损害美国的国家安全"。尽管《外国投资风险评估现代化法》是针对中国,但它的通过将影响到与包括美国盟友在内的许多国家实体的投资。更广义地说,立法将设立一个跨部门工作小组,以监控"基础"技术和产品向中国和其他被视为潜在安全风险的实体的转移。

此外,作者也对法案的早期版本进行了改进,早期版本在建立不透明的标准和保证任意和不公平的政府行为的同时,危险地制定和侵入私人业务事务的举措是很麻烦的。但尽管有了这些改进,正如这篇文章所概述的那样,这项立法仍

---

[1]　Martin Chorzempa, "Confronting China through CFIUS Reform: Improved, But Still Problematic," piie. com, June 13, 2018.

然存在许多风险。

2.3.2.1.1 背景

该研究所声称,中国有许多途径获得美国公司开发的技术:

➤ 购买生产或拥有所需技术的知识产权的美国公司;

➤ 从美国公司购买技术;

➤ 要求技术转让以换取进入中国市场或获得补贴的条件。

《外国投资风险评估现代化法》的第一份草案就在试图解决这三种方式。美国彼得森国际经济研究所高级研究员加里·赫夫鲍尔(Gary Hufbauer)在一篇博客文章和国会证词中称,该法案扩大了外国投资委员会审查对外投资的权限,这将使美国科技公司在海外合作中处于不利地位。此后,修改法案取消了审查对外投资的权力,《外国投资风险评估现代化法》也获得了参众两院的委员会的一致通过。然而,如果《外国投资风险评估现代化法》通过的过程仍然不透明,并给予行政部门过多的自由裁量权,外国投资委员会的程序和形式就会出现问题。

2.3.2.1.2 优点

出口控制机制的改进。在最新版本中,美国国会选择在现有出口管制制度的基础上,增加对美国企业对外交易的审查。由于外国投资委员会的经验仅限于在个案的基础上审查境内投资,因此它没有能力承担审查整套技术以及它们如何转移到海外的审查责任。相比之下,出口管制制度有数十年管制敏感技术(如军民两用技术)出口的经验。修订后的《外国投资风险评估现代化法》建立了一个新的跨部门流程,由商务部工业和安全局(BIS)牵头,制定出口或转让"基础"技术的规则,这些规则不在出口管制清单上,但会引发新的国家安全问题。

众议院和参议院版本的法案也要求多边出口控制制度现代化。在全球化进程中,任何特定的产品或技术都不可能完全由美国公司在美国生产,美国公司正在世界各地与当地合作伙伴进行技术研发。因此,只有多边解决措施才能真正有效控制敏感技术的传播。

资源扩张。该法案还授权增加资源供给(目前仅限于个别机构愿意提供的资源），以确保外国投资委员会拥有审查所需的人员和工具，其中最重要的一点是开发一种机制，以监控那些未自愿提交审查的交易进程。参议院法案中另一项重要但不相关的改进，将允许企业对外国投资委员会的决定提起上诉，并对其职权范围的过度解读进行核实检查。

该法案还包括"国会意识"一节，将注意力集中在外国投资委员会旨在防范的那种做法上。第一个问题是，这个国家是否有"获得一种关键技术或关键基础设施的战略目标，这将影响到与国家安全有关的领域的美国领导"。第二个考虑的是该公司是否有"遵守美国法律法规的历史"，这似乎是为了加强对中兴通讯等公司投资的审查力度。

2.3.2.1.3　缺点

标准和定义仍然模糊不清。对外国投资委员会程序的持续批评在于，其评估标准和对其决定的解释不透明。然而，即使修订后的《外国投资风险评估现代化法》也会加剧这一问题。"关键技术"和"特别关注的国家"这两个关键术语仍然含糊不清，企业无法确定其潜在投资者的原产国是否需要外国投资委员会的审查。过于宽泛的立法定义已经有效地允许外国投资委员会决定自己的管辖权，这种管辖权具有足够的扩张灵活性，而且该委员会最近也一直在扩张，但这种扩张却没有采取《外国投资风险评估现代化法》这样的立法行动。特朗普政府最近根据其他法规采取的行政行为，比如利用国家安全方面的担忧，为欧盟、加拿大和墨西哥等盟友对钢铁和铝征收关税提供理由，显示出不受约束的权力将国家安全作为经济政策工具的危险。一些人认为，更具体的措辞可能会降低威胁，但扩大行政部门在美国和世界经济中进行干预的本已广泛的自由裁量权，可能更为危险。

新的出口控制程序应该监管"基础"和"新兴"技术。一项被广泛定义为人工智能的技术，也可以被命名为基础技术，并要求获得特殊的出口许可，这将使美国企业陷入繁文缛节、与官僚开会解释其技术内容的困境，而在这些领域日益强大的中国，将在其他领域获得市场份额。下面这个例子将说明潜在宽度的荒谬之处,如果网飞(Netflix)的电影推荐算法是基于"人工智能",那么它将面临在国外使用其电影推荐算法的限制。

就其本质而言,这些新兴技术尚未得到证实,这意味着对美国企业的重重限制仅仅是基于对未来威胁的猜测。目前还没有确凿的证据表明,中国企业早期投资的增加导致了令人担忧的知识产权外流。也不应忘记,美国投资者从早期对阿里巴巴等中国科技公司的投资中获益良多。2018 年 3 月,中国已经采取更多的措施保护本国的关键技术。对双方都有进一步的限制使得美国的投资者、研究人员和企业都面临风险,而国防部的一份报告也承认了这是"最具创新性的经济"的一种方式。

拟议的费用将进一步加重美国公司的负担。另一个问题是该法案的收费提案。目前接受外国投资委员会审查的公司已经承担了相当大的费用来聘请法律顾问指导他们通过审查过程,并采取措施减轻外国投资委员会认定的国家安全风险。但《外国投资风险评估现代化法》将通过授权外国投资委员会直接收取潜在的巨额申请费来提高外国投资的成本。考虑到外国投资委员会有权决定自己的管辖权,通过审查收费来筹集资源的外国投资委员会可能会发现,自己可能会将自己的案件负担扩大到真正需要的范围之外。

2.3.2.1.4 后果

《外国投资风险评估现代化法》最终可能会要求美国公司向新一批美国官员披露其关键技术,以获得外国投资,甚至是在海外建立合作关系的批准。此外,行政行动可能会进一步扩大外国投资委员会的权限,重新审查对外交易,或要求"投资互惠"。"国会和行政部门应该仔细考虑大幅提高政府干预市场的权力所带来的影响和权衡,尤其是当这些权力可能被滥用以达到政治目的时"。

2.3.2.2 彼得森国际经济研究所认为美国加征关税令人费解

特朗普当局启动了与中国的贸易谈判。美自由主义思想库彼得森国际经济研究所高级研究员博文(Chad P. Bown)指出,最大贸易伙伴中国和其他大部分美国的贸易伙伴 2018 年都度过了一个漫长的夏天,为了抑制进口,特朗普连续在 6—8 月宣布加征关税,政府同时表示后续还会加征更多关税。到中期选举时,仅仅是 2018 年新开征的关税,就会影响到占美国进口总额 40% 的商品。[1]

　　美国关税政策令人费解。当特朗普无视先前发出的警告并执意宣布加征关税后,贸易伙伴国们立刻采取了报复性措施。特朗普释放的信号是美国应当减少和全世界做生意,特朗普的一些关税政策似乎是带有惩罚意味的,例如针对中国的关税政策。其余政策的目的似乎是威胁这些国家开启贸易谈判。但是即便是特朗普自称为"贸易"的一些交易,实际上也不能增加贸易额。特朗普加征关税历程回顾。

2.3.2.2.1　美国对 480 亿美元钢铁和铝制品征收进口关税

　　6 月 1 日,特朗普宣布对来自加拿大、墨西哥和欧盟的金属制品征收新的进口关税。这是特朗普宣布"国家安全"遭受威胁以来,继中国、俄罗斯和部分其他国家之后又一次加强对钢铁和铝制品进口进行限制。关税造成了一片哗然。欧盟和加拿大不仅是美国重要的经济和军事伙伴,还是美国最大的钢铁原料来源地。欧盟和加拿大的钢铁行业还受到全球产能过剩和中国工业补贴的影响。美国需要使用加拿大出口的钢铁来生产例如福特 F‑150 卡车保险杠之类的产品,因此加征关税对美国企业来说未必是好事。从政治上看,无论是总部在美国的铝业协会还是代表工人的工会,都尤其反对特朗普针对加拿大的关税政策。

　　与此同时,美国的贸易伙伴们迅速采取了报复性措施。加拿大、墨西哥、欧盟和土耳其等对超过 230 亿美元的美国进口产品加征关税。部分关税针对的是美国的钢铁和铝制品,这些产品是特朗普关税政策的主要受益者。其他关税打击的对象包括哈雷摩托车、肯塔基波旁威士忌和美国的农产品,这样的设置富含策略性,目的是为了刺激美国主要的议员和选民站出来抵制特朗普的关税政策。

2.3.2.2.2　中国遭受了 500 亿美元关税打击

　　2018 年 7 月 6 日,美国突然宣布对 340 亿美元的中国进口产品征收关税。紧接着又于 2018 年 8 月 23 日宣布对另外 160 亿美元的中国进口产品征收关税。

---

[1]　Chad P. Bown, "For Trump, it was a summer of tariffs and more tariffs. Here's where things stand," piie.com, September 17, 2018.

除此以外,特朗普可能最早于 2018 年 9 月就会对另外 2 000 亿美元的中国进口产品征收关税。特朗普 2018 年 9 月 7 日表示,美国用关税就可以支付每年从中国进口 5 000 亿美元产品所需的全部资金,他曾多次表达过这一观点。

中国立刻采取了反击。宣布对包括小汽车、农产品和食品在内的 500 亿美元美国进口产品加征关税。2018 年 8 月初,中国宣布对另外 600 亿美元的美国进口产品征收对抗关税。中国仍然是特朗普的重要目标,他采取的关税政策履行了他的竞选诺言。不过,人们尚不清楚除了关税之外总统是否还需要其他的东西。自 2018 年 5 月份中美双方进行了一轮谈判之后,维持两国高层间的对话似乎都成了件困难的事情。中国对谈判的内容和实质都不满意,例如,双边贸易逆差、中国经济结构性改革以及应当与特朗普团队中哪些成员进行谈判。

2.3.2.2.3　特朗普向美国农民提供了 120 亿美元补贴

美国农业和渔业从业者已经开始抱怨关税给他们带来的经济副作用。特朗普的关税措施所引发的报复行动打击了 270 亿美元的美国农产品和海产品出口,包括堪萨斯高粱、中西部上游的大豆、加利福尼亚的水果和坚果以及缅因州的龙虾。

特朗普随即宣布了高达 120 亿美元的新补贴。这是为了避免中期因此遭受政治冲击,2018 年 9 月 4 日,美国的农业部向部分农民支付了补贴,并直接要求联邦政府购买被其他国家拒之门外的农产品。

2.3.2.2.4　美将对 3 500 万美元的进口汽车征收关税

特朗普威胁对加拿大和墨西哥进口汽车征收关税。这两个国家以及欧盟、日本、韩国向美国出口的小汽车、卡车和汽车零部件份额达到了 3 500 亿美元。和对钢铁和铝征收关税所适用的法律相同,特朗普将获得法律授权,可以在另一项即将完成的调查结束之后征收此类关税。

2.3.2.2.5　北美供应链受《北美自由贸易协定》重新谈判的威胁

墨西哥不得不接受《北美自由贸易协定》重新谈判条款。其中包括代价高昂的新"原产地规则",一辆进口汽车要享受零关税,就必须满足若干产自北美的条件,据报道,在 2018 年 8 月 27 日墨西哥自愿同意将限制本国向美国出口汽车的数量。

　　加拿大在《北美自由贸易协定》的重新谈判中仍然陷入困境。在宣布与墨西哥之间的协议后,特朗普公然威胁,"我认为对付加拿大最简单的方式就是对他们进口到美国的汽车征收关税"。供应链跨境和加收关税会加重美国企业和工人负担,但这样的事实并未能阻止特朗普对加拿大进口的铝制品征税,因此加拿大方面担心摆出类似的事实并不能阻止美国对加拿大继续加收关税,除非加拿大也像墨西哥一样同意新条款。

　　美国整体经济仍然处于稳固状态。但特朗普的关税以及随之而来各国的报复行为已经给数千名美国农民、公司、工人和消费者带来了痛苦。到目前为止,特朗普总统在 2018 年宣布实施的关税没有一项被取消。他的贸易政策也没有受到美国法院和国会的限制。这些关税的确让特朗普履行了他竞选时的承诺。但是,与此同时附加给美国民众的伤害似乎会继续增加,这让人们对特朗普关税政策背后的长期目的产生了新的质疑。

2.3.3　税收基金会

2.3.3.1　税收基金会分析美耗资 90 亿打贸易战

　　关税成本最终会转嫁给消费者。在《减税与就业法》实施不到 3 个月内,特朗普总统宣布政府将对进口钢铁征收 25% 的关税,对进口铝征收 10% 的关税,旨在降低对进口商品的需求从而为国内生产者开放市场,但这些税收成本最初将由购买进口钢铁和铝的企业承担,最终通过较高的价格转嫁给消费者。[1]

　　新关税计划或导致美国公司 90 亿美元的成本。虽然美国政府尚未公布加税规模的预测数据,根据估计,如果 2018 年进口量与 2017 年相等,新税规定将多耗费美国公司近 90 亿美元的成本。例如,2017 年进口钢材的价值总计超过290 亿美元。如果针对该批进口钢材征收 25% 的关税,那么这笔税金总计约

---

[1]　Scott A. Hodge, "New Tariff Plan Could Cost States $9 Billion," https://taxfoundation.org/new-tariffsvcould-cost-states-9-billion, March 6, 2018.

73 亿美元。同样,对 2017 年进口价值为 168 亿美元的铝征收 10%的关税,这笔税收将达到近 17 亿美元。

新关税计划会影响钢铁出口国家及进口钢铁和铝的地区和州。事实上,三分之二的新税率最初将由 10 个州承担,其中得克萨斯州、纽约州、加利福尼亚州、佛罗里达州和犹他州是受影响最大的五个州。特别是钢铁的进口关税成本将近 73 亿美元。

下表根据出口到美国产品的价值,列出了前 15 个钢铁出口国,而从这 15 个国家进口的钢材价值占美国制造商 2017 年采购的所有进口钢材的 80%以上。其中加拿大以向美国公司提供超过 50 亿美元的钢铁价值名列榜首。因此,25%的关税将使加拿大钢铁成本增加 12 亿美元以上。而韩国、墨西哥和德国的出口量排名前 5,中国排在第 10 位。如果对 2017 年进口总额征收 25%的关税,那么这 15 个国家的总税额将高达 60 亿美元。

表 1 美国钢铁进口前 15 个来源地

国家/地区	2017 年进口总额（千美元）	25%关税额（千美元）
进口总额	29 138 335	7 284 584
加拿大	5 119 944	1 279 986
韩　国	2 785 764	696 441
墨西哥	2 501 226	625 307
巴　西	2 442 468	610 617
德　国	1 833 793	458 448
日　本	1 657 908	414 477
俄罗斯	1 431 273	357 818
中国台湾地区	1 261 033	315 258
土耳其	1 182 998	295 750
中　国	976 330	244 083
印　度	732 425	183 106
意大利	725 800	$181 450
越　南	519 732	129 933

续　表

国家/地区	2017 年进口总额（千美元）	25%关税额（千美元）
荷　兰	511 829	127 957
瑞　典	493 260	123 315
其他国家或地区	4 962 552	1 240 638

数据来源：美国商务部、执法与合规部。

2017 年，美国公司进口了价值超过 168 亿美元的铝，其中近 90%来源于这前 15 个国家。如果进口价值保持在 2017 年的水平，那么 10%的关税将使进口铝的成本提高近 17 亿美元。同样，从加拿大进口的铝排名第一，价值超过 68 亿美元。因此，10%的关税将使加拿大铝的价格上涨超过 6.86 亿美元，中国是第二大供应商，美国公司从中国进口价值超过 17 亿美元铝，10%的关税将使中国铝的成本上涨 1.75 亿美元以上。俄罗斯和阿拉伯联合酋长国是剩下国家中仅有的两个向美国出口铝价值超过 10 亿美元的国家。

表 2　美国铝合金前 15 个进口来源地

国家/地区	2017 年进口总额（千美元）	10%关税额（千美元）
进口总额	16 821 429	1 682 143
加拿大	6 863 292	686 329
中　国	1 758 921	175 892
俄罗斯	1 569 202	156 920
阿联酋	1 343 987	134 399
巴林岛	585 332	58 533
阿根廷	546 673	54 667
印　度	379 247	37 925
南　非	376 944	37 694
卡塔尔	307 046	30 705
德　国	259 988	25 999
法　国	225 868	22 587
墨西哥	208 132	20 813

续　表

国家/地区	2017 年进口总额（千美元）	10%关税额（千美元）
印　尼	199 047	19 905
委内瑞拉	180 485	18 049
澳大利亚	154 316	15 432
其他国家和地区	1 428 580	142 858

数据来源：美国国家商务部。

关税的初步影响主要集中在美国 10 个州，最终根据所购买的产品，这些成本将由消费者承担，消费者包括从购买汽车以及家电的家庭消费者到为办公楼和工厂购买钢材的建筑公司。

美国使用国际贸易管理局的周进口数据估算关税对各州的初步影响，该数据列出了 2017 年各州的主要金属进口额，这一大类（NAICS 代码 331）包括钢材和铝的进口。如下表所示，2017 年得克萨斯州进口数量最多，占全国主要金属进口量的 10.8%。纽约是第二大金属进口州，占比 8.5%。其次是加利福尼亚州和佛罗里达州，均为 5.9%。犹他州与俄亥俄州分别占比 5.6%，排名前 10 的州进口量约占全国主要金属进口量的 63%。

我们假设关税的初始发生额与各州的进口成比例，那么可以看到，如果进口量保持在 2017 年水平，得克萨斯州企业将在总额约 90 亿美元的进口税中支付近 10 亿美元。其中包括超过 7.86 亿美元的钢铁关税以及超过 1.81 亿美元的铝关税。纽约州公司将支付超过 7.58 亿美元，加利福尼亚州、佛罗里达州和犹他州的公司将支付超过 5 亿美元。排名前 10 的州将因进口主要金属，对进口产品共同支付超过 56 亿美元的高价。

表 3　加征钢铁和铝合金关税对美国的影响预期（单位：千美元）

地　区	进口量占全国(%)	25%钢铁关税额	10%铝关税额	关税总额
美　国	100.00	7 284 584	1 682 143	8 966 727
得克萨斯	10.80	786 875	181 704	968 579

地　区	进口量占全国（%）	25%钢铁关税额	10%铝关税额	关税总额
纽　约	8.50	616 452	142 350	758 802
加利福尼亚	5.90	426 590	98 507	525 097
佛罗里达	5.90	426 261	98 431	524 692
犹　他	5.60	410 218	94 727	504 944
俄亥俄	5.60	404 932	93 506	498 438
伊利诺伊	5.50	402 265	92 890	495 155
新泽西	5.30	387 783	89 546	477 329
宾夕法尼亚	5.20	380 532	87 872	468 404
路易斯安那	5.00	364 785	84 235	449 020
马里兰	4.90	355 781	82 156	437 937
康涅狄格	4.00	294 643	68 038	362 681
密歇根	3.80	276 163	63 771	339 935
印第安纳	3.00	221 141	51 066	272 207
佐治亚	2.90	213 602	49 324	262 926
阿拉巴马	1.90	136 356	31 487	167 843
马萨诸塞	1.80	129 097	29 811	158 908
密苏里	1.70	127 189	29 370	156 559
肯塔基	1.60	116 878	26 989	143 868
华盛顿	1.40	100 502	23 208	123 710
南卡罗来纳	1.20	86 720	20 025	106 745
北卡罗来纳	0.90	64 084	14 798	78 883
阿肯色	0.70	49 972	11 539	61 511
威斯康星	0.70	48 371	11 170	59 540
弗吉尼亚	0.70	47 427	10 952	58 379
田纳西	0.60	46 697	10 783	57 481
艾奥瓦	0.60	43 971	10 154	54 125
俄勒冈	0.60	41 629	9 613	51 242
明尼苏达	0.60	40 786	9 418	50 205
亚利桑那	0.50	37 047	8 555	45 602

地　区	进口量占全国(%)	25%钢铁关税额	10%铝关税额	关税总额
密西西比	0.40	29 255	6 755	36 010
俄克拉荷马	0.40	28 736	6 636	35 371
西弗吉尼亚	0.30	20 586	4 754	25 340
特拉华	0.20	15 437	3 565	19 001
新罕布什尔	0.20	12 489	2 884	15 372
科罗拉多	0.20	11 806	2 726	14 532
罗德岛	0.10	10 793	2 492	13 285
北达科他	0.10	7 237	1 671	8 909
内布拉斯加	0.10	6 303	1 455	7 758
堪萨斯	0.10	4 930	1 138	6 068
内华达	0.10	4 486	1 036	5 522
爱达荷	0.10	3 831	885	4 716
蒙大拿	0.00	3 539	817	4 356
缅　因	0.00	3 199	739	3 938
南达科他	0.00	2 637	609	3 245
新墨西哥	0.00	2 598	600	3 198
阿拉斯加	0.00	2 448	565	3 014
怀俄明	0.00	1 704	394	2 098
佛蒙特	0.00	1 505	347	1 852
夏威夷	0.00	314	72	386
哥伦比亚特区	0.00	36	8	44

数据来源：美国商务部。

2.3.3.2　结论

虽然可能很容易忽视 20 万亿美元经济中约 90 亿美元税收增加带来的影响，但从税收角度看，特朗普政府提出的新关税远远超过了最近《减税与就业法》为小企业带来的税收优惠。因此，一些小型制造企业将看到他们从修订的支出立法中可获得的福利将被新关税带来的成本抵销。

这些税收上涨的影响可能会被美国大多数消费者承担,但最初成本将集中在美国一小部分州,在推进该项政策之前,政府会很好地衡量新关税计划的成本和收益。

2.3.3.3　税收基金会质疑特朗普关税政策

特朗普总统签署两项关税声明,对进口钢铁征收 25% 的关税,对进口铝合金征收 10% 的关税。美国税收游说组织税收基金会总裁、知名税收学家哈奇(Scott A. Hodge)指出,大多数经济学家在比较征收关税的收益与经济成本后,对实施效果提出质疑,尤其是考虑到《减税与就业法》带来的全球竞争优势。对加拿大和墨西哥免征关税的决定,无疑将表明,这些政策无法满足商务部对钢铁和铝合金所预设的产能目标。根据商务部专题报告,提高关税的目的,是限制进口商品数量,从而使国内产量从目前产能的 73% 提升至 80%。商务部认为,80% 的比例与保持该行业的长期财务景气是相当的。[1]

商务部报告提供了两套确保实现 80% 产能目标的方案。第一套方案是在全球范围内对钢铁征收 24%,对铝合金征收 7.7% 的关税,没有任何豁免。第二套方案是对特定国家(巴西、韩国、俄罗斯、土耳其、印度、越南、中国、泰国、南非、埃及、马来西亚和哥斯达黎加)的钢铁征收 53% 关税,包括了除加拿大和墨西哥以外,几乎所有钢铁和铝合金出口大国。剔除加拿大和墨西哥,特朗普政府等于将美国 26% 的进口钢铁和 40% 的进口铝合金排除在征税范围外。因此,要实现商务部提出的保护美国钢铁和铝合金业的目标很难。

这是联邦政府 40 多年来拯救钢铁行业的最新举措。商务部认为,历届政府都曾采取过进口配额或关税手段解决钢铁进口问题,包括布什当局、克林顿

---

[1] Scott A. Hodge, "Correct Decision to Exempt Canada and Mexico Assures that New Tariffs Won't Work as Planned," https://taxfoundation. org/correct-decision-exempt-canada-mexico-assures-new-tariffs-wont-work-planned/, March 9, 2018.

当局(三次)、小布什当局、里根当局(三次)、卡特当局(两次)以及尼克松当局。既然往届政府的关税政策都彻底失败了,商务部为什么认为这次关税行动会奏效?

美国钢铁和铝合金业并不需要借助关税壁垒提升全球竞争力。最近《减税与就业法》已提升了其竞争力,该法将企业所得税率从35%降至21%,使美国公司的竞争力瞬间提升了40%,还允许公司将资本投资直接费用化,这对于钢铁和铝合金制造等资本密集型行业是重大利好。《减税与就业法》还倾向对跨国公司进行属地征税,这在很大程度上将减少对出口商海外利润的征税。

加征关税会削弱《减税与就业法》对经济增长的促进。征收关税后,钢铁和铝合金的采购成本会增加,最终将通过提高终端产品价格来转嫁给消费者。联邦政府本可以很好地让特朗普总统的标志性立法成就在提升所有美国公司竞争力方面发挥积极作用,而不是像以往那样草率地征收关税。征收关税可能会削弱这场31年来首次重大税收改革所带来的经济收益。

2.3.3.4 税收基金会分析特朗普关税政策

在2018年的前几个月,特朗普政府颁布了对进口太阳能电池板、洗衣机、钢铁和铝的关税。预计政府将对价值约500亿美元的中国进口商品征收25%的关税。美国贸易代表办公室(USTR)调查的结果体现在拟议的301关税中,美国更新了之前的分析,加入了对钢铁和铝的关税,以及价值约500亿美元的对中国产品的关税。美国之前的分析模拟了1 500亿美元的进口关税,该分析模拟了约950亿美元的已颁布和即将颁布的进口关税。美国发现,由此产生的215亿美元的关税将使GDP和工资降低0.06%,长期就业减少45 293个全职工作岗位,并降低美国税收负担的累进性。

2.3.3.4.1 关税和经济

经济学家普遍认为,自由贸易会提高经济产出和收入水平,与之相反的,贸易壁垒会降低经济产出和收入。历史证据表明,关税提高了物价并减少了美国企业和消费者可用的商品和服务数量,从而导致收入下降,就业降低和经济产出减少。

关税可以通过几个渠道减少美国的产出。一种可能性是,关税可能以更高的价格传递给生产者和消费者。关税可以提高零部件和材料的成本,从而提高使用这些生产投入的商品的价格,降低私营部门的产出。这将导致资本所有者和工人的收入降低。同样,由于关税而提高的消费价格会降低劳动力和资本收入的税后价值。因为升高的价格会降低劳动力和资本的回报,他们会诱导美国人减少工作和投资,从而导致产出下降。

美元可能会因关税而升值,抵消了美国消费者面临的潜在价格上涨。然而,价值升高的美元将使出口商更难在全球市场上出售他们的商品,从而导致出口商的收入下降。这也将导致美国工人和资本所有者的产出和收入下降,从而减少对工作和投资的激励,并导致经济规模缩小。

2.3.3.4.2　关税影响

根据税收基金会的税收和增长模型,每年增加的 215 亿美元的关税将使国人生产总值的长期水平下降 0.06%,即约 118 亿美元。缩小的经济体将导致工资降低 0.06%,缺失 45 293 个全职工作岗位。

表 4　特朗普总统颁布的关税对经济的影响

长期 GDP 变动的百分比	−0.06%
长期 GDP 变动(以 2018 年为基准,单位:十亿美元)	−$11.8
长期工资率变动	−0.06%
全职等效工作岗位的变化	−45 293

资料来源:2018 年 3 月税收基金会的税收和增长模型。

从静态角度来看,新关税将使所有纳税人的税后收入减少 0.14%。关税的增加将使税收负担的分布减少累进性。这些关税会让收入在后 80% 的纳税人的税后收入减少 0.14%,收入在前 20% 的纳税人的税后收入减少约 0.13%。收入在前 1% 的纳税人的税后收入降幅最小,为 0.11%。

表 5　钢铁、铝和中国进口产品征收关税的分配影响

2018 年税后收入变化的百分比	
收 入 阶 层	钢铁、铝和中国进口产品的关税
0% 到 20%	−0.14%
20% 到 40%	−0.14%
40% 到 60%	−0.14%
60% 到 80%	−0.14%
80% 到 100%	−0.13%
80% 到 90%	−0.14%
90% 到 95%	−0.14%
95% 到 99%	−0.14%
99% 到 100%	−0.11%
合　　计	−0.14%

资料来源: 2018 年 3 月税收基金会的税收和增长模型以及作者的计算。

2.3.3.4.3　结论

特朗普在对价值 290 亿美元的钢铁进口产品、170 亿美元的铝进口产品和 500 亿美元的中国进口产品征收关税。这些关税将导致 GDP 和工资的水平长期下降 0.06%, 减少 45 293 个全职的工作岗位。关税将更多地落在中低收入的纳税人身上, 减少税收负担分布的累进性。

税收基金会用税收和增长模型来模拟关税的影响。在税收基金会的模型中, 关税被视为对可贸易行业的有针对性的消费税, 最终将落在美国劳动力或资本上, 导致产出减少。为了模拟分配影响, 要素收入越少, 美国征税越多, 从而降低了劳动力和资本收入的回报。在对关税进行建模时, 美国没有考虑到其他国家的潜在反应, 也没有算进税收对各部门影响不均衡造成的额外福利损失, 这两种情况都可能导致额外的经济影响。

2.3.3.5　税收基金会分析汽车关税收益

特朗普政府正在考虑对汽车进口征收高达 25% 的关税。[1] 征税范围可能

---

[1] Erica York, "Automobile Tariffs Would Offset Half the TCJA Gains for Low-income Households," taxfoundation. org, June 4, 2018.

包括汽车、卡车和汽车零部件。2018 年 5 月 23 日,美国商务部长威尔伯·罗斯（Wilbur Ross）根据美国贸易法第 232 条开始对汽车进口和汽车配件进口的关税进行国家安全调查。2018 年由于《减税与就业法》的实施,美国家庭的税后收入增加了,美国估计提高汽车进口关税会降低这些家庭的税后收入增长幅度。

增税的确切数额可能会与预计有所不同。2017 年,美国的汽车进口消费近 2 930 亿美元,同时为这些进口产品支付了约 34 亿美元的关税。如果假设进口水平将保持不变并且拟议的关税政策将适用于税法中“车辆”一章（即第 87 章）下协调关税表中的所有货物,除已征收的关税外,这意味着新关税将增加税收 730 亿美元。第 87 章中的某些车辆或部件很可能被排除在新关税的适用范围之外,而其他章节中的某些部分则可能会被包括在新关税的适用范围之内。

根据上述假设,我们估计新的汽车关税将使所有纳税人的税后收入在 2018 年减少 0.47%,同时使税收负担分配不那么累进。对于纳税人来说,后 80% 纳税人负担的关税份额将下降,他们的税后收入减少 0.49%,前 20% 纳税人只减少 0.45%。收入排名前 1% 的纳税人税后收入减少幅度最小,只有 0.39%。

表 6 《减税与就业法》及拟定汽车关税政策的分配效应

2018 年税后收入变动百分比				
收入组别	TCJA 效应	关税效应	净效应	效应变化
0%~20%	1.00%	−0.49%	0.51%	−49%
20%~40%	1.70%	−0.49%	1.21%	−29%
40%~60%	1.70%	−0.49%	1.21%	−29%
60%~80%	1.70%	−0.49%	1.21%	−29%
80%~100%	3.90%	−0.45%	3.45%	−12%
80%~90%	1.90%	−0.47%	1.43%	−25%
90%~95%	2.10%	−0.49%	1.61%	−23%
95%~99%	3.80%	−0.47%	3.33%	−12%
99%~100%	7.00%	−0.39%	6.61%	−6%
合 计	2.90%	−0.47%	2.43%	−16%

来源：2018 年 6 月的税收基金会税收和增长模型,以及税务基金会的计算。

表 6 比较了 2018 年汽车关税的分配效应对 2018 年《减税与就业法》分配效应的影响,并表明这些关税将降低美国家庭——特别是中低收入家庭——预期的税后收入增长。

我们估计由于减税立法的实施,20% 至 40% 收入群体的家庭在 2018 年的税后收入将增加 1.7%。然而,汽车关税会对其产生抵消效应,使这些家庭的税后收入减少 0.49%。这意味着汽车关税将使该组家庭的税后收入预期增长减少 29%。

对 0 到 20% 收入组别的家庭征收的关税最高,会使得他们税后收入的预期增长率降低 49%——这就是说,假设这一组的平均收入增加 100 美元,如果征收关税,他们只能获得 51 美元的收入。相比之下,关税将使前 1% 的家庭的税后收入估计增加约 6%。

经济学家们普遍认为,自由贸易会增加经济产出、提高收入水平,相反,关税等贸易壁垒会降低经济产出和收入水平。虽然可能需要一段时间才能完成汽车进口调查,但我们应该预计到任何进口关税都会降低经济产出和收入。如果实施了新关税政策,这些汽车关税税负将更多地落在中低收入纳税人身上,从而减少了这些家庭由于减税立法带来的收入增加幅度,并使税收负担分配不具累进性。

模型要点税务基金会根据税收和增长模型来模拟关税的影响。在税收基金会的模型中,关税被视为贸易相关行业的靶向消费税,税负最终会落在美国的劳动者或企业上,导致经济产出减少。为了模拟分配影响,我们将税收作为要素收入,它降低了劳动力和资本收入的回报。在模拟关税影响时,我们没有考虑外国的潜在反应,也没有考虑跨部门影响不均衡的税收带来的额外福利损失。为了计算增税额,我们假设对 2017 年协调关税表第 87 章所涵盖的所有货物都按 25% 的关税税率征收关税。

2.3.3.6 美税改会增加贸易逆差

《减税与就业法》将促进美国内投资、就业和收入,这是好事。美国税收政策游说组织税收基金会高级研究员恩廷（Stephen J. Entin）指出,该立法产生的另一个影响值得关注。该立法将暂时增加美国贸易逆差,并扩大经常账户赤字,贸易逆差涵盖交易货物、服务以及某些汇款和转账,例如外国援助。但这不应令人担忧,而应被视为美国吸引世界投资的积极信号。贸易逆差增加反映出更多资本流入美国,改革立法中削减营业税,将加速为美国带来更多投资、加速资本形成,加速美国劳动生产率和工资水平的提高。[1]

一、增长较快的经济体,贸易赤字较大(或顺差较小)。美国的产出和收入增长较快,尤其是在国外增长率不变的情况下,会增加美国的贸易逆差。美国的投资支出将迅速增加,且随着收入的增加,消费支出也会增加,其中一些增加的支出将用于进口。其他国家收入不变的情况下,出口也将基本保持不变。贸易逆差至少在一段时间内会增加。当贸易逆差是经济加速增长的结果,而非其他国家消费者购买的下降时,它不会拖累国内经济。

二、如果增加实物资本,就需要加大投资。增加厂房、设备、办公空间、商业和住宅建筑、农业结构和交通基础设施等实物资本需要额外的资产。建设存量资本期间,投资将大幅增加。一旦形成额外资本,投资将会略有下降,但仍然高于以前水平以维持较大的资本存量。一些增加的建筑和生产设备需要更多的劳动力来实现。无论是通过扩大劳动力队伍,还是延长现有工人的工作时间,即使在充分就业的情况下,劳动力的增加是可能的。

除此之外,创造更多的资本需要将一些资源转用于投资,而非用于生产消费品和服务。一定程度上,更高的资本存量建设期间增加的进口将弥补消费产出的亏损。可能会进口一些所需的设备,以及额外的消费品和服务。进口减少了实现额外投资所需的短期牺牲。美国预计在调整到新的资本存量期间,贸易逆差会增加。

三、从高储蓄和资本流入中为扩张融资。美国资本存量的潜在增加以及联

---

[1] Stephen J. Entin, "Tax Reform Bill Will Increase the Trade Deficit. Good or Bad," *Tax Foundation*, May 3, 2018.

邦预算赤字的增加必须通过额外储蓄来筹资。一些储蓄增量将由美国人完成。资本回报率越高，人们就可以省钱购买美国股票和债券，并增加对小企业的投资。企业营业收入和个人减税，以及通过支出获得更快的折旧，将通过提高税后现金流直接增加企业的储蓄。工资薪金减税的一部分将被保留。但是美国国内储蓄的增长可能不足以弥补资本存量扩张和增加的联邦借款带来的赤字。其余部分，美国必须依靠国际资本流动。

四、全球储蓄足以为经济扩张提供资金。随着《减税与就业法》出台，全球资本市场将不会存在容纳资本存量扩张和美国财政赤字的资金问题。未来10年的全球储蓄将达到约250万亿美元，其中的一小部分需要被用于资助美国额外的联邦预算赤字。如果美国考虑政府总借款，需要的资金会更少。政府总借款因州和地方政府结余的增加而减少，而这种结余将自然产生于联邦税收立法的税基扩大规定和更快的经济增长。

全球储蓄重回美国有两个来源。第一，一些流向国外的美国储蓄将留在美国。美国居民（个人和企业）将购买更多的美国金融和实物资产以及更少的海外资产（更多国内贷款，更少海外贷款）。第二，外国储户可能会增加对美国资产的购买（出借更多给美国）。这两种行为的转变都增加了美国净流入资本。

1981年的经济复苏税法证明了这一点。该立法分三年实施，并于1982年底实现净减税。在1982年至1984年间，经济增长在加速。联邦预算年度赤字增加约1 000亿美元。但美国银行完全能够为增加的赤字和私人部门投资提供资金。美国银行将海外年度贷款从1982年的约1 200亿美元减少到1984年的约200亿美元，将贷款留在国内，而非投向国外项目。银行贷款的重归与预算赤字的变化大致相同。在最近10年的后期，一些额外的外国资本流入美国。

每个买方都对应一个卖方，流出该国的价值必须与流入的价值相等。随着越来越多的美国储蓄和贷款留在国内，以及更多的外国储蓄出借到美国，美国人收到更多外汇来消费国外货物和服务。当外国人寻求参与不断扩张的美国资本形成时,外国人必须通过向美国人出售更多的产出来赚取美元以购买额外的美国资产。

流入美国的资本增量都与经常账户赤字同等增长相匹配。流向美国的资本流增加意味着寻求美元投资的外汇涌入。在美国购买外国货物和服务相应增长从而平衡资本流入之前,美元会上涨。增加的支出将部分用于扩大美国工厂的投资品,部分用于消费品。这些增加的支出将超过美国上升的生产水平,而不是美国生产的替代或转移。

五、持续减税带来经济收益持续增长。资本流入助力于资本存量的增加将是暂时的。额外资本是有限的,一旦这些资本完成融资,以此为目标的资本流入也将结束,国际储蓄流将恢复正常,美元水平和经常账户余额也将恢复正常。短期内,资本流入将推高美元和经常账户赤字。中期内,外国人将获得更多的股息和其增持的美国资产的利息,这将有助于扭转资本流动、美元上涨和经常账户增加。长期来看,美国储户也将获得更多的利息和红利,并且对资本流动的影响将会消失。注意到新工厂、设备和其他建筑物必须一次性付款,资本流动的临时性才能得到最好的理解。此后,额外资本自身可获得足够的资金来支付维护或更换费用。随着额外资本的形成,美国的工资和就业将上涨,美国人的储蓄总额将上升。随着时间的推移,美国人将投资于更多的扩张。随着美国人增持美国资产,最初可能由外国人购买的一些政府债券可能会被美国人再融资。美国人将增持本国或外国股票和债券。长远来看,国内储户与外国投资者的持有量将恢复到美国生产资本总量的正常份额。

《减税与就业法》将增加美国的投资和收入,还将使该国在生产和就业方面更具竞争力。贸易逆差将短暂上升,但是在一个更强劲、增长更快的经济体的背景下。伴随的资本流入将加速美国工业和就业的扩张。最后,贸易逆差的暂时增加不应被误认为对经济有害,也不应成为取消减税或限制贸易的理由。

2.4 保守智库与贸易战

2.4.1 战略与国际问题研究中心（CSIS）

2.4.1.1 战略与国际问题研究中心奉劝特朗普解决贸易逆差不应鲁莽

年度贸易逆差通常在年末才能得知。[1] 虽然全年数据总是要滞后到 2 月才揭晓，但我们从已公布的 11 月的数据已基本窥得 2017 年概貌，11 月贸易逆差为 505 亿美元，增幅为 3.2%，为 2012 年 1 月以来的最高水平。2017 年 1—11 月逆差总计 5 130 亿美元，同比 2016 年增长了 11%。

经济学家认为贸易逆差意味着经济增长正在加快。事实上，上一次逆差大幅缩水是在最近的大萧条时期。个中关系显而易见，即经济衰退意味着增速放缓，就业率下降，消费紧缩，人们推迟或干脆放弃购买。观察近年来的失业率数据你会发现，它与贸易逆差呈负相关。

从经济学角度看，贸易逆差是把双刃剑。从长远来看，这种经济不平衡最终会带来问题。保罗·克鲁格曼说，赤字意味着一国正在进口当前消费，并输出未来消费。另一方面，消除逆差需要个人改变生活方式，或国家改变经济政策，而这可能带来更糟的短期后果。多数政治家不是经济学家，他们更喜欢从重商主义视角看待贸易，即逆差糟糕，顺差才好。简单地说，就是要出口，不要进口。

关于自由贸易还是重商主义的争论似乎永远不会停止。毫无疑问，当事情的发展偏离预期时，反对派会以嘲讽重商主义者为乐。眼前就是这样，贸易逆差在增加，总统承诺要减少逆差。民主党人似乎严格遵循"反对派的职责就是反对"原则，迅速围绕 2017 年 11 月贸易逆差做起了文章，他们幸灾乐祸地指出，当前的形势与总统的承诺截然相反，暗指特朗普的政策使一切变得更加糟糕。

这就是典型的"凡动刀者，必死在刀下"。总统将贸易逆差作为衡量经济成

---

[1]　William Reinsch, "Trade Deficits: Live by the Sword … ?" https://www.csis.org, January 17, 2018.

功的关键指标,并承诺会扭转逆差,那么现在他就必须承受失败的后果。此外,这些数据不会说谎。不幸的是,这些其实并不重要。退一步说,想在一年不到的时间里扭转形势不现实。总统错误地将缩小逆差作为衡量成功的标准,而民主党人也同样错误,或至少是虚伪地接受了他的前提,因为这样他们就可以利用失败来攻击特朗普。专家认为,两党都应该有更加清楚个中关系的人,但事实上这样的人越来越少,因为无论总统说什么,共和党人总是急于去捍卫他,而民主党人则会下意识地对他发起攻击。

贸易逆差表明美国消费支出长期超过了储蓄。解决贸易问题往往需要以国内经济政策为抓手,而非贸易政策。随之而来的是"永恒的困境",总统所倡导的促进就业和经济增长的政策也同时促进消费,而这将导致更大的贸易逆差,这就是刚刚通过的税改立法的讽刺之处。如果它产生了预期的增长效果,它也将不可避免地进一步扩大贸易逆差,这也意味着总统将再次被要求解释"失败"的原因,而反对派也将再次对他进行攻击。

2.4.1.2　战略与国际问题研究中心警告特朗普不要重蹈覆辙

特朗普总统贸易政策议程引用了乔治·华盛顿告别演讲的有关言论。[1]然后,它继续倡导更符合 18 世纪,或者更准确地说,是 17 世纪的政策,因为它是严重的重商主义政策,是法国路易十四的杰作。长期以来,美国借鉴了华盛顿时代首任财政部长亚历山大·汉密尔顿的建议,并且基本上奉行了孤立主义和保护主义,旨在保护和建设新的制造业的政治战线,保护美国免受"外国纠缠"。美国不像欧洲那样周围是暴躁的邻居,这样做有地理上的优势,美国与其他国家隔着海洋,附近只有人口稀少的加拿大、相对遥远的墨西哥。美国克服天然的"异构",需要付出很大努力,因此对此不感兴趣。

美国成为被高关税良好保护的国家。更偏好贸易的南方农业利益集团尤其是在南北战争之后,实际上失势了。1913 年,罗纳德·罗威尔逊·里根(Ronld

---

[1]　William A. Reinsch, "A Trade Policy for the 21st Century or the 18th Century?" https://www.csis.org, March 19, 2018.

Wilson Reagan)总统开始改变政策,但一战进一步破坏了贸易自由化计划。20 世纪 20 年代共和党重新执政,也到了历史上的高关税时期,关税之高在 1930 年的关税法中达到顶点,该立法通常被称为《斯穆特-霍利关税法》(The Smoot-Hawley Tariff Act)。虽然它不能被指责为是引发大萧条的罪魁祸首,但它确实使情况更糟糕,导致其他国家以牙还牙,贸易额大降。大萧条带来了富兰克林·罗斯福当选总统,他通过了 1934 年《互惠贸易协定法》,为贸易政策奠定了基础,促进了自由化。二战后达成了布雷顿森林协定,国际社会决心建立一个消除全球性战争的世界。尽管之后有一些短暂变化,但美国的这种努力在很大程度上使之成为最大的受益者之一,无论是在就业和经济增长方面,还是在维持美国在全球的领导地位、赢得冷战和地缘政治利益方面都是这样。

然而,特朗普总统认为:"……美国继续被动地坚持过时的、执行不力的贸易协定,并允许国际官僚机构损害美国的利益,将在全球市场使美国工人和商人处于不利地位,因为美国在缺乏强有力回应时,到处弥漫着不公平贸易。"

这里的第一个奇怪之处是所谓"过时、执行不力"的贸易协议。它指什么?跨太平洋伙伴关系协定很难说过时和执行不力,因为它从来没有开始。迄今为止,唯一签订的是《北美自由贸易协定》和《美韩自由贸易协定》。这也就不足为奇了,因为我们与大多数签署过贸易协定的国家都有贸易顺差,而除了墨西哥之外,最大的贸易逆差来自中国、日本和德国,他们与我们没有达成协议。

第二件奇怪而令人不安的事是所谓国际官僚机构破坏美国利益。这与一个新的贬义词"全球主义者"有关。全球主义者是指更多关心全人类共同利益(比如气候变化),以及那些致力于改善共同利益、由美国人设计的机构,而不是那些把美国视为优先的人。

这意味着拒绝国际合作和贸易双赢。显然特朗普总统很难理解美国的胜利不需要以其他人输为代价,因为他是房地产开发商,崇尚零和竞争。美国经济在后布雷顿森林时代实现繁荣,成为世界上最强大的力量,不应该轻率地把已经创造的机制抛弃。诚然,其他国家的增长速度正在加快,迎头赶上,但这并不意味着我们的失败,实际上我们已经建立了一个高效的体制,远离这些机构并不是成功的策略。我们的世界领袖地位最终将逐渐过渡到那些不认同我们的价值观、不重视我们所扮演的角色的国家身上。这不会使美国再次强大起来。

2.4.1.3　战略与国际问题研究中心分析美外商投资与国家安全

对于行政当局来说,外商投资与国家安全问题是在考虑中国问题及其对策时提出的。对外商投资政策和政策实施过程审查是 2018 年政府和国会的主要任务。美国战略智库国际战略研究中心专家、史汀生中心杰出研究员雷恩希(William Reinsch)将简要评论和介绍这些问题,并对有关问题进行回溯。[1]

如果所谓的"犯罪"是知识产权盗窃或强制技术转让,那么恰当的补救措施就是限制关键技术进一步流向其他国家的措施。目前,这种限制有两种形式:通过审查美国外国投资委员会提议的合并或者收购实施的对内投资限制;通过商务部工业和安全局(BIS)与国务院国防部贸易管制办公室管理的许可机制实施出口管制。如果总统希望进一步限制技术输出,他可以采用这种方式来鼓励更多投资和拒绝更多出口许可证。正如一些人推测的那样,如果他想变得更强大,他可以使用其他法规,最有可能使用的是《国际紧急经济权利法》(IEEPA)以建立基于互惠的更为全面的专门针对中国的投资控制政策。

与投资有关的立法大部分不受世界贸易组织规则保护,而且报复性的威胁并不像关税那么引人注目。但是,这并不意味着不会有任何后果。美国长期以来一直有一个开放的投资政策,并且从流入(和流出)的资金中获益颇多。即使对于一个国家来说,改变这一情况,也会向所有潜在投资者发出信号,表明美国已不再是它的欢迎之地,这增加了投资者追求其他地区投资增长机会的可能性。在另一方面,随之而来的也有不可避免的国家安全问题,这也是为什么美国会把美国外国投资委员会摆在了首要的位置上。迄今为止,阻止对内投资的政府权力的使用一直比较保守,虽然面对相似的拒绝情况,越来越多的其他机构已经被

---

[1]　William Reinsch, "Foreign Investment and National Security," www.csis.org/analysis/foreign-investment-and-national-security, February 20, 2018.

撤回,但迄今为止仅有四个项目受到拒绝。

国会日益担心大量的交易逃避美国外国投资委员会审查。包括绿色能源投资和那些不涉及收购的交易,例如在公司或者合资企业中获得少数股权,甚至是许可协议。虽然美国很难得到确切的数据,但是公众普遍估算认为尽管美国外国投资委员会审查达到了每年 250~300 个案件,仍然有大约 7 500~10 000 个未经审查的其他交易。

由约翰·科宁(John Cornyn)参议员和罗伯特·皮坦格尔(Robert Pittenger)众议员发起的国会立法——《外国投资风险评估现代化法》(FIRMMA),旨在通过扩大交易范围来弥补美国外国投资委员会评估可能会出现的缺陷。然而,该立法因为没有将这一进程扩大到国家安全范围之外,也因为需要庞大的官僚机构处理所有新案件和进行决策,并可能会向该系统引入更多的不确定性,从而遭到了左派和右派的反对,该立法是被继续反对还是顺利通过还有待观察。

出口管制制度已经涵盖兼并、收购、合资、许可协议和简单的出口,任何出口指定技术都需要出口许可证,而且已经有官僚机构和机构间流程来进行决策。最简单的步骤就是使用该过程,但目前来看,存在两个问题。

首先,确保涵盖所有关键技术是一项持续挑战,这意味着需要拥有能够跟上快速变化的创新型技术专家。其次,是执法的大问题——确保出口商、合资伙伴、被许可人等知道规则并遵守规则。这些问题有其自身的挑战。技术专家仅仅跟上创新是不够的,我们需要确保他们与发证机构进行有效沟通。在执法方面,问题不在于拥有合规办公室的老牌公司,而是对于初创公司来说,更多时候是这样的情况:在一家拥有卓越创意的车库里,有三人被一家外国公司提供了大量的资金支持,他们并不知道必须向美国外国投资委员会提交申请并获得新作品的出口许可证。请注意,这些问题适用于两个过程——美国外国投资委员会和出口管制——尽管只有后者在商务部拥有一个已经存在的执法机构。

鉴于国会和行政部门在考虑如何应对,希望两个部门都将注意力集中在这些执法问题上,而不是重新设计一个新的官僚机构。

2.4.2　传统基金会

2.4.2.1　传统基金会不满特朗普关税战

税收改革使得美国的全球竞争力大大增强。游说势力传统基金会经济学者安东尼·金(Anthony B. Kim)撰文指出,2017 年 2 月,美国众议院筹款委员会主席凯文·布拉迪(Kevin Brady)在国际税收竞争会议上发表评论说:"我们的税收改革计划使美国从全球竞争对手中脱颖而出,使美国税收制度重新成为世界上最有利于促进经济增长的体系。"[1]

美国在 2018 年释放了更大规模的经济增长。2017 年《减税与就业法》将联邦企业税率降至 21%。联邦和州企业所得税合计税率从发达国家中的最高税率 40% 降至 24.9%。新的较低税率使美国经济具有竞争力,增长率超过其他主要经济体。在促进经济增长的税收制度改革推动下,美国进行了商业开放并经历了稳固的经济扩张。正如《纽约时报》总结的那样,"美国经济处于最佳状态,经济稳定增长、劳动力市场得到普遍改善"。

在全球范围内评估美国的税制改革,国际货币基金组织的一项新研究认识到降低企业所得税税率的政策溢出效应。根据国际货币基金组织的研究,美国经济的飞跃可能会带来更多的举措,无论是美国国内还是美国国外。正如其报告所强调的:很明显,不管是美国还是世界上其他国家,进一步税制改革都很可能在不久之后到来。企业所得税税率几十年来一直在下降。美国在此方面的改革并不出乎意料,甚至可以说它加入这一趋势是出乎意料地迟到了。国际货币基金组织的研究指出,与税收改革之前相比,企业更有可能在美国实现利润并进行新的投资。正如最近的美国传统基金会税收研究所强调的那样,企业所得税税率降低可能会带来更多的收入、更多的就业机会、更多的投资,并最终带来更

---

[1]　Anthony B. Kim, "America Leapfrogged Other Countries in Tax Reform, and Economic Growth Is the Result," www. heritage. org, August 15, 2018.

多的经济机会。

关税政策抵消了税改带来的经济增长作用。如果美国总统特朗普不是以关税的形式损害了税收,从而削弱了经济增长进程,那么美国经济可以飙升很快。正如美国传统基金会主席詹姆斯(Kay Coles James)最近所说,关税是对美国工人及其家庭的加税。关税并不能保护这个国家"被遗忘的男人和女人",也不能带回工作岗位。相反,他们可能会失去现在和未来的美国就业机会并增加消费品的成本。特朗普总统做了很多。我们现在需要他做正确的事情:废除关税并将其重点放在将使所有美国人受益的经济增长和振兴的政策上。

事实上,特朗普越早采取行动,美国经济就会越大规模增长。

2.4.2.2　美保守势力不满特朗普对华贸易战

美国宣布对中国发动贸易战至今已历一年。2017 年 8 月 14 日,特朗普总统示意美国贸易代表罗伯特·莱特海泽(Robert Lighthizer)根据《美国贸易法》对中国进行 301 调查。一年后,仍然存在两个重要问题:特朗普的贸易代表取得了什么成绩? 贸易战还将持续多久? 就目前而言,还看不到休战的迹象。

首先,在过去的一年里,美国政府已对从中国购买商品的美国人加税了。

第一轮(680 亿美元跨境贸易)。7 月,美国贸易代表办公室(USTR)对从中国进口的价值 340 亿美元的商品加征 25% 的税收。这其中并不包括特朗普政府对洗衣机、太阳能电池板、钢铁和铝征收的税。从中国进口的征税产品主要包括工业设备、电子零件、电机、半导体、汽车零部件和一些化学品。中国方面以对美国向中国出口的价值 340 亿美元产品征收 25% 的税收作为回击。其中主要包括大豆、大米和烟草在内的农业产品,牛肉、猪肉和鸡肉在内的农产品和大量鱼类、水果和汽车。

第二轮(320 美元跨境贸易)。从 8 月 23 日起,美国贸易代表办公室和美国海关及边境保护局(CBP)将对从中国进口的价值 160 亿美元的商品加征 25% 的税收。应税产品包括涡轮机、熔炉、起重机、农业机械、电池、轨道部件和其他水上交通工具及飞机零部件。中国方面宣布,作为回击,将再次对美国出口至中国的商品加征 25% 的税收。加税主要针对化学品、气体、废料、额外的机动车辆和燃油。

第三轮（2 600 亿美元的跨境贸易）。2018 年 8 月初，特朗普示意莱特海泽考虑将对价值 2 000 亿美元的中国产品征收的 10% 的税率提高到 25%。特朗普戏称，他乐意对美国从中国购买的一切产品征税。对 2 000 亿美元产品征税将美国从中国进口的所有产品的成本提高近一半。只有玩具、服饰和一些消费品幸免于难。这部分税收将于 9 月初生效。由于中国消费者每年仅进口价值 1 300 亿美元的美国产品，中国方面无法再找到价值 2 000 亿美元的产品征税了。但取而代之的是，中国计划对价值近 600 亿美元的美国向中国出口的产品加税，约占美国向中国出口产品的一半。这些产品将被加征 5% 到 25% 的税。

总之，2017 年 7 110 亿美元的跨境贸易中至少有价值 3 600 亿美元的产品会在年底看到税收的增加。据初步估计，对中国进口产品加征关税及对中国报复性关税带来的潜在影响就是超过 450 000 美国人失业。白宫官员已明确表示，他们希望中国做出改变，且中国理应做出改变。未明确的是美国政府真正想要从中国获得什么。不清楚目的地在哪儿就很难到达想去的地方。

一年前，当特朗普首次要求莱特海泽开展 301 调查的时候，美国贸易代表办公室就表示将判定中国是否：

➢ 限制美国企业在许可和其他技术相关的协商中设定市场化条款的能力；

➢ 指导且促进对美国公司和资产的系统投资及收购，以获得大规模的技术转让。

目前，美国已发布对中国的 12 项需求清单，其中一些根本不切实际。比如，特朗普倾向于关注减少财政赤字，尽管财政赤字仅仅是个会计工具，贸易代表提出的上述四个关注点并未直接针对减少财政赤字这一问题。这四个关注点也未显著针对白宫 2018 年 5 月提出的其他需求，如技术相关产品以外的市场准入。更重要的是，美国没有明确的标准来宣称与中国贸易战的胜利。如果要取消关税，莱特海泽的办公室应明确中国应在上述四个关注点的哪个目标领域进行可行的改革。

尽管如此,仍没有迹象表明中国会如何应对。美国企业研究所的常驻学者德里科·西索斯(Derek Scissors)近期表示,美国和中国不会达成任何有意义的协议,因为任何协议只会持续到 2020 年总统选举期,再加上各种反华反贸易的言论,时间一周周过去,2020 年越来越近,达成协议的可能性更小了。可能这就是美国政府持续淡化与中国贸易战代价的原因,美国政府担心贸易战会持续很久。

中国并未显现出屈服于美国贸易威胁的迹象。与此同时,只要双方无意达成任何协议,哪怕是短期协议,随着关税的不断加征,美国人的成本将会持续上升。白宫未采取与自由贸易、法治和有限政府相符的保守原则方法,而是致力于采用经济杠杆作为胁迫手段。公正地说,贸易代表办公室和白宫在中国发动贸易战一年后取得的唯一成就是减少了美国的自由贸易。

2.5　美国企业与贸易战

2.5.1　美商会指美双边逆差不值得忧虑

整体贸易赤字可能很危险,而双边贸易赤字则不然,人们很容易混淆这两个概念。正如国际货币基金组织(IMF)莫里斯·奥布斯特费尔德(Maurice Obstfeld)说的:"一个国家的总体贸易平衡是一种宏观经济现象,反映该国支出是低于国民收入还是高于国民收入。"一个人入不敷出,要么出售资产弥补差额,要么债务缠身。如果这个人负债累累,那么相当于从结有盈余的人那里拿钱来花。同理,国家与国家之间也是如此。[1]

美国巨额贸易逆差存在多年与贸易伙伴不遵守规则无关,而是由于以下两方面原因:一是美国企业在新的工厂和设备上投入大量资金,而联邦政府却出

---

[1] J. D. Foster, "The Deficit in Focusing on Specific Trade Deficits," www. uschamber. com, April 27, 2018.

现巨额赤字；二是美国人通常没有足够的储蓄来满足这些需求，因此美国只能从那些存款大于花费的海外投资者那里获取资金，填补缺口。

美国人造成了美国的贸易赤字。如果贸易赤字过于严重，无法偿还海外投资者的钱，这时赤字就可能成为问题。看病人有没有发烧，最简单的方法是测量体温。对于贸易赤字的国家来说，类似的做法就是检查利率是否合理。美国人使用外国投资商的储蓄时，负担的利率较低，因此美国的巨额贸易逆差暂时还算不上问题。即便将来这是一个问题，解决方案也很简单：私营部门增加储蓄，同时公共部门减少支出，或者单单公共部门减少支出也行。

正如国际货币基金组织首席经济学家奥布斯特费尔德所写，"双边贸易结构反映了基于各自比较优势的国际劳动分工"。简单地说，比较优势就是每个国家如果都专注于最擅长的领域，便可以走向繁荣昌盛，比较优势是指导国际贸易的基本原则。这与自由市场中各类经济关系的基本原则并无两样。为什么艾奥瓦州生产玉米，而马里兰州生产蟹肉蛋糕？为什么碧昂丝唱歌，而史蒂芬·霍金研究物理呢？

宏观经济维度决定一个国家是否存在贸易逆差；比较优势决定了商品和服务贸易赤字构成，也决定了美国与其贸易伙伴的贸易赤字构成。无论这些双边贸易的模式如何，都是有趣而无害的。假设有三个国家：A、B 和 C，因为每个国家的总储蓄等于储蓄总需求，所以每个国家都处于贸易平衡的状态。不过，A 对 B 的贸易赤字达 10 亿美元，B 对 C 的赤字为 10 亿美元；C 对 A 也有 10 亿美元的赤字。A 是否应该向 B 抱怨贸易赤字呢？A 对 C 有 10 亿美元的顺差，那么 A 又该如何面对 C 呢？

特朗普总统以贸易逆差为由，采取各项措施并提出诸多建议，以解决他在中美贸易关系中看到的种种问题。原则上，他有权质疑中国容忍某些行业的产能过剩、限制市场准入等行为。然而，拟议的补救措施——对中国的进口产品征收高达 1 500 亿美元的关税——将带来一场经济灾难。正如美国商会主席兼首席执行官托马斯·多诺霍（Thomas Donohue）所说："征收过高关税可能会引发毁灭性的贸易战，对美国经济增长和就业带来严重影响。如果政府继续实施这一方针，美国消费者、企业、农民和牧场主的生计将面临巨大的风险。"

其他一些贸易提案也不了了之。《美韩自由贸易协定》虽没有按预期执行，但双方对该协议已达成一致共识，无须重新谈判。尽管《北美自由贸易协定》需要略加调整，但是美国工商界和农业界强烈反对政府在《北美自由贸易协定》重新谈判中提出的部分核心目标。

特朗普不同于传统意义上的总统，他在达成传统的外交妥协时采取了不同的策略。特朗普更像是先打你一棒，吸引你的注意力，再坐下来好好聊聊，于是，他得到了全世界的关注。正如美国国家航空和宇宙航行局（NASA）所言，现在是时候改善国际贸易体制而不是着眼于逆转双边贸易赤字，甚至是整体贸易逆差，应该要以改善国际贸易体制为目标维护美国消费者和企业的利益。正是由于我们尊重碧昂丝和艾奥瓦州，我们才不希望碧昂丝搞物理，也不希望看到艾奥瓦州做蟹肉蛋糕。

2.5.2　美商会会长呼吁国际贸易合作

美国贸易政策近段时间持续占据全球头条，多重高风险问题浮出水面。对美国商界而言，在这些国际辩论中占据一席之地显得尤为重要，我最近在加拿大 B7 商业峰会、秘鲁美洲峰会发言，强调了国际合作的重要性，并提出与其他全球合作伙伴共同面对挑战。[1]

热点话题之一是特朗普当局针对中国产业政策和贸易行为的行动。两个世界最大经济体之间的潜在贸易战可能会对全球经济带来冲击。白宫首先对全球钢铁和铝合金加征关税，可能令美国疏远最强大的全球合作伙伴。这些举措不仅不能帮助那些正在为价格飙升和原材料短缺苦苦挣扎的生产商，也无法解决中国钢铁和铝产能过剩的实际问题。然而，最近联邦政府宣布，对从中国大量进

---

[1]　Thomas J. Donohue, "Shared Trade Goals Require Partnership," https://www.uschamber.com, April 9, 2018.

口的商品征收 500 亿美元关税,导致中国同样对美国出口的商品征收 500 亿美元关税。

美国应该与合作伙伴达成新的贸易协定。目标旨在制订新的贸易协定,促进尖端技术和制造业就业,促进数字经济,保护知识产权,迫使国有企业在市场上公平竞争。这正是美国希望通过《跨太平洋伙伴关系协定》实现的,也是最有意义的发展道路。面对全球贸易领域的诸多机遇和挑战,美国商会将与政府以及全球合伙伙伴继续合作,确保取得积极成果,以支持美国经济增长和就业的目标。

2.5.3　美商会发现贸易政策成本增加

美国的贸易政策必须指向正确的问题,而不仅仅只关注贸易逆差。美国的很多重要贸易关系变得日益复杂,特朗普政府试图通过关税政策和强硬的谈判策略来解决美国在全球面临的一系列现实且严峻的贸易挑战。然而,特朗普政府采取的关税政策有可能消除了最近的经济收益,而不是解决潜在的问题。[1]

政府应该关注美国企业面临的贸易壁垒,并要求他们的合作伙伴进行改革。美国的贸易战略要关注的是核心问题,而不仅仅是贸易逆差。此外,贸易战略必须瞄准"正确"的目标。不幸的是,美国政府提出的越来越长的关税清单以及《北美自由贸易协定》未来持续的不确定性,已经对美国企业产生了影响。例如,自 2018 年 1 月份以来,美国的钢铁价格已上涨了近 40%,现在的价格比欧洲高 50%。最近的美国商会和美国政府商业建筑指数显示,较高的材料成本突然开始成为使承包商备受困扰的一个重要问题。最近的贸易举措在商界造成了很大的不确定性,而这种不确定性正是投资的天敌。

继续这些行动将产生非常不利的影响。美国的企业将失去客户,工人将失业,美国的消费者将因为税收和物价的升高而减少家庭收入。研究表明,已经制定的关税以及汽车和汽车零部件关税可能会导致美国失去 760 000 个工作岗位。

---

[1] Thomas J. Donohue, "Costs of Recent Trade Policies Rack Up," *US Chamber*, July 11, 2018.

如果特朗普政府按照他们威胁所言的那样退出《北美自由贸易协定》，那么仅在退出的第一年美国就可能损失 180 万个就业岗位。

美国商会或私下或公开地向政府和国会表达了他们的关注。美国商会已经提醒他们：关税只不过是一种税，本质上来说它不是由出口国承担的——而是由美国人民承担。与此同时，对于那些为美国出口商打开国外市场和创造公平竞争环境而进行的强硬谈判，他们表示支持。

特朗普政府的首要任务是将经济增长作为当务之急。现在是时候重申经济增长仍然是美国的首要任务。这必须包括一种有效的贸易方式以及重申美国在国际贸易中的地位。这种地位对于经济安全、国家安全以及美国在全世界的战略利益都至关重要。

2.5.4　美国商会批关税战困扰企业

美联储在讨论贸易问题时指出关税不起作用。而且，关税实际上正在伤害美国企业和工人。联储最新的"黄皮书"收集了来自全国各地的企业的报告，显示了美国各地的经济实力，但特朗普当局征收的关税以及来自加拿大、墨西哥、中国和欧盟的关税开始蚕食经济乐观情绪，报告中提到了 31 次"关税"，但每次都是以不好的方式收场。[1]

联储总结关税战在各地的恶劣影响。"所有地区的制造商都对关税表示关切，许多地区的制造商报告称，新的贸易政策造成了价格上涨和供应中断。"在纽约联储区，"一些制造业相关人士说，关税提高了他们的成本。此外，未来贸易政策的不确定性被认为是一个重要问题"。费城联储银行表示，"一家机械制造商指出，钢铁关税的影响使其供应链产生了混乱，扰乱了计划中的订单，提高了价格，并引发了一些恐慌购买"。克利夫兰联邦储备银行发现，"制造商和建筑商普遍认为进口关税提高了钢铁和铝的价格。在某些情况下，制造商预期价格将

---

[1]　"Tariffs Spook Businesses," www.uschamber.com, October 8, 2018.

额外上涨时，会大量抢购金属"。据里士满联邦储备银行报道，一家"地区泡沫塑料制造商报告称，由于关税的原因，企业业务增长，但原材料成本不断上升。另外，马里兰州的一家罐头制造商说他在国内无法获得满足质量要求的钢材，并且预计会落败于那些不面临钢铁关税的外国竞争对手"。在圣路易斯地区，"一些制造商注意到投入价格的上涨，这与关税有关系"。在位于页岩油价格上涨中心地区的达拉斯联邦储备银行报告说，"由于油价前景看好，人们对未来商业状况的预期仍然是积极的，但是相关企业人员表示了对钢铁关税、管道产能限制和工人短缺的担忧"。所有这些都不应该让任何人感到惊讶。关税它会提高价格并使美国公司做生意更加昂贵。

关税战对产业影响很大。对农业来说，关税引起的恐惧也是一个重要问题，但原因是物价下跌。芝加哥联储报告称："农业部门的有关人士指出，与美国和外国关税政策不确定相关的价格波动加剧。"在圣路易斯地区，"中国征收的关税导致了农产品价格、特别是大豆价格的整体下滑"。在密苏里州的一家钉子制造商这里，也看到了这种关税如何推高价格和降低企业就业机会的情况。由于对进口钢材征收 25% 的关税，该公司不得不提高钉子的价格。《华盛顿邮报》报道称："尽管建筑业蓬勃发展，但订单比一年前同期下降了 70%。"大约有 100 人被解雇了。这家钉子制造商并不是唯一感到痛苦的。使用加拿大钢铁和铝的宾夕法尼亚州米德尔堡的迈克·杜普伊（Mike Dupuy），不得不提高自己产品的价格。他对当地一家报纸说："那些本想买东西的人现在犹豫不决。我们正在失去商业机会。对像我们这样的小企业来说，关税正在产生影响。"然而，特朗普政府正在考虑对 3 500 亿美元的进口汽车和汽车零部件征收关税。如果这些关税被征收，我们会看到美国最大的制造业出口部门的大幅下跌。

联储主席反对关税战。最后，看看联储主席杰罗姆·鲍威尔（Jerome Powell）在国会山的表现。虽然他没有直接评论当前的贸易争端，但他告诉议员们，贸易壁垒对任何人来说都有害，"总的来说，那些没有设置包括关税在内的贸易壁垒的国家增长更快，收入更高，生产率更高。走上保护主义的道路的国家反而发展得更糟。我认为这是经验性的结果"。

2.5.5　美国商会抱怨关税对汽车业的影响是颠覆性的

联邦政府在 2018 年 7 月 19 日听证无人赞同的关税。具体而言,美国商务部正在调查汽车和汽车零部件的进口是否"威胁到国家安全"。据报道,如果本次调查的结果是肯定的,白宫官员正在考虑对大约 3 500 亿美元的进口汽车和汽车零部件征收 20% 到 25% 的关税。[1]

美国商会反对进行关税战。正如美国商会主席兼首席执行官托马斯·多诺霍在 2018 年 5 月 24 日首次公布关税威胁时所说:"美国商会强烈反对政府以国家安全的名义威胁对进口汽车征收关税。如果这一提议得以实施,它将对其声称要保护的行业造成惊人的打击,并有可能引发全球贸易战。"

汽车行业及其相关产业都反对关税战。正如美国商会在听证会前发表的评论所说的那样,美国汽车行业正在蓬勃发展,绝大多数行业的利益相关者都不支持这些拟议中的关税。汽车制造商和汽车零部件供应商是美国最大的制造业部门,近年来,由于贸易机会的增多,美国制造业一直保持强劲的增长。事实上,根据美国汽车政策委员会(AAPC)的数据,美国汽车的产量在过去 10 年中翻了一番,该行业雇佣了近 800 万美国人,比 2011 年高出近 50%,该行业也是美国最大的制成品出口产业。

美国各州也都反对关税战。每个州都共享了这些好处:正如汽车制造商联盟宣称的那样,"每个州都是一个汽车州"。尤其是北美地区的国际贸易加强了美国汽车行业。全球供应链可能降低生产成本,为小至家用汽车零部件的制造商和大至一些承担美国最高研发预算的国际公司提供就业机会和资金。

进口汽车和汽车零部件不会危害国家安全。进口促进了该行业的创新,扩大了消费者的选择,并允许企业通过从国外采购特定的生产要素来保持国际竞

---

[1]　John G. Murphy, "Tariffs Would Be a Dangerous U‑Turn for U. S. Auto Sector," www. uschamber. org, July 19, 2018.

争力。国际汽车制造商联盟称,这些总部设在国外的公司已经在美国投资了超过 750 亿美元,在 14 个州有制造工厂,在 16 个州有研发机构。在此过程中,他们在美国创造了 129 万个直接和间接的就业岗位,2016 年产生了 113 亿美元的直接雇员工资。简而言之,鉴于美国汽车工业的强劲发展,庞大的规模和复杂的技术,就算是在国家安全方面进行最大胆的假设,美国汽车工业也完全能够满足上述要求。绝大多数汽车进口来自 5 个国家——墨西哥、加拿大、日本、德国和韩国,所有这些国家都是美国的亲密伙伴和盟友。我们认为他们的公平贸易商品,以及对美国经济的投资,可能对美国国家安全构成威胁,如果他们因此被冒犯到,这是可以理解的。

美国商会反对任何人为贸易壁垒。官员们对媒体的评论明确表示,关税威胁的意图是在贸易谈判中制造筹码,比如《北美自由贸易协定》以及与日本和欧盟(EU)正在进行的谈判。这是对法规的不恰当和非法的使用,美国商会认为,不应该以这种方式滥用行政部门的第 232 项条款,这样做只会鼓励其他国家以国家安全的名义,对美国的出口产品设置贸易壁垒。

对汽车和汽车零部件征收 25% 的关税将对美国经济造成极大的破坏。彼得森国际经济研究所的一项研究表明,这一行动以及随之而来的外国政府几乎肯定会采取的报复行动,将导致 60 多万美国人失业。关税还将使一辆乘用车的价格提高几千美元。一项关于全球贸易伙伴关系的研究估计,关税将使一辆进口价值 3 万美元的汽车的价格增加约 6 400 美元。因为在美国销售的所有汽车都是由大量外国产品制造的,所以所有车型的价格都会大幅升高。

消费者将购买更少的汽车,导致产量下降以及经销商减少。因此,所有这些都将给美国经济带来下行压力。美国经济在过去一年的表现令人印象深刻。失业率处于几十年来的最低水平,产出增长迅速。这些结果不仅仅是纯粹的周期性变化,2017 年历史性的税收和监管改革正在带来好处,而且很可能在未来几年继续如此。

美国应尽快结束关税威胁。对于汽车行业而言,这些改革和其他变革使美国成为一个越来越有吸引力并让人们在此投资、雇用和制造的地方。但对汽车和汽车零部件的关税将使这一切不复存在。政府现在必须放弃这种危险的误导性威胁,否则美国家庭、工人和公司将为此付出代价。

2.6 小结

美国对华加征关税后不是解决中美关系的根本之道。深谙国际政治和中美关系规律的裴敏欣认为,特朗普当局对中国输美产品加征关税是中美两国关系恶化的经济反映,中美关系不可能完全脱钩,所以未来必然出现"管理型战略冲突"的格局,这是对于中美关系的理性看法和预判。但是美国知名的财政学家菲尔德施泰因认为,美国必须对中国进行关税威胁,降低美国企业与中国打交道的经济代价,这就未必是一位在国际财政学界具有巨大影响力的学者的真知灼见。本章所选择的两党智库针对中美经贸关系的更多建言,几乎都异口同声反对贸易战,这并非因为他们都是建制派,与特朗普所主要代表的利益存在根本不同,而是因为他们观察全球化大势的思维是清晰的。亦即冷战结束后,全世界面临"百年未有之大变局",国际战略格局与地缘政治形势在发生着根本逆转,世界经济增长的动力之源已经向以中国等为代表的国家和区域转移,所以各国必然要适应这一新的战略形势,势所必然。

当前特朗普当局对华贸易战缺少理论证据。贸易战除了徒增世界经济增长的成本而外,不可能有赢家。从本质上看,全球财富增长的生产函数没有变化,变化的只是分配格局,分配格局又是全球经济增长体系的自然演化,也是人口因素决定的,而中国早已进入了人口红利、"工程师红利"时代,自然有更高的增长,有更大的分配份额。

第 3 章　每况愈下的美联邦财政

3.1 税改的美联邦财政背景

税制改革将显著加快债台高筑的美国中央财政长期恶化。美国联邦财政的典型特征是难以控制的赤字和不断上升的债务。

一是赤字,2018 年全年的财政赤字高达六七千亿美元,联邦债务总额更是高达 22 万亿美元,债务的 GDP 占比正在逼近 110%,利息支出随着美国经济走强,达到了每年四五千亿美元,因此,在国会预算办公室报告中对此一直表达担忧。如《2018 年长期预算展望》中指出,联邦债务过快大幅增加,将导致长期国民收入和储蓄减少;还将增加政府利息支出,直接加重预算困境;导致国会难以采取灵活地应对措施;最后导致财政危机,进而致使联邦债务利息急剧攀升,使借贷成本进一步增高。国会预算办公室以此为依据进一步展望此后的 30 年,联邦赤字将从 2017 年的 3.5% 上升到 2018 年的 4.2%,到 2022 年将上升到 5.1%,在此后的 10 年内将一直维持在这一高水平,远远高于此前 50 年的 2.9% 的均值。国会预算办公室预计,联邦赤字水平将从 2028 年的 4.8% 上升到 2048 年的 9.5%。

二是债务,衡量联邦财政健康通常会使用公众持有债务占比这个指标,它表示的是联邦政府通过公开市场借贷并发行国库券的情况。衡量政府的偿债能力则用债务的国内生产总值占比作为指标,该指标的变化取决于价格水平、人口、产量以及收入变化等因素,预算部门则根据这个指标,对各种资源进行组合制定预算,所以只要看看债务的 GDP 占比的变化趋势,就知道联邦预算是否能够持续。大衰退之后的 10 年是联邦债务急剧上升的时代,大衰退爆发的 2007 年底,公众持有的联邦债务的国内生产总值占比只有 35%,2012 年底达到了 70%,而之前的 50 年平均值则为 41%。到 2028 年该指标将达到国内生产总值的 96%,到 2034 年达到 106%,到 2048 年达到 152%,并将毫无节制地继续增加,既是增加个人所得税也无济于事。[1]

3.2 美国国会与联邦财政

3.2.1 众议院预算委员会通过 2019 财年预算决议

众议院预算委员会(HBC)每年最重要的任务是制定一项预算决议,为联邦政府制定一个全面的预算蓝图。委员会已经通过了 2019 财年的预算决议。[2]

《美国光明未来预算》制定了应对财政挑战和促进经济增长的真正解决方案。为了在 9 年内实现预算平衡,本预算决议要求严格限制支出,并在税收改革获得巨大经济成功的基础上再接再厉。

3.2.1.1 防止债务危机

虽然这项预算需要在短期内作出艰难的决定,以解决超过 21 万亿美元的债务问题,但这些建议并不是草率的。现实是,如果目前的形势仍然不佳,一场主权债务危机将削弱美国经济,并对每个美国家庭产生不利影响。为了扭转当前赤字扩大的趋势,减缓债务增长,这一预算要求在 10 年内实现 8.1 万亿美元的赤字削减,并在 2027 财年和 2028 财年分别产生 260 亿和 1 420 亿美元的盈余。

---

[1] CBO, "The 2018 Long-Term Budget Outlook," https://www.cbo.gov/publication/53919, June 26, 2018, pp. 8 - 9, 5 - 6.

[2] "Committee Approves FY 2019 Budget Resolution," budget. house. gov, June 25, 2018.

3.2.1.2 挽救社会安全网计划

重要的是,这一预算解决了国家债务的最大驱动因素:强制性支出。超过三分之二的联邦资金用于强制性支出,包括债务利息,以及像医疗保险和社会保障这样的社会安全网计划。一些最弱势的美国人依赖于强制性计划,如果这些计划不能兑现他们的承诺,就会产生社会问题。据国会预算办公室称,破产即将来临,有的人最早可能在 2026 年破产。作为回应,该预算要求进行改革,以挽救那些弱势群体所依赖的项目,同时减轻子孙后代的财政负担。通过对 11 个众议院授权委员会的和解指示,这一预算达到了在超过 10 年的窗口期内至少3 020 亿美元的强制性储蓄,显示了现在采取行动防止债务危机的承诺。

3.2.1.3 发展经济

尽管债务的不断增加带来了财政挑战,但经济仍在积极响应 6 个月前颁布的《减税与就业法》。为了在这一成功的基础上再接再厉,这个预算体现了支持增长的政策,取消了对就业创造者的不必要的监管,并增强了潜在的美国企业家的能力。

《美国光明未来预算》为国家财政健康提出有意义的改革和可实现目标的文件取得了成功。经过为期两天的委员会会议,该预算决议于 2018 年 6 月 21 日(星期四)获得通过,表决结果为 21 比 13,将向众议院报告。

3.2.2 国会众议院讨论预算撤销政策

1974 年《国会预算与截留控制法》(ICA)确立了应对总统撤销预算的现行审议框架。国会根据《国会预算与截留控制法》采取特定程序和规范来审议预算撤销请求。国会众议员、众议院拨款委员会委员、众议院预算委员会委员沃马克(Steve Womack)对此进行了解读。[1]

3.2.2.1 背景

撤销是指永久性取消之前通过的预算授权,使政府不能在特定项目上花费

---

[1] Steve Womack, "Rescissions 101," budget. house. gov, May 21, 2018.

特定数额的资金。如果国会不能在随后的 45 天内对撤销请求作出反应，这部分资金就必须获准使用。

3.2.2.2　预算撤销请求的历史

在 1974 财年到 2000 财年期间，撤销一直是常用的程序性工具，并在 1985 财年达到了峰值，全年发生 245 起撤销事件。自《国会预算与截留控制法》颁布实施以来，共发生了 1 178 起预算撤销案，取消 760 亿美元预算授权。上届国会实施了 461 起，合计 250 亿美元，然而，自 2001 财年至 2017 财年间，没有发生符合《国会预算与截留控制法》的预算撤销案。

3.2.2.3　撤销的要件

要符合撤销条件，总统必须向国会两院提供特别信息，说明：

➢ 拟取消的预算授权金额；

➢ 该预算授权应当被取消的原因；

➢ 撤销预计产生的财政、经济和预算影响；

➢ 关于或影响该提议的撤销的所有事实、背景及考虑因素。

正如 2018 年 5 月 9 日传递给众议院的特别信息所示，总统可以请求，合并陈述数项撤销案。

3.2.2.4　审议程序

任何国会议员均可提交议案执行部分或全部的撤销请求。国会可以全额取消、部分取消或不取消总统的提议金额。在众议院，撤销议案一般将提交给拨款委员会，在参议院，议案将同时提交拨款和预算委员会。值得注意的是，《国会预算与截留控制法》条款包括：

➢ 有关委员会必须在 25 个日历日期内批准、否决或修改议案。如果委员会不作为，任何支持该议案的议员（得到该院 1/5 支持）即可采取行动通过法案；

➢ 撤销议案的优先审议，只需要获得参议院 51 票即可通过。

如果国会同意某撤销议案，该议案将呈递给总统签署。迄今为止，在《国会预算与截留控制法》框架下还没有否决过预算撤销议案。

3.2.3　众议院预算委员会解释预算模块

众议院预算委员会网站报道,国会预算办公室的预算和经济展望(也被称为"基准线")触发了众议院预算委员会编制 2019 财年预算决议草案。但是除了使用国会预算办公室于 2018 年 4 月 9 号发布的基准线,还需要综合考虑其他的关键因素。[1]

3.2.3.1　预算的重要性

预算决议给国会对财政支出和税收立法的决策提供了框架。作为一项公共决议,它是提供给联邦政府财政综合框架的唯一立法工具,并为国会处理国家财政问题提供指导。尽管预算决议不经总统签署为正式法律,它也仍然是必须遵守的有执行力和约束力的协议。

3.2.3.2　预算录入

起草一份预算决议主要涉及三大因素。第一,国会预算办公室每年的基准线是编制的关键工具,因为它提供了下一个 10 年期间(即预算窗口)中立的基准,并且作为评价政策选择和决定资金水平的起始线,预算不能在没有基准线的基础上进行编制。第二,拨款委员会也帮助众议院预算委员会为国会未来的决策制定计划,通过拨款委员会提交意见和评估报告来实现,该报告会列出下一财年的立法优先事项纲要。第三,鼓励众议院全体议员为政策改革提供建议。在编制 2019 财年蓝图过程中,众议院预算委员会会在 2018 年早些时候通过在线门户网站继续收集众议院议员的观点。

3.2.3.3　预算构建模块

考虑上述关键因素,制定预算决议的主要构建模块包括:

➢ 预算窗口期间(通常为 10 年)全部拨款和授权账单的支出和收入总额;

---

[1]　The Budget Committee, "CBO's Baseline: Building a Budget Resolution," https://budget. house. gov/budget-digest/building-budget-resolution,April 24, 2018.

> ➤ 按预算功能类别的支出目标;

> ➤ 赤字或盈余和债务目标;

> ➤ 对账说明预算执行条款和委员会的支出分配;

> ➤ 关于委员会如何达到预算决议要求目标的说明性政策选择。

只有综合考虑上述因素,才能起草一份比较科学和准确的预算决议草案。

3.2.4 众议院预算委员会主席支持减少赤字

众议院预算委员会主席沃马克支持减少财政赤字。国会预算办公室发布最新报告《降低赤字对实现联邦债务的各种目标非常必要》,沃马克就该报告发表以下声明。[1]

"国会预算办公室的最新报告通过展示应对国家债务所必需的行动规模,来帮助我们以新的方式了解国家面临的财政挑战。毫无疑问,强制性支出仍然是减少年度赤字并最终削弱国家日益增长的债务负担所面临的最大挑战,"沃马克在众议院网站说,"为了减缓不可持续的债务增长局势,我很高兴众议院预算委员会最近批准了 2019 财年的预算计划,该计划将在 10 年内减少 8.1 万亿美元的赤字。

"令人感到鼓舞的是,国会预算办公室预计,解决国家债务的长期努力将导致经济增长。随着预算联合特别委员会和拨款流程改革工作的继续开展,需要考虑更好地为美国人民服务的解决方案,国会预算办公室的洞察力在这些审议中特别有用。"

3.2.5 美众议员批联邦强制支出失控

众议院预算委员会近期就预算和经济展望举行听证会,根据国会预算办公室年度基线报告中对未来 10 年的财政预算和经济预测,尽管国会预算办公室对

---

[1] "Chairman Womack Statement on CBO Deficits and Debt Report," budget. house. gov, August 21, 2018.

2018—2028 财政年度的预测令人提神醒脑,但是,包括联邦债息支出在内的强制支出,仍是美国财政偿付能力的最重要驱动因素。国会众议员、众议院拨款委员会委员、众议院预算委员会委员沃马克对此进行了解读。[1]

3.2.5.1　缺少有效措施的未来展望

当前大约 21.4 万亿美元的美国债务超过了经济规模。如果这种发展趋势不改变,财政赤字在 2028 财年将达到 1.5 万亿美元,在接下来的 10 年内总计达 12.4 万亿美元。预计公众持有的债务会增加 13 万亿美元,在预算窗口结束时达到 28.7 万亿美元,几乎等于全部国内生产总值。

3.2.5.2　失控的强制支出

强制支出是整个国家财政支出的最大组成部分。它属于直接支出,主要由经济和人口因素驱动,这一项目的大多数方案在有效的永久性授权下运行,不受每年拨款审查程序的影响,处于非持续性自动增长状态。国会预算办公室预计,强制支出将从 2017 年的 2.5 万亿美元增长到 2028 年的 4.5 万亿美元。到那时,强制支出在整个支出中将占 77%,并将在 2028 财年占国内生产总值的 15.2%。

> ➤ 社会保险项目。在所有的非利息强制支出中,两个主要的社会保险项目增长将比整个经济增长更迅速。其一社会保障成本,预计将由 2017 年的 9 390 亿美元增长到 2028 年的 1.8 万亿美元;其二医疗保障支出,预计从 2018 年的 5 830 亿美元增长到 2028 年的 1.26 万亿美元。这种非持续性的增长严重威胁到其他项目的偿付能力。

> ➤ 医疗保障项目。在目前状况下,为一些最脆弱人群设计的方案也处于危险之中。在过去 10 年中,这些项目的支出几乎翻了一倍,其中最大的是医疗补助计划,预计支出将从 2017 年的 3 750 亿美元增加到 2028 年的 6 550 亿美元。医疗保险补贴和相关补贴,预计从 2017 年的 480 亿美元增

---

[1] Steve Womack, "CBO's Baseline: Mandatory Spending Dangerously on the Rise," budget. house. gov, April 16, 2018.

加到 2028 年的 910 亿美元。其他收入保障预计方案，将从 2017 年的
2 940 亿美元增加到 2028 年的 3 700 亿美元。

➤ 其他项目。直接支出不仅包括退休、医疗保障和低收入项目，还包括政府
的所有职能，如联邦雇员退休、农业和高等教育补贴以及其他计划等。

3.2.5.3　扭转趋势

众议院共和党多年来一直呼吁限制强制支出。国会可以控制强制支出的方
式之一，是通过利用预算调节工具，推动改革，同时遏制直接支出，保持财政预算
收支平衡。

3.3　美国舆论与联邦财政

3.3.1　《华盛顿邮报》评 2019 年新增五千亿联邦支出

国会就一项为期两年的预算协议进行了投票。其中包括大幅增加军事和国
内支出计划，这反映出一个党派的意识形态转变，这个党派的领导人长期以来一
直鼓吹财政保守主义，但现在已经接受了巨额支出政策。如果该计划获得通过，
将平息两党之间长达数月的争执，并大幅增加联邦赤字，结束短期协议，这种短
期协议会导致频繁的边缘政策和政府关门。[1]

预算协议将增加国防资金，增加国内支出给灾难受害者的数百亿美元。这
些都是为了满足特朗普总统和共和党议员，以及民主党的要求。特朗普支持这
项协议，并在推文中表示，这将满足国防部原部长吉姆·马蒂斯（Jim Mattis）提
供"保持美国强大所需"的资金，他呼吁两党议员"支持我们的军队，支持这项法
案"。预计参议院将率先投票，宣布结果。许多共和党议员是以削减政府规模和
控制支出的承诺当选的，当权后面临的执政现实使他们放弃了竞选承诺。预计
2017 年 12 月份通过的减税立法也将增加联邦赤字。

---

[1]　Mike DeBonis，Erica Werner，"Sweeping budget deal would add more than ＄500 billion in federal spending，
end months of partisan wrangling，" https：//www.washingtonpost.com，February 7, 2018.

共和党将继续限制政府支出并反对全面预算协议。众议员莫·布鲁克斯（Mo Brooks）说，"这项支出法案是债务狂热者的梦想"，每年会新增数百亿美元赤字。"我不仅反对，而且强烈反对。"参议员鲍勃·科克尔（Bob Corker）指出，这项协议将提供的军事资金比特朗普 2018 年预算案多得多。他说："我全力支持我们的军队，并希望他们有适当的资金保障，但在一年内增长这么多并有效使用，非常困难。"预算协议将增加所谓的相机支出，如科学研究、教育、交通和医疗保健领域，每年国会通过的拨款超过现有预算上限 21%。支出上限是奥巴马总统和共和党国会领导人之间在 2011 年的预算谈判破裂之后制定的。两党在 2013 年、2015 年两年协议提高了上限，新协议是共和党控制的白宫和国会两院达成的第一份协议。

预算协议经参议院高层领导人协商一致后公布。参议院多数党领袖米奇·麦康奈尔（Mitch McConnell）说，"我希望以两党合作为基础，在 2018 年为国会、选民和国家创造重大成就"。少数党领袖查尔斯·E. 舒默（Charles E. Schumer）称，这是特朗普时代"两党合作第一次真正的萌芽"。

众议院并没有如此友好。民主党人仍然不满，因该协议不包含对年轻无证移民的保护，这些移民年幼时被带到美国，如今在特朗普取消奥巴马时代暂缓遣返青少年计划后，面临被驱逐的风险。众议院少数党领袖南希·佩洛西（Nancy Pelosi）表示，除非她得到移民立法表决权的保证，否则她和其他民主党人将反对这项协议。她在长达 8 小时的讲话中发出了最后通牒，打破了最长的众议院演讲的纪录。

众议院议长保罗·R. 瑞安（Paul D. Ryan）不愿违背他们控制支出的长期承诺。他私下向共和党人介绍这项协议，他们大多都希望增加国防资金，但众议院预算委员会保守派汤姆·麦克林托克（Tom McClintock）表示，他尚未决定对预算投票。"但是现在减税后，我们不得不限制支出，这是不可否认的。我希望我仔细研究后能找到解决方案，但现在没有。"瑞安告诉国会议员，国内支出将集中在两党广泛支持的领域，例如医学研究、基础设施和退伍军人的医疗保健。"要把支出花在需要的地方不浪费"，众议员史蒂夫·罗素（Steve Russell）说。法案似乎不太可能仅凭借共和党选票就在众议院获得通过。众议院右翼自由党团会议主席马克·梅多斯（Mark Meadows）表示，该组织 30 多名议员绝大多数都会以财政理由反对。

传统基金会和成长俱乐部等有影响力的保守组织反对增加财政支出。由查尔斯兄弟和大卫·科赫（David Koch）资助的领导人表示，这项协议"背叛美国纳税人，并表明了国会议员不负责任的预算行为"。根据预算计划大纲，到 2019 年，现有支出上限将增加到 2 990 亿美元。该协议包括为海外军事和国务院行动额外提供 1 600 亿美元无上限资金，以及为近期飓风和野火灾害的受害者提供约 900 亿美元的灾害援助。还包括暂停联邦债务限制到 2019 年 3 月 1 日。对共和党人来说，在 11 月的中期选举典型是一场政治困难的投票。

留给两党议员都支持的部分计划资金不多。《华盛顿邮报》驻国会记者德波尼斯（Mike DeBonis）、维纳（Erica Werner）报道说，例如，国立卫生研究院资金、运输和水利基础设施，而税收优惠延期可能会增加数十亿美元支出。儿童健康保险计划将延长至 2028 年，联邦社区卫生中心基金将延长两年。还废除了独立费用咨询委员会，它是 2010 年《平价医疗法》设立的机构，有权减少医疗保险基金向议员支付的款项。3 月 23 日后拨款委员会将就拨款细节进行谈判。

3.3.2 《华盛顿邮报》批评共和超大预算案

共和党 1.3 万亿美元的预算案引起极大关注。《华盛顿邮报》驻国会高级记者凯恩（Paul Kane）对此发表了评论，他认为，该法案或许是国会在 11 月中期选举前的最后一项重大举措，毕竟，国会正由一个由 8 年前反支出、反大政府的党派控制。已退休的共和党参议员鲍布·科尔克（Bob Corker）表示："共和党也许已经失去了灵魂，对此议论很多。"[1]

---

[1] Paul Kane, "The Last Major Act Of An Anti Spending Congress: A 13 Billion Budget Busting Bill," *Washington Post*, March 24, 2018.

　　国会 2018 年还会通过更多法案。但 1.3 万亿美元的支出法案,很可能是现任议员的最后一项重大措施,特朗普总统签署了综合支出法案,避免政府停摆。特朗普总统签署的超过 2 200 页的支出法案保证了五角大楼实现 15 年来最大支出增长,也是老搭档的优先事项。公共广播公司的全部资金从 4.65 亿美元减少到 1 500 万美元。反对该法案的共和党众议员汤姆·里德(Tom Reed)指出,联储已经上调了关键利率,额外支出将会使纳税人债务增加,债务超过20 万亿美元。

　　很多共和党人不同意这种看法。超过 60% 的众议院和参议院共和党人投票支持立法,这标志着共和党可能会重新回到上个 10 年初的高财政支出方式。当时,因为伊拉克战争和阿富汗战争伊始,国防支出大幅增加,共和党同样接受了国内支出大幅增加。当时的共和党领袖几乎破坏了整个财政体系,甚至允许普通议员将数百万美元用于宠物项目。共和党人认为,高额支出有助于提振当局地位。2006 年,一些议员在美国联邦调查局(FBI)腐败调查中受到牵连,这些调查涉及专项拨款的指控,这是帮助民主党人在当年中期选举赢得国会多数席位的因素之一。

　　在奥巴马时期共和党人改变了立场。2010 年中期选举共和党获得众议院多数席位之后,议员与奥巴马就财政问题进行对抗,并以《2011 年预算控制法》告终。该法案支持限制联邦机构未来 10 年的支出,以此削减近 1 万亿美元的预算。

　　共和党执政引发了人们对未来两年取消支出上限的担忧。即只有在民主党人占据白宫时才会出现赤字问题。科尔克说:“如果 2016 年大选产生民主党总统,并且我们控制众议院和参议院,我们就不会对一项增加 2 万亿美元债务的法案进行投票。”

　　大多数共和党人都接受增加支出法案,其中共和党人汤姆·格雷夫斯(Tom Graves)把“众议院通过特朗普总统的美国最大政府拨款法案”用作新闻稿标题,他是坚定的保守派,在世纪初被任命为众议院筹款委员会委员,这似乎表明高额支出时代即将结束。共和党大肆张扬其立法胜利。数亿美元的联邦资金将被用在当地项目上，1.03 亿美元用于在佐治亚空军基地建造一个新项目，5 000 万美元用于帮助扩建萨凡纳港。

共和党的这笔支出能否得到愤怒选民的选票支持尚未知。这些项目可能有助于那些希望政府行使职能的中间派选民。但是保守派阵营花了 10 多年的时间对抗高额的政府支出。虽然特朗普勉强签署了这项法案并支持必需的军费支出，但他仍对一些机构的高额资金持相当保留态度。如果右翼分子参加选举，共和党人可能会陷入困境。

在过去 5 年中债务和赤字一直是选民们最关注的问题。为什么共和党投票支持降低预算支出法案？因为选民似乎不在乎。即使是像科尔克和里德这样的预算强硬派，也在 2017 年 12 月份投票支持通过大规模的减税计划，这将在未来 10 年增加 1.5 万亿美元的债务。里德解释说，减税将带来经济增长，弥补收入减少，"经济增长是解决方案的一部分。但令人失望的是，支出对赤字有直接的影响"。科尔克最初出于对债务的预期影响反对减税立法，在最后一次投票前，他改变主意并支持了立法。最近随着展开大规模支出立法辩论，科尔克回到了他最初的立场，成为赤字鹰派，他为如此多的共和党人支持这种措施而感到震惊，"对于国会和白宫的领导层减支无法，我感到更灰心，这是我记忆中最奇怪的立法之一"。

3.3.3 自由媒体批美陷债务窘境

美国联邦年度财政赤字再次触及 1 万亿美元，但长期解决方案却难以实现。美国新闻高级记者索尔吉尔（Andrew Soergel）指出，借树（Lending Tree）在线贷款交易所 2018 年 5 月报告显示，令国会山感觉最紧迫的并不是到 2018 年底美国消费者无抵押债务达 4 万亿美元，占其年收入的 26% 以上，也不是纽约联邦储蓄银行数据显示的 1.4 万亿美国未偿还学生贷款债务中，近 11% 至少拖欠 90 天或违约。事实上，近几个月来备受议员们关注的债务负担，尤其是继大规模的公司和个人所得税税改后，新的政府支出法案才是美国政府亟待解决的问题，美国已有 21.2 万亿赤字,而且未来几年内每年赤字还会继续增大。[1]

联邦财政赤字规模令人震惊。白宫承认,未来几年的预算不太可能按设想进行。2018 年 2 月,总统预算提案预测赤字将在 10 年内增至 7.1 万亿美元,不久后的更新预测表明,最初基准值将减少 9 000 亿美元,2019 年的年度赤字将超过 1 万亿美元。联邦预算委员会主席玛雅·麦克金尼斯(Maya MacGuineas)在一份声明中称:"财政赤字超万亿美元令人震惊,因为两年来人们不断宣称减税和增加支出政策所刺激的经济增长足以抵销赤字。"按照当前计划,债务将在未来 10 年内超过整个经济规模,而利息支出将是未来 30 年甚至更短时间内最大的政府支出。这将削弱我们的经济以及我们在国际社会中的作用。

对美国政府而言,政府赤字并不是新鲜事。自 1940 年以来,美国只有 11 年保持财政盈余。每年的赤字规模并不是新事物,早在不到 10 年前,美国已出现了超过 1 万亿美元的年度赤字,当时美国政府正试图将美国从经济大衰退的泥沼中解救出来。真正的新情况是,在商业蓬勃发展之时,美国每年都会背负财政赤字并向经济注入财政刺激。美国经济正处于历史上第二长的扩张期,利率虽然与通胀同步上升,但仍处于相对低位。麦克金尼斯说,"上一次严重的经济衰退期,美国经历了上万亿美元的财政赤字,议员严阵以对",在奥巴马执政期间,为了控制债务水平,推出了工资法并设定了政府支出上限。这次在经济强盛时期,又出现了上万亿美元的财政赤字,当我们该为未来经济衰退未雨绸缪时,却很少有人能有此远见。

两党都承认有长期债务问题。问题是如何最好地解决这个问题,共和党大多数人认为应缩减社会支出计划,以使政府支出更符合其预期收入。随着婴儿潮一代进入退休年龄,社会保障和医疗保险支出增加,预计将给未来几年的联邦预算带来相当大的压力。事实证明,寻找一个政治上可行的方案来削减领取者的福利,证明还是相当困难的。与此同时,民主党人抨击减税和改革,他们认为

---

[1] Andrew Soergel, "America's Debt Dilemma," https://www.usnews.com/news/the-report/articles/2018-07-20/americas-debt-dilemma, July 20, 2018.

这主要有利于富人和大企业。

但右翼人士和特朗普政府内部人士对此说法持异议。他们认为,新实施的政策并未加重美国的债务负担。联邦预算委员会批评众议院筹款委员会主席、得克萨斯州共和党议员凯文·布拉迪(Kevin Brady)此前的观点,认为白宫修正赤字"并不是因为减税所致,是因为支出"。该委员会认为这一说法"很大程度上是错误的",估计2018年联合推出的减税和增加支出举措,导致了五分之四的赤字增长,且其中一半以上来自减税。美国总统经济委员会主任拉里·库德洛(Larry Kudlow),在福克斯商业的网络见面会上称:"随着经济增长,越来越多的人就业,获得更好的工作或就业机会,收入不断增加,而赤字……迅速下降。"这一说法得到政治真相调查"谎言成真"的评价,称这一说法"荒谬且不准确"。国会预算办公室在其4月份报告中将2018年赤字上调至2 420亿美元,"造成这一差异的主要原因是,预计收入减少了1 940亿美元,主要是2017年税改立法降低了个人和企业所得税收入所致"。

然而近期实施的税改肯定无助于解决赤字剧增问题。无党派分析人士认为,这种情况最终可归结为一个严重的债务问题,与此同时,美国经济正在快速增长,值得注意的是,联储和私营部门的经济学家,大多都避免对未来几年的长期经济预测作出重大修正。

税改的主要卖点之一是它将启动经济增长,并在未来几年将增加政府收入。尽管经济分析人士认为,税收调节的积极因素已经渗透入经济指标中,但许多人将其效果比作"高糖度"。当这种"高糖度"消退时,一些经济分析人士担心,美国经济将在未来几年的某个时点陷入衰退,事实上没有太多的选择来扭转趋势,特别是长期利率仍低于历史水平。

议员们可能很难找到合理的方法来解决联邦政府赤字日益膨胀问题。公开持有的联邦债务占国内生产总值的77%,远高于2007年大萧条的情况。随着美国债务和利息支出的增加,联邦资金被捆绑起来,这些资金本可用于其他社会服务项目,这些项目是被越来越多的人认为应当被削减的项目。随着利率上升,与偿还债务相关的成本变得更加令人生畏。"过去 10 年对联邦政府财政来说是灾难性的",保守的美国企业研究所智库访问研究员詹姆斯·卡普利塔（James Capretta）认为，"经济景气的时候，联邦政府债务和支出越多，等经济不景气的时候，可以借贷和支出的空间就越小，因为在某个时刻借贷和支出是不可避免"。前任财政部长亨利·保尔森（Henry Paulson）曾警告说，"如果我们还不采取行动，赤字问题无疑将是我们所面对的最为肯定的财政或经济问题"，"这将慢慢扼杀我们，是时候该处理这些长期性结构问题了，这将决定我们的长期经济竞争力"。

3.3.4　美纳税人游说组织担忧新增 12.4 万亿赤字

国会预算办公室 2018 年预算与经济展望报告已发布。报告预计在接下来 10 年内会出现 12.4 万亿美元的额外债务。报告也没有描绘美国财政未来的美好景象，如果美国过度消费问题未来没有实质变化，财政状况可能会变得更糟。美国非营利组织全国纳税人联盟基金会政策分析师安德鲁·威尔福德（Andrew Wilford）进行了解读。[1]

10 年前，国会预算办公室估计在下个财年财政盈余 1 510 亿美元，但却相反，最终产生 6 650 亿美元赤字。部分原因是国会预算办公室的分析基于"目前的政策"，随着许多代价高昂的政策条款期满，长期财政状况看起来好于预期。经济危机也是造成前后预测差距的原因之一。但是到 2009 年，随着经济刺激法律通过，国会预算办公室仍预计 2017 财年"仅"发生 2 340 亿美元赤字。

国会预算办公室对接下来 10 年的累计债务估计从 9.4 万亿美元提高到 11.7 万亿美元。有人急于将责任归咎于税法改革造成了估计数值差距，这是错误的。国会预算办公室对 2018 年的财政收入预估比 2017 年减少约 1 万亿美元，但对 2018 年的支出预估比 2017 年增加大约 1 万亿美元。即使将目前政策

［1］　Andrew Wilford，"CBO Projects ＄2.4 Trillion in Debt — And They're Underselling It，" https：// townhall.com，May 5，2018.

可能延期这一因素考虑在内,税法改革将使 2027 年的国债与国内生产总值比率从 111% 增加至 114%。

国会预算办公室的预估经常成为国会"立法计分"的受害者。因为国会预算办公室评价立法在 10 年期间的财政影响,国会经常更改制度,确保 10 年评分看起来低于现值。以"增税"为例,每年国会对同一减税再延长一至两年,而几乎不取消或通过永久化其中任何政策。减税实际上是永久性的,对 10 年预算的影响远远超过 1 000 亿美元。然而,因为税收具有技术上的"临时性",实际影响仅为 100 亿美元,仅反映假定政策到期后一年的价值。

"立法计分"将对预算产生更大影响。目前《两党预算法》(BBA)仅在技术上"延迟了"《2011 年预算控制法》设定的支出上限,即使现实情况认为债务上限不大可能恢复。结果,国会预算办公室把《两党预算法》视为未来 10 年"唯一"增加 3 200 亿美元的负债因素,而不考虑几乎肯定会发生的额外支出。全国纳税人联盟基金会德米安·布拉迪(Demian Brady)分析了《两党预算法》对债务的影响,发现对纳税人来说,真正的成本是 1.66 万亿美元,是预估结果的 5 倍多。不幸的是,这种国会支出少于预期的策略误导公众,却是通过华盛顿的授意实施的。

12.4 万亿美元的额外债务重要而令人畏惧。它代表着目前国债基础超过 50% 的增长。但是纳税人应该意识到,国会预算办公室可能并没有给出完整的前景图,因为预算噱头和每年不可避免的支出增长,可能会驱使数字进一步上升。这可能仅仅是目前的政策基准线,但是国会目前的政策却是随时随地地随意消费。

3.3.5 美商会强烈担忧联邦信用恶化

2018 年 5 月份,美国就业增长远超前两个月水平,此外,有关个人消费和商业投资强劲增长的数据均已证实,2018 年下半年预期美国经济将加速增长。美国商会经济研究部高级副总裁、首席经济学家福斯特(J. D. Foster)对此发表了看法。[1]

特朗普总统近期提议削减 154 亿美元支出。一旦这项提议开始执行,将使联邦支出减少 0.4%,否则这些钱将白白浪费,这在美国可谓是"迈进了一大步"。相对于现今的赤字而言,人们担忧每年联邦赤字接近 1 万亿美元,现在提出了削减目标,预算鹰派人士不会再被无底限地忽视了。

取消预算是历年常使用的简单手段之一。如果得到国会批准,即可取消先前制定的预算授权。取消预算看似简单,但要迈出这一步实属不易。这种适度的规模削减招致了奇怪的批评,批评认为,仅仅为了削减 154 亿美元就这样做真不值得。诚然,削减如此小的预算只能对预算赤字造成区区 2% 的影响,但那些反对如此小举动的人,往往也是拒绝大幅削减赤字的人。

这是典型的政治博弈。首先提出一个较温和方案,反对派就会吹毛求疵,认为这只是为了避免不得已的行动。而提出一个实质性改革方案,反对派又会说走得太远、不可行或"不公平"。只要结果不是无所作为,任何反对政府削减支出的言论就有价值。

两党不久前均压倒性地坚持实施稳健的财政政策。财政清廉反映出对下一代负责任的行为,在经济大衰退或战争时期,赤字可能会激增,但平时则只能容忍适度赤字。之后竟有人认为,大衰退期间的赤字不仅可以容忍,甚至是有益的,杜比兄弟的名言"曾经的恶习已变成习惯"一语成谶。金融市场通常会给执迷不悟的政策制定者一记重击,而且在文化转型中发挥重要作用。如今这些提醒却已不复存在。近年来,联邦政府未偿债务翻了数番,尽管 10 年期国债利率徘徊在 3% 左右,但扣除通胀后还不到 1%。

低利率有助于控制联邦净利息成本。但这又是与联邦赤字相关的典型问题。国会预算办公室预计,2018 年净利息支出约为 3 160 亿美元,约占总支出的 8%。因此,至少目前看来,财政赤字与利率、投资水平或其他联邦支出关系不

---

[1] J. D. Foster, "The Hawks Will Have Their Day — and You're Not Going to Like It," www. uschamber. com, June 1, 2018.

大。由于缺乏痛苦的经济、财政后果,鉴于反复督促允许在经济衰退期增加赤字,财政鹰派人士的地位岌岌可危。国会预算办公室预计,在未来几年内 10 年期国债利率将上升 1.1%至 4.1%,这表明实际利率将很快恢复到更为正常的水平。因此,国会预算办公室预计,联邦净利息支出在 2028 年将达 9 150 亿美元,约占总预算赤字的 60%。

公认的现代准则加上异常低的利率,无论在经济上还是政治上都使不可持续的预算赤字可接受。但这不会无限期持续,利率终将正常化,考虑到联邦债务增长,甚至可能比正常水平还高。当人们明白鹰派一直都是对的时候,经济和预算之痛将无比巨大。

3.4 美国智库与联邦财政

3.4.1 自由派智库与联邦财政

3.4.1.1 布鲁金斯学会建议国会改革预算机制需谨慎

国会终于在 2018 年 2 月达成预算协议。布鲁金斯财政学家雷诺兹(Molly E. Reynolds)对美国国会 2018 年 2 月份达成的预算协议进行了简要评价,指出议员们的选票影响着美国财政改革。这项期待已久的预算协议为今明两年设定了相机支出总体水平。其中包括建立新的"联合特别委员会"(Joint Select Committee,JSC,简称联委会)改革预算与拨款流程。这个由 16 名议员组成的小组,由同等数量的众、参两院共和、民主党人组成,负责制定建议和拟制立法条文,在 2018 年 11 月 30 日前完善国会财政职能。委员会于 3 月 8 日首次开会,并在今后几个月内举行临时会议和听证会。[1]

联委会是否会成功不得而知。由于才举行了首次会议,现在下定论为时尚早。联委会必须在短时间内完成任务,而且还包括 2018 年秋天的中期选举。联

---

[1] Molly E. Reynolds, "The politics and tradeoffs of congressional budget process reform," Brookings institution, March 19, 2018.

委会能否成功,部分取决于试图解决的问题的严重程度。事实上,预算分析师如两党政策中心的霍格兰德(Bill Hoagland)已经提出,联委会应采取针对性方法,专注于解决特定问题。无论是联委会试图扩大解决问题的范围,还是仍只关注重点问题,联委会委员都会理智地考虑持不同立场议员的想法。这些想法对理解国会目前预算失控的原因,以及如何通过改革,提高(或不提高)预算流程功能至关重要。首先要考虑众参两院个别普通议员的动机。一方面,普通议员有动机提高拨款过程的预测性,即使对大多数选民来说,这不是最关注的问题,但在许多议员各自的选区内,如研究型大学、政府承包商、州和地方政府官员,都有重要话语权,因此他们的肯定很重要。

普通议员也可能会重视立法过程。从而使他们能对立法内容提出意见,从以往来看,对立法进行修正是议员对支出措施施加影响的重要方式。但是近些年来在修正立法过程中,争议性辩论导致两院领袖搁置了一些立法,尤其是在众议院。然后,普通议员可能还面临不相容动因:一方面他们希望拥有一个可预测的过程,另一方面则希望利用流程实现某些目标。要使改革取得成功,要么必须全力解决这一问题,改变那些改革派议员们利用支出立法达到政治目标的潜在动因。

改革派还必须与制度诱因进行对抗。在 16 名联委会议员中,有 7 名是参议院或参议院拨款委员会委员,6 名是众议院或参议院预算委员会委员,其中 1 名是联委会共同主席、众议院共和党议员史蒂夫·沃马克,他还是众议院预算委员会、众议院拨款委员会委员。这两个委员会委员可能在不能扩大各自影响力的情况下,期望维持现状。潜在的管辖权冲突并不是预算机制改革新的障碍。事实上,当 1974 年建立现代预算机制时,就是在当时授权拨款机制基础上进行了分层,也就没有任何委员会失去现有基本管辖权。如果联委会想要实施那些影响委员会现有权力平衡的改革意图,如加强预算委员会职能,那么就需要引导这些相互竞争的激励措施。

更广泛的预算改革组织及其议员都会认真对待这些动因。有迹象表明,随着联委会机制的启动，"政策解决和解中心"提出了新的改革预算机制的主要建议，其关键主题是"国会立法的唯一真正推动力是下届选举的可能结果"。根据新闻报道，在联委会首次会议期间，涉及的主题之一是将政府财政年度起始日从每年10月1日改为1月1日。史蒂夫·沃马克认为，在假期之前离开华盛顿，这个愿望可能会激励议员们尽快完成工作。他可能过于乐观了，但在这个由议员政治动机驱动行为的环境里，考虑这些动机至少是正确的开始。

3.4.1.2　美自由智库分析国会预算协议

近期美国参众两院通过一项重大预算决议提高了债务上限。[1] 布鲁金斯学会高级研究员雷诺兹发表了看法指出，为国防和非国防方面账目支出的增加敞开了大门，提高了直至2019年3月的债务上限，其他政策也相应作出了一些改变。国会经过数天的忙碌之后，在众议院少数党派领导人南希·佩洛西和参议院参议员兰德·保罗（Rand Paul）的支持下，最终完成两院增加预算的演讲，民主党和共和党的合作最终使得这项预算在两院获得通过。两党合作仍然是国会完成重大立法的常态，但投票情况仍然会提供一些党内关于各方关键动态有用的经验教训。

共和党人对预算决议持赞同态度。对这一决议投出赞成票的最有趣的共和党选民是82个共和党议员，他们在2015年投票反对最后一个两年期的预算协议，但是对于2018年的决议——代表大约40%共和党人的投票者在两项措施上都投出赞成票。而这两个协议在某些方面是相似的：它们都允许在国防和非国防方面增加支出，并提高了债务上限。此外，虽然2018年的立法主要包括大幅度的国防支出增长，但相比2015年的预算协议，它也使非国防支出增长两倍多。此外，支出的增加并没有完全抵消其他地方联邦预算的削减。

共和党人态度改变的原因是通过反对支出立法获得的政治利益大幅减少。特别是在债务上限的背景下，通过控制白宫各方赞同增加债务上限的方式来支

---

[1]　Molly E. Reynolds, "Lessons learned from Congress's recent budget deal," Brookings institution, February 12, 2018.

持政治团队已经有悠久的历史。与此同时,在民主方面,大部分焦点集中在议会,尽管大量活动家与选民强烈呼吁反对,但仍有 73 位民主党人(约占 40% 的投票人数)支持这项措施;有 37 名参议员投票支持这项措施。在参议院,这主要是由于参议院多数党领导人麦康奈尔承诺要举行移民选票的事实取决于政府是否保持开放。一旦明确了参议院民主党人不可能实施关闭,他们的一些众议院同事可能就不愿意被控诉去支持其中的某一项。但其中也反映了民主党的一些事实。正如政治学家马特·格罗斯曼(Matt Grossmann)和大卫·霍普斯金(David Hopkins)写的那样,共和党与民主党以完全不同的方式来执政。他们认为,民主党人"被正确理解为社会团体的联盟,他们的利益受到各种形式的政府活动的影响"。

预算协议获得通过是巨大的胜利。它将 2018 年非国防相机支出的上限提高了 630 亿美元,2019 年将增加 680 亿美元,这可能会为教育、住房和科学研究等领域的广泛计划带来更多资金。该立法将社区卫生中心的资金延长两年,为儿童健康保险计划延长了额外四年,超过了在一月支出立法中批准的六年期,以及用于支持病危母亲 5 年期的计划。同时它提供了 893 亿美元的救灾支出,其中包括 37 亿美元的波多黎各医疗补助计划。

共和党人对移民政策的内容仍然存在分歧。民主党人通常都赞成针对梦想者的措施,而民主党人内部分歧在于他们用多大的力量来处理这个问题。在党内核心会议中当有不同群体向领导人提出竞争需求时,就需要作出艰难的权衡。为我们带来了预算协议,将出现的内容同样值得期待。

3.4.1.3　布鲁金斯学会判断联邦预算前景长期恶化

在《联邦预算前景:多年后更疯狂了》一文中,美国加州伯克利大学经济学教授奥尔巴赫(Alan Auerbach)、布鲁金斯学会指出税收专家盖尔(William Gale)和克里普金(Aaron Krupkin)基于美国国会预算办公室对 2017 年税法和 2018 年税法预测,对预算前景进行了预测。[1]

---

[1]　Alan Auerbach, William G. Gale and Aaron Krupkin, "The federal budget outlook: Even Crazier After All These Years," www. Brookings. edu, April 23, 2018.

今后 10 年的财政预算前景将更糟糕。2017 年减税法、2018 年支出预算及预期利率更高，都加大了财政赤字和债务预期，而对经济增长的预期和医疗保障支出下降则使财政赤字和债务预期降低。最终根据现行立法，国会预算办公室预计，到 2027 年，美国债务与国内生产总值比率达到 94.5%，而上年 6 月的预测是 91.2%，财政情况将更加严峻。

首先，强劲的经济增长使巨额赤字更令人担忧。国会预算办公室预计：从 2018—2028 年平均来看，累计实际国内生产总值和潜在国内生产总值波动不大，经济增长表现很大程度上得益于新税法。但这也意味着更高的赤字和债务预期，如果经济陷入衰退，10 年财政预期情况可能看起来会更糟糕。

其次，在"现行政策"背景下，国会预算办公室承认问题将恶化。根据现行税法预期检验结果，国会对预测期基本没有施加进一步影响，"现行政策"预期估计决策者可能会定期延长临时条款。根据税法原条款，国会预算办公室预计，到 2028 年国债与国内生产总值比率为 96.2%。而根据目前的政策，预计为 106.5%，这将是美国历史上的最高点。

再次，2028 年后情况只会变得更糟。"财政缺口"衡量的是特定年份债务与国内生产总值比率提高到特定水平所需的税收和支出变化。例如，在现行政策下，发现要确保 30 年后债务与国内生产总值比率不超过当前水平，需立即并永久性地削减支出或增加国内生产总值占比 4.0% 的税收。这意味着，与当前水平相比，非利息支出将减少 21%，税收收入将增加 24%。考虑到这一点，2017 年减税和 2018 年财政支出计划将使 2019 年的赤字略高于国内生产总值的 2%。在 2048 年维持当前债务与国内生产总值比率所需的调整规模，大约是现在的两倍。决策者等待改变的时间越长，在特定年达到给定债务目标所需的调整规模就越大。此外，更长远来看，所需年度调整规模更大，因为现行政策下，预期财政情况将继续恶化。

3.4.1.4 布鲁金斯学会专家评估联邦财政的经济影响

哈钦斯中心财政影响指标评估了财政政策在多大程度上增加或减缓经济的

增长。布鲁金斯学会经济研究部高级研究员、税务和调控政策专家路易斯·舍依纳（Louise Sheiner）与研究助理贝尔兹（Sage Belz）研究了对季度财政的总体影响及其组成部分：联邦、州和地方各级的税收与支出。[1]

哈钦斯中心财政指标衡量了财政政策对实际国内生产总值增长的贡献。据哈钦斯财政影响评估（FIM）的最新数据显示，联邦、州和地方财政政策对 2018 年第一季度经济活动影响甚微——国内生产总值的增长不到十分之一个百分点。经通货膨胀调整，第一季度国内生产总值增长 2.3%。

2018 年第一季度国家和地方的支出小幅上升。反映了招聘活动的减缓和建筑支出的下滑。在过去两年中，该行业一直处于疲软状态，并且尚未恢复到衰退前的支出水平。自 2016 年以来，州与地方的实际建筑数量下降了近 9 个百分点，相比于 2008 年仍下降了 25%。而在过去两年内，该行业的就业增长不到 1%，并持续低于经济衰退前的水平。

本季度联邦支出总额以 1.7% 的速度增长，与上年增长趋势大体一致。由于 1.3 万亿美元的综合支出立法资金将在未来几个季度拨款，因此哈钦斯财政影响评估衡量了该立法对经济刺激影响的规模。

本季度税收和转移政策对国内生产总值增长的负面影响很小。尽管政府的第一季度评估显示：受最近颁布的税收立法的影响，个人税收有所下降。但哈钦斯财政影响评估认为，这些下降只会逐渐转换成支出与国内生产总值增长的变化。

3.4.1.5　布鲁金斯学会再次评估联邦财政的经济影响

哈钦斯中心财政影响指标揭示财政政策将增加或减少多少经济增长。[2]下面从联邦、州和地方各级的税收和支出三个方面探讨季度的财政总影响及其组成部分。

---

[1]　Louise Sheiner& Sage Belz, "Hutchins Center Fiscal Impact Measure," https://www.brookings.edu, April 27, 2018.

[2]　"Hutchins Center Fiscal Impact Measure," www.brookings.edu, July 27, 2018.

联邦、州和地方的财政政策增加了第二季度的经济增长速度。哈钦斯财政影响指标的最新数据显示，各级政府的财政政策对第二季度的国内生产总值增长贡献了 0.6 个百分点，这是近两年来的最高贡献水平，总的国内生产总值按通胀调整后的年增长率为 4.1%。

财政政策对国内生产总值的贡献与潜在的实际国内生产总值增长一致。虽然我们预计哈钦斯财政影响评估是正的，但平均而言，最近的数据显示财政政策为经济提供了额外的刺激，使其增长速度超出与趋势增长一致的速度。

在经济大衰退期间，财政政策显著促进了经济增长。但在 2011 年，哈钦斯财政影响评估在几乎 4 年内跌至 0 以下，表明财政政策减缓经济增长。然而，在过去的 8 个季度中，哈钦斯财政影响评估反弹并徘徊在 0 以上。在第二季度，联邦支出以每年 3.5% 的速度增长，这在很大程度上得益于国防支出增加。第二季度州和地方支出增长了约 1.5%，延续了近年来的低迷增长模式。自 2016 年以来，真实的州和地方建设增长不到 5%，并且比 2008 年的水平低 25%。该行业的 2017 年就业人数增长几乎为 0，并持续低于经济衰退前的水平。从历史上看，州和地方支出在经济中的占比（平均为 11%）高于联邦支出在经济中的占比（平均约为 7%）。

税收转移政策对第二季度的国内生产总值增长产生了积极影响。联邦政府的三大福利计划（社会保障、医疗保险和医疗补助）的支出继续以温和的速度增长，而且自年初新税法制定以来，个人所得税收已经减少。哈钦斯财政影响评估反映了低税收逐步转化为消费和国内生产总值增长。与第二季度国内生产总值估算一起公布的对国民账户的全面修订，对上述的哈钦斯财政影响评估值几乎没有影响。

3.4.1.6　布鲁金斯学者呼吁增加援外预算

对外援助是美国外交政策的重要工具。但政策制定者需要认识到对外援助资金供应链的中断——经济衰退、拟议的减税和不确定的预算方案——削弱了美国提供重要援助的能力，这对发展中国家的食品、医药或教育援助会产生影响。实际上,资金延迟和预算削减的威胁破坏了美国政府对旨在创造经济增长、减少贫困和促进稳定的对外援助计划的支持。布鲁金斯学会专注研究国际经济与开发政策的高级研究员英格拉姆(George Ingram)进行了分析评论。[1]

对外援助不像蓄水池那样随着水龙头的转动就能流出水来。相反,它就像一个企业或运动队,需要规划和制定战略、雇佣和发展适当的员工技能、请求资助和合同、设计合作伙伴关系、提供管理和监管、监督和评估、反馈,以及学习。所有这些不仅涉及援助机构的工作人员,还涉及执行组织、捐助伙伴和东道国政府。

如果行政管理和预算局(Office of Management and Budget)威胁要取消20%的援助预算,或者总统提议削减30%的援助资金,或者国会未能按时制定拨款法案,都会对对外援助有很大的负面影响。这会妨碍数万名援助工作者的工作效率,并影响数千万预期受益者的生计。而且,它还会浪费美国纳税人的钱。

这种预算异常是外交事务和发展战略的新常态。相比之下,国防预算支出更稳定,授权和拨款资金逐年增加。

对美国对外援助的漠不关心会损害美国在国家层面上的有效性,正如"公布资助信息"(Publish What You Fund)一项新的研究表明的那样:在2019财年预算方案中提出的削减美国对外援助可能对柬埔寨、利比里亚、尼加拉瓜和塞内加尔产生不利影响。

脱节的预算流程以多种方式损害了美国对外援助的有效性:

3.4.1.6.1 浪费时间

➤ 由于国会的拒绝几乎得到了确认,一些人认为特朗普政府提出的削减30%国际事务预算仅仅是政治上的考虑。很少有人认识到数百名美国国际开发署(USAID)和政府工作人员的实际影响,他们花费了数千小时来计划、准备和编制基于不切实际的预算。这可能涉及最多两到三个资金

---

[1] George Ingram, "Erratic budget processes threaten US foreign aid," www. brookings. edu, June 4, 2018.

方案,而不是浪费工作人员宝贵的时间——这些时间本来可能用于更有用的实际规划和项目管理。

➤ 美国国际开发署的工作人员辛勤工作以捍卫只获得很少支持的预算方案,影响从履行承诺转移到援助伙伴国家,帮助发展中国家和地区确立自力更生的道路,并改善提供人道主义援助的时间有效性。

➤ 实施者和合作伙伴之间的关系变得紧张和不确定,因此美国国际开发署的工作人员花费宝贵的时间通过解释可能发生的事情来平息紧张的关系。

➤ 由于对即将发生的事情缺乏确定性,美国国际开发署的特派团工作人员和合作伙伴花费很多时间解释繁杂的事宜并为不太可能发生的事件做准备。

3.4.1.6.2　资金延迟使得复合效率低下

➤ 由于资金增加或延迟导致的不确定性使得援助项目的启动停滞下来。

➤ 当资金延迟或减少时,就会导致员工不得不停止工作。资金恢复后,必须重新雇用工作人员,或者必须招聘和培训新员工。

➤ 由于资金延迟,项目必须放慢速度,工作人员被搁置,他们只能无所事事地等待资金缺口补上、项目重新开启。这意味着援助项目将从正常速度变为慢速或高速,从而打断了原定的人员配备计划和交付计划。

➤ 一年中有六到九个月都在等待颁布资金方案、分配资金,这意味着一年中六到九个月的援助项目都处于重复的规划阶段,然后突然面临在三到六个月内完成一年工作的挑战。

3.4.1.6.3　项目和计划的挫折

➤ 如果援助项目被搁置并且受益人被剥夺了预期的福利,项目就会中断。如果食物或药物无法被送达,这可能是生死攸关的问题:在教育和培训方面,受益人的学习会被推迟甚至是彻底失去学习机会。

➤ 对于强调行为改变的小型知识型项目,中断的后果可能尤其严重。

➢ 新的创新项目首先被搁置,因为各机构有义务按照总统的预算进行规划并"保护核心内容"。

➢ 突然的转变可能削弱项目的运作效果和能达成的目标,特别是在脆弱国家,会破坏稳定。

3.4.1.6.4　声誉受损

➢ 东道国和当地社区期待美国对外援助的一致性以及开放市场的承诺;如果我们没有贯彻一致性并按照承诺行事时,这些国家对美国的信心就会丧失。

➢ 削减对外援助预算的威胁或谣言,或者对外援助资金水龙头的关关合合,导致人们认为美国不可靠。潜在的合作伙伴会向其他合作伙伴和实施者寻求资金。

➢ 当美国国际开发署无法实施与其他国家部门合作执行的项目时,美国的可信度受到削弱——例如,在促进某一国家的国内资源调动或塑造建立某一行业部门的能力时。

➢ 华盛顿传出的含糊信号降低了美国在东道国政府的信誉,阻碍了有意义的规划。

➢ 美国看起来并不知道它在做什么。

当美国传达了含糊的信号并且无法实现其向其他国家传播的合理预算原则时,美国还如何取信于人?经济衰退、拟议的预算削减和拨款延迟玷污了美国的声誉、破坏了美国援助的有效性、阻碍了我们的预期目标,并对我们的援助工作者和援助伙伴造成了伤害。政策制定者需要认识到这些后果并将援助预算恢复到正常情况。

3.4.1.7　美自由智库披露联邦财政实际状况

国会预算办公室对未来 10 年联邦债务和赤字的最新预测令人不安。美国布鲁金斯学会高级研究员、财税专家盖尔(William G. Gale)指出,事实上,深入挖掘发现情况会更加糟糕,联邦政府不仅要在充分就业时期承担巨大的财政赤字,一旦不可避免的经济衰退来临,我们就会陷入困境。[1]

以下是不利的方面。根据现行法律,如果国会不进行任何立法,国会预算办公室预计,到 2028 年目前美国国内生产总值为 77%,联邦债务率将上升至 96%。如果国会投票延长即将到期的税收政策,例如 2017 年税改的许多临时减税措施,并维持预算协议中制定的支出水平(即"现行政策"基准),到 2028 年,联邦债务预计会升到 GDP 的 105%,这是除二战时期某年外(当时为 106%)的历史最高水平。

二战后联邦未偿债务相对于经济规模有所下降。但没人能预测 2028 年之后的重大政策变化。根据现行法律和政策,预计联邦预算赤字在未来 10 年内将上升并继续保持高位。根据现行法律,联邦赤字平均为 GDP 的 4.9%,并且会在 2028 年末超过 5%,比二战后的任何时候都高(除 1980 年初某一年、2007—2009 年金融危机和大衰退之后的某年)。根据现行政策,预计在未来 10 年,联邦预算赤字平均为国内生产总值的 5.9%,并且将在 2028 年超过 7%。因此,即使通过历史传统债务和赤字比较,前景看起来依然糟糕。

传统比较有误导性,以下部分更糟糕。在未来 10 年,预计的预算赤字基本上是"充分就业"赤字,这很重要,因为预算赤字可以通过提供经济刺激措施来缓解经济衰退,所以我们更应该在经济繁荣时期缩减支出。事实上,国会预算办公室预计,2018—2028 年,实际和潜在的国内生产总值相同。肯尼迪总统曾经说:"修屋顶应该在晴天。"但是我们却在"财政屋顶"上打出更多的漏洞。为了作同类比较,我们应把预测的联邦预算赤字和充分就业赤字进行比较。从1965 年至 2017 年,平均充分就业赤字仅为国内生产总值的 2.3%,远低于目前或预计的赤字。

在充分就业条件下债务和赤字上升说明,我们存深层次财政问题。国会预算办公室的预算预测提醒人们,国会和政府在最近的立法中的财政政策,不是免

---

[1]   William G. Gale, "The fiscal picture is worse than it looks — and it looks bad," Brookings institution, April 11, 2018.

费的午餐。

3.4.2　保守派智库与联邦财政

3.4.2.1　传统基金会夸"预算蓝图"意义重大

美国保守势力传统基金会联邦支出与债务专家波西亚（Romina Boccia）和年轻研究员艾迪（Dody Eid）就美国国会的预算程序改革发表了研究报告。预算和拨款程序改革联合特别委员会（Joint Select Committee on Budget and Appropriations Process Reform）反复讨论了三项提议。这些提议不太可能改善现有预算程序，而且可能会使事情变得更糟：两年期预测编制、专项拨款以及从财政年度到日历年度的转变。[1]

3.4.2.1.1　两年期预算编制

两年期预算编制获得重视。在委员会审议的各项提议中，两年一次进行预算编制的建议受到重视，这将免除国会每年提交预算决议的义务。相反，它只需每两年编制一次预算。

对两年期预算编制改革的看法褒贬不一。支持者认为，这样的变化使立法部门有更多的时间深入研究日益严峻的预算挑战所提出的问题，对行政部门给予更多监督，并随着财年截止日期的临近，减少预算功能的失效。

2018 年 7 月 12 日的听证会上，国防部前部长莱昂·帕内塔（Leon Panetta）在早期担任克林顿政府管理和预算办公室主任时作证说，他认为应该考虑将年度预算编制改为两年一次。帕内塔是一名来自加州的民主党国会议员，他曾担任过两届的众议院预算委员会主席，后调往政府管理和预算办公室。他说，这将给国会议员更多时间评估联邦计划的效力，最终形成更多监督。

威斯康星州民主党前众议员戴维·欧贝（David Obey）在预算问题上并没有特意强硬表态，但他反对采用两年期拨款程序。欧贝曾在众议院拨款委员会任

---

[1] Romina Boccia, Dody Eid, "Budget 'Reforms' That Would Make Matters Worse, Not Better," https://www.heritage.org, August 6, 2018.

职 16 年,其中包括担任该委员会主席 4 年。他表示,此举将大幅削弱国会的监管。

正如美国传统基金会(The Heritage Foundation)托马斯·A.罗伊经济政策研究所所长保罗·温弗里(Paul Winfree)解释的那样:"根据现行法律,每届国会都至少有两次机会通过限制活动资金来表达对总统的不满。两年期预算拨款将大大减少这些机会,进一步赋予执行人员更多权力。"

采用这样的两年期预算制预算方法是错误的。虽然支持者是善意的,但现实情况是,年度预算和年度拨款是国会的基本任务,因为它们确保更好的监督,迫使议员更频繁地审视整个预算,促成更可靠负责的财政路径。

转变成两年期预算制的后果之一是不确定性更多。不得不将预测期从一年改变成两年会导致联邦计划的财政预测出现重大变化。即使在有年度拨款的两年期预算决议制度下,预算决议也不可能成为一项指导性文件。这是在朝错误的方向迈出。

3.4.2.1.2 专项拨款

听证人还被要求发表他们对专项拨款——为议员的特定项目或特定地区拨款的立法提案——的想法。尽管欧贝没有表达出强硬立场,但帕内塔支持恢复议员的专项拨款能力,声称议员代表他们的选民,应该有机会证明支出的合法性。不过,帕内塔承认,历史已经表明,专项拨款可能最终会失控,因此它应该与透明度和限制性牢牢结合在一起。

专项拨款并不能解决美国的预算问题,反而为腐败和地方支出打开大门。正如传统基金会罗伊研究所的贾斯汀·波吉(Justin Bogie)报告的那样,多年来,专项拨款一直被作为贿赂的合法手段。只要国会议员们自己所在州或地区得到回报,他们就会支持该立法,而不管总体价值如何。

各议员之间的专项拨款分配不均。根据"公民反对政府浪费"组织的数据显示,在第 111 届国会中,61% 的专项资金是应众议院和参议院拨款委员会81 名议员的请求拨出的,这意味着约 15% 的国会议员控制了近三分之二的专项资金。

3.4.2.1.3　日历年度

帕内塔在开幕词中提到将预算财政年度改为日历年度。他认为这样做可以腾出时间对预算和拨款进行重要审议。另一方面,欧贝认为这个做法无功无过。

很难想象这样的改变会对目前的预算过程有什么改进。近年来,议员们一直不得不进行持续决议,经常利用圣诞倒计时在第 11 个小时强制通过议案。这恰恰是对改变预算年度重要审议的反面案例。

国会不应改变日历年度,而是继续坚持这种年度编制方式。时间不是问题,缺少的是政治意愿。

令人失望的是,特别委员会似乎只认真考虑了这三项提议。最好的情况就是,他们不做任何事情来修复预算程序;最坏的则是加剧现有糟糕状况,并引发新的问题。国会应该坚持年度预算,抵制重返专项拨款,并调查预算功能失调的真正原因。为了采取积极的步骤改革联邦预算程序,加强预算制度、问责制以及透明度,我们谨建议联合委员会参考传统基金会的"平衡蓝图"。

3.4.2.2　传统基金会"预算蓝图"(The Blueprint for Balance)的五大预算改革建议

国会预算办公室 2018 年 4 月最新预算报告显示前景惨淡。预计到 2020 年,联邦赤字将上涨到 1 万亿美元以上,到 2028 年将达到 1.5 万亿美元。在未来 10 年内,债务预计将飙升至经济的 96% 以上。对于国家而言,这是一个糟糕透顶且不可持续的预算过程。值得庆幸的是,国会可以在 2018 年实施一项解决方案,并大幅扭转预算的现状。美国保守势力传统基金会预算专家伯吉对此进行了分析。[1]

美国传统基金会发布了 2019 财年国会预算提案——平衡蓝图,这将重塑联邦政府的职能,将支出集中在宪法义务上,不再关注超出该范围的计划或有利于

---

[1]　Justin Bogie, "These 5 Changes Would Fix the Nation's Budget Woes," www.dailysignal.com, June 14, 2018.

特殊利益的项目。据此过程,预算将在 2024 年之前达到平衡,并将在未来 10 年内减少超过 11.9 万亿美元的联邦赤字。

该蓝图不仅仅是让数字发生改变。它将使美国人摆脱负担过重的政府,让他们真正自由发展起来。通过减少政府债务和税收,蓝图计划将为更多的就业机会、更高的实收工资和不断增长的经济创造条件。

蓝图计划将长期延续 2017 年的减税政策,把更多资金投入美国人民的口袋,并维持税收改革以实现经济持续增长。此外,该蓝图还要求对福利计划进行长期需求的改革,从而促进企业与个人的自由。

基金会的蓝图计划包含下面五个关键要素:

1. 控制最终支出。目前,国会预算办公室预计联邦支出将以每年 5.5% 的速度增长,蓝图计划将把这一比例降至 3.1%。根据该计划,联邦政府支出总额将比国会预算办公室未来 10 年的估计数减少 12.4 万亿美元。到 2024 年,债务占经济的份额将开始缩小,并且在 2028 年,相比国会预算办公室的预算下降约 23%。

2. 改革福利计划。目前,社会保障、医疗保险和医疗补助三大福利项目的支出增长不受限制。到 2028 年,这些计划的支出将占联邦收入的 73% 以上。按这种速度,福利计划项目根本不可能持续。

他们也会为后代带来沉重的负担。数万亿美元无责任人承担的资金威胁着年轻的美国人,他们的税收将大幅增加,债务也会越积越多。医疗保险受托方估计,到 2026 年,医疗保险将面临破产。社会保障信托基金也将在 2034 年耗尽。

该蓝图计划将进行一系列有决定意义的改革:废除奥巴马医改;通过向保费支持系统过渡并进行关键性改革,使医疗保险现代化,以应对人口、财政和结构方面的挑战;限制联邦政府对医疗补助计划的捐款,给予各州在设计福利和管理项目上更大的灵活性;让各州在开展福利计划时承担更多责任;对社会保障进行重大改革,考虑预期寿命的延长和福利增长的减缓,以确保老年人在退休时免受贫困影响。

3. 优先考虑必要的可自由支配支出、削减浪费性项目。蓝图计划拒绝承认《2018 年两党预算法》(Bipartisan Budget Act of 2018)产生的不负责任的支出增长,仅在 2019 财年就将非国防可自由支配支出减少近 2 000 亿美元。这可以通过取消那些以牺牲纳税人为代价使特殊利益集团受益的项目,由私营部门或州和地方政府更有效地运作项目,以及不属于联邦政府宪法核心责任的项目来实现。

通过将资源从不太重要的国内项目中转移出来,蓝图能够优先考虑国防资金,以确保我们的军队有足够的能力应对不断上升的全球紧张局势。

4. 永久延长《减税与就业法》。蓝图计划将永久延长 2017 年颁布的《减税与就业法》,在未来 10 年为纳税人提供额外 4 000 多亿美元的减税额。该蓝图还要求采取额外的税制改革措施,例如从目前的收入消费混合型税基转向消费税基。这将对企业、美国工人和家庭有利,同时促进经济增长。

5. 修复破损的预算流程。该蓝图将立即采取措施,以创建一个更准确、负责和透明的预算流程。主要改革手段包括:对所有支出设置法定上限,通过扣押强制实施;打击预算过程中的伎俩;停止在未经授权项目上的支出;在提供立法预算估算时,考虑计息成本。这些改革将在很大程度上有助于终结目前主导我们预算过程的功能失调。

长久以来,国会一直在拖延这些重大改革。而现在,我们快无路可走了。传统基金会的"平衡蓝图"考虑了预算长期需要的变化。它会使预算重新走上平衡之路,让美国走上财政健康之路。

3.4.2.3　众议院保守派支持削减非国防支出

众议院保守党在的预算蓝图中提议削减非国防支出,并在 8 年内平衡联邦预算。[1] 这一文件由共和党研究委员会撰写,它是共和党议会中最大的议会成员,拥有一系列政策目标,例如废除奥巴马医改,恢复国家权力,"永久化"减税,

---

[1] Rachel del Guidice, "Exclusive:Conservative Lawmakers' Blueprint Would Trim Nondefense Spending, Balance Budget in 8 Years," *Daily signal*, April 25, 2018.

改革福利计划,以及"挽救"社会保障和医疗保险。这份名为"统一保守主义框架"的长达 169 页的蓝图建议在未来 10 年内,在现行法律的基础上将政府支出减少 12.4 万亿美元。

"当涉及这个问题的合法性时,我充满希望,如果我们要谈论对联邦政府生活方式的期望,这就是框架,这就是蓝图。"众议员马克·沃克在新闻发布会上说,他是 150 人核心小组的主席。沃克告诉记者说:"我完全不相信能立即制定一切。"但我们的工作是制定一些蓝图,我们展示的是我已经讨论过的框架。

共和党研究委员会原本力图联合共和党议员制定一个保守的议程,而这个提议声称它将"重新调整联邦政府在核心宪法责任方面的支出,如国家安全"。

在预算框架下,国防总支出将从 2018 财年的 7 000 亿美元增加到 2019 财年的 7 160 亿美元。该框架将使非国防可支配支出从目前的 5 790 亿美元减少到 2019 财年的 3 550 亿美元。

这也将扭转美国国会决定打破支出上限的决定,其中特朗普总统于 2018 年 2 月 9 日批准并在再次签署了 2018 财年剩余期限的 1.3 万亿美元综合支出账单。

共和党研究委员会(RSC)计划还要求:

➢ 削减或取消不属于国会宪法权限的项目、"重复、不必要、浪费或无效"的项目,并限制对"未授权项目"的资助。

➢ 将国防支出从 2019 财年的 7 160 亿美元增加到 2028 财年的 8 000 亿美元,重点在于军事准备,"强大的海军舰队"以及对多个威胁者的威胁作出应对。

➢ 取消议员某些项目的预算专用权,终止永久授权,并提高预算流程的透明度。

➢ 允许永久支出充分即时费用化,以使企业能立即从应纳税所得中扣除支出。

➢ 改革和确保社会保障的偿付能力,包括更准确地计算生活费调整数,并逐步提高 70 岁的资格,以避免在 2035 年之前淘汰信托基金。

➤ 通过更多的选择、更低的成本和更简单的模式改进医疗保险,包括在 2023 年实施优质支持,保留传统的按服务收费方式作为一种选择,并逐步实现 70 岁以上的合格年龄。

蓝图还呼吁通过将一些强制性政府计划转换为酌定计划来节省纳税人的资金。通过"酌定计划"方案,国会必须每年制定资助水平,而社会保障和其他权利等强制性计划的资助则根据参与人数确定。

共和党研究委员会计划表示,它考虑了国会委员会、议员个人及其工作人员、保守智囊团和行政部门提出的 300 多项具体政策改革和支出削减。

该组织预算和支出工作组主席汤姆·麦克林托克(Tom McClintock)告诉记者,这是正确的方向:我们让许多项目回到各州,给他们根据自己的最佳判断和需求进行创新的自由;我们全力支持总统的国防要求,同时消除了一些浪费的计划并将资金转移到优先的核心国防事项上;我们通过实施更优质的支持计划,将医疗保险从 2029 年即将破产中解救出来,这个更优质的支持计划与现有的医疗保险优惠计划非常相似。

麦克林托克是众议院预算委员会的资深议员,也是自然资源委员会的议员。

除了要求撤销和更换奥巴马医改外,共和党研究委员会蓝图还建议通过允许美国人跨州购买医疗保险、允许奥巴马医改之前的医疗补助拨款预算并限制美国公民资格,使医疗保健市场更加实惠和具有竞争力。

预算蓝图表示"旨在超越政治的最小共同点,以反映美国人民希望看到的一个更负责任和更可靠的政府"。为了实现这一目的,蓝图将通过制定最近的改革措施,例如永久性减免个人的税收,以及实施特朗普签署的减税和就业法的计划。

它要求:

➤ 改革监管程序并扩大国会对政府计划的监督;

➤ 给获得工作奖励、要求工作培训,或志愿参加福利计划的健全成年人增加机会和促进自给自足；

➤ 重申保守的原则，例如武装的权利、生命的神圣、宗教自由和边境安全。

共和党研究委员会框架是特朗普在 2 月 12 日发布 2019 财政年度预算建议之后发布的，该预算于 2018 年 10 月 1 日开始。该文件包括总统向国会提出的建议，但众议院和参议院预算委员会前雇员斯坦·科伦德（Stan Collender）也认为理性预算过程已不再存在。在福布斯专栏中，科伦德写道：联邦预算过程没有被破坏，而是已经不复存在。在特朗普政府和国会共和党控制下，原本每年用于指导总统和国会预算的预算规则都因遭遇忽视而不光彩地死亡了。

在所说的正常秩序的国会传统中，众议院拨款委员会从交通和社会服务到外交政策和国防，通过了 12 项支出政策，涵盖政府的各个方面。然后整个众议院也是一样的，参议院也是如此。最后，总统签署了 12 项拨款立法。不过，国会已经 20 多年没有遵循这一过程了。

在最新一轮的会议上，国会通过了 1.3 万亿美元的综合立法，2018 年在 9 月 30 日到 2018 财年底为政府提供资金。届时，国会将需要批准 2019 财年的预算，或者短期的资金，以防止政府停运。

考虑到国会的这些问题，共和党研究委员会建议"通过限制支出和改革预算过程来收回财政控制权"。

2019 财政年度及以后的财政预算案的行动基本上基于前议长保罗·瑞安（Paul Ryan）下属的众议院共和党领导班子，他最近宣布他不会在 11 月份重新当选，并将在 1 月份退休。

众议院全部 435 个席位在 11 月的选举中出现，共和党目前有 236 个席位，民主党人有 193 个，6 个空缺。

美国传统基金会财政事务高级政策分析师贾斯汀·博格（Justin Bogie）表示，如果共和党研究委员会的预算计划能够理清国会，美国人"一定会看到一个规模较小的联邦政府，监管较少，联邦政府基本上不会进入那些企业以及州和地方政府应该参与的领域"。不同于通过 12 个单独的拨款立法，博格说 2018 年国会可能会选择执行较小的综合支出立法，其中支出立法被打包成三或四张票据。国会严格说来会在 9 月 30 日前通过所有 12 项立法，但不是单独地通过。

特朗普在 2018 年 3 月 23 日签署之前曾威胁要否决一些综合立法，如果国会试图通过相同类型的综合立法，那么共和党人将与总统矛盾激化。

"如果他们的做法与上次完全一样，总统可能不会签署或至少放出威胁，如果他们通过更多的立法或者大部分立法，然后把它们汇总成一个综合体，那么我认为他可能会签署它。"博格说。

麦克林托克说，国会没有理由不开始预算工作。"我认为众议院预算委员会不能提出预算是不可原谅的渎职行为，让我失望和尴尬的是，当前距离众议院采纳预算期限已经过了整整一周，它还没有开始这项工作。"加州共和党人说。

"这就是共和党研究委员会预算为何如此重要的原因，这是本次会议提出的唯一可靠和全面的让我们重获财政偿付能力的计划。"

3.4.2.4　保守势力不满国会再破支出上限

国会打破预算上限后果严重。对此传统基金会喉舌《每日信号》（ *The Daily Signal* ）发表了评论指出，2018 年 2 月初生效的美国《2018 财年两党预算法》真应该改名叫两党预算碰撞法。2011 年美国通过了《预算控制法》，历经纷争保持了预算上限政策，可这一轮财政支出增幅巨大，宛如一辆巨型卡车，直接冲破了上限，照这个步调发展下去，将来预算上限至少将上调至 30 万亿美元。若一切成真，情况将变得愈发糟糕。目前联邦债务已经超过了 20.5 万亿美元，美国离财政崩溃边缘又近了一些。[1]

预算立法惹纳税人不满。共和党人吹嘘说，他们在国内社会项目上每花费 1 美元，就能获得 1 美元军费支出的补助，但这充其量只是一厢情愿。而且，这种计算并没有包括应对飓风和火灾等灾难的紧急支出，可这部分支出接近 900 亿美元。此外，至少有 210 亿美元的所谓"国防"支出并没有用于军事活动，实际上

---

[1]　Stephen Moore, Christian Andzel, "Congress Blew Through the Budget Caps, Again. Here's What Needs to Change," *The Daily Signal*, February 15, 2018.

是流进了国务院的口袋。最后，美国每花 1 美元用于维护国家安全，国内各个部门可能要多花 2 美元，这对纳税人来说绝对是坏事。

联邦政府在为太多的非必要项目买单。人们也不明白，为什么灾后重建的花销要由联邦政府来买单。美国历史上经历过数次非常严重的灾难，如横扫加尔维斯特和得克萨斯的飓风，还有芝加哥大火灾、旧金山大地震等，重建工作在灾后迅速开展，费用也几乎全部由私人公司、私人慈善机构支付，或由州或地方自发承担，而非联邦支付。就算联邦政府要为救灾支付巨额费用，也不应该通过增加债务的方式，而应该其他联邦机构支出中扣减 2%~3%加以补偿。

近年来预算上限屡次被突破。2011 年至 2016 年，预算上限将相机支出的增长率控制在了 2%的通胀水平之下。近 3 年来，联邦财政支出的实际数值是下降的，这很大程度上得益于《预算法》设定的预算上限。但 6 年来，严格的预算上限已被突破了 4 次，且一次比一次幅度大。就像是香槟酒瓶的软木塞被拔出来一样。

财政缺乏管控致国会失信于民。国会不能很好地履行曾经的法律诺言，这不仅会侵蚀民众对政府的信任度，也显示出美国政府忽视了日益严重的财政危机。这样的预算模式能够走多远？这是一个严峻问题。由于两党都不努力削减债务和赤字，我们担心，无论将来出于何种目的或意图考虑，预算上限都会不复存在。

减少财政支出的可能性微乎其微。现在 2020 年的支出上限已经制定好，但 2019 年的财政支出却有可能突破 2020 年法定上限水平以上 2 000 亿美元。所以，要么财政支出会在 2020 年大选之年出现大幅下降[这听上去令人欣慰，但成真的可能性，要么就像特朗普总统会和众议院少数党领袖南希·佩洛西（Nancy Pelosi）一起跳探戈那样微乎其微]，要么国会就会把预算上限这回事丢进历史的垃圾箱，再也不提。

必须制止预算上限的疯狂突破。国会不断突破预算上限是相当可怕的，因为它意味着国会将在毫无财政制约措施或增幅限制的条件下通过预算方案。这样做只会加剧两党疯狂支出的行为,违背了美国人民的根本利益。到 2021 年,《预算控制法》即将到期失效,而此前不久国会做出的那些不可饶恕的行为,也加大了国会将《预算控制法》延期至 2022 年甚至更久以后的可能性。将来应该基于《2011 年预算控制法》中的财政支出年平均增长率来设定预算上限的上调幅度,而不应像这次预算立法一样无节制地大幅上调。若《2011 年预算控制法》无法延期,这不仅是彻底的投降,更是为本已失控的财政巨兽大开方便之门。

3.4.2.5 保守派支持预算支出上限政策

在被问及美国债务飙升的问题时,参议院多数党领袖米奇·麦康奈尔(Mitch McConnell)表示:他将此归咎于福利支出和国会对福利改革的不作为。麦康奈尔是对的,福利支出是美国债务的主要驱动因素,预计明年将达到 1 万亿美元,并自此迅速增长。传统基金会指出,美国债务快速增加不加控制,将带来严重的后果,威胁美国当前的经济繁荣,尽管预算控制法尚有诸多不完善的地方,但它已经成为控制支出的有效工具,国会应该坚持预算支出上限,解决美国债务危机。传统基金会喉舌《每日信号》发表了看法。[1]

麦康奈尔认为,面对福利支出的快速增长,可以通过维持《2011 年预算控制法》(The Budget Control Act of 2011,以下统称《预算控制法》)上限来控制支出增长。联邦政府上一次平衡预算还是在 2000 年,实现这一目标的关键是坚持《预算执行法》设定的可自由支配支出上限,国会在 20 世纪 80 年代末实施这项法律是为了应对不断上升的财政赤字,在不到 10 年的时间里,它将超过 3 400 亿美元的赤字逆转成盈余。

国会应该重新制定预算支出上限,以抵制另一项不负责任的预算协议。如果不进行严格的财政控制,美国将面临预算崩溃。2018 年的《两党预算法》是第三项旨在提高《预算控制法》支出上限的协议,创造了一个资金高峰。目前看来,国会 2020 年和 2021 年将面临资金断崖,国会不得不推动另一项增加支出的

---

[1] Romina Boccia, Justin Bogie, "America Cannot Afford for Congress to Abandon the Budget Caps," www.dailysignal.com, October 17, 2018.

协议。

增加支出是美国最不需要的东西。与其进一步增加赤字，国会倒不如保持目前的上限直到 2021 年，同时为国防提供额外的必要资金，而不是完全放弃预算上限。这些只需要它列出优先级和削减其他项目。

3.4.2.5.1 不断增长的国家债务威胁当前的经济繁荣

2021 年后，国会应该对所有非利息支出控制上限。这反映出两党致力于将其控制在每一代人能力范围之内，可以通过自动减支来实现。

《预算控制法》于 2011 年 8 月生效。在此之前的七个月里，联邦政府的债务已经接近上限，标准普尔也下调了美国的信用评级。该法提供了将债务上限提高 2.1 万亿美元的方法，它还要求国会就宪法平衡预算修正案进行投票。

第一笔 9 170 亿美元的削减来自支出上限，其余 1.2 万亿美元将由赤字削减联合特别委员会负责。最终，该委员会未能就额外的支出削减达成一致，并实施了备用计划，进一步降低了可自由支配支出上限，并削减了非豁免强制性项目的支出。

《预算控制法》已被证明是遏制可自由支配支出增长的有效工具。然而，国会通过提高上限的预算协议，持续削弱了该法的有效性。从 2014 财年到 2017 财年，两项预算协议将可自由支配支出上限提高了 1 410 亿美元。前两份预算协议大部分都是实际支付的，最近的一份协议在 2019 年增加了 2 960 亿美元的支出，其中大部分尚没有支付。

3.4.2.5.2 《预算控制法》到期后如何控制支出？

自由裁量上限将维持到 2021 年，但由于 2018 年的《两党预算法》实施，这将需要削减 710 亿美元的国防支出，以及在 2020 年削减 540 亿美元的非国防项目支出。

有许多不属于联邦政府职责范围的非国防项目是可以取消的，但考虑到当前和潜在的安全威胁，国会大幅削减国防支出是不切实际的。在 2020—2021 财年，国会可能会将支出上限至少提高 1 250 亿美元，但这只会维持目前的资金水平。如果上一份预算协议能说明问题，国会可能会进一步提高上限。

提高支出上限是一种不负责任的做法，会造成长期影响。国会应该坚持《预算控制法》的上限，并通过削减其他项目提供额外的国防资金。

2021 年后，情况将会变得更加可怕。没有支出上限，可能会造成乱花钱的情况。《预算控制法》的缺陷之一是，它免除了社会保障和医疗补助的支出限制，并严格限制了对医疗保险的削减，这意味着几乎三分之二的预算超出了预算范围。

3.4.2.5.3　参议院如何解决联邦债务危机？

为了让财政预算回到可持续的轨道上，国会应对所有非利息支出制定法定支出上限。限制可自由支配的支出并不是一个长期的解决方案。对所有支出的考虑将会迫使议员们遵从福利计划，而福利计划才是真正推动债务增长的因素。如果国会无法就如何实现所需的预算削减达成共识，通过自动减支来强制实施预算上限将是一种备用方法。

《预算控制法》和《预算执行法》已经证明，设置支出上限是有效的。但是，法律只有在国会愿意遵守时才能生效。一个永久性的解决方案是，效仿瑞士的债务解决机制——通过一项巧妙的平衡预算修正案，这将使债务稳定下来，但会使国会陷入量入为出的困境。

《预算控制法》虽然不完善，但它一直是抑制支出的有效工具。一个没有预算上限的国家，可能会导致更多支出，并加速迫在眉睫的财政危机，国会不应该冒这个险。国会早就该解决国家不可持续的预算问题了，这个问题已经到了非常迫切的地步。

3.4.2.6　保守派冀改变美财政预算程序

共和党研究委员会近期公布了 2019 年预算方案。[1] 美国保守的传统基金会财政事务高级研究员伯吉（Justin Bogie）和国防预算分析师巴特尔斯（Frederico

---

[1] Justin Bogie, Frederico Bartels, "RSC Budget Plan Would Fundamentally Shift the Budget Course," https://www.dailysignal.com, April 27, 2018.

Bartels）对此在共和党保守派喉舌《每日信号》上发表了看法，按照共和党研究委员会 2019 财年预算方案，联邦财政有望在 10 年内实现预算平衡。该案同时释放出一些调解信号，令福利改革能够继续下去。这是一个"保守主义的统一框架"。鉴于最近预算削减方案出台，加之此前财政赤字预计将达到万亿级，共和党研究委员会预算方案释放出一个强烈信号，即：要想终止美国目前每年预算波动很大的局面，必须出台保守型预算案。

共和党研究委员会坚持实施保守预算方案。方案提出在 10 年内推动社会保障改革，推进医疗补助、医疗保险和福利计划变革，并重塑联邦政府职能角色。众议院和参议院的预算委员会应当在共和党研究委员会成果上开展工作，在 2018 年通过一项各方面均衡的财政预算方案，推进福利改革顺利进行。

共和党研究委员会框架的要点如下。

3.4.2.6.1　10 年内实现财政预算平衡

按照共和党研究委员会的预算方案，到 2026 年就能实现财政平衡。这一成就将令人赞叹，但是前提是《减税与就业法》能够一直延续下去、经济增长不会提速，现在的现实是，如果该法得以延续，经济增长的步伐就会加快。总的来说，共和党研究委员会方案将削减约超过 12.4 万亿美元的总支出，并减少 10.7 万亿美元的赤字。

3.4.2.6.2　遵循健全的国防预算原则

共和党研究委员会框架将为军队提供充足的资源。保证军队能够从容应对国家所面临的威胁这个原则看似简单，但《2011 年预算控制法》实施以来，却总难以实现。

《预算控制法》导致国防预算产生了三个错误做法：一是以资源为导向制定预算；二是在国防支出和非国防支出之间难以平衡；三是利用海外应急行动作为突破预算限制的借口。而共和党预算委员会框架将彻底纠正这些错误，共和党预算委员会提倡以威胁为导向制定预算。根据军队所领受的各项军事任务来分配国防资源，而非武断地设置国防预算的上限。按照共和党预算委员会设计的框架,进行中的海外应急行动预算将转移到基本防御预算类目中去。

然而,2023—2024 财年国防支出下降了 410 亿美元。这是共和党预算委员会国防预算中的一点困惑,即要理解为何 5 年后国防支出会低于目前水平,需要知道外界环境发生了哪些变化,人们还需要搜集更多的资料。

3.4.2.6.3　打破预算上限上调、重塑联邦政府角色

共和党预算委员会框架将改变 2018 年两党预算会议通过的上调预算上限的做法,而且还要将财政支出控制在目前预算上限,直至 2021 年。框架还将打破国防预算与非国防预算之间的隔阂,令国防预算始终处于预算最优先级。共和党预算委员会框架削减了超过 2 万亿美元的财政支出。框架提出,联邦政府应专注于宪法赋予的职能,同时要剔除预算范围以外的支出,提高国民储蓄水平。

3.4.2.6.4　开展社会保障改革

社会保险、医疗保险和社会保障是美国债务水平不断膨胀的最主要原因。如果不加以控制,它们将在 10 年内消耗完联邦的全部收入。

美国亟待开展改革,降低社会保险、医疗保险和社会保障支出。但根据共和党预算委员会框架,需要确保后代依然能享受这些福利。首先,共和党预算委员会框架提出了"社会保障改革法"。具体措施包括把享受社会保障的年龄门槛提高至 70 岁、更精确地计算生活补助变动 、调整福利计算公式,使之更加符合现代国情等。其次,共和党预算委员会框架还对残疾保障计划进行了常规性改革。接下来,共和党预算委员会框架要求国会出台调解法案,以改革社会保险、医疗保险和其他福利项目,废除奥巴马医改。通过调解,共和党预算委员会框架共计可节省超过 8 万亿美元的支出。

3.4.2.6.5　延长和扩大强制扣除

《2011 年预算控制法》中设置的可支配财政支出的上限政策将于 2021 年到期,而强制性削减支出将维持到 2027 年。共和党预算委员会框架延长了强制性削减支出的有效期至 2028 年。

每年强制节约将增加 547 亿美元。根据共和党预算委员会框架,这一金额正是《预算控制法》规定的每年应削减的非国防相机支出的金额。共和党预算委员会框架还将大大增加削减项目数量,包括诸如补充营养援助计划和贫困家庭临时援助计划等福利项目。共和党预算委员会提出的统一保守方案正是行动的好时机,为了改变美国目前预算不稳定的现状,必须立刻开展一场强有力的改革。现在,众议院和参议院采取真正保守的预算方案并释放调解信息,将变得前所未有般重要,因为这是开启一场意义重大的改革之利器。

3.4.2.7　传统基金会批参议院预算协议影响税改

两党联合出台的预算协议可能会带来严重的后果。传统基金会税收与预算专家迈克尔(Adam Michel)指出,按协议内容未来两年将有数千亿美元的财政支出,造成比我们预想的更糟糕的情况。预算协议不但会突破长期控制联邦支出的预算上限,还会延续一些已到期的税收补贴,形成一种具有政治倾向性的腐败惯例。[1]

税收补贴延期美其名曰"延伸减税"。上一次税收补贴延期是在 2015 年年底,当时共和党人声称,这次预算协议出台之后,这种临时税收政策就会结束。短期内看,美国 2017 年《减税与就业法》中并未出现税收补贴延期的内容,这似乎印证了共和党人的承诺。税收补贴取消后企业成本会上升,很大程度上就通过降低税率来消弭这种影响。看上去那种惯例式地对狭隘的、局限的税收补贴进行延期的做法终于画上了句号。这似乎是对华盛顿那些最有权势的游说者们的一次小小的胜利,虽然小,但依然是一次胜利。

国会重启税收补贴延期将践踏共和党人的立法成果。税收补贴延期主要面向能源行业,三分之二的规定都是与能源行业相关的。按预算协议中条款的内容,税收补贴延期还将扩展至太阳能照明系统、燃料电池、地热热泵和小型风力发电等行业。此外,国会还准备用纳税人的钱来补贴生物燃料、朗姆酒生产商、私营铁路和核电等行业。人们可能觉得确实应当支持这些行业,但政府却并未

---

[1]　Adam Michel, "The Senate's Ugly Budget Deal Would Trample on the Success of Tax Reform," Heirtage foundation February 8, 2018.

为这些享受了税收补贴的行业或科技领域提供服务。

补贴计划扭曲了私人领域的投资行为。企业的投资方向不贴合市场,而是去逢迎政治,相互竞争不是为了争取客户,而是为了获得政府补贴。美国政府不能创造出强大的、有活力的企业,一直以来美国政府就缺乏准确判断私人领域市场的眼光。

税收补贴延期伤害经济发展。预算协议提出将对 2016 年 12 月 31 日到期的 20 项临时性税收优惠进行追溯性延期,但是并不能起到鼓励投资者投资目标行业或技术的作用。相反,它让企业主和游说者们发了一笔意外之财。税收补贴延期,主要是通过政府之手获得经济利益,实际上并不能取得鼓励向目标行业投资的预期效果。而且,更严重的是,这种重启临时性税收政策的做法还低估了人们对于永久延续减税政策、削减个人和企业税收的渴望。

减税政策也会被迫延期。否则数百万美国人的税收负担将忽然加重,如果国家缺乏决断力,不能让有益的税收政策延期、让不良的税收政策终止,那么一旦国会对所得税减免政策实行永久性延期,美国民众可能年年都会面临税负巨额增长。临时性延伸减税是美国税法失调的典型产物。它掩盖了那些实际上是永久性税收政策下的成本,并且为政客们提供了一个机会,让他们每半年就能拉到一次特殊利益群体的赞助。

新的临时性税收优惠延期后患无穷。它将增加经济的不确定性、干扰家庭和企业的投资计划,降低经济增速,因为人们需要依托稳定的政策环境来开展长期投资。国会应当终止全部 35 个延伸减税政策。在未来的立法中,应该剔除那些为特权利益提供补贴的税收政策,永久地延续减税与就业法中包含的大部分减税政策。

3.4.2.8　传统基金会分析特朗普赤字计划

特朗普提出的 10 年支出计划将增加 7.2 万亿美元赤字。传统基金会喉舌《每日信号》驻白宫记者卢卡斯(Fred Lucas)撰文指出,2018 年 2 月初白宫公布了 4.4 万亿美元的 2019 财年预算计划。白宫管理和预算办公室主任米克·马尔瓦尼（Mick Mulvaney）对记者说："第一，并不是必须全部花掉这些预算，但如果全部花了，得说明这些预算是如何使用的；第二，我们不会永远承受万亿赤字，这个问题定会得到解决。"特朗普的第一份预算提案平衡了 10 年财政预算，但他这份预算案并未那么做。马尔瓦尼主任 2017 年说过，国会对总统《2018 财年预算案》的支出改革等待时间越长，预算就越难平衡。"我们几乎没有进行任何改革。我们 2017 年把价值 540 亿美元的结余给了国会，他们拿走了大约 50 亿美元。他们并没有对我们的预算案进行任何重大改革。我们可能平衡预算，但公众会责备我们使用奇怪的数字，但这些都是真实数字。"白宫称，这份预算提案是"高效、有效、尽责的美国预算"。提案确实试图在 10 年内将赤字降低三万亿美元。[1]

总统预算案很少获得国会通过。在国会批准了为期两年的预算后，未来两年内支出上限将提高三千亿美元，这令许多财政保守派感到不安，预算案比原先两项预算总额还增加了 1 530 亿美元支出。传统基金会财政事务高级政策分析师贾斯汀·布吉对媒体表示："我们对在任何时候预算都无法实现平衡感到震惊。预算可能与政策问题无关，但它表明了白宫努力争取的方向。"

预算案无法实现预算平衡。传统基金会托马斯·A. 罗研究所副主任罗米纳·波西亚（Romina Boccia）称，该预算是"大杂烩"，她说："总统的预算在投资军队、消除无效机构和计划、开始福利改革进程方面取得了进展。然而，预算从未达到平衡，也没有充分地使国家脱离目前不可持续的财政道路。"预算案为国防战略提供 7 160 亿美元资金，其中包括为军人加薪 2.6%。

移民和边境安全问题获得预算倾斜。马尔瓦尼预测，将就接受儿童移民和修建隔离墙问题达成推迟行动协议，预算案要求国会，提供 230 亿美元用于边境安全和移民执法，其中 180 亿美元用于修建美墨边境隔离墙。此外，7.82 亿美元用于美国海关和边境保护局、美国移民和海关执法处额外雇用 2 750 名雇员。另

---

[1] Fred Lucas, "Trump Budget Proposal Projects Deficit Spending for Next Decade," *The Daily Signal*, February 12, 2018.

外,270 亿美元将用于支付平均每天拘留 52 000 名非法移民的费用。

特朗普还要求 170 亿美元用于对抗阿片类药物的滥用。

医疗保健改革持续深化推进。特朗普当局希望国会为退伍军人事务部提供 855 亿美元,用于医疗保健相机支出。在取消了奥巴马医改法的主要融资机制——个人授权之后,在 2017 年末通过的税改案中,特朗普的预算试图在医疗保健问题上再迈出一大步。该预算案包括向各州提供 1.6 万亿美元的医疗补助费,这是由路易斯安那州议员比尔·卡西迪(Bill Cassidy)和南卡罗来纳州议员林赛·格雷厄姆(Lindsey Graham)提出法案的一部分。

总统预算提案呼吁进行公务员改革。通过改革,确保联邦政府"雇用最好的,解雇最差的"职员。预算案主要涉及改革招聘制度,转向以绩效为目标的联邦雇员薪酬制度,使解雇较差员工更容易。特朗普在他任上第一年就签署了类似改革案,但只涉及退伍军人事务部,而预算案改革的目标却是整个政府。

3.4.2.9　美国保守势力呼吁削减联邦支出

削减支出比增加税收更有利于较少赤字。保守的传统基金会媒体《每日信号》报道了财政学家波西亚的观点,这将鼓励美国议员在 2018 年的预算决议中继续削减支出,尤其是福利支出。继《减税与就业法》以及 2018 年美国《两党预算法》授权的大规模自由裁量支出增加之后,议员们在 2018 年提出了一项强有力的预算控制工具,以减少福利支出的增长。当政府尝试减少赤字时,他们要么增加税收,要么削减政府支出。美国国家经济研究局发表了一份新的工作报告,研究了这两种方法,并汇编了几项研究结果。[1]

增加税收并不是解决日益增长的联邦支出问题的有效途径。相反,报告强调了切实削减政府支出的积极经济效应。为了衡量每种方法,作者研究了基于削减支出的财政计划,并与较高税率的计划相比较。研究结果表明,从全球范围来看限制政府支出历来是与财政成功相关联的。例如,早在 20 世纪 80 年代,奥

---

[1] Romina Boccia, "Spending Cuts, Not Tax Hikes, Boost Economic Growth," *The Daily Signal*, February 21, 2018.

地利、爱尔兰、比利时和丹麦等国家在实施削减支出之后，都实现了赤字减少和国内生产总值增长。在 20 世纪 90 年代，西班牙和加拿大也是如此。即使在 2008 年全球经济危机之后，那些试图通过增加税收来提高联邦收入的国家，陷入了比削减支出的国家更严重的衰退。

增税会破坏经济增长。从长远来看，政府的结构性支出（如福利支出）增加，不能通过增加税收来控制。通过积极控制福利支出，政府从源头上解决了支出增加的问题，一旦支出得到控制，增加税收的压力就会消失。

削减支出提振了企业主和投资者的商业信心。当政府专注于支持一个强大的私营部门，而不是通过不断增税从美国企业的腰包中掏钱时，企业就会蓬勃发展，经济也会增长。报告指出，当政府增加税收时，企业承担金融风险的意愿就会减弱，不太可能再去投资或创造就业机会。这是因为企业不仅要在税收上增加支出，而且更高的税收也会降低投资回报率，从而降低风险承担的积极性。

高税收国家还面临来自其他国家的竞争压力。税率较低的国家将吸引那些寻求扩张或搬迁的企业，高企业税最终会刺激外国经济。

认为增加税收优于削减支出的研究结论不可靠。研究指出由于未使用时间序列模型得出的结论缺少关键数据，仅基于一年产生的数据开展的研究表明，增加税收可以带来比削减支出更高的收入、更大幅度的财政赤字缩减。这是因为减税可能会对经济产生"冲击"，使收入立即增加，但长期研究表明，随着时间推移，削减支出将导致更高的赤字削减率。

预算决议应致力于寻求持久经济增长的解决方案。评估财政整顿计划的成功与否，不应以缺乏远见的年度分析为基础，因为它没有看清大局。最近通过的《减税与就业法》是通过降低企业税率来恢复商业信心和美国投资的第一步，但即使是强劲的经济增长也无法与不可持续的联邦支出相抗衡。

2018 年《两党预算法》通过授权自"大萧条"以来最大的支出增长，使支出增加了一倍。国会需要认真对待 2019 财政年度的预算决议，大幅减少福利支出-赤字和债务的关键驱动因素，否则国家会因年度赤字飙升而陷入瘫痪，并使税制改革带来的收益过早被抵消。

3.4.2.10　传统基金会要求政府采购强化 A－76 流程

美国传统基金会国防预算分析师巴特尔斯与该基金会青年计划学者摩尔斯（Hayden Morse）发表了研究成果。A－76 政府采购流程形同虚设。当美国人购买机票时，他们会到处寻找最符合他们需求的交易，从而节省大量的时间和金钱。但在过去 10 年中，联邦政府却一直无法购买商业服务。[1]

实施 A－76 政府采购流程对美国政府有利。美国管理和预算办公室建立了一种被称为 A－76 流程的方式——作为政府机构通过公共和私营部门之间的商业活动，公平竞争来节省数百万美元的方法。这一流程迫使双方重新合作以实现最佳效率，这通常会通过引入市场规律来节省大量资金。

A－76 流程要求提供特定服务的政府机构将自己重新组织成所谓的最高效组织，比外部承包商更有效，或者将服务提供给这些承包商。在该机构重新组织后提供服务的成本是政府对这项服务的出价，也是私营部门为赢得合同必须达到的基准。这些组织的成立是重新思考政府如何执行商业服务的催化剂。该流程首先确定哪些活动符合竞争资格，因此每个政府机构将其工作分为商业和政府职能。重点是商业活动，如安装服务、教育和培训服务、财产维护服务或运输服务。

涉及国家权力的工作不受影响，这些被称为政府固有职能。政府固有职能，即利用国家权力促进公共利益，这些职能将继续由政府雇员履行，但商业职能可能受制于这个竞争流程。管理层决定哪些职能可以进行竞争，政府将保留一些商业职能。

国防部是 A－76 政府采购流程的最大使用者。这个流程辖制着所有的联邦政府，但从历史上看，国防部一直是该流程最大的使用者，无论是从数量上看还是从资源上看。国防部劳动力竞争的多样性——军事人员、文职人员和承包商

---

[1]　Frederico Bartels, Hayden Morse, "How Congress Could Generate Enormous Savings Across the Government," www.heritage.org, August 10, 2018.

都参与其中——意味着该部门的管理人员更习惯于通过 A－76 流程作出决策。

A－76 流程可以节省资金并提高政府效率，但多年来一直没有使用过。2008 年,该流程被禁止作为对 Walter Reed 医院医务人员短缺的应对方案,导致了服务的减少。但这些问题与竞争的运行方式有关,而不是竞争本身。从那以后,国会只是屈服于公共部门工会的愿望。他们中的许多人反对以任何竞争性流程来评估商业工作是否在政府中更有效地执行,而这使得工会把 A－76 搁置了 10 年。

该过程会应用到一些改革措施,特别是在确定最有效组织的基准成本时。政府在确定初始投标的间接成本方面存在问题,因为公共部门在准确确定这一点时缺乏经验。分配项目时更好的数据管理资源可以解决问题。

取消 A－76 流程之前首先需要找到一种更可靠的替代方式。如果国会要取消对 A－76 流程的禁令,各政府机构将重新获得一种工具来帮助他们确定在市场上购买商品和服务的最有效方式。国会应该终止对 A－76 流程的禁令,创建一个建立更公平、更平衡的系统流程,然后努力改进这个流程。

这些竞争性流程具有巨大的节约潜力,应该成为政府机构的有效选择。国会应该促成有效和高效花费纳税人资金的目标。

3.5 基建投资与社保政策

3.5.1 特朗普 1.5 万亿美元基建计划谁买单

在俄亥俄河沿岸,在党派政治僵局的时代,由民主党领导的肯塔基州和共和党运行的印第安纳州建立了合作关系,重置万亿美元私人资金,以重建美国的基础设施。[1]

特朗普 1.5 万亿美元基础设施建设更多关键细节等待出台。来自两党的议

---

[1]　Mark Niquette, Yueqi Yang, Arit John, "The $1.5 Trillion Question in Trump Public Works Plan: Who Pays?", https://www.msn.com, February 1, 2018.

员和行业代表在特朗普承诺重建国家道路和桥梁计划几个月后，仍在等待关键细节。他们也对不包括联邦捐助和具体融资来源的立法前景持怀疑态度。特朗普在国情咨文中敦促国会提出 1.5 万亿美元的两党合作的基础设施法案，这预计将更多地依赖地方政府和私营部门的资金。

共和党议员约翰·科宁在演讲结束后说：利用公共资金是一个良好的开端，问题是如何支付？总统 2017 年在向议员发表演讲时提到了 1 万亿美元的基础设施数字。白宫官员表示，在他的团队会见了对该计划及其激励措施表现出热情的州和地方官员后，这一数字增加到 1.5 万亿美元。政府提议在 10 年内捐助至少 2 000 亿美元联邦资金，以刺激州、地方和私营部门的支出。资料显示，其中一半资金将用于发展州和地方基础设施投资，这将通过提供拨款来实现，优先考虑为项目创造收入的申请人。共和党议员查理·丹特也表示，融资是一个大问题，我们需要基础设施的经常性收入来源。

政府考虑通过削减支出弥补 2 000 亿美元的联邦捐款。并表明其愿意考虑关于其他资金来源或更大数字的沟通，但希望与议员就这些细节进行谈判。美国工程公司理事会总裁兼首席执行官戴夫·雷蒙德在一份声明中表示："如果没有现实的联邦资金来解决大量积压的国家道路、桥梁、公共交通、机场、供水系统和其他亟须改善的问题，这是一个空洞的承诺。"

联邦政府 2 000 亿美元远远不够。在通过 1.5 万亿美元的税收改革后，这些改革并未给基础设施拨款，共和党领导人将在中期选举年批准更多支出。

为基础设施筹资的唯一途径是白宫的强力推动。一些州长和市长也表示他们已经在做自己的本职工作，并且需要一个更可靠的联邦合作伙伴。据美国道路与运输建设者协会统计，26 个州在过去 5 年中提高或调整了机动车燃油税率和其他费用，20 个州的选民单在 2017 年 11 月 7 日选举时批准了 42.5 亿美元的新增和持续的基础设施融资。

"城市现在正利用现有的基础设施进行大部分工作。"这是全美城市联盟主席、小石城市长马克·斯托多拉在华盛顿的一次活动中说的。美国货运协会提议，在 4 年内对批发层面的所有运输燃料征收每加仑 20 美分的费用，从而在 10 年内筹集高达 3 400 亿美元的高速公路资金。该组织的总裁兼首席执行官克里斯·斯皮尔说，在国会通过立法需要有资金来源。该组织总裁兼首席执行官克里斯·斯皮尔说："一言以蔽之，你想发表声明还是想赢？如果要赢，你必须真正拿得出钱。"

3.5.2　费尔德斯坦主张提高社保年龄减少赤字

美国联邦债务在 10 年内从占国内生产总值不到 40% 增加到 78%，国会预算委员会预测到 2028 年可能增加到 96%。尽管许多人指责 2017 年的减税政策，但是真正的原因并不在此。美国著名财政学家费尔德斯坦在"辛迪加"网站发表了看法。[1]

美国面临巨大且迅速膨胀的预算压力。在现行法律下，联邦政府须在 2018 年借款 8 000 亿美元，并且这一数字在 2028 年可能会翻倍达到 1.6 万亿美元，同时预算赤字占国内生产总值之比从 4% 增加到 5.1%。到 2028 年，联邦政府债务将从 16 万亿美元增加到 28 万亿美元。美国政府债务大部分由外国投资者承担，这意味着在接下来的 10 年，他们将吸收超过 6 万亿美元的美国债券。美债的长期利率水平将不得不持续提高，以吸引国内外投资者持续地大幅度增加投资。为什么这一切会发生呢？根据国会预算委员会的说法，如果 2017 年未能颁布减税立法，到 2028 年，联邦债务仍将会达到国内生产总值的 93%。

在下个 10 年，预算赤字增加的主要因素是中产阶级老龄人口的高额福利成本。具体来说，预计社会保障退休福利费用占国内生产总值的比重将从 4.9% 增加到 6%，政府在医疗保险项目中为老年人提供的医疗保障支出占国内生产总值的比例从 3.5% 增加到 5.1%，这两个项目将使得年度赤字占国内生产总值的比重增加 2.7%。2017 年开始实施的个人所得税削减政策，将在 2025 年之后失

---

[1]　Martin Feldstein，"America's Exploding Budget Deficit，" www. project-syndicate. org，May 29, 2018.

效,至 2028 年可以减少的赤字占国内生产总值的 1%。官方的赤字情况假设,预计最近在国防和非国防相机计划支出仅仅属于临时增长。国防支出预计将会从现在占国内生产总值的 3.1% 下降到 2028 年的 2.6%,与此同时,非国防相机计划支出从 3.3% 下降到 2.8%。这些赤字不太可能缩小,因此 2028 年赤字占国内生产总值的比例应为 7.1%,即比官方预算水平高 2 个百分点。如果在 2028 年赤字占国内生产总值比重达到 7.1% 成为事实,并且持续恶化,那么联邦债务占国内生产总值的比例将超过 150%,使美国与意大利、希腊以及葡萄牙债务处于同一水平。在这种情况下,美国债券将不再是一种安全资产,投资者可能需要风险溢价。政府债务的利率比将因此持续增加,年度预算赤字进一步增加。10 年期美国国债(基于美国财政部通胀保护债券)的实际利率已从 2016 年的 0% 上升到 1 年后的 0.8%,再到当前的 0.8%。随着年度通货膨胀率达到 2% 左右,实际利率增加已使 10 年期美国国债的名义利率达到 3%。展望未来,更高的债务比率、更高的短期利率水平和通货膨胀的增加将使得 10 年期国债的名义利率水平超过 4%。

如何才能减少联邦政府赤字并阻止债务率扩大? 从赤字扩大的因素中我们可以清楚地看到,减缓社会保障和医疗保障支出扩大是解决的措施之一。在接下来的 10 年内,预计这两个项目使年度赤字的国内生产总值占比额外增加 2.7%,这一数据是官方预计的、年度赤字占国内生产总值之比增长速度的两倍。

缓解社会保障成本压力的最好方式是提高提供全额福利的年龄下限。早在 1983 年,国会通过了一项两党共同提出的计划,即提供全额福利的年龄门槛逐渐从 65 岁增加到 67 岁,这一举措将使得社会保障长期成本削减大约占国内生产总值的 1.2%。自 1983 年开始,20 世纪 60 年代中期的个人平均寿命期望值约增加了 3 年。在未来把享受全额福利的年龄门槛从 67 岁提高到 70 岁,将继续减少社会保障长期成本,减少数额约占国内生产总值的 2%。放慢社会保障和医疗保险增长不仅是政治上可行的选择,而且随着赤字和利率增长,公众和国会可能还需要重新考虑尝试这一方案。

3.5.3 传统基金会反对"全民医保计划"

"全民医保"立法将在 10 年内耗费惊人的 32.6 万亿美元。佛蒙特州参议员伯尼·桑德斯(Bernie Sanders)的"桑德斯法案"将建立一个国家健康保险计划,并杜绝所有美国人拥有私人或雇主健康保险计划。为支付这笔费用的税收将占工资总额的 20%,大约 70% 工作家庭的生活支出将提高。此举将使纳税人面临巨大的经济负担,增加家庭支出,所以遭到了传统基金会的反对,保守的传统基金会国内研究处高级研究员墨菲特(Robert E. Moffit)进行了分析。[1]

"全民医保"代价高昂。在一项新的成本分析中,曾担任医疗董事会成员的查理斯·布拉豪斯(Charles Blahous)认为桑德斯的"全民医保"法案(S. 1804)将在 10 年内耗费惊人的 32.6 万亿美元。鉴于参众两院民主党人越来越多地支持这一法案,布拉豪斯的分析很及时,他对联邦政府财政负担的评估与另外两项独立分析也一致。

桑德斯提案 10 年内的总成本将达到 32 万亿美元。这是备受尊敬的自由派智库城市研究所两年前的估计,而前总统克林顿的顾问——埃默里大学的肯尼思·索普(Kenneth Thorpe)教授的估计为 24.7 万亿美元。分析师估计的纳税人资金水平都远高于桑德斯及其同事所假定的水平。

3.5.3.1 中央控制

包括加州的卡玛拉·哈里斯(Kamala Harris)、马萨诸塞州的伊丽莎白·沃伦(Elizabeth Warren)和新泽西州的科里·布克(Cory Booker)在内的 16 位参议院民主党人共同发起的桑德斯法案是政府全面控制医疗保健的典型处方。在众议院,占民主党核心小组人数一半多的 123 名民主党议员共同发起了类似的立

---

[1] Robert E. Moffit, "New Study Shows Huge Cost of Sanders 'Medicare for All' Plan," www. heritage. org, July 31, 2018.

法（H. R. 676）。

桑德斯法案将建立一个国家健康保险计划，杜绝所有美国人拥有私人或雇主健康保险计划，并取消医疗保险和医疗补助，将这一职能纳入新的国家医疗保险计划中。该法案将要求医生、医院和医疗专业人员按一定比例获得医疗保险费用，并限制医疗机构和患者之间的私人协议。

3.5.3.2　法案支出下限

按国内生产总值衡量，仅 32. 6 万亿美元的额外联邦支出（2022 年至 2031 年）就相当于国民经济的 10.7%，到 2031 年这一数字将增加至 12.7%。

布拉豪斯对桑德斯及其参议院共同赞助者提出的收益持怀疑态度。他的估计假设他们的法案将成功减少医生、医院和其他医疗专业人员的收入。他还假设他们的立法将实现降低处方药成本和行政成本的目标。然而，布拉豪斯警告称，药物仅占国家卫生总支出的 10%，该法案打算用仿制药取代品牌药，而市场上仿制药已经占药品销售的 85%。

3.5.3.3　不确定的支出节省

关于行政费用，用单一政府计划取代私人保险，理论上可以大幅降低行政费用。基于估计，布拉豪斯预计行政费用将大幅减少 7%。

布拉豪斯认为，医疗保险和私营部门行政费用之间的简单比较存在方法论问题。此外，多数政府计划受到持续的行政失误的困扰，这种失误通常会增加行政成本。例如，仅在 2016 年，医疗保险和医疗补助的不当支出就估计有 960 亿美元。

"尽管政府在健康保险计划中对欺诈行为进行监管，"布拉豪斯说，"金融生存和商业竞争力也是对广泛免除政府提供保险的担忧。"即使假设行政费用减少、药品减少以及对药品提供者的支付大幅减少，立法的其他特征，例如取消所有费用分摊，也会推动该项计划成本上升。

3.5.3.4　巨额税收

假设国会通过然后总统签署桑德斯法案，纳税人将面临巨大的负担。在之前的分析中,索普估计这些税收将达到工资总额的 20%,大约 70% 工作家庭的支出将提高。

布拉豪斯表示,即使假设对药品提供者的支付将在当前私人保险的基础上降低 40% 以上,"所有联邦个人和企业所得税增加一倍"也不足以为该计划提供全额资助。联邦政府运作范围内的这种增加将导致联邦税收或债务相应大幅增加,并且如果作为一项持久的承诺进行的话,税收和债务的增加将前所未有。"没有付出的回报"的承诺总是很吸引人,但它永远不会便宜。

3.5.4 税收基金会认为中产阶级对退休账户贡献最大

美国税收游说组织税收基金会经济学家约克(Erica York)指出,美国税务局(IRS)个人退休账户(IRAs)数据展示了 2015 纳税年度纳税人对个人退休账户的贡献度。2015 年,纳税人向个人退休账户缴款约 400 亿美元,税收中性储蓄账户继续成为资本性所得的重要来源。扩大并简化个人退休账户结构将令美国人广泛受益。[1]

美国人可选择传统式或罗斯式账户为退休储蓄。在传统式或称为税收递延式的账户下,最初的存款是不用缴纳所得税的,但是其后产生的收益在取出时要缴税。在罗斯模式账户下,最初的存款需要缴纳所得税,但其后的收益免税。虽然看上去这两类账户如何纳税的区别十分明了,但适用不同类型账户的限制条件和准则却非常复杂。

美国税务局数据显示 2015 年养老金和退休账户缴款是中产阶级资本性所得的重要来源。2015 年的纳税人缴款显示,传统和罗斯式个人退休账户都呈现出中产阶级现象。

2015 税收年度,纳税人向传统式个人退休账户和罗斯式个人退休账户的缴款分别共计 177 亿美元和 217 亿美元。这些金额不包括向 401(k)的缴款,所以

---

[1] Erica York, " New IRS Data Shows Most IRA Contributions Were Made by Middle-Class Taxpayers," www.taxfoundation.org, April 26, 2018.

并非退休储蓄总额。2015 年,如果是联合申报的已婚夫妇,其罗斯式个人储蓄账户调整后总所得的递减范围是 183 000 美元至 193 000 美元,也就是说,如果联合申报的已婚夫妇的调整后总所得超过这一限额,则他们不能向罗斯式个人储蓄账户缴款。2015 年,传统式个人储蓄账户的存款限额是 5 500 美元。

两种类型账户均有约 48% 的缴款是来自年所得 10 万美元以下的家庭,占缴款家庭总量的 55%。如果再加上年所得 10 万美元至 20 万美元的中产阶级,这两个数据就分别为约 85% 和 88%。

美国税务局还提供了向个人退休账户缴款的纳税人的年龄数据。20 至 35 岁的纳税人的缴款,占传统式个人退休账户缴款总额的比重达 28%,占罗斯式个人退休账户缴款总额的比重仅为 11%。而 50 至 65 岁纳税人的缴款占两种类型账户的缴款总额的份额都是最高的:传统式账户缴款总额的 33%,罗斯式账户缴款总额的 50%。很明显,这一数据与在特定限制下与个人自 50 岁起获准缴纳追加缴款有关。

税收中性的退休储蓄账户构成了中产阶级存款的一大部分,也是中产阶级资本性存款的一大部分。这些存款保障着退休生活,因为这些存款产生投资收益。税法典的这一部分应当成为未来改革的首要目标,包括巩固、简化或建立通用储蓄账户。

3.6　联邦财政绩效

3.6.1　美联邦 2018 财年一季度末预算回顾

据国会预算办公室估计,联邦政府 2018 财年第一季度的预算赤字为 2 280 亿美元,同比增加 180 亿美元赤字。财政收入和支出比 2017 财年第一季度分别高出 4% 和 5%。[1]

---

[1]　"Monthly Budget Review for December 2017," CBO, January 8, 2018.

正如去年的情况一样，2018 年也受到了因部分财政支出在周末或假日而发生提前支付的变动的影响。如果剔除这些影响，2017 年 12 月的财政支出和赤字将有轻微上涨，无论是 2018 年还是 2017 年，每年的变化都不会有太大的不同。2018 财年到目前为止的支出为 490 亿美元（而非 470 亿美元，增幅约 5% ），赤字将增加 200 亿美元。

表 1　10 月—12 月预算总额

单位：10 亿美元	2017 财年（实际）	2018 财年（预计）	估 计 变 动
财政收入	741	770	29
财政支出	951	998	47
赤字（−）	−210	−228	−18

数据来源：国会预算办公室、美国财政部。根据 2017 年 11 月美国《财政部月报》以及 2017 年 12 月美国《财政部日报》汇总。

3.6.1.1　财政总收入：2018 财年第一季度增长 4%

国会预算办公室估计，2018 财年第一季度的财政收入总计 7 700 亿美元，同比 2017 财年增加 290 亿美元。2018 财年与 2017 财年相比，主要在以下两个方面有变化：

1. 代扣的工薪税增加 370 亿美元，增幅为 7%。这个变化主要反映了工资和薪水的增长；

2. 公司所得税收入减少 100 亿美元，降幅为 13%。对大多数公司而言，本财年第一季度的估计税金缴纳将于 12 月 15 日到期。公司所得税在 2017 年 6 月和 9 月也有所下降，而对大多数公司来说，最后两个季度的估计税金缴纳已经到期。

其他来源的财政收入相对较少，在财政年度下这一情况通常是如此，且与 2017 年记录的金额非常相似。本财年第一季度的估计个人所得税缴纳会在 1 月中旬到期，个人所得税退税主要是从 2 月至 4 月。2017 年个人和公司所得税的缴纳可能受到对税收立法预期的影响，该税法已经于 2017 年 12 月颁布。

表 2　10 月—12 月财政收入表

主要来源 （10 亿美元）	2017 财年 （实际）	2018 财年 （预计）	估计变动幅度	
			金　额	百分比（%）
个人所得税	353	385	32	9.0
工薪税	252	259	7	2.9
公司所得税	76	66	−10	−13.5
其　他	60	60	0	0.4
合　计	741	770	29	3.9
备注：个人所得税与工薪税				
代扣税收	574	611	37	6.5
其他、净退税	31	33	2	5.8
合　计	605	644	39	6.5

数据来源：国会预算办公室、财政部。

3.6.1.2　财政总支出：2018 财年第一季度增长 5%

国会预算办公室估计，2018 财年第一季度的财政支出为 9 980 亿美元，比去年同期增加 470 亿美元。如果剔除部分支出从 10 月提前至 9 月和从 1 月提前到 12 月的变动影响（在上一年度这种情况也同样发生了），发生这种变动是因为月份的第一天在节假日。2018 财年支出至 12 月增加了 490 亿美元，增幅为 5%。下面的讨论反映了对这些时间变动的调整。

增长最多的支出项目如下：

1. 公债净利息支出增加 110 亿美元，增幅为 15%，主要原因在于通货膨胀率变化。考虑到通胀因素，财政部每月依据前两个月城市消费者物价指数变动，调整通胀保值债券本金。2017 财年第一季度的调整数为 80 亿美元，但在本财年初则接近 160 亿美元。

2. 国土安全部支出（包含在表 3 "其他" 类目下）增加 100 亿美元，增幅为 80%，主要是因为与救灾有关的活动。

3. 国防部的军事项目支出增加 120 亿美元，增幅为 8%。

4. 社会保障福利增加了 80 亿美元，增幅为 3%，原因是在受益人数和平均福利支付金额数上都有所增加。

医疗补助支出 2018 年略有放缓,可能与失业率下降和一些其他因素有关。其他计划与活动的支出变化不大。

表3　10月—12月财政支出表

主要支出 （10亿美元）	2017 财年 （实际）	2018 财年 （预计）	变动值	调整后变动幅度[a]	
				金额	百分比（%）
社会保障福利	230	238	8	8	3.4
医疗保险[b]	127	126	−1	1	1.0
医疗补助计划	96	95	−2	−2	−1.7
小计（金额最大的 强制支出项目）	453	458	5	7	1.6
国防部-军队[c]	149	161	11	12	7.9
公债净利息	76	87	11	11	14.7
其　　他	273	292	19	19	6.9
合　　计	951	998	47	49	5.1

注释:
　a. 调整数剔除了因节假日提前支付的影响,2017 财年支出调整后应为 9 720 亿美元,2018 财年支出为 10 210 亿美元。
　b. 医疗保险支出是抵减收入后的净额。
　c. 剔除了国防部在民用项目上的支出。

3.6.1.3　2017 年 12 月估计赤字: 260 亿美元

国会预算办公室估计,2017 年 12 月联邦政府发生赤字 260 亿美元,比 2016 年 12 月的赤字减少 10 亿美元。如果两年都剔除提前支付的影响,2018 年 12 月的赤字将比去年 12 月减少 20 亿美元。

国会预算办公室估计,2017 年 12 月的财政收入总计为 3 260 亿美元,比去年同期增加 70 亿美元,增幅 2%。代扣的个人所得税和工薪税增加 140 亿美元,增幅为 7%,这个增加反映了工资和薪水的增长。公司所得税收入减少 90 亿美元,降幅为 12%,这时大多数公司都已经完成了他们 2017 纳税年最后一个季度的估计税款缴纳。

表 4　12 月预算收支表

单位：10 亿美元	2017 财年（实际）	2018 财年（预计）	变动值	调整后变动幅度[a]	
				金额	百分比（%）
财政收入	319	326	7	7	2.2
财政支出	347	352	6	5	1.7
赤　字	-27	-26	1	2	-20.3

数据来源：国会预算办公室、财政部。

注释：

a. 调整数排除了因节假日而提前支付所带来的影响。据国会预算办公室估测，如果没有这些由时间带来的提前支付，2016 年 12 月预算赤字显示为 80 亿美元，2017 年 12 月则为 60 亿美元。

国会预算办公室估计，2017 年 12 月的总支出为 3 520 亿美元，比 2016 年 12 月增加 60 亿美元。如果剔除提前支付的影响，2017 年 12 月的财政支出应比 2016 年 12 月增加 50 亿美元，增幅为 2%。以下讨论的是剔除影响后的调整数。

以下支出项目变化最大：

1. 医疗补助计划支出减少 40 亿美元，降幅为 12%，很大原因是 2017 年 12 月比 2016 年 12 月少了两个工作日。

2. 国防部用于军事项目的支出增加 40 亿美元，增幅为 9%。

3. 社会保障福利增加 30 亿美元，增幅为 4%。

4. 政府收到从房利美和房地美的付款减少了 20 亿美元，导致了更高的支出。这两家企业在每年 12 月向财政部进行季度性付款。

5. 国土安全部的支出增加 20 亿美元，增幅为 44%，主要是因为救灾。

其他计划与活动的支出变化不大。

3.6.1.4　2017 年 11 月实际财政赤字为：1 390 亿美元

财政部报道 11 月发生财政赤字 1 390 亿美元，比上月国会预算办公室估计值多出 40 亿美元。

3.6.2　美联邦 2018 财年上半年赤字近 6 000 亿

据国会预算办公室估计，联邦政府 2018 财年上半年的预算赤字为 5 980 亿美元,同比增加 710 亿美元赤字。财政收入和支出同比 2017 财年上半年分别高出 2% 和 5%。[1]

表5　2017年10月—2018年3月预算总额

单位：10 亿美元	2017 财年（实际）	2018 财年（预计）	估 计 变 动
财政收入	1 473	1 499	26
财政支出	2 000	2 097	97
赤字（－）	－527	－598	－71

数据来源：国会预算办公室、美国财政部。根据 2018 年 2 月美国《财政部月报》以及 2018 年 3 月美国《财政部日报》汇总。

3.6.2.1　财政总收入：2018 财年上半年增长 2%

国会预算办公室估计，2018 财年前 6 个月的财政收入总计 14 990 亿美元，同比 2017 财年增加 260 亿美元。增加的原因是来自以下来源收入的变化。

1. 个人所得税和工薪（社会保险）税总共增加 560 亿美元，增幅为 5%。

（1）代扣的工资税收增加 470 亿美元，增幅为 4%。这个变化主要反映了工资和薪水的增长被部分抵消，从 2018 年 2 月开始，因税收而扣除的收入比例下降。在 2018 年 1 月，国税局颁布了新的预缴税金表以反映根据公法 115－97 所产生的变化，这个公法是在 2017 年 12 月颁布的主要税收立法。所有雇主被要求在 2018 年 2 月 15 日之前开始使用新的表格。

（2）个人所得税和工薪税的非代扣部分增加了 110 亿美元，增幅为 7%。本财政年度估计个人所得税的第一季度付款截止到 1 月 15 日（支付的是 2017 年的纳税金额）。大多数纳税人直到这个月个人纳税申报到期时，才会支付他们的最终税款。

（3）个人所得税退税增加了 30 亿美元，增幅为 2%，这就减少了净收入。

2. 公司所得税减少约 220 亿美元，降幅为 22%。大部分的下降发生在 12 月，当时大多数公司缴纳了他们 2017 年最后一个季度的估计税金。对于大多

---

[1] "Monthly Budget Review for March 2018," CBO, April 6, 2018.

数公司来说,2017 的最终纳税额和 2018 课税年度的首次估计付款应于 4 月到期。

3. 其他来源的收入减少 70 亿美元,降幅为 5%,主要是由收费和罚款收入减少所致。

表 6　2017 年 10 月—2018 年 3 月财政收入表

主要来源(10 亿美元)	2017 财年 (实际)	2018 财年 (预计)	估计变动幅度	
			金　额	百分比(%)
个人所得税	695	738	43	6.1
工薪税	547	560	13	2.4
公司所得税	100	78	−22	−22.3
其　他	130	123	−7	−5.4
合　计	1 473	1 499	26	1.8
备注:个人所得税与工薪税				
代扣税收	1 226	1 273	47	3.9
其他、净退税	17	26	8	47.2
合　计	1 243	1 298	56	4.5

数据来源:国会预算办公室、财政部。

3.6.2.2　财政总支出:2018 财年前 6 个月增长 5%

国会预算办公室估计,2018 财年前 6 个月的财政支出为 20 970 亿美元,比去年同期增加 970 亿美元。下面的讨论反映了对这些时间变动的调整。

增长最多的支出项目如下:

1. 社会保障福利增加了 190 亿美元,增幅为 4%,原因是在受益人数和平均福利支付金额上都有所增加。

2. 公债净利息支出增加了 180 亿美元,增幅为 12%,主要是因为通货膨胀率的不同。考虑到通胀因素,财政部每月依据前两个月城市消费者物价指数变动,调整通胀保值债券本金。2017 财年前 6 个月的调整数为 170 亿美元,但在 2018 财年则为 250 亿美元。余下的增长反映出 2018 财年前 6 个月更高的利率和更大的债务。

3. 政府从房利美和房地美收到的总付款减少了 160 亿美元,导致更高的支出。他们在 2017 年 12 月向财政部支付的季度付款比上一个 12 月减少 20 亿美元。然后在 2018 年 3 月,他们从财政部收到了约 30 亿美元的净额,而在 2017 年 3 月,他们向政府支付了近 110 亿美元,净差额为 140 亿美元。最近财政部的现金注入是因为由于资产减记,这些实体的净资产是对季度的负影响,他们采取了他们的税收递延资产作为对最近的主要税收立法的回应。上一次房利美和房地美从财政部收到这种现金支付是在 2012 年。

4. 国土安全部支出(包含在表 7"其他"类目下)增加 140 亿美元,增幅为 56%,主要是因为与救灾有关的活动。

5. 国防部的军事项目支出增加 120 亿美元,增幅为 4%。

其他计划与活动的支出变化不大。

表 7　2017 年 10 月—2018 年 3 月财政支出表

主要支出(10 亿美元)	2017 财年(实际)	2018 财年(预计)	调整后变动幅度	
			金　额	百分比(%)
社会保障福利	463	482	19	4.0
医疗保险[a]	293	298	5	1.8
医疗补助计划	191	192	2	0.8
小计(金额最大的强制支出项目)	946	972	26	2.7
国防部-军队[b]	286	298	12	4.2
公债净利息	152	170	18	12.0
其　他	616	657	41	6.6
合　计	2 000	2 097	97	4.8

注释:
a. 医疗保险支出是抵减收入后的净额。
b. 剔除了国防部在民用项目上的支出。

3.6.2.3　2018 年 3 月估计赤字: 2 070 亿美元

国会预算办公室估计,联邦政府 2018 年 3 月发生赤字 2 070 亿美元,比

2017 年 3 月增加 300 亿美元。

国会预算办公室估计 2018 年 3 月的财政收入为 2 130 亿美元,比去年同期减少 30 亿美元,降幅为 2%。个人所得税和工薪税代扣部分减少了 50 亿美元,降幅为 2%。国会预算办公室估计,两个因素导致这个下降:1. 2018 年 3 月比 2017 年 3 月少了一个工作日;2. 工资代扣税收的比例有所降低,反映在由国税局在 1 月颁布的新的预缴税金表。

公司所得税支付减少 90 亿美元,降幅为 66%。通常,仅有占公司所得税总额的一小部分会在 3 月支付。

个人所得税退税减少 120 亿美元,降幅为 16%,这提高了净收入,抵消了大部分其他来源收入的下降。3 月退税在年度退税总额中所占的比例每年都在变化。一起考虑,2 月和 3 月支付的退税金额与上年度同时期类似。

表 8　3 月预算收支表

单位: 10 亿美元	2017 财年（实际）	2018 财年（预计）	调整后变动幅度[a]	
			金　额	百分比（%）
财政收入	217	213	−3	−1.6
财政支出	393	420	27	6.8
盈　余	−176	−207	−30	17.2

数据来源:国会预算办公室、财政部。

国会预算办公室估计,2018 年 3 月财政总支出为 4 200 亿美元,比 2017 年 3 月增加 270 亿美元。以下支出项目变化最大:

1. 政府收到从房利美和房地美的总付款减少 140 亿美元,致使支出更高;

2. 社会保障福利增加 40 亿美元,增幅为 5%;

3. 医疗保险福利增加 30 亿美元,增幅为 10%;

4. 公债净利息增加 30 亿美元,增幅为 9%。

其他计划与活动的支出变化不大。

3.6.2.4　2018 年 2 月实际财政赤字为：2 150 亿美元

财政部报道 2 月财政赤字为 2 150 亿美元，比上月国会预算办公室估计值少 10 亿美元。

3.6.3　美联邦 2018 财年前三季度预算回顾

据国会预算办公室估计，2018 财年前 9 个月的联邦预算赤字为 6 070 亿美元，同比增加 840 亿美元赤字。财政收入和支出同比 2017 财年分别高出 1% 和 4%。[1]

在最近的预算预测中，国会预算办公室估计 2018 财年（结束于 2018 年 9 月 30 日）的赤字总计为 7 930 亿美元，比 2017 财年多出 1 270 亿美元。

表 9　2017 年 10 月—2018 年 6 月预算总额

单位：10 亿美元	2017 财年（实际）	2018 财年（预计）	估 计 变 动
财政收入	2 508	2 539	31
财政支出	3 031	3 146	115
赤字（-）	-523	-607	-84

数据来源：国会预算办公室、美国财政部。根据 2017 年 6 月美国《财政部月报》以及 2018 年 6 月美国《财政部日报》汇总。

3.6.3.1　财政总收入：2018 财年前 9 个月增长 1%

国会预算办公室估计，2018 财年前 9 个月的财政收入总计 25 390 亿美元，同比 2017 财年增加 310 亿美元。据国会预算办公室估计，收入净增加是由以下来源收入变化引起的。

1. 个人所得税和工薪（社会保险）税总共增加 1 060 亿美元，增幅为 5%。

（1）代扣的工资税收增加 340 亿美元，增幅为 2%。这个变化很大程度反映了工资和薪水的增长被部分抵消，从 2 月开始，因税收扣除的收入比例下降。在 1 月，国税局颁布了新的预缴税金表以反映根据公法 115－97 所产生的变化，这

---

[1]　"Monthly Budget Review for June 2018," www.cbo.gov, July 9, 2018.

个公法是在 2017 年 12 月颁布的主要税收立法。所有雇主被要求在 2018 年 2 月 15 日之前开始使用新的表格。

（2）个人所得税和工薪税的非代扣部分增加了 780 亿美元,增幅为 16%。大部分增加发生在 4 月,这时纳税人支付完他们 2017 年的最终税款。

（3）个人所得税退税增加了 50 亿美元,增幅为 2%,这就减少了净收入。

2. 公司所得税减少约 620 亿美元,降幅为 28%。收入下降主要反映了 2017 税年和 2018 税年的税收支付情况。有大约三分之一的下降发生在 6 月。在 6 月收到的付款主要是 2018 税年的预估税款,他们反映了由公法 115 - 97 产生的变化,其中包括新的较低的公司税率和立即减去购买设备的全部金额的增加的能力。

3. 其他来源的收入减少 130 亿美元,降幅为 7%,主要是由收费和罚款收入减少所致。

表 10　2017 年 10 月—2018 年 6 月财政收入表

主要来源（10 亿美元）	2017 财年（实际）	2018 财年（预计）	估计变动幅度	
			金　额	百分比（%）
个人所得税	1 199	1 307	107	9.0
工薪税	888	887	−1	−0.1
公司所得税	223	161	−62	−28.0
其　他	197	184	−13	−6.6
合　计	2 508	2 539	31	1.2
备注：个人所得税与工薪税				
代扣税收	1 800	1 833	34	1.9
其他、净退税	287	360	72	25.2
合　计	2 087	2 193	106	5.1

数据来源：国会预算办公室、财政部。

3.6.3.2　财政总支出：2018 财年前 9 个月增长 4%

国会预算办公室估计,2018 财年前 9 个月的财政支出为 31 460 亿美元,比去年同期增加 1 150 亿美元,增幅为 4%。

增长最多的支出项目如下:

1. 三大强制支出项目总共增长 4%。

(1) 社会保障福利增加了 310 亿美元,增幅为 4%,原因是在受益人数和平均福利支付金额数上都有所增加。

(2) 医疗保险支出增加了 140 亿美元,增幅为 3%。部分是因为通常在 7 月对医疗保险优先计划的调解付款在 2018 年提前到了 6 月,同时也因为受益人数和向受益人提供的服务数量与成本都有所增加。调解付款是每年都要对上一个自然年的未预计支出增加进行说明。

(3) 医疗补助计划支出增加了 100 亿美元,增幅为 4%。主要原因是《平价医疗法》扩大了医保覆盖面,参保人数增加。

2. 公债净利息支出增加了 390 亿美元,增幅为 17%,主要是因为通货膨胀率的不同。考虑到通胀因素,财政部每月依据前两个月城市消费者物价指数变动,调整通胀保值债券本金。2017 财年前 9 个月的调整数为 310 亿美元,但在 2018 财年则为 480 亿美元。余下的增长反映出 2018 财年前 9 个月更高的利率和更大的债务。

3. 国防部的军事项目支出增加 220 亿美元,增幅为 5%。

4. 政府从房利美和房地美收到的总付款减少了 200 亿美元(包含在表 11 "其他"类目下),导致更高的支出。这些政府资助公司在 2017 年 12 月向财政部支付的季度付款比上一年度 12 月减少 20 亿美元。然后在 2018 年 3 月,他们从财政部收到了约 30 亿美元的净额,而在 2017 年 3 月,他们向政府支付了近 110 亿美元,净差额为 140 亿美元。(最近财政部的现金注入是因为由于资产减记,这些实体的净资产是对季度的负影响,他们采取了他们的税收递延资产作为对最近的主要税收立法的回应。上一次房利美和房地美从财政部收到这种现金支付是在 2012 年。)在 2018 年 6 月,他们季度性向财政部付款比上一年度 6 月减少 40 亿美元。

5. 国土安全部支出（包含在表 11"其他"类目下）增加 180 亿美元，增幅为 51%，主要是因为与救灾有关的活动。

相比之下，教育部的支出（包含在表 11"其他"类目下）下降了 440 亿美元，降幅为 48%，因为该部对往年发布的贷款和贷款担保的估计净补贴费用进行了 90 亿美元的下调修订，与去年的 390 亿美元的上调修订有很大不同。如果排除这些修订的影响，该部本财政年前九个月的支出将上升 40 亿美元，增幅为 9%。

对于其他项目和活动，支出增加或减少的数额较小。

表 11　2017 年 10 月—2018 年 6 月财政支出表

主要支出（10 亿美元）	2017 财年（实际）	2018 财年（预计）	调整后变动幅度	
			金　额	百分比（%）
社会保障福利	698	728	31	4.4
医疗保险[a]	439	453	14	3.2
医疗补助计划	278	289	10	3.8
小计（金额最大的强制支出项目）	1 415	1 470	55	3.9
国防部-军队[b]	425	447	22	5.1
公债净利息	235	274	39	16.6
其　他	956	956	−1	−0.1
合　计	3 031	3 146	115	3.8

注释：
a. 医疗保险支出是抵减收入后的净额。
b. 剔除了国防部在民用项目上的支出。

3.6.3.3　2018 年 6 月估计赤字：750 亿美元

国会预算办公室估计，联邦政府 2018 年 6 月发生赤字 750 亿美元，比 2017 年 6 月赤字减少 150 亿美元。和 2017 年情况一样，2018 年 6 月的支出受到了部分付款时间在周末而变动的影响。如果去除这些变动影响，6 月的财政支出和赤字将会减少约 400 亿美元。但无论 2018 年还是 2017 年，逐月间的变化不会有很大不同。

国会预算办公室估计 2018 年 6 月的财政收入为 3 140 亿美元，比 2017 年同期减少 250 亿美元,降幅为 7%。个人所得税和工薪税净减少了 40 亿美元,降幅为 2%。个人所得税和工薪税的代扣部分减少了 100 亿美元,降幅为 5%。国会预算办公室估计代扣部分税收下降有两个原因,第一是因为 2018 年 6 月比 2017 年 6 月少了 1 个工作日。第二是因为根据税法 115-97 的变化,工资的税收代扣比例有所降低。公司税减少了 200 亿美元,降幅为 35%,反映了 2018 税年预计税收较低的季度支付。

表 12　2018 年 6 月预算收支表

单位: 10 亿美元	2017 财年 (实际)	2018 财年 (预计)	调整后变动幅度	
			金　额	百分比(%)
财政收入	339	314	-25	-7.3
财政支出	429	389	-40	-9.2
赤字(-)	-90	-75	15	-16.6

数据来源: 国会预算办公室、财政部。

国会预算办公室估计,2018 年 6 月财政总支出为 3 890 亿美元,比 2017 年 6 月减少 400 亿美元。以下支出项目变化最大:

1. 教育部支出下降 480 亿美元,降幅为 106%。原因在于上面讨论过的对往年发布的贷款和贷款担保的估计净补贴费用的修订。如果排除这些修订的影响,该部在 6 月的支出实际上与 2017 年 6 月相同。

2. 住房与城市发展部支出减少 210 亿美元,降幅为 85%。因为该部在 2017 年 6 月对贷款和贷款担保的估计净补贴费用进行了 210 亿美元的向下修订。而在 2018 年 6 月没有进行这样的修订,该部门在 5 月进行了 140 亿美元的向上修订。

3. 公债净利息增加 70 亿美元,增幅为 26%。

4. 社会保障福利增加 50 亿美元,增幅为 7%,主要是因为通常在 7 月对医疗保险优先计划的调解付款在 2018 年提前到了 6 月。

5. 社会保障福利增加 40 亿美元,增幅为 5%。

6. 政府从房利美和房地美收到的付款总共减少 40 亿美元,导致支出增加。

其他计划与活动的支出变化不大。

3.6.3.4　2018 年 5 月实际财政赤字为：1 470 亿美元

财政部报道 5 月财政赤字为 1 470 亿美元，比上月国会预算办公室估计值多 30 亿美元。

3.6.4　美联邦 2018 财年全年预算回顾

据国会预算办公室估计，截至 9 月 30 日，联邦政府 2018 财年的预算赤字总计为 7 790 亿美元，赤字同比 2017 财年增加 1 130 亿美元。在 2018 财年，赤字占国内生产总值的比例从 2017 年的 3.5% 和 2016 年的 3.2% 上升到 3.8%。2018 财年的财政支出因某些付款时间的改变而减少，这些付款是在 2017 财政年度支付的，因为 2017 年 10 月 1 日（2018 财政年度的第一天）是周末。如果不是这一支付提前，2018 年的赤字将达到 8 230 亿美元，占国内生产总值的 4.1%。[1]

表 13　财政年度总额

单位：10 亿美元/财年	2013	2014	2015	2016	2017	2018
财政收入	2 775	3 021	3 250	3 268	3 315	3 329
财政支出	3 455	3 506	3 688	3 853	3 981	4 108
赤字（-）						
总　　额	-680	-485	-438	-585	-666	-779
占国内生产总值百分比	-4.1	-2.8	-2.4	-3.2	-3.5	-3.8

数据来源：国会预算办公室、管理和预算办公室、美国财政部。

2018 财年，政府的收入总计达 3.3 万亿美元，比 2017 财年增加 140 亿美元，增幅不到 1%。收入占国内生产总值的百分比，从 2017 年的 17.2% 下降到 2018 年的 16.4%，低于过去 50 年的平均水平（17.4%）。

2018 财年，政府的净支出为 4.1 万亿美元，比 2017 财年增加 1 270 亿美元，

---

[1]　Nathaniel Frentz, Amber Marcellino, Joshua Shakin, "Monthly Budget Review：Summary for Fiscal Year 2018," www.cbo.gov, November 7, 2018.

增幅为 3.2%。2018 年的支出占国内生产总值的 20.3%,而 2017 年为 20.7%,与过去 50 年平均水平相当。如果不是某些支付时间的转变,2018 年的支出将相当于国内生产总值的 20.5%。

3.6.4.1　财政总收入: 2018 财年增长不到 1%

由于抵消了不同收入来源的变化,2018 财年的财政总收入与 2017 年的收入相似,变化的部分原因在于 2017 年主要税收立法(公法 115-97)的规定。

1. 个人所得税收入,是收入的最大来源,总共增加 960 亿美元,增幅为 6%。作为经济的一部分,这些收入从 2017 年占国内生产总值的 8.2% 上升到 2018 年的 8.3%,仍然高于过去 50 年的平均水平(8.0%)。

(1) 非代扣的个人所得税增加了 870 亿美元,增幅为 16%。大部分增长发生在 4 月份,当时纳税人最终缴纳了 2017 年的税款。

(2) 从工资中代扣的工资税增加了 160 亿美元,增幅为 1%。这一变化反映了几个抵消因素,其中两个因素提振了扣缴的个人所得税:全年工资增加,以及美国财政部将前几年记录为工资税的 210 亿美元重新归类为所得税。通过预扣收取的数额最初是根据该部门的估计在这两类税收之间分配的。随着纳税申报单的详细资料的出现,财政部在这两个来源之间进行了重新分配。

这两个因素从 2018 年 2 月开始部分抵消了预扣税收收入份额的下降。2018 年 1 月,美国国税局发布了新的扣缴表,以反映公法 115-97 在本日历年开始生效的变化。所有雇主都必须在 2018 年 2 月 15 日之前开始使用新表。

(3) 个人收入所得税退税增加 60 亿美元,增幅为 2%,这减少了净收入。

2. 工资(社会保险)税收入,第二大收入来源,增加了 90 亿美元,增幅为 1%,但占经济的比重从 2017 年的 6.0% 下降到 2018 年的 5.8%。这些收入的增加反映了工资和薪金的增加。然而,如上所述,2018 年报告的工资税因从薪金重新分配到个人所得税而减少。

3. 企业所得税收入,第三大收入来源,在 2018 年下降了 920 亿美元,降幅为 31%,从国内生产总值的 1.5% 下降到 1.0%。这一占比是 2009 年以来的最低纪录,也是过去 50 年平均值 2.0% 的一半。这一下降反映了 2017 年和 2018 年纳税年度的付款,大约一半的下降发生在 2018 年 6 月以来。从 6 月到本财政年度结束时的收款大多数是以 2018 纳税年的税收估计付款的形式进行,当时公法 115−97 的若干规定生效,包括新的较低的公司税率。另一项规定扩大了企业立即扣除设备采购全部价值的能力,在 2017 年第四季度追溯有效。

4. 其他来源的收入增加了 10 亿美元,增幅不到 1%,但从占国内生产总值的 1.4% 下降到 1.3%。来自收费和罚款以及美联储汇款的收入下降被消费税和关税收入的增加部分抵消。

(1) 美联储向财政部的汇款减少了 110 亿美元,降幅为 13%,主要原因是短期利率较高,导致央行向存款机构支付更多的储备利息。美联储这些扩大的付款导致向财政部的汇款减少。

(2) 消费税增加了 110 亿美元,增幅为 13%。这个增加部分是由于收到了医疗保险提供者的税款。在 2017 年,该税种暂停了一年,而 2018 年取消暂停,但又将在 2019 年再次暂停一年。

(3) 关税增加了 70 亿美元,增幅为 19%,部分原因是政府当局在年内实行了新的关税。

(4) 收费和罚款减少了 70% 美元,降幅为 14%。

表 14　财政收入表

主要来源 (10 亿美元)/财年	2016	2017	2018	变动百分比, 2017—2018
个人所得税	1 546	1 587	1 684	6.1
工薪税	1 115	1 162	1 171	0.8
公司所得税	300	297	205	−31.1
其　他	307	269	270	0.4
合　计	3 268	3 315	3 329	0.4
占国内生产总值百分比	17.6	17.2	16.4	N/A

数据来源:国会预算办公室、管理和预算办公室、财政部。
注:N/A:不适用。

3.6.4.2 财政总支出：2018 财年增长约 3%

总体而言，从 2017 年到 2018 年，财政净支出增加了 3.2%。如果不是因为 2017 年 10 月 1 日是周末，使某些支付从 2017 年 10 月转移至 2017 年 9 月，这一增长将会多约 460 亿美元，从而使增幅达到 4.3%。下面的讨论反映了剔除该支付时间转移影响后的调整。

所有主要支出类别和大多数联邦机构的支出均有所增加。整体增加的大部分原因是社会保障、公共债务净利息和国防支出增加。

1. 社会保障、医疗保险和医疗补助这三个最大的福利项目支出分别增长了 430 亿美元（增幅为 5%）、160 亿美元（增幅为 3%）和 140 亿美元（增幅为 4%）。由于受益人数（增幅为 1.6%）和平均福利金（增幅为 2.9%）的增加，社会保障支出增加。社会保障退休部分的支出增加了 5.3%，相比之下，残疾部分的增长率不到 1%。在过去五年中，医疗补助支出增加 47%，主要是通过《平价医疗法》授权扩大了补助范围，增加了受保人数。然而，自 2015 年起医疗补助支出的年增长率大幅下降，当时为 16%。三大福利项目的综合支出相当于 2018 年联邦政府支出的 48% 和国内生产总值的 9.8%，略低于 2016 年国内生产总值的 10.1% 的峰值。

2. 公债净利息支出增加了 620 亿美元，增幅为 20%，部分原因是通货膨胀率更高了。考虑到通胀因素，财政部每月依据前两个月城市消费者物价指数变动，调整通胀保值债券的本金。2017 财年的调整数为 330 亿美元，2018 财年则为 600 亿美元。余下的增长反映出 2018 财年更高的利率和更人的债务。作为国内生产总值的一部分，净利息攀升至 1.8%，这是自 2001 年以来的最高水平。

3. 国防部军事活动的支出在 2018 年增加了 380 亿美元，增幅为 7%，连续第二年增长（2017 年这种支出增长了 1%）。在经过议员修订了 2011 年《预算控制法》规定的法定拨款上限后，国防部收到的资金增加了 11%，推动了 2018 年的增长。所有增加的主要类别的国防支出为：运营和维护增加了 110 亿美元（增幅为 5%），研发增加了 90 亿美元（增幅为 13%），采购增加了 90 亿美元（增幅为 8%），军事人员增加了 70 亿美元（增幅为 5%）。同 2017 年一样，空军的支出增长最快,增幅为 9%;陆军和海军的增长率为 6%。国防部的军事支出占 2018 年国内生产总值的 3.0%,与 2016 年和 2017 年的水平相当,但低于 2001 年以来的任何一年。

4. 在净值上,所有其他支出几乎没有变化(见表 15"其他"类目),尽管有几个类别有显著增加,而一个类别显著减少。

(1)政府从房利美和房地美收到的总付款比 2017 年减少了 190 亿美元。这两个公司分别在 2018 年 12 月、3 月、6 月和 9 月向财政部进行季度性付款,这些付款被记录作为支出的抵消;因此,更少的付款有增加净支出的效果。在 2017 财年,这些付款总额为 290 亿美元;在 2018 财年,它们总计为 130 亿美元。政府亦于 2018 年 3 月向房利美和房地美注资 40 亿美元,这增加了支出。财政部的这笔付款是因为该季度的实体净值为负数,因此他们根据公法 115 - 97 对税收递延资产采取了减记措施。

(2)国土安全部支出增加了 180 亿美元,增幅为 35%,主要是因为与救灾有关的活动。

(3)农业部支出增加了 90 亿美元,增幅为 7%,主要是因为该部门在 2017 年 8 月对往年发布的贷款和贷款担保的估计净补贴费用进行了 70 亿美元的下调修订。

(4)退伍军人事务部支出增加了 80 亿美元,增幅为 5%,部分原因是接受残疾补偿的退伍军人人数和这些付款数额的典型增长,另一部分原因是在非部门医疗机构获得健康福利的退伍军人人数的持续增长。

(5)通过市场所购买的医疗保险补贴支出(根据《平价医疗法》设立),增加了约 70 亿美元,增幅为 17%。支出攀升很大程度上是因为这些项目的保费 2018 年有所上升。

(6)与那些增长相反,教育部支出下降了 480 亿美元,降幅为 43%,因为该部对往年发布的贷款和贷款担保的估计净补贴费用进行了 90 亿美元的下调修订,与去年的 390 亿美元的上调修订有很大不同。如果排除这些修订的影响,该部 2018 财年的支出与 2017 财年大致相同。

对于其他项目或活动,支出增加或减少的数额较少,净支出额外减少了 130 亿美元。

表 15　财政支出表

主要支出 （10 亿美元）/财年	2016	2017	2018	变动百分比 2017—2018	
				实际	调整^a
社会保障福利	905	934	977	4.6	4.6
医疗保险^b	592	595	585	−1.6	2.7
医疗补助计划	368	375	389	3.9	3.9
小　计	1 865	1 903	1 951	2.5	3.9
国防部-军队^c	565	569	601	5.6	6.6
公债净利息	284	310	371	19.8	19.8
其　他	1 138	1 199	1 185	−1.2	0.0
合　计	3 853	3 981	4 108	3.2	4.3
占国内生产总值百分比	20.8	20.7	20.3	N/A	N/A

数据来源:国会预算办公室、管理和预算办公室、财政部。

注释:

a. 调整后的数值不包括付款时间在周末或假日而发生提前支付的变动的影响。如果剔除这些变动,2017 财年的总支出将为 39 780 亿美元,2018 财年为 41 510 亿美元。

b. 医疗保险支出是抵销收入后的净额。

c. 剔除了国防部在民用项目上的支出。

N/A:不适用。

3.6.4.3　2018 年 10 月估计

据国会预算办公室估计,联邦政府 10 月的赤字为 980 亿美元,比去年同一月份的赤字增加了约 350 亿美元。2017 年 10 月支付时间的变动影响了赤字的金额,如果没有支付时间变动的影响,9 月的赤字将比 2017 年 10 月减少 90 亿美元。

3.7　小结

共和党 2019 年预算案难以使联邦财政摆脱积重难返结局。共和党要求联邦财政在 9 年内实现预算平衡，在 10 年内削减赤字 8.1 万亿美元，并在 2027 财年、2028 财年分别产生 260 亿、1 420 亿美元盈余；同时为了减轻社会保障等强制支出负担，要求 10 年内至少削减 3 020 亿美元有关支出项目。[1] 但是只要看看国会预算办公室《2018 年长期预算展望》，就明白联邦债务过快大幅增加，将导致四大恶果：一是长期国民收入和储蓄减少，降低投资水平，降低国民收入水平，抬高利率，导致财政经济恶性循环；二是还将增加政府利息支出，直接加重预算困境，预计到 2045 年，联邦债务利息成本将上升到相机支出总额水平（联邦财政相机支出主要是军费）；三是导致国会难以采取灵活地应对措施，应对突发事件，尤其是束缚美国国防支出的肆意增加；最后导致财政危机，进而致使联邦债务利息急剧攀升，使借贷成本进一步增高。关键是一旦发生财政危机，联邦政府除了进行债务重组、实施通胀政策使债务缩水，只有强行大幅度削减支出了，所以说应对的手段将非常有限。[2] 而遏制这个恶性循环，短期内需要从削减年度赤字开始，但是由于 2018 年正式开始大幅度减税，这个愿望很难实现；而从长期内，则需要提高美国的产量水平，但是美国的长期增长率根本无法达到 2% 以上，所以美国联邦财政问题基本无解，这几乎是铁定的答案，据此进行保守预测，美国已经进入了缓慢的衰落过程，而且趋势难以遏制，这也为"百年未遇之大变局"作了很好的脚注。

---

[1] "Committee Approves FY 2019 Budget Resolution," budget. house. gov, June 25, 2018.

[2] CBO, "The 2018 Long-Term Budget Outlook," https://www.cbo.gov/publication/53919, June 26, 2018, pp. 8 – 9, 5 – 6.

第 4 章 "饮鸩止渴"的大规模减税

4.1 联邦税制改革的政治经济背景

美国的所得税制度至今已经实施超过一个世纪。1909年7月2日美国国会通过了宪法第16修正案,决定自1913年2月3日起实施所得税制度,而实际上实施有关税制的法律在内战时期就已经开始了,这就是《1861年岁入法》,当时联邦政府通过征收个人税收支付战争经费,征收期限长达10年。1894年,美国政府又通过了单一联邦所得税,但由于该税法没有按照各州人口进行征收,遭到最高法院否定,后来美国宪法第16修正案要求联邦政府,不必按照每个州的人口数量征收个人所得税。"美利坚合众国宪法第十六条修正案允许联邦国会征收所得税,且无须在各州按比例分配或考虑任何人口普查数据。"[1]同年,美国税务局制定了第一份所得税纳税表(Form 1040)。[2]

《1986年税制改革法》是美国所得税法开征后的最大财税立法改革。以企业所得税改革为例,第六章(Title VI)和第十八章(Title XVIII)分别对《1954年税法典》企业所得税政策进行了全面修订和技术调整。这次改革的主要特点是全面降低税率、扩大税基,修补政策漏洞。相关企业所得税改革政策包括:第二节

[1] "16th Amendment — The United States Constitution," https://constitutioncenter. org/interactive-constitution/amendments/amendment-xvi.

[2] Ellen Terrell, "History of the US Income Tax," https://www. loc. gov/rr/business/hottopic/irs_history. html, 2019 - 09 - 11.

废除了总效应原则(General Utilities doctrine),第三节调整了特定资产销售的采购价格,第四节限制净经营亏损以及其他采购交易中向前结转,第五节修正了与目标企业重组有关的第 361 条政策;其他的政策改革主要还有:降低企业所得税税率、支付的企业股息扣除、企业收到股息扣除、个人股息的排除、特别股息规定、公司持股股东的赎回、股票赎回的支付、净经营亏损前移扣减(税率限制)、关联方销售、债券溢价分期偿还、合作社住房公司、地产投资信托、抵押贷款证券以及对公司所得税政策的技术调整等。[1]

而 1986 年税改至今又经过了 30 多年的时间。在此期间冷战结束了,全球化汹涌澎湃势不可挡,在此全球经济政治格局发生巨变的背景下,美国的跨国投资出现了加速趋势,然而由于以往税法对美国经济的动力支持在不断下降,要求改革税法的呼声越来越强烈,经过了 2017 年特朗普当局强力推动,最终在 12 月份签署了《2017 年减税与就业法》,并从 2018 年 1 月 1 日起,正式进行税制改革。

4.2 美国政治与税制改革

4.2.1 美国全面开始联邦税改进程

美国总统特朗普已签署《减税与就业法》。[2] 据美国专业媒体《税收新闻》报道,该法将是 30 年来首次对美国税法进行大刀阔斧的改革,并将高企的企业所得税税率降至富有竞争力的 21%。继两院早前批准的折中方案后,众议院于 2017 年 12 月 21 日以 224∶201 票在第二次投票中通过了《减税与就业法》,随后,于 12 月 22 日签署成为法律。

《减税与就业法》自 2018 年起实施,对企业全面减税,企业所得税率将从目

---

[1] "General Explanation of The Tax Reform Act of 1986," H. R. 3838, 99th Congress, Public Law 99 – 514. (May 15, 1987), https://www. jct. gov/publications. html? func = startdown&id = 2355, 2019 – 09 – 11.

[2] Mike Godfrey, "US Achieves Landmark Comprehensive Tax Reform," *Tax-News*, December 27, 2018.

前最高税率 35% 降至单一税率 21%,同时通过对美国公司取得的外国所得给予 100% 股息免税,实行属地征税制的条件是只要美国公司满足对其外国子公司持股比例不低于 10% 即可。此外,对美国公司境外递延收入征收视同汇回税,现金按 15.5% 征税,非流动资产按 8% 征税。

根据税改方案,小企业主可享受的穿透实体营业所得税收扣除,扣除比例将从参议院最初的 17.9 提高至 20%,但不是众议院最初提议的 25% 的税率上限。对个体纳税人,该法保留了七级累进税制,但税率有所降低,分别为 10%、12%、22%、24%、32%、35% 和 37% 七档税率,现行七档税率为 10%、15%、25%、28%、33%、35% 和 39.6%。此外,个人标准扣除额将提高至个人申报者 12 000 美元,户主 18 000 美元,联合申报者 24 000 美元,上述个人所得税税率变化和标准扣除额提高有效期将延续至 2025 年。

该法保留并增加了慈善捐赠扣除额,但废除了很多其他扣除项目。新购房屋抵押贷款利息扣除得到保留,但可扣除抵押贷款上限为 75 万美元。纳税人仍可税前申报扣除州税和地方税,但扣除限额为 1 万美元,现行税法对此类扣除无限额规定。该法保留了个人替代性最低税(AMT),但免税上限提高了,公司替代性最低税则被取消了。

该法还从 2019 年开始将奥巴马医改个人强制保险降为零,这相当于"废除"了奥巴马《平价医疗法》。个人强制保险,是奥巴马平价医改的基石,它规定,若美国纳税人不支付最低水平健康保险,则需缴纳惩罚性税款。

4.2.2　税收基金会分析大法官提名人税收主张

预计特朗普总统将于今天(2018 年 7 月 9 日)宣布美国最高法院大法官的提名人,这一职位自 1988 年担任司法部部长的安东尼·肯尼迪(Anthony Kennedy)法官宣布退休后便一直空缺。特朗普的最高法院候选人名单上有 25 人,大家的猜测主要集中于五位:第七法院的印第安纳州法官艾米·巴雷特(Amy Barrett)、第三法院的匹兹堡法官托马斯·哈迪曼(Thomas Hardiman)、华盛顿法院的华盛顿法官布雷特·卡瓦诺（Brett Kavanaugh）、密歇根州第六巡回法院的雷蒙德·基斯利奇（Raymond Kethledge）和第六法院肯塔基州法官阿穆尔·塔帕尔（Amul Thapar），记者、法律学者和政治专家仔细阅读了解了五位热门被提名人的法律意见、司法著作和演讲，以研究他们如何改变高等法院的政治倾向，税收基金会高级副总裁毕肖普-亨奇曼（Joe Bishop-Henchman）撰写报告进行了研究。[1]

记者、法律学者和政治专家将仔细阅读被提名人的法律意见、司法著作和演讲，以研究他们如何改变高等法院的政治倾向。虽然被提名人先前的投票记录或政治联系并不总是保证其将案件作为最高法院法官来判决，但它可以提供见解。因此，我们审查了这些法官过去在一个经常被忽视的法律领域的决定：国家税收超支的范围。

早期首席大法官马歇尔（Marshall）裁定，美国宪法的商业条款赋予联邦政府对州际贸易的管制权力，这意味着各州不能干涉州际贸易，除非国会明确允许他们这样做。这种"消极"的商业条款允许美国最高法院推翻那些不利于或阻碍州际贸易的州级税法，一位掌权的大法官肯尼迪（Kennedy）以及首席大法官罗伯茨（Roberts）和大法官阿里托（Alito）偶尔也会行使这些税法。大法官托马斯（Thomas）和戈萨奇（Gorsuch），就像他们之前的斯卡利亚（Scalia）大法官一样，对此理论全盘否决，认为歧视性的州级税法应该由国会推翻而非由法院推翻。因此，斯卡利亚（Scalia）和托马斯（Thomas）在 2014 年赞成法官金斯伯格（Ginsburg）和卡根（Kagan），让马里兰州对进行州外投资的居民征收双重税。

4.2.2.1　巴雷特法官

巴雷特法官是替补席上的新人，她 2017 年 10 月才加入第七法院，她的学术著作分析了一些宪法问题。由于她是一名新人，因此巴雷特法官缺乏大多数被提名人拥有的诉讼实质性记录。然而，因为她是一名法学教授，巴雷特的学术著

---

[1]　Joseph Bishop-Henchman, "Potential Supreme Court Nominees on Taxpayer Rights, State Taxes, and Interstate Commerce," taxfoundation. org, July 9, 2018.

作阐明了她对各种问题的看法。最适用的著作涉及遵循判例的主题。在 2013 年的一篇文章中,巴雷特教授警告说,试图推翻判例的法官必须"确定这种方法保证令人不安的依存利益"。在同一篇文章中,巴雷特写道,判例的附带好处是作为调解冲突的方法,因为过去的每一个案例不是都需要在随后的每个案例中重新使用。在 2017 年的一篇文章中,巴雷特教授批评斯卡利亚大法官,声称他是一个"胆怯的原法主义者",发现他经常表示愿意以原法的理由推翻判例,但如果最终案件达到同样判决,他会支持法庭的多数派。在那篇文章中,巴雷特讨论了斯卡利亚消极商业条款的案件,但没有插入她自己的评论。

4.2.2.2　哈迪曼法官

哈迪曼法官在税务问题上的写作较少,但并没有反对法院防止州税收超额的案件,只要法院仔细考虑了纳税人的主张。尽管哈迪曼没有亲自撰写他对商业条款的看法,但他确实发表了众多观点,对消极的商业条款进行解释。在多维镜(Tri－M)集团、逻辑链路控制(LLC)诉夏普案中,一个三级法官小组驳回了一项要求异质化现行工资的特拉华州法律,认为该法律违反了商业条款。法院小组驳回了特拉华州提出的他们仅仅是市场参与者的观点,基于他们也对其他参与者进行了监管,并且驳回了国会授权特拉华州行动的说法,基于缺失"毫无疑问"的国会指示。哈迪曼在这个详细意见中明确的观点可以让我们了解他的想法。至少,他更有可能在消极的商业条款问题上支持大法官肯尼迪和斯卡利亚,而不是支持托马斯和戈萨奇。如果要求哈迪曼审判州法规是否违反消极的商业条款,他可能会对该州的论点持怀疑态度。

在 2010 年弗里曼诉科尔津案中,法官哈迪曼参加了第三法院小组会议,该小组认为新泽西州葡萄酒法律的多项条款因为歧视州外人而违宪。该项争议的法律允许州内葡萄酒厂对零售商和消费者销售,而禁止在没有新泽西州特别许可的情况下进口超过一加仑的州外葡萄酒供个人使用。哈迪曼多次在任意和反复无常的标准下评估美国联邦通信委员会(FCC)规则,在华测检测技术有限公司(CTI)诉美国联邦通信委员会案中,他写道,当"该机构检查相关数据并对其行动提供令人满意的解释"时，该机构的监管并非任意和反复无常。他还强调需要在事实和决定之前建立合理的联系。然而，哈迪曼并非在没有任何理由的情况下支持代理决策，哈迪曼强调，测试的规则是通过国会要求的适当公告和评论程序制定的。相比之下，被认为是任意和反复无常的规则要么根本没有经过这个程序，要么实质上或难以保留的部分没有经过这个程序。

哈迪曼审判的大部分税务案件都肯定了地区或税务法庭对纳税人在税务欺诈方面的判决。一个有趣的案例是他在分析新泽西州的第三方零售税基于州破产法的规定是属于消费税还是信托基金税。他发现法定语言含糊不清，因为消费税和信托基金税款都是配合第三方零售税而编写的。他接着看了条款的立法史，并得出结论认为它们应归类为信托基金税。哈迪曼说，这些销售税甚至比其他销售税更接近信托基金税，因为这些税不是债务人欠的税，而只是债务人代税收权益人持有。哈迪曼对这个案例的意见并未向我们提供有关他对税收政策的看法，但这表明如果他发现税法含糊不清，他将尝试采用外部指示来解决这些问题。

在另一个有趣的案例——信息系统控制（Criscis）诉美国案，哈迪曼肯定了地方法院在一家公司信托基金税案件中支持政府的裁决，个人可以对此承担个人责任。信息系统控制自愿清算破产公司，使用所得款项履行纳税义务。美国国税局代理人指示他们这样做而非申请破产，使用所得款项先履行企业税务责任，然后再偿还信托基金税债务。美国国税局没有解释企业税务责任可能会在破产程序中消失，但信托基金税不会，因此可能会误导信息系统控制的最佳行动方案。后来意识到他们还欠信托基金税，信息系统控制试图通过指责美国国税局的欺骗行为来避税。哈迪曼认为，这名官员顶多可以忽略不计，而且这种沉默本身并不构成肯定性行为失误，所以纳税人的税务不会被减免。该观点表明哈迪曼轻易不会认为美国国税局或其官员行为失误。

哈迪曼法官还参与了 2013 年涉美属维尔京群岛居民联邦所得税豁免范围

的案件。当然,纳税人寻求建立居住地,提出了何为构成"善意居住"的问题。在文托(Vento)诉维尔京群岛国内税务局局长的案件中,法官哈迪曼认为法院的判决在 2004 年之前,无论纳税人的意图是否是为了避免纳税义务,都可以建立"善意居住"区,而居住是由纳税人基于客观事实和情况判断停留一段时期的主观意向决定的。

4.2.2.3　卡瓦诺法官

卡瓦诺法官拒绝了纳税人的正当索赔程序,并且一直愿意"调整"法定文本,以免法律被指违宪。卡瓦诺没有直接裁定消极的商业条款。然而,他有参与审判戈登诉霍尔德案件。在戈登案中,法院起诉了"预防卷烟贩运法",法律面临的挑战不是因为商业条款,而是大多数人对正当程序和商业条款之间的区别进行的阐述,卡瓦诺支持对互联网卷烟销售商的联邦管辖权,理由是联邦法律要求他们支付国家卷烟税。

在佛罗里达银行家协会诉美国的案件中,他的观点主要赞成政府的意见。这很大程度上是因为案件中的索赔都被禁令法所禁止,该法禁止在税收法规执行之前对其提出质疑。

卡瓦诺有时认为代理机构的规定任意且反复无常,但有时也会支持他们。在国家燃气供应公司诉联邦能源监管委员会(FERC)的案件中,一个贸易集团质疑联邦能源管理委员会订单,认为该订单超出了该机构的行为标准。这些规则规定了天然气管道与生产者、采集者、加工者、贸易商的关系。卡瓦诺认为,联邦能源管理委员会的命令是武断的、反复无常的,因为联邦能源管理委员会没有就反竞争威胁和庞大滥用记录提供充分的证据。在诉环境保护局(EPA)案中,环境保护局的燃料监管受到了挑战。在这种情况下,卡瓦诺支持环保署,并写道,根据"清洁空气法",该规定是合理的,并非任意和反复无常。

在诉专员案中,一对来自韩国的已婚夫妇要求对未申报的赌博收入的所得税进行重新确认。纳税人认为他们的赌博收入按每局来确认,而美国国税局认为应该按照每个赌注确定。在这种情况下,卡瓦诺支持纳税人按照每局来计算赌博赢利和亏损的方法,而不是基于每次下注。在巴黎圣母院法学院的演讲中,卡瓦诺强调了宪法直接文本的重要性,他称之为"指导和解释大部分宪法的最重要因素"。

4.2.2.4 基斯利奇法官

基斯利奇法官曾质疑法院在防止州税过高方面的作用,同时愿意保护纳税人免受税务机关滥用职权的损害。2007 年,在切斯特案中,基斯利奇法官驳回了一项消极的商业条款索赔,这项条款怀疑密歇根法律限制海岸警卫队压制倾销的方式比联邦法律更为严格。基斯利奇写道,"商业条款的权力属于国会,而不是法院",并解释说,当国会没有采取行动时,法院才能进行消极商业条款的审查。他表示,消极的商业条款只能用于保护国会的潜在权力免受各州的侵害。基斯利奇对消极商业条款的描述,表明他不会只因为一位请愿人的行为而轻易同意限制一个州的权力。然而,他确实说明它有合法的目的,即使它是一个狭义的目的。如果国会就某一主题根本没有发表过言论,并且多个国家开始侵犯基斯利奇所关注的潜在权力,那么涉及消极商业条款的观点可能会说服他反对州法令。

在担任法官期间,基斯利奇既支持也反对过机构监管。他在 2010 年诉美国农业部的案件中,提出了推迟代理决策的标准。他认为一个机构无权进行干涉,因为它是一个代理机构,尽管代理商比法院更专业。为使法院进行干预,代理商"要做的不仅仅是宣布他们具有比较优势这一事实,他们必须实现这一比较优势"。这意味着它必须适用相关的法定和监管标准,美国农业局在本案中没有做到这一点。基斯利奇一直在维护法规,他要求各机构使用他们的专业知识、应用他们的专业知识,并遵循他们和国会制定的要求。如果一个机构的监管不受程序和证据的支持,基斯利奇不会仅因为它来自一个机构而完全支持它。

基斯利奇所判断的大多数税务案件都涉及确定地区或税务法庭对纳税人税务欺诈的决定。基斯利奇为纳税人辩护道,一个州为了实现税收权利而履行对财产的绝对权利,州所影响的"财产价值超过了税收"。这些观点表明,尽管基斯利奇确实做出了许多有利于美国国税局的决定,但他并不容忍对纳税人的迫害。如果其政策适用偏颇或者不想收税而像盗窃,他不会只支持政府。

4.2.2.5 塔帕尔法官

塔帕尔法官担任上诉法官的时间很短,但在他担任替补席的时候,并没有在税务纠纷中默认支持政府。2017 年 3 月成为上诉法官之前,塔帕尔担任了 9 年的审判法官,因其使用门外人可以理解的通俗语言来撰写观点而知名。在 2010 年国际乳制品协会诉博格斯案件中,当时的地区法官塔帕尔由三位法官组成的法官小组的一员,该小组对消极的商业条款进行了总结分析,首先评估了州是否存在保护主义,如果不是,就用"派克平衡测试"对其进行分析。该法令违反了消极的商业条款,小组写道:(1)该条款明显倾向州内交易而歧视州际交易;(2)它给州际贸易带来的负担超过了收到的所有利益;(3)它实际产生了对州际商业的域外控制效果。

在拒绝卡车运输公司的退税申请时,该公司辩称,缴纳税款的卡车在运输货物时受到严重损害,但试图将卡车出售后性能的证据排除在外,塔帕尔法官考虑这一证据,并描述到"如果你看到一匹马奔跑着穿过田野,那很有可能他在之前没有受到严重损害"。在 2018 年 2 月弗吉尼亚大学法学院的一次讨论中,塔帕尔法官认为"司法机构没有责任修改不良的立法草案,即使法官个人更喜欢与法规文本要求的不同的结果"。

4.2.3 自由智库评估税改对中期选举的影响

2017 年 12 月 22 日,特朗普总统签署了《减税与就业法》。《减税与就业法》是共和党多数派在第 115 届国会期间的主要立法成就。法律的主要规定包括大规模的企业降息,一系列个人减税和增税,以及一些鼓励滥用的复杂条款。《减税与就业法》是递减性的改革,它给富人带来的好处远远超过中产阶级和穷人,但该立法提前实施了一些临时减税措施,短期内将略微提高许多美国人的实得工资。这项立法因其不受欢迎的程度而引人注目,大约有 32% 的美国人在立法通过前支持该法案,这一支持率低于过去几年联邦政府采取重大增税措施时的水平。[1]

《减税与就业法》会在 2018 年中期选举中发挥什么作用? 政治学可以很大程度上预测选民如何解读和回应公共政策。这些文献和近期有关该法案的民意数据一起为预测该法案对选举的影响提供了一个有用的框架。美国自由主义智库布鲁金斯学会政府治理高级研究员威廉森(Vanessa Williamson)进行了全面分析。

本文的结构。首先,研究经济状况如何在历史上影响美国的选举结果,并将此研究结果应用于《减税与就业法》的案例。其次,讨论党派关系如何和公众对政策的态度相互作用,并评估公众对《减税与就业法》的看法影响投票结果的可能性。最后,阐述对金钱在政治中发挥作用的了解,以及《减税与就业法》如何在近期和长期内改变不同政治利益群体的可用资金。

本文的结论。该法案只有少数几个可能帮助共和党获胜的途径。由于《减税与就业法》在他们的个人实得工资方面作出的改变非常微小,我们很难相信选民的表现会有所不同。该法案在动员共和党选民方面也做得很差,共和党人对该法案的支持并不强烈。《减税与就业法》的短期刺激效应也不太可能有太大影响,一方面是因为效应很小,另一方面是因为经济对中期选举结果的影响也很小。然而,从长期来看,共和党可能会受益于该法律针对其捐款人阶层的向上再分配。

《减税与就业法》也对民主党有一定影响。鉴于公众对该法案的态度,民主党可以将《减税与就业法》视为主要的竞选问题之一,将共和党动员反对《平价医疗法》的案例作为榜样。一些研究分析显示,共和党在 2010 年反对《平价医疗法》的运动是民主党在众议院竞争席位上击败共和党的主要原因。但要让民主党在 2018 年中期选举中重现这些结果,该党将需要大力投资一场协同一致的反

---

[1]　Vanessa Williamson Monday, "The 'Tax Cuts and Jobs Act' and the 2018 midterms: Examining the potential electoral impact," www. brookings. com, August 27, 2018.

《减税与就业法》运动,而且,几乎没有迹象表明,《减税与就业法》会在民主党秋季竞选计划中占如此大的比重。

4.2.3.1 经济状况与投票情况

选民通常会因为良好的经济条件而肯定现任政党。所以如果《减税与就业法》创造了这样的条件,这项法律将间接为共和党赢得选举。理论上,个人纳税人可能会因为从自己的工资中获得的额外收入或总体经济增长而肯定现任政党。这两种情况中的第一种不太可能发生,因为选民往往会对整体经济状况作出反应,而不是针对自己的个人经济状况。此外,选民很少注意或回忆起他们通过税法获得的个人利益,而《减税与就业法》对大多数家庭的好处也不是很大。第二种可能性在原则上更合理,但经济增长与现任总统选举的收益之间的紧密关系只在总统选举年存在。

首先,因为大多数人得到的减税幅度很小,个人选民不太可能因为他们个人从《减税与就业法》获得的收入增长而肯定共和党。对于收入最低的三分之一的选民来说,《减税与就业法》会使税后收入增加大约 1%。中等收入的选民(年收入在 48 600 美元到 86 100 美元之间的家庭)平均每周能多挣不到 20 美元。对于许多家庭来说,尤其是对于那些收入随着工作时间变化而变化的非工薪族,他们扣税后的实得工资没有一个特别明显的变化。

此外,选民历来遗忘了那些规模更大,更受欢迎的中产阶级减税政策。当布什总统在 2003 年进行全面减税时,第二年只有五分之一的美国人记得他们因此受益。在奥巴马总统的减税立法通过一年后,不到十分之一的美国人能想起来他们的税收下降了。这些情况与广泛的政治科学研究一致,这表明通过税法实施的公共政策对选民而言不如直接支出的政策那么明显。通过税法的支出政策被学者们描述为"隐藏的福利"。

在《减税与就业法》通过后的第一周,我们似乎要重新审视关于政治科学的共识。由于新年期间的预提所得税有所变化,一些早期的民意调查显示公众对该法案的支持出现了波动。然而,一段时间后和额外的民意调查数据显示,公众对《减税与就业法》的支持似乎并没有显著增加。

最后，《减税与就业法》导致的实得工资变动不太可能改变选民的行为，因为选民通常不会根据自己兜里的钞票投票。相反，有投票权的民众们在其经济评估中具有"社会性"——他们会对整体经济的起伏作出反应，而不是对个人福祉的变化作出反应。选民在经济方面的思维也是非常短暂的，他们倾向于根据在选举前的那个时期的经济繁荣而肯定总统。《减税与就业法》在 2018 年可能会对经济有一些微小的刺激作用，美国税收政策中心估计，该立法将在 2018 年使美国国内生产总值增长 0.8%，而国会预算办公室估计 2018 年美国国内生产总值将增长 0.3%。

提高共和党的胜选机会不是很多。在总统选举中，经济状况是预测现任政党连任机会的一个很好但不是很完美的指标。但在中期选举中，"国家的经济增长率与参众两院席位流失之间没有任何关系"。所以即使《减税与就业法》给经济带来短期震动，共和党也不应指望因此从竞选连任中受益。

经济状况并不是推动选举结果的唯一因素。税收是一个备受争议的话题，是两大政党之间明确的分界线之一。要理解《减税与就业法》对 2018 年 11 月大选的重要性，我们必须考虑政治党派如何看待这项立法，以及这些看法是否会改变投票行为的可能性。

4.2.3.2 党派之争如何影响美国人对政策的评价

党派关系会引导选民对政策的评估。党派关系可能在选民对《减税与就业法》的态度上起到特别大的作用。因为它是一个党派立场强烈的立法，并且因为该立法在高度两极化的背景下宣传，大多数选民会坚定地支持他们的党派，很少一部分选民会在政治上独立。

选民对具体政策的态度通常不会优先于党派选择。对于大多数选民而言，党派关系是一种在成年初期形成，并在一生中趋于稳定的社会认同模式。这种一以贯之的党派承诺是选民评估政策的一个途径，选民既关注强化党派意识的信息，又过滤掉可能与党派承诺相冲突的信息。

选民们通常会听取可信的政治精英的暗示。他们以此判断特定提案的优劣,这些政治精英往往是党派化的。当一个新问题引起全国关注时,选民最容易学习和采纳他们政党的立场。例如,在 2000 年总统大选时,乔治·布什和阿尔·戈尔(Al Gore)的首场辩论中,两位候选人就社保基金是否应该投资于股市展开了激烈的辩论。这场辩论将媒体的注意力引向了这个此前是次要的政治问题,两位候选人随后就他们的提案进行了宣传。对这些选民的反复调查显示,在第一次辩论之前支持布什的人采纳了候选人的立场,赞成将社会保障基金投入市场。那些自称是戈尔支持者的人开始反对社会保障基金的市场投资。随着支持者从他们喜欢的候选人那里听到更多关于这个问题的消息,他们会相应地更新自己的政策观点。两党领导人在《减税与就业法》上都提供了非常一致的信息。对于选民来说,党派信息是响亮而清晰的。

党派关系对政策评估的影响不仅局限于受教育程度较低或参与度较低的选民,相反,那些密切关注政治的人特别有可能采用党派路线,因为他们更可能了解党派路线。学者们也表示党派观点在其他广泛的话题内也有相似的变化模式,包括像越南战争这样突出的问题。选民,尤其是积极参与政治的选民,更依靠政党领袖来解读大大小小的政策建议。

两党领导人在《减税与就业法》上提供了非常一致的消息。该立法在众议院和参议院没有得到民主党的支持。在共和党人中的支持率几乎是一致的,只有12 名共和党议员在最终版本上投了反对票。一些参议院共和党人,特别是马可·卢比奥(Marco Rubio)在立法通过前后都对该法案持保留态度。但这些声音极少,最终每一个共和党参议员都投票赞成通过《减税与就业法》。

此外,选民无须密切关注《减税与就业法》的辩论就可以认识到党派的暗示。因为党派在税收立法上的分歧并不是什么新鲜事。几十年来,累进税一直是两党之间的分界线。早在 20 世纪 70 年代末,共和党领导人就将减税视为一个赢得大选的政治议题,并将其视为该党施政纲领的核心组成部分。民主党在税收问题上的态度不太一致,但领导人经常支持对极高收入者增税。跟进政治的选民会轻易地发现《减税与就业法》的叙述是熟悉的，印证了现有党派对税收政策的态度。在当今高度两极化的政治背景下，党派关系在政策评估中的作用可能尤其突出。选民对对方党派的不信任程度尤其高，而且随着媒体变得更加党派化，选民可能不太了解对方对一项立法的看法。我们比平时更不会期望选民考虑甚至听取对方的政策观点。

我们预测选民的公众态度将存在议员的党派分歧。在考虑到选民如何评估公共政策之后，我们通过调查数据发现：两党对税收立法的态度存在巨大的分歧。平均 10% 的民主党支持这项税收立法，而平均有 72% 的共和党支持这项税收立法。该立法通过后，党派分歧仍然存在。简而言之，我们没有理由指望这项立法能让选民转移党派阵营。

但是那些没有公开党派的阵营的选民怎么办？主要包括温和派、独立派和摇摆派，而政治新闻往往高估无党派人士的数量和对选举的意义。自称独立派的选民并不像人们常认为的那样是温和的、有说服力的、决定选举结果的投票团体。大多数独立派表示，他们比起这个政党更"倾向"于另一个政党，而这些"倾向性"的选民表现出的投票行为，与自称民主党或共和党的选民在很大程度上没有区别。自称独立派的群体并不是特别温和，也不是特别容易被说服。即使有 10% 的公众声称他们不倾向于某个政党，"他们对政党的支持也变得像以前的有明显倾向的选民一样可靠"。"摇摆派投票"已经不复存在。"独立派"的不同之处不在于他们的党派忠诚度，而在于他们投票的可能性。真正的独立派选民不是可靠的选民，他们投票的概率是其他选民的一半。

尽管如此，摇摆不定的投票人群并非不存在。大约 9% 的奥巴马选民在 2016 年支持特朗普。这些选民是否可以通过反《减税与就业法》的竞选信息回到民主党阵营？一些实验研究表明，低收入的共和党选民在被提供了更多关于税收政策影响的信息后，他们会改变立场，支持累进税收政策。尽管支持奥巴马和特朗普的选民毫无疑问是最保守的选民，但他们在最低工资等经济问题上最接近民主党主流立场。尽管如此，各种各样的研究表明，支持奥巴马和特朗普的选民的动机是深深担忧在一个日益多元化的国家失去地位。目前还不清楚这项税收政策是否能解决这些担忧。可以想象,以伯尼·桑德斯(Bernie Sanders)的风格进行的反《减税与就业法》运动可能会吸引少数低收入支持特朗普的选民。但这是高度投机性的,在关键政治时刻,各政党明智的做法是留住其政治基础上偶尔出现的选民。

4.2.3.3 将《减税与就业法》当作党派动员的工具

如果《减税与就业法》不太可能诱导许多选民背弃他们的党派承诺,那么人们至少可以将此立法作为一个动员工具。正如我们所看到的,大多数共和党人都支持这项立法。也许共和党在 11 月的竞选活动可以将这种支持转化为更大的选举热情。另外,民主党候选人如果发现可以将基础选民反对递减性减税转化为更大的民主选举热情,那么《减税与就业法》则是一个有用的竞选议题。

我们有充分的理由怀疑《减税与就业法》对 2018 年共和党候选人的动员力量。在该立法通过期间之后,共和党选民对《减税与就业法》的支持并不明显。税收改革不是 2017 年选民的首要任务,甚至也不是普通共和党人的优先选择。《减税与就业法》的主要条款也与大多数美国人,包括大多数共和党人的长期偏好相左。在关于税收法案的争论最激烈的时候,只有微不足道的 1% ~ 2% 的美国人列出"税收"是美国面临的最重要的问题。与此对比的是,奥巴马政府在 2009 年秋天将《平价医疗法》列为首要任务时,26% 的民众认为医疗保健是仅次于经济的最重要的问题。即使他们的领导人优先考虑大幅减税,包括普通共和党人在内的公众并不认为这个问题特别紧迫。

《减税与就业法》的具体内容与大多数美国人的偏好背道而驰。其中包括大多数共和党选民的喜好。该立法为企业和富人提供了大幅减税,但包括大多数共和党人在内的近四分之三的美国人认为,应该提高或保持对企业税率和对年收入超过 25 万美元的纳税人的税率。事实上,这项立法恶化了大多数美国人认为的联邦税制的主要问题。当被问及对当前税收制度有什么困扰时,约有五分之三的美国人认为企业和富人没有支付他们应有的份额。即使在共和党人中,他们相比于自己的税率，对企业和富人少缴纳应有份额的税款也更为担忧。只有大约四分之一的美国人和 35% 的共和党人表示，他们对自己缴纳的税款感到"非常"困扰。大多数共和党人认为他们缴纳的税款并不比他们应得的多。在为富人和企业减税时，《减税与就业法》实施了与大多数美国人偏好相反的税收政策。对富人和企业的减税政策即使在共和党人中也不受欢迎，共和党人也吵闹着希望看到自己的税收减少。

公共优先事项与议员行动之间的脱节并非罕见。模糊的公众舆论不会推动政策结果。政策是由在美国政治机构的约束下运作的有组织的利益集团制定的。如果多数意见不可避免地影响政策的制定，那么第 115 届国会将通过对枪支购买者的普遍背景调查和提高最低工资的政策，而不是大规模的企业减税。因此，令人惊讶的不是立法优先事项是由议员决定的，而是共和党精英阶层对税收政策的高度关注未能使普通共和党人认为这个问题很重要，或者改变共和党人的态度赞成立法的实质内容。

当然，议员们给选民和政策专家评估立法的时间极少。这项如此复杂和影响深远的税收立法于 2017 年 11 月 2 日推出，没有经过听证会的流程，在不到两个月后就签署成为法律。《减税与就业法》写得如此之快，公众监督如此之少，以至于著名的税务律师采取了不同寻常的步骤，发布了一系列文件"描述了一些主要法规、法律障碍和立法中的问题"。共和党领导层决定不让一项不受欢迎的立法受到审查，这可能也限制了基层共和党人对该立法充满热情的机会。

共和党领导人投入数千万美元用于推广《减税与就业法》。在该立法发展期间及其截至 2017 年 12 月通过后，众议院议长保罗·瑞安（Paul Ryan）和美国行动网络战略组已在 29 个地区在税改广告上花了 250 万美元，并承诺总共支出2 200 万美元来支持《减税与就业法》。共和党全国委员会的报告称，其附属机构已经"敲开了"超过 364 000 道门，以促进《减税与就业法》在宾夕法尼亚、密歇根和俄亥俄等州的推广。亿万富翁、保守党科赫兄弟（Kohe brothers）主要通过他们的倡导组织"美国繁荣"（Americans for Prosperity）开展工作，承诺在 2017 年秋天拿出2 000万美元来推动这项税收立法,并在中期选举前再拨款2 000万美元来促进推广该立法的好处。

迄今为止,这种努力收效甚微。在审议该法案的过程中,大多数共和党选民并不指望从该法案中获得个人利益,他们也没有报告说在该法案成为法律后的几个月里,他们的收入出现了增长。总体而言,只有不到四分之一的美国人希望从税收立法中获益,或者认为在《减税与就业法》成为法律后收入增加。如第二个数字所示,共和党对该立法的支持并不明显增加。

共和党认识到《减税与就业法》作为竞选议题的价值有限。在2018年春天,宾夕法尼亚州的共和党人在最初大力投资有关新减税改革的广告之后,在竞选的最后几周都放弃了这个问题。各种迹象表明,《减税与就业法》不会成为共和党在2018年大选中特别有效的动员工具。事实上,更准确的说法可能是,党派关系支持了基层共和党人对税收立法的支持,而不是税收立法刺激共和党人更热切地支持共和党。我们可以通过观察共和党人对税收立法的支持程度如何因调查问题措辞的不同而变化来了解这种影响。

共和党当然支持这项税法。在询问美国人是否支持或反对这项税收立法时,一些民调机构告诉受访者,该立法得到了特朗普总统或共和党的支持,而其他调查则没有。例如,美国国家公共电台(NPR)在2018年1月的一项民意调查就提出了这样一个问题:"从您所看到或听到的内容,您是赞成还是反对最近通过的税收立法?"2018年2月为政客(Politico)进行的一项调查问道,"根据你所知道的,你是支持还是反对特朗普总统最近签署的一项全面改革税收制度的立法?"纵观这些民意调查,我们发现共和党人似乎对有党派暗示的税收立法问题反应强烈。当受访者被告知特朗普或共和党支持税收立法时,76%的共和党人赞成立法。当民意调查人员在没有党派提示的情况下询问受访者有关税收立法时,68%的共和党人表示支持。也就是说,当调查问题提到总统或共和党是《减税与就业法》的支持者时,共和党人的支持率提高了约8%。

以党派划线表明了两党的政策对立。有趣的是,考虑到民主党人对特朗普总统和共和党的极端负面看法，当一项调查问题提到特朗普或共和党时，民主党人反对立法的可能性并没有明显增加。在有提供党派暗示的调查问题中，11.6% 的民主党人支持税收立法。在没有特朗普或共和党的调查问题中，11.4% 的民主党人支持税收立法，比例基本上和有暗示的问题持平。这些结果并不是决定性的，但它们表明在强化对《减税与就业法》的态度方面，党派关系对共和党人发挥了重要作用，但在民主党人中却并不明显。

如果共和党不太可能在《减税与就业法》上看到大规模的动员力量，民主党可能面临不同的处境。民主党人对累进税收政策的支持符合该党对《减税与就业法》的立场，这将有可能使民主党更容易使用该立法作为动员工具。鉴于民主党在特朗普总统任期内所表现出的政治参与程度非常高，《减税与就业法》会在 2018 年民主党的动员中产生难以置信的可衡量的影响。至少在最近的一个案例中，一个有争议的立法在选民高度参与的一年中明显地帮助了民主党。

对于竞争激烈选区的民主党现任议员来说，在 2010 年秋季投票支持《平价医疗法》是代价高昂的。投票支持《平价医疗法》的摇摆州民主党人的表现比投票反对该立法的民主党人差了 6%。其总体影响是巨大的。据估计，《平价医疗法》的通过使民主党在议会中占据了 25 个席位。民意调查数据显示，这种影响源于共和党选民的态度发生变化，他们认为支持《平价医疗法》的民主党代表更加自由且与自己的观点更加不一致。

《减税与就业法》能否成为共和党人的《平价医疗法》？当然它们也有政治上的相似之处。对《减税与就业法》的态度就是《平价医疗法》的镜像。12% 的共和党人赞成立法，相比之下，民主党支持的比例为 61%。点名投票的结果也很相似，少数党绝对反对，只有极少数的多数党没有叛变。但有争议和党派倾向的立法并不总是会导致选举结果的逆转。例如，民主党在投票支持刺激经济的《美国复苏与再投资法》（ARRA）方面似乎没有在选举中遭受那么大的亏损。

一项立法究竟何时会对立法方造成选举损害？差异很可能源于党内领导人的政治承诺。《平价医疗法》的反对者花了至少 1.08 亿美元用于反对立法的广告,大约是该立法支持者花费的 6 倍。民主党人秋季关于《减税与就业法》的竞选运动可能不会以类似于共和党 2010 年对《平价医疗法》的攻击方式出现,这一决定很可能受到精英党员和捐赠者偏好的影响。这将我们引到《减税与就业法》可能对 2018 年大选造成影响的最终方式:它对竞选支出的影响。

4.2.3.4 商业和捐助阶层的政治力量

《减税与就业法》为富裕的人提供了巨大的经济利益。根据税收政策中心的计算,收入最高的 1% 的人群平均可以每人税后额外收获 51 140 美元。因此,《减税与就业法》的一个潜在的选举效应可能是它对富人的政治行为的影响,富人构成了立法的主要受益者,并提供了越来越多的竞选资源。富人因为《减税与就业法》将有更多的钱,有更多参与政治的动力。

如果《减税与就业法》能够影响富人的竞选捐赠模式,那么该立法可能会让共和党受益。首先,尽管民主党和共和党里都有富人,但富人更有可能是共和党人。其次,《减税与就业法》中州和地方减税的上限是故意设立的,为的就是减少在高税收蓝色州的富人的减税程度,许多富裕的民主党人居住在这些州。最后,富人在经济上通常是保守的,因此该立法所产生的政治激励更有可能鼓舞共和党捐款人支持他们的政党,而不是鼓励民主党捐款人比其他情况下投资更多。

金钱对于政治也有失效的时候。新闻报道证实,一些共和党捐赠者确实威胁说如果这项税收立法得不到通过,他们将停止支持竞选活动。我们当然无从得知,共和党人由于《减税与就业法》会在竞选资金上收获多少好处,或者反过来说,捐助者真的会在多大程度上因为未能通过法案而惩罚共和党人。在思考任何《减税与就业法》在 2018 年对捐赠的影响时,重要的是要认识到金钱并不总是买到选举的成功。

竞选资金优势与赢得选举有关但关系不确定。政治学家们一直在努力找出花更多钱和赢得更多选票之间明确的因果关系。怎么会这样呢?首先是一些令人困惑的因素:许多使候选人成功的特征也使他们在捐赠者中取得成功。其次是"先有鸡还是先有蛋"的问题,因为捐赠者往往会加入已经很成功的竞选活动的行列。最后,一大笔可观的竞选资金被浪费了。

最严谨的分析往往认为金钱对选举的影响有限。可见竞选经费似乎对挑战者比较重要,而不是在职者,因为挑战者通常需要花钱来提高自己的知名度。在职者往往在竞选活动开始时就更为人所知,因此他们花在额外竞选经费上的回报很快就会减少。

这并不是说金钱不会影响政治,反而恰恰相反。有充分的证据表明,整个政治体系保护了富人的利益。当上层阶级的偏好与中低阶层的偏好不同时,政策结果大多遵循富人的愿望。实验证据表明,国会高级决策者与捐赠者会面的可能性是与选民会面的三倍。来自工人阶级背景的人在民选职位中的代表人数极少。美国的政治生活受到经济特权的影响。

列举财富是如何设定政治议程的途径超出了本文的范围。但可能很矛盾的是,竞选捐款本身并不像人们想象的那么重要。总体而言,将经济实力转化为政治权力的边际竞选资金所产生的影响微乎其微。《减税与就业法》的通过对2018年共和党运动的增加捐款的影响并不明显,这些资金对现任候选人的边际效应可能很小。从长期来看,《减税与就业法》对富人的政治权力有着实际意义。《减税与就业法》造成的向上再分配将加速美国本已巨大的经济不平等,并为经济精英提供额外的资源来塑造美国的政治生活。

4.2.3.5　为什么要通过《减税与就业法》

那么为什么共和党议员想要如此迫切地通过《减税与就业法》呢？正如我们所观察到的那样,递减性减税并不是普通共和党选民优先考虑的问题,且只会产生微弱的经济刺激效应。虽然《减税与就业法》可能为共和党人提供额外的竞选资金,但政治科学表明,现任者连任机会并没有因筹款增多而大大改善。

一个简单的解释是,政治科学家对竞选支出的估计是错误的。也许我们没有用到真正评估问题所需的数据。我们几乎没有证据表明议员可能会希望远离他们的富裕捐助者,因为总的来说,议员不会背弃他们富有的恩人。我们只能根据获得的数据范围作出预测,因此,如果几乎所有的候选人都专注于高额美元的筹款,我们就无法判断没有这样做的候选人会发生什么。

另一种可能是,共和党人在政治估算中犯了错误。议员并不是无懈可击的战略思想家。例如,我们知道国会议员系统性地误解了其选民的政治倾向。由于议员倾向于认为他们的选民比实际上更保守,所以共和党当选官员可能不会认识到减税对其基础选民的吸引力有多小。

按照同样的逻辑,议员可能会比他们实际上更依赖捐助者的看法。人们普遍认为,《减税与就业法》的通过为《纽约时报》所描述的"共和党选举闪电战"带来了"数百万美元"。鉴于很大比例的当选官员本身就很富有,无论议员是否真的担心减少捐款以及随之而来的对他们竞选连任的损害,来自捐助者社会压力都可能是巨大的。

最后,议员可能会因长期意识形态或战略承诺支持《减税与就业法》,而非考虑短期选举。如果一个人希望财富集中在经济分布最顶端的过程,那么《减税与就业法》就是实现这一目标的有效机制。此外,递减性减税在过去造成了赤字,这些赤字被用来增强政治压力,以减少在社会保障体系上的支出。因此,那些希望减少对儿童、病人和老人等常见受益者的公共支出的人可能会发现《减税与就业法》是实现这一目标的有效工具。

当然,这些解释并不相互排斥。这可能是因为共和党议员错误地判断了他们的基础选民的喜好,而对该立法的支持受到意识形态承诺和捐赠者压力的双重支持。很容易想象,通过《减税与就业法》的动机正是因为议员的意识形态观和他们感知到的自身利益相吻合,而该立法恰好强化了这一契合度。

4.2.3.6 结论

鉴于政治背景的极度分化,《减税与就业法》不太可能改变许多选民的党派阵营。选民们也不太可能对他们在实得工资中得到的小幅增长作出反应。如果《减税与就业法》对整体经济产生了促进作用,它在中期选举期间带来的选举利益小到可以忽略不计。有证据表明,民主党人通过反对《减税与就业法》来动员他们的基础会是富有成果的。但总的来说,党派领导人不太可能像 2010 年共和党人对《平价医疗法》的回应那样，利用这种政治机会。从长远来看，《减税与就业法》为共和党的捐助阶层提供了大量资源，这一过程将使美国政治更加寡头化。

4.2.4　保守势力恐惧民主党取消减税

美国人从减税立法中得到了实实在在的好处，获得了更高的工资收入，传统基金会政策分析师的研究认为，为了巩固目前的经济扩张，减税措施应该永久化，取消减税只会有损经济增长，给美国人带来的直接感受就是工资减少。保守的传统基金会喉舌《每日信号》驻美国国会记者古伊迪斯（Rachel del Guidice）报道了有关进展。[1]

传统基金会的一份新报告显示，如果税改被取消或到期，美国人未来 10 年内的实得工资将减少 26 906 美元。传统基金会政策分析师亚当·米歇尔（Adam Michel）说"2025 年以后，大部分个税的减税政策都将恢复，减税到期"，米歇尔是发布的研究合著者，该研究发现，取消税改或使之到期而恢复原来的税率和结构将使美国人在接下来的 10 年中收入减少 26 906 美元。米歇尔说，"为了巩固目前基础广泛的经济扩张，国会必须将减税永久化"。"这一系列的三项新法案构成了'税改 2.0'，并已在众议院通过"，"该方案将使 2017 年的税改永久化，引入新的家庭储蓄简化措施，并为新的小企业提供帮助"。

根据该研究，一般四口之家的实得工资在 10 年内可能会减少 45 739 美元，纳税人可能会面临就业机会减少、收入降低和税负增加的问题。

《减税与就业法》于 2017 年 12 月 20 日在国会通过，并于 2018 年 1 月 1 日在特朗普总统签署立法后生效，这一法案废除了企业替代最低税率并通过将税率由 35% 降至 21% 以及其他降低企业所得税的改革措施。

根据美国税务改革组织的统计，由于税务改革，90% 的美国工人获得了更多

---

[1]　Rachel del Guidice, "Tax-Cut Repeal Could Cost Americans $27K in Pay Over 10 Years, Study Says," www. dailysignal.com, October 23, 2018.

的实得工资。该组织列举了 730 个企业扩张、提高工作福利、降低公用事业费率、加薪和奖金,以及 401(k)匹配度增加的例子,所有这些都是税制改革的结果。

取消减税措施百害而无一利。众议院少数党领袖南希·佩洛西(Nancy Pelosi)曾表示她将废除税改法。传统基金会研究表明,取消税制改革将是有害的,并主张议员应该努力通过"税改 2.0"。报告指出:"国会不应取消减税,或者部分减税,而应该将《减税与就业法》永久化,并通过减少支出来减少赤字,从而使其与预计收入保持一致","平衡的预算和较低的税率,将通过增加资本存量,同时允许美国人保留更多收入,实现更大的经济增长"。

4.2.5　美国商会不满民主党税改论调

美国商会经济政策处高级副总裁、首席经济学家福斯特(J. D. Foster)指出,众议院民主党领袖南希·佩洛西对税收改革法只能给很多人带来 1 000 美元补助感到无足轻重。她把 1 000 美元比作像面包屑一样。美国副总统彭斯(Pence)反驳说,"如果我在年底还有 1 000 美元在口袋里,我会称之为圣诞节……或者为潘斯太太提供一些额外的东西"。对于努力维持生计的家庭和努力工作的美国人来说,1 000 美元是真正的金钱,并能带来实在的益处。更何况,1 000 美元的补贴远远超过奥巴马政府期间普遍提高工资之后的最低工资标准。[1]

美国家庭从税收改革中获得的真正好处不是直接地减税。虽然这是受欢迎的,但不是经宣告的真正补贴。相反,真正的好处正在以更强势的经济形式出现:工作更加丰富、劳动力市场更加稳固、工资上涨得更快。税制改革意味着更多针对新技术和新机器的商业投资,工人的工作效率将会提高。提高生产力意味着在国际上更具竞争力,这也意味着能够支付更高的工资以满足更加严格的

---

[1]　J. D. Foster, "Of Crumbs and Fancy Cake: Nancy Pelosi's Take on Tax Reform," https://www.uschamber.com/, March 15, 2017.

劳动力市场的需求。

税制改革也意味着美国企业和外国企业不再试图减少他们在美国的业务足迹。相反,他们正在寻找方法将更多的业务转移到美国。世界上各个国家的政府才刚刚开始充分认识到美国税制改革如何在未来几年改变全球投资模式。在亚利桑那州的一次税务改革政务会议中,一位观众大声喊道:"你有多富裕,南希?"毫不奇怪,领导者佩洛西选择不回答,而是坚持声称"我比任何人的声音都更高",暗示她可以淹没任何反对声。

人们当然不应该吝惜佩洛西享受到的美国经济体系的全部成果。但这个提醒确实有助于理解南希·佩洛西对于 1 000 美元的重视。如果这样的补贴、新业务投资以及在全球经济中获得更加清晰竞争优势的美国企业都是面包屑的话,那么商界会张开双臂热烈地欢迎他们。

4.2.6　美国注册会计师协会（AICPA）为企业争取税改利益

据《全球每日税讯》报道,美国注册会计师协会对国会税收委员会在推进美国税改工作中所作的努力表示赞扬。[1] 美国注册会计师协会税务执行委员会副主席内伦(Annette Nellen)致信国会筹款委员会、参议院财政委员会主席和高级议员,赞扬了他们为改革"美国陈旧而过时的税法"而做出的努力。

"我们明白美国《减税与就业法》目的是为了让美国人民享有一个更公平、简洁的税收环境,它能为个人与家庭创造更多的经济机遇,也能减少美国企业在本土和全球开展经济活动所遭遇的阻碍。"内伦在 2017 年 11 月 13 日致财政委员会的信中如是写道。

她还补充道:"比方说,我们提议保留小型企业商业利息税前扣除的规则,废除替代性最低税,遵循税法第 263(A)章节统一资本化规则的同时,扩大小规模纳税人所能享受的豁免,以及简化'儿童税'。这些提议将极大地消除小企业在

---

[1]　"US Accountants Welcome US Tax Reform Push," *Global Daily Tax News*, November 16, 2017.

合规方面的藩篱,并降低目前税制的复杂性和不公平性。"

内伦在两封信中都表示,美国注册会计师协会期待着"与国会合作推进税改,以确保税改实现公平,并能同时满足纳税人和税务从业者的需要"。会计行业特别关注的事项包括现金会计相关的提案、穿透企业的税率、州和地方税的扣除、不符合条件的递延补偿以及国际税收等。

她还敦促议员们考虑适当的过渡性条款,因为税收改革立法正在推进中。"我们提议减免 2018 年 6 月 30 日之前或者新税法生效后 120 天之内产生的税收处罚金,因为纳税人或填报人需要充足的时间来测算企业与个人需缴纳的税款,因为 2018 年新税法下需承担的税款和以前相比可能会有巨大的变化。"

但是美国注册会计师协会却未获《减税与就业法》优待。美国注册会计师协会批评刚刚通过的《减税与就业法》,原因是不允许会计师事务所享有特定穿透企业合格营业所得 20% 的扣除。美国注册会计师协会主席米兰肯(Barry C. Melancon)在 2017 年 12 月 20 日的一份声明中表示:"诚然,税改立法包含了一些受到注册会计师及其客户们欢迎的条款,但美国注册会计师协会对于议员将注册会计师事务所排除于穿透实体待遇之外深表遗憾。""专业服务领域,美国经济得以成功的一个关键性因素被漠视了,那些建议注册会计师事务所改为 C公司结构的人并不理解,各州的许可条例使得这样的转型不切实际。"

4.2.7　美经济学家支持参议院税改计划

137 名经济学家敦促国会通过目前正由参议院审议的税改提案。[1] 据《全球每日税讯》报道,在 2017 年 11 月 28 日发表的公开信中,经济学家们认为:"《减税与就业法》一旦通过,经济增长就会加速,从而为美国人民带来更多的就业、更高的工资和更好的生活水平。""然而,法案如果失利,美国将继续面临经济表现欠佳的风险。"信中说道,受"高居榜首"的企业所得税率影响,美国不具

---

[1] "Economists Back Senate US Tax Reform Plan," *Global Daily Tax News*, December 1, 2017.

备"经济竞争力",因而"丧失竞争优势"。

信中总结道,"我们坚信,具有竞争力的企业所得税率是经济引擎的关键,经济引擎受更大的投资、资本存量、商业模式和产能所驱动,这些都将产生更多的就业和更高的工资"。"因此,你们在未来几周内的投票会把更多的钱放到更多人的口袋里。"这封公开信由包括经济学家米勒(James C. Miller)、管理和预算办公室前主任和国会四个常设联合委员会之一的联合经济委员会维斯博利(Brain Stuart Wesbury)等共同署名。

4.2.8 独立企业支持参议院的税改计划

全美独立企业联合会(NFIB)表示"强烈支持"参议院税收改革计划。[1] 据《全球每日税讯》报道,这将给小型企业提供税收减负。全美独立企业联合会在声援参议院税改提案的一封信中盛赞了参议院财政委员会主席奥林·哈奇(Orrin Hatch)为税改立法所做的努力。全美独立企业联合会总裁兼首席执行官杜甘(Juanita Duggan)在信中写道,"我代表全美独立企业联合会这一全国引领性小型企业倡导组织感谢您及您的团队对美国小型企业所作的持续承诺"。

杜甘补充道,"全美独立企业联合会强烈支持马克主席提出的为美国小型企业提供适当的减税"。"99%的美国企业规模都很小,它们创造了私营部门一半的就业机会,贡献了美国一半的国内生产总值。马克主席将提供更多所需的减税,以帮助小型企业成长,并创造就业机会。全美独立企业联合会强烈支持并督促委员会采纳马克主席的建议"。

该法提倡在个人所得税制下,为某些税赋转嫁企业提供17.4%全新减税。这与众议院筹款委员会所拟订并通过的立法不同,后者包含了税赋转嫁企业收入25%的税收上限。

然而,两项立法均提出了20%的固定企业所得税率。不同于众议院法案,修

---

[1] "Independent Businesses Back Senate's US Tax Reform Plan," *Global Daily Tax News*, November 17, 2017.

正后的参议院税改计划还将有效废除《平价医疗法》的个人授权,即取消对那些没有获得充分医保的人的税收处罚。

4.2.9 美国全国纳税人联盟（NTU）呼吁定期审查税法

政府应定期对税法进行审查。据《全球每日税讯》报道,美国全国纳税人联盟的建议,是在众议院筹款委员会 2017 年 12 月 14 日关于美国税务局纳税服务听证会上提出的。[1]

美国全国纳税人联盟在听证会上说,纳税人现在可以求助的纳税人援助中心和呼叫中心更少了,美国税务局进行税务审计和解决争议的方式会给纳税人带来不必要的痛苦。"可悲的是,这些并不是新问题。美国全国纳税人联盟和美国全国纳税人联盟基金会自 20 世纪 90 年代以来就一直在追踪美国税务局的纳税服务这一难题。"美国全国纳税人联盟的研究室主任布莱迪说,通过《减税与就业法》简化税法将为数百万计的纳税人带来减税。

美国全国纳税人联盟强调"晦涩且过于复杂的税法"是纳税人面临的主要挑战。纳税人需要努力弄懂申报表的逻辑和办税流程,还需要紧跟行政法规和裁决的变化。此外,美国全国纳税人联盟还指出,由于在复杂地区存在提供错误信息的风险,美国税务局还限制了对纳税人的咨询服务,宣布"整个税法领域"都不属于援助中心的工作范畴。

"一旦税改法案获得通过,美国国税局将面临实施新政的挑战,"布莱迪说,"而这也将为解决该机构其他悬而未决的问题提供契机,如过时的技术系统。"

美国全国纳税人联盟鼓励国会继《减税与就业法》后进行进一步的改革,包括废除《外国账户税收遵从法》(FATCA)以减轻在海外居住的美国纳税人的申报义务。它还鼓励通过《保护纳税人权利法》保护与国税局发生争议的纳税人。"议员应该设立定期审查税法的永久性程序以保障纳税人的权利,这样纳税人就

---

[1] "US Taxpayer Group Calls for Regular Tax Code Reviews," *Global Daily Tax News*, December 19, 2017.

不需要再等上 30 年迎来下一个全面税法改革了。"布莱迪说。

4.2.10　美学界质疑税改是否奏效

发放奖金、提高薪资、承诺重大投资项目并不意味着税改成功。乔治梅森大学墨卡斯特（Mercatus）中心高级研究员德拉基（Veronique de Rugy）认为，税改立法才刚刚签署成为法律，它将企业所得税税率从 35% 下调至 21%。但已有百余家公司表示将采取大举措使员工得到实惠并刺激经济发展，包括提高薪资、发放奖金、扩围 401（k）计划，并承诺增加资本投资，他们将实施上述举措的动因部分归结于所得税税率的降低。"支持税改美国人"组织（简称 ATR）整理了一份令人印象深刻的名单，列出了迄今为止发表过此类声明的公司，并将其行为与税改立法相关联。沃尔玛将时薪员工的基薪从 10 美元提高到 11 美元，并每人发放了 1 000 美元的奖金；美国家庭人寿保险公司延长了产假，将公司 401（k）计划的匹配额从收入的 2% 提高到 4%，并向每个员工的 401（k）账户一次性支付 500 美元。这相当于美国投资总额增加了 2.5 亿美元。[1]

企业的这些举措与标准的经济学理论观点并不完全一致。经济学家通常认为，降低投资的边际税率会刺激企业获得更多的应税收入，促使他们投资于其他产业并扩大生产规模。这继而又会提高工人的生产力，并最终带来更高的薪资。换句话说，公司需要时间来开展新投资，并从投资中获益。显然当前的情况并非如此，因为发放奖金是在众议院和参议院通过税改立法后、总统签署前就宣布了。

企业的加薪行为可能是为了满足工人的预期或迫于工会的压力。有人向税务专家斯科特·格林伯格（Scott Greenberg）请教产生这种差异的原因。他说"可能需要换个理论来解释近期发放奖金和加薪的行为，凯文·哈塞特（Kevin Hassett）提出了一个理论，他认为工人们可能有能力从减税利好中获得意外之财"。他不知道如何评估该理论是否正确，但他承认，"一些公司是应工会的要

---

[1]　"Is Tax Reform Already Working?" https://www. mercatus. org/commentary/tax-reform-already-working，January 19，2018.

求才提供奖金和加薪的"。此外,将奖金和加薪归因于税改,部分原因是为税改营造良好的社会效应。穆迪评级预计到 2018 年年底失业率将降至 3.5%,加薪可能也意味着劳动力市场更为吃紧,雇主正想方设法留住员工。如果这个理论是正确的,那么对于多年来一直被贴上"贪婪混蛋"标签的公司而言这便是一次出色的公关,长期以来,他们总是被视为将所有利润据为己有,将从减税中获取的收益都抔在自己手里,对雇员们的利益不闻不问,但这并不是税改即刻生效的标志。

税改的成效是多方面的。一方面,如果"支持税收美国人"组织名单所列公司如其承诺的在 2018 年大幅增加资本支出,标准经济理论预测会出现更多的加薪。这需要一段时间才能实现,但它终将实现。另一方面,有关奖金潮是税改成功的直接效应的论调,可能会带来负面效应。美国人和雇员可能会错误地预计这种情况会年年发生。尽管随着时间的推移税改确实会带来薪资的增长,但它不可能再像 2017 年年底宣布的那样引人注目和有市场。反之如果没有带来薪资的增长,则可能会成为税改失败的证据。

4.3 2017 年的《减税与就业法》

4.3.1 税收改革会议委员会报告包含转让税条款

据美国知名的税收杂志《电子税务提示》(*EY Tax Alerts*)网上报道,2017 年 12 月 15 日,众参两院税收改革会议委员会公布国会议定书,包含数项有关并购交易和企业集团内部重组的规定,供众参两院审议。[1]

4.3.1.1 降低企业税率

4.3.1.1.1 **现行法律**。根据现行法律,通常的公司应缴所得税是对应纳税收入参照下表计算所得:

---

[1] "Tax reform conference committee report contains transfer tax provisions," *EY Tax Alerts*, December 21, 2017.

—0~50 000 美元—税率为 15%

—50 001~75 000 美元—税率为 25%

—75 001~1 000 万美元—税率为 34%

—超过 1 000 万美元—税率为 35%

应纳税收入介于 10 万美元至 33.5 万美元之间的实体享有的 15% 和 25% 的税率将逐步取消,即应纳税收入介于 33.5 万美元和 1 000 万美元的公司的实际税率为 34%。类似地,应纳税收入介于 1 500 万美元至 1 833 万美元的纳税人享有的 34% 的税率将逐步取消,因此应纳税收入超过 1 500 万美元的公司的实际税率为 35%。

个人服务公司(如健康、法律、工程、建筑、会计、精算科学、表演艺术、咨询)不适用低于 35% 的分级企业税率。

4.3.1.1.2　条文。 该条文将对公司所得实行 21% 的平税率(参议院法案中实行的企业所得税为 20%),同时废除陈旧的资本净收益的最高企业税率。与参议院法案一样,这项规定没有为个人服务公司提出特殊的利率。

4.3.1.1.3　生效日期。 该条文将在 2017 年 12 月 31 日之后开始的税收年度生效,和众议院法案相符,比参议院法案提前一年。

4.3.1.1.4　启示。 将企业税率降低至 21% 会使公司现存亏损(包括内部亏损)和贷项的价值降低。公司应考虑在 2017 年抓住机会加速实现这些亏损和贷项,从而最大限度地实现其价值。

4.3.1.2　减少所收股利的扣除

4.3.1.2.1　现行法律

现行法律允许公司扣除从其他应税国内公司所收股息的一定数额。扣除金额一般等于所收股息的 70%。因此,这些股息面临的最高税率为 10.5%(即最高企业税率为 35% 的 30%)。

从控股权超过 20% 的公司收到的股息(即纳税人拥有代表公司的投票权和价值分配的股票比例不低于 20%),扣除额等于所收股息的 80%。此类股息面临的最高税率为 7%(即 35% 的最高企业税率的 20%)。

当股息是来自属于同一集团的子公司,所收股利可以 100% 扣除。

4.3.1.2.2　条文

根据参议院法案的规定,该条文将把 70% 的股息扣减比例降低至 50%,把 80% 的股息扣减比例降低至 65%,从而反映较低的企业税率。这些股息面临的最高税率将分别为 10%(即最高企业税率 20% 的 50%)和 7%(即最高企业税率 20% 的 35%)。

4.3.1.3　费用化增加

4.3.1.3.1　现行法律

现行法律允许纳税人基于第 168(k)条文,在合格房产投入使用当年至 2019 年期间进行额外折旧的申报,对于生产期限更长的合格房产,可延长一年,如特定飞机。奖励折旧在 2017 年为购置成本的 50%,在 2018 降低到 40%,在 2019 年降低到 30%。

合格资产的界定是在修改后的加速成本回收制度(MACRS)中回收年限不超过 20 年的有形资产、特定的计算机软件、自来水公用事业资产或合格的改良资产,特定的树木、葡萄藤和结果的植物在种植或嫁接时也适用额外折旧。如果资产想适用奖励折旧,那么纳税人必须是该项资产的首次使用人。

根据现行法律,纳税人每年有一次机会选择是否对合格的资产按照第 168(k)(7)条文进行奖励折旧。或者,对于合格资产,纳税人可以根据第 168(k)(4)条文选择以加速替代最小赋税信用替代折旧奖励。这些选择受附带的要求影响,要求合格资产采用直线折旧法。

4.3.1.3.2　条文

该条文关于第一年新增折旧扣除额的规定将持续到 2026 年(对于生产期较长的资产和特定的飞机,该项规定将持续到 2027 年)。对于在 2017 年 9 月 27 日和 2023 年 1 月 1 日之间投入使用的合格资产(对于生产期较长的合格资产和特定的飞机,2023 年 1 月 1 日的期限可以后延一年),该条文允许纳税人申请

100％的折旧奖励。此后，对于在 2024 年 1 月 1 日之前投入使用的合格资产的折旧奖励降低至 80％，对于在 2025 年 1 月 1 日之前投入使用的合格资产的折旧奖励降低至 60％，对于在 2026 年 1 月 1 日之前投入使用的合格资产的折旧奖励降低至 40％，对于在 2027 年 1 月 1 日之前投入使用的合格资产的折旧奖励降低至 20％，对于生产期较长的合格资产和特定的飞机，上述适用各折旧奖励等级的投入使用年限规定可以顺延一年。对于在 2017 年 9 月 27 日和 2027 年 1 月 1 日之间栽种和嫁接的指定植物，该条文同样适用，并且折旧奖励相似。

该条文也将废除原有的关于纳税人需为首次使用人的要求，从而扩大现行法律对合格资产的界定范围。反之，如果纳税人是合法资产的首次使用人，那么这些资产通常可以享受 100％的折旧奖励（前提是这种"使用过的"资产不是在关联交易或转手交易中获得的）。这项条文还将把指定的合格电影作品、电视作品和戏剧作品添加进现行法律对可享受折旧奖励的合格资产的界定中。

虽然这一规定会扩大对合格资产的定义，但同时也明确指出合格资产不包括受管控的公共事业公司所使用的资产，这些公共事业公司的经营范围包括：（1）电能、水或污水处置服务；（2）本地供应燃气或暖气；（3）燃气或暖气管道运输，如果关于提供或销售此类服务的税率已经由国家或政府部门确定或批准，上述国家或政府部门包括国家机构或者单位、国家公用事业委员会或其他任何州或政府机构的类似部门。此外，该条文规定，如果在基于 163（j）文件计算利息限制时考虑了底层融资相关的债务利息，那么任何用于有过债务作为底层融资的交易或项目〔相关定义见 163（j）文件的第 9 段〕的资产不得成为合格资产。此外，选择不受 163（j）文件中特定利息条文限制的不动产交易或不动产业务，必须按照替代折旧系统进行折旧（此类资产不得享受折旧奖励）。最后，选择不受 163（j）文件中特定利息条文限制的农业企业，必须对资产进行为期 10 年的折旧，或者在替代折旧系统下折旧年限需要长于 10 年（此类资产不得享受折旧奖励）。

这项条文同时废除 168（k）第 4 条文规定的以加速替代最小赋税信用替代

折旧奖励的选择。

4.3.1.3.3 生效日期

该条文适用于 2017 年 9 月 27 日以后购置并投入使用的资产,也适用于在该日期之后种植或嫁接的指定植物。在签订具有约束力的书面合同之后,资产还不能被视为已被收购。对于 2017 年 9 月 27 日之前收购的资产(比如,在 2017 年 9 月 27 日之前签订具有约束力的书面合同,约定购买某项资产),该项资产适用该条文之前生效的折旧奖励的规定。对于在 2017 年 9 月 27 日之后第一个完整纳税年度间投入使用的合格资产,一项过渡规则允许纳税人选择性享有 50% 而非 100% 的折旧奖励。

4.3.1.3.4 启示

该国会议定书遵循议会法案,废除纳税人需是资产首次使用人的规定;相反,如果纳税人是资产的首次使用人,那么该项资产可以立即费用化。

4.3.1.4 利息

4.3.1.4.1 现行法律

现行法律允许将公司利息在利息发生或支付的纳税年度进行纳税扣除,但须遵守适用的限额规则。第 163(j)条文限制以下情况中公司对纳税年度发生或支付的不合格的利息(比如,发生或支付给关联方的不缴纳联邦所得税的利息)进行扣除:(1)付款人的债务权益比率超过 1.5 ~ 1.0(安全比例);(2)付息人净利息支出超过经调整的应纳税所得额的 50%。一般来说,经调整的应纳税所得额是不考虑净利息费用扣除、净经营亏损(NOLs)、第 199 条文规定的国内生产活动、折旧、摊销和折耗的应纳税所得额。未抵扣的利息费用可无限期结转,超过限额的部分可向后结转三年。

4.3.1.4.2 条文

该条文将净利息费用扣除额限制在经调整的应纳税所得额的 30% 之内,对所有公司都是如此,无论何种公司形式。该条文将要求在税务档案层面确定利息费用的不得扣除额。该条文针对的经调整的应纳税额是基于参议院法案调整的,该公司应纳税所得额的计算不考虑以下方面:(1)任何不可按交易或业务进行分配的收入项目、利得项目、扣除项目或亏损项目;(2)任何公司利息或公司利息收入;(3)净经营亏损(NOLs);(4)第 199A 条文允许的扣除额;(5)2022 年 1 月 1 日以前开始的纳税年度中可以扣除的折旧、摊销或折耗;(6)秘书处提供的其他调整。鉴于第 199 条文将被废除,经调整的应纳税所得额也不应包括第 199 条文的扣除额。

该条文将允许企业无限期地将未扣除的利息结转到下一个纳税年度。在第 381 条文描述的公司收购中,需要考虑所有结转的未扣除利息。未扣除利息在第 382 条文的规定中被视为"变化前的亏损"。

该条文将加入一些特殊规定,允许通道实体的所有者在纳税年度使用未抵扣的利息限额,并确保合伙人来自通道实体的净收入不会被重复征税。

该条文将免除年均总收入不高于 2 500 美元的企业以前纳税年度顺延 3 个纳税年度停止的限制,该条文也不适用于指定的受监管的公共事业企业,和纳税人选择性的任何不动产交易或不动产业务。

4.3.1.4.3 生效日期

该条文在 2017 年 12 月 31 日后开始的纳税年度生效。

4.3.1.4.4 启示

该提议不包括现行债务义务的溯源规则。因此,似乎利息扣除的限制将适用于此类债务。具有重大财务杠杆的公司应评估此项提议对其资本成本的潜在影响。

该项提案将削弱通过债务融资进行并购交易的优势。如果收购方无法扣除公司收购形成的债务利息,那么举债收购的经济成本相较现行法律将变大。此外,由于增加的费用化并不涉及购买先前存在的合格资产的纳税人,所以利息扣除的亏损不会被费用化增加(与折旧和摊销相比)的收益抵消。最后,与现行法律相比,债务融资收购的账面成本也会上涨。

面临延期或不允许利息扣除的企业将有动力进行下列活动:(1)通过将不

可扣除的利息费用转换为可扣除的非利息费用来减少其利息费用;(2)通过将应纳税非利息收入转换为利息收入,以增加利息收入。实现这些动机的策略包括使用金融产品,以及改变各种日常业务安排。

将未扣除利息的结转作为变化前亏损明显增强了 382 条文的相关性。高杠杆公司很可能会由于拥有未扣除利息而完全受制于 382 条文。

4.3.1.5 修改净经营亏损扣除

4.3.1.5.1 现行法律

(1)净经营亏损扣除

根据现行法律,第 172 条文允许纳税人转回 2 个纳税年度产生的净经营亏损(NOL),并允许净经营亏损向后结转 20 年以抵消应纳税所得额。一般来说,净经营亏损是纳税人业务扣除额超过其总收入的部分。第 172 条文还对特定类型的亏损结转和特定年份的亏损结转提供了特殊的修订条款。这些特殊条款中的一项就是第 172(f)条文:允许特定负债导致的亏损向后结转 10 年。替代最小赋税不允许纳税人进行使其替代最小应纳税收入降低超过 90% 的净经营亏损扣除。

(2)亏损限额

根据现行法律,第 469 条文和 461(j)条文限制了某些类型活动的贸易或商业亏损。第 469 条文限制了一些纳税人的非经营活动亏损,因此,非经营活动的扣除额超出非经营活动收入的部分,不能从其他收入中扣除。一个纳税年度的非经营活动亏损的超过部分可以向后结转以扣减以后年度非经营活动的收入,或者可以在纳税人处置非经营实体的所有权益时进行回收。同样,第 461(j)条文限制非 C 公司纳税人的农业贸易或商业超额亏损。农业超额亏损指农业企业扣除额超过农业企业总收入或农业收入和一个门槛值之和的部分。该门槛值为以下两者之间的较大值:30 万美元(如果是分开报税的已婚个体,则是 15 万美元),农业贸易总收入或者商业收入超过本纳税年度前 5 个纳税年度的农业贸易总扣减额的部分。

4.3.1.5.2 条文

（1）经营净亏损扣减

该条文允许在 2017 年 12 月 31 日之后的完整税收年度期间产生的净经营亏损无限期结转。该条文同时废除所有在 2017 年 12 月 31 日之后的完整税收年度期间产生的亏损的转回,但会对发生在农业贸易中的特定亏损提供一个特殊的两年转回规定。对于在 2017 年 12 月 31 日之后开始的税收年度期间发生的亏损,该条文将纳税人可以税前抵扣的净经营亏损限制在应纳税收入的80%以内。

任何纳税年度来自农业的净经营亏损将被视为单独的净经营亏损,并在该纳税年度的其他净营业亏损处理之后单独处理。

作为废除净经营亏损转回的一部分,该条文将废除第 172(f)条文,该项特别规定允许特定的债务亏损 10 年内转回。

（2）非公司亏损限额

该条文将限制非公司纳税人在 2017 年 12 月 31 日和 2026 年 1 月 1 日之间的纳税年度期间的超额业务亏损。超额业务亏损指纳税人交易或业务的总纳税扣除,超过总收入或者此类纳税人本纳税年度可以归结于此类交易或业务收益的部分,再加上 25 万美元（如果是共同收益,此额度变成 25 万美元的 200%）。未扣除的业务亏损超额部分,将基于第 172 条文被视作净经营亏损结转到下一年。

该条文也规定第 461(j)条文的农业亏损限额在 2017 年 12 月 31 日至 2026 年 1 月 1 日之间的纳税年度不再适用。

对于合伙企业和 S 类公司,其所有者将适用该条文。该条文将在第 469 条文(非经营亏损限额规则)使用后适用。

这项规定将要求财政部规定报告要求,作为施行该条文目标的必要因素。

该条文将适用于 2017 年 12 月 31 日之后开始的纳税年度。

4.3.1.5.3 生效日期

净经营亏损的无限期结转,大致废除净经营亏损转回〔包括废除第 172

(f)条文〕,以及对于特定农业亏损的特殊净经营亏损转回规则将适用于在2017 年 12 月 31 日以后的完整纳税年度期间发生的亏损。亏损限制条款适用于2017 年 12 月 31 日以后开始的纳税年度。

4.3.1.5.4　启示

80%的限额比例规定将不再适用于在 2017 年 12 月 31 日当日或之前开始的纳税年度期间发生的亏损。因此,纳税人将能够继续对此类净经营亏损进行100%扣除。

4.3.2　税改立法的抵免和激励政策

2017 年 12 月 19 日,众参两院投票通过了《减税与就业法》国会议定书。[1]众议院在 2017 年 12 月 20 日解决技术问题后重新投票通过了该协定,特朗普总统也在协定上签字,为立法最终通过扫清道路。最终版本的国会议定书反映了与会者在很多领域作出的妥协。然而,除修复税税收抵免外,大多数税收抵免和税收激励政策都毫发无损。此报告讨论了以上税收款项和一些其他纳税人感兴趣的规定。美国知名税收刊物《电子税务提示》披露了有关新税法的政策细节并进行了适当分析。

4.3.2.1　修复税收抵免的修改

现行立法中第 47(a)条款允许任何符合条件的历史建筑采用占修复性支出20%的税收抵免,而其他特定的建筑也可采用 10%的税收抵免。该抵免将修复建筑的使用年份也考虑在内。此次国会议定书将削减在 1936 年之前投入使用的建筑物 10%的税收抵免,并保留对已认证的历史建筑 20%的税收抵免,但要求用五年的时间采用抵免而非一年。由众议院通过的立法将废除在原先第 47 条立法中的 10%和 20%的税收抵免。参议院财政委员会主席对法案中的调整也将削减在 1936 年之前投入使用的建筑物 10%的抵免,但仍将保留对已认证的历史

---

[1]　"A tax credits and incentives perspective on the tax reform bill Conference Agreement," *EY Tax Alerts*, December 22, 2017.

建筑 20% 的税收抵免,但将调整至较低的 10% 的税率。

生效日期:该项废除规定将立即生效,但过渡期援助将允许在不迟于颁布该规定 180 天后的 24 个月内(若或审批,则为 60 个月内)仍可申请修复支出的税收抵免,前提是该建筑物在 2018 年 1 月 1 日前由纳税人控制。

启示:那些目前已经开始或正在计划进行特定历史建筑修复工作的纳税人,应仔细调整他们的工作进度,以便最好地利用过渡期援助。而那些要投资或想利用这项税收抵免的纳税人将需要审查合同,以便了解在过渡期以外,他们可以利用的得以继续进行工程的保护政策。

4.3.2.2 关于带薪探亲假和病假的雇主税收抵免

国会议定书在新条例 45(S)下规定,如果雇主为雇员的探亲假和病假支付的工资占正常工资的比例大于 50%,雇主税收抵免的税率则为支付给雇员的 12.5%。在雇主支付率超过 50% 的情况下,支付率每增加 1%,抵免率将增加 0.25%(但不超过 25%)。此项税收抵免将有每个雇员最多 12 周的上限。

生效日期:该税收抵免只适用于 2018 年和 2019 年的工资。

启示:符合条件的雇主应审核他们是否具有将从 2018 年初开始追踪和申请这一新税收抵免的系统。虽然该税收抵免目前只有两年,但其到期后将与一些所谓的扩展项目接洽,从而留下了未来发展的潜力。

4.3.2.3 保留的税收抵免

众议院法案将修改或取消几项现有的税收抵免项目,但这些项目未被列入本次国会议定书。关于这些规定的详细解读,请参阅 2017 年 1970 期安永税务报告。相应地,以下税收抵免项目在这次协定中保持不变。

新市场税收抵免(NMTC):众议院法案不允许再增加新一轮的税收抵免分配。

工作机会税收抵免(WOTC):众议院法案或将废除工作机会税收抵免。

扣除未使用的营业收入抵免:众议院法案将取消对未使用的营业收入抵免的扣除。

不可退还的税收抵免：众议院法案或将取消这些不可退还的税收抵免。

生产税税收抵免（PTC）：众议院法案将废除电力和精炼煤的生产税税收抵免通货膨胀调整系数，将税收抵免额度恢复到每千瓦小时 1.5 美分，并将改变现有的关于何时在合格的设备上开工的规定。

投资税收抵免（ITC）：众议院法案包含了对投资税收抵免项目的多处修订。

雇主提供的儿童保育税收抵免：众议院法案或将取消此税收抵免。

4.3.2.4　其他相关条款

4.3.2.4.1　应税收入范围

现行法律：收付实现制的纳税人在计算收入时只包括实际收入和推定收入。如果纳税人拥有不受限制的要求付款的权利，那么就说这个纳税人有推定已获未收收入。权责发生制的纳税人在计算收入时则包括所有已经发生的将有权获得收入的事件和那些具有合理性和准确性的收入，除非有允许延期或排除的例外，如有些例外允许对提前支付的所得税延期。

新规定：这项规定仅仅来源于参议院法案，修改了收入确认的规定，要求纳税人必须在不迟于其收入出现在适用财务报表上或依照其他规则的财务报表上的纳税年度确认收入。至于特殊会计方法的例外情况，包括但不限于第 460 条款中的长期合同收入以及第 453 条款下的分期收款销售。此外，对于具有多重履行义务的合同，这项规定将要求纳税人根据其适用财务报表中的配额来分配交易价格。

此外，该规定将为税收程序 2004 - 34 中提前支付的商品和服务制定会计延期方法。在这种方法下，如果收入是因为财务报表被延期的，纳税人将被允许把与某些预付款相关的收入延期至之后的下一个纳税年度结束。规定还要求在申请应用第 V 部分第 P 章中的特殊规定之前，纳税人仍应按照第 451 条例确认收入。其中特殊规定除了原来发行的折扣规则之外，还包括了针对债券市场折扣的处理规则、对短期债务折扣的处理规则和对免税债券、剥离债券和剥离息票的原始发行折扣（OID）处理规则。该规定将为任何与按揭服务合约有关的总收入项目提供特例。

生效日期：这项规定一般适用于从 2017 年 12 月 31 日之后的纳税年度。对于来自原始发行折扣债券的收入，这项规定将从 2018 年 12 月 31 日后的纳税年度开始实施。这些规定的应用将改变第 481 条款中纳税人的会计方法。

启示：如果国会议定书得以实施，某些类型的合同（特别是预付电力购买协议）的收入确认可能会加速，导致应税收入比预期提前得到确认。目前看来，这一规定并不适用于租赁会计。

4.3.2.4.2 个人营业收入的最高税率

在现行法律下，被划分为独资企业、合伙企业、有限责任公司和 S 型公司的企业一般被视为"递延"实体，按照其个体业主或股东的税级被征税。这些实体的所有者赚取的净收入会在其个人所得税申报表中按照普通所得税税率申报。国会议定书将允许个人在指定的"递延"收入上有 20% 的扣除额。协定也对"指定的服务企业"按照其所有者的收入有一些特殊的限制。众议院法案或将制定 25% 的新递延税率，而参议院法案或将允许个人在指定的递延收入上有 23% 的扣除额。

4.3.2.4.3 废除其他税款的个人扣除

国会议定书规定一般只有在支付或进行贸易、商业活动或第 212 条款所描述的与生产收入有关的活动时才允许个人扣除国家、地方和外国财产税与州和地方销售税。然而，国会议定书也囊括了上述规定中的例外情况，纳税人可以在以下税款的情况下申请高达 10 000 美元的分项扣除（对于已婚纳税人如果单独申报则为 5 000 美元）：（1）未用于支付或进行贸易、商业活动或第 212 条款所描述的活动中产生的国家和地方财产税；（2）在该纳税年度支付或产生的州和地方收入税、战争利润税和超额利润税（也可能是销售税代替所得税支付）。在这种例外情况下，外国不动产税不可扣除。众议院法案将废除对州和地方税的扣除，并不废除对贸易或商业收入税的扣除，以及 10 000 美元的房地产税的扣

除。参议院法案在这方面遵循众议院法案,但规定废除此项扣除的时间从
2026 年开始。

4.3.2.4.4　废除替代性最低税额(AMT)

国会议定书将废除企业的替代性最低税额,但允许拥有替代性最低税额税
收抵免的纳税人用这项抵免抵消常规的纳税义务。纳税人可以在 2022 纳税年
以前申请剩余抵免额(税收抵免减去常规税收的剩余额)50%(2021 年之后可以
申请 100%)的退税。该规定自 2017 年以后的纳税年度开始执行。国会议定书
将增加免税的限制并逐步淘汰个人替代性最低税额门槛。众议院法案则废除了
企业和个人的替代性最低税额,同时允许任何替代性最低税额抵免的结余在之
后也可以申领。参议院法案不会改变企业的替代性最低税额,但将增加免税的
限制并逐步淘汰个人替代性最低税额的门槛。

4.3.2.4.5　降低企业所得税税率

国会议定书将在 2017 年 12 月 31 日之后将企业所得税税率降低到 21%,并
为某些被归于会计标准化方法下(例如受管制的公共设施)的企业制定特殊
规定。

4.3.2.4.6　增加费用化

根据国会议定书,从 2017 年 9 月 27 日(统一税改框架发布的日期)到
2023 年之间,"特定资产"的奖励折旧将从 50%提高到 100%。增加的费用化将
从 2023 年后的五年内以 20%的速率减少。特定资产将指定的公共资产和展销
贷款资产排除在外。一个过渡的规则可以允许在 2017 年 9 月 27 日后的第一个
纳税年度申请 50%的费用化。国会议定书也将取消资产的使用必须从纳税人开
始的要求,众议院提出的法案也包括这项要求。国会议定书还将修改第 179 条
款中费用化的条例,包含了在 2017 纳税年后投入使用的不超过 100 万美元的
"特定资产"(即用于贸易或商业的个人有形资产),从 250 万美元开始递减;此
外,"特定资产"将扩展定义,包括指定的用来提供住宿和改进非住宅物业(如屋
顶、加热、资产保护系统)的个人折旧资产。

4.3.2.4.7 小型企业会计方法的变动

国会议定书将作出以下修改:

- 将公司(或公司合伙人的合营企业)使用现金收支会计法的年度总收入门槛从 500 万美元提高到 2 500 万美元,编入通货膨胀指数;

- 废除要求这些企业满足前几年所有条件的规定,并将上述增加的门槛扩大到农业行业;

- 即使这些小型企业有库存,也允许其使用现金收支会计法。这些企业的长期合同也完全不受限于统一资本化规则(UNICAP)和完工百分比的方法;

- 允许这些企业在预计两年内完成的合同中使用完工百分比的核算方法。

4.3.2.4.8 对利息支出的限制

国会议定书通过修改第 163(j)条款,限制所有企业利息净支出的扣除额。然而,与众参两院的法案不同的是,国会议定书放弃了原本应在第 163(n)条下利用全球债务上限来给额外利息支出施加的限制。修订后的第 163(j)条款仅对超过调整后的应纳税所得额(ATI)30%的利息净支出进行限制。在头四年中,应纳税所得额将不把折旧、摊销或损耗计算在内。此后,从 2022 年开始应纳税所得额将把这些项目计算在内,逐步减少,从而使净利息支出计算出的 30%超过息税前利润,否则,应纳税所得额的定义则和当前的第 163(j)条款中的定义无异。利息支出将需要与"业务"相关,这意味着利息是合理分配给某项交易或业务的。某些活动将被排除在交易或业务之外——例如,作为雇员进行的服务、房地产交易或企业进行的服务,以及某些受管制公用事业的活动。对于总收入超过 2 500 万美元的企业来说,某些小业务被排除在外是至关重要的。这项规定将于 2017 年后的纳税年度生效。

4.3.2.4.9 修订对资产捐赠的处理

国会议定书将保留第 118 条款,并将继续只适用于企业。因此,资产捐助将被排除在公司的总收入之外。但新的规定将澄清这样的捐助不包括资助建筑的任何捐赠,由非股东做出的任何捐赠(如客户或潜在客户)和任何政府部门或民间团体做出的捐赠。该澄清将普遍适用于颁布此规定之后做出的捐赠。

4.3.2.4.10　废除合营企业技术终止

根据现行法律第 708(b)(1)(b)条款,在 12 个月内买卖或交易 50%或更多的合营资本和利润,将造成合营企业的"技术终止"。国会议定书将于 2017 年 12 月 31 日后的纳税年度废除第 708(b)(1)(b)条关于合营企业的条款。

4.3.2.4.11　免税债券

国会议定书将不改变从总收入中扣除合理的私人活动债券的利息,以及为退还免税债券而发行的任何债券利息的规定。众议院法案或将废除这项税收优惠。

4.3.2.4.12　税基侵蚀与反滥用税

国会议定书将采用参议院法案中的新税基侵蚀与反滥用税(BEAT)条款。新税基侵蚀与反滥用税将适用于那些[除美国监管投资公司(RICs)、美国房地产投资公司(REITs)或 S 型公司]年均总收入至少 5 亿美元,且相关方扣除的税款达到 3%(对于银行和某些券商来说是 2%)或超出该公司 2018 年的总扣除额的企业。需要纳税的公司一般用本纳税年度的应纳税所得额,加上本纳税年度给外国公司的(税基侵蚀额)可扣除款项(即纳税调整后所得额)来确定需缴纳的税款。税基侵蚀额不包括销售成本、在服务方面支付的某些款项和某些限定的衍生款项。企业的纳税调整后所得额在该年超出其常规纳税义务(即调整后的税收抵免净额)的额度的 10%(如果是在 2017 年 12 月 31 日之后的纳税年度支付或产生的税基侵蚀税额则为额度的 5%)即为税基侵蚀最低税额。从 2025 年 12 月 31 日之后开始的纳税年度,税率将从 10%提高到 12.5%。以下为其他注意事项:

- 对于某些银行和证券交易商来说,税率将高出 1%;
- 与生命财产和伤亡合同再保险有关的保费将被具体列为税基侵蚀额;
- 在 2017 年 11 月 9 日之后首次成为外国代理公司的企业所支付的税基侵

蚀额将不再排除销售成本;

- 国会议定书将主要消除在计算新税基侵蚀与反滥用税中对某些企业利用包括低收入住房税抵免和某些可再生电力生产税抵免在内的税收抵免的惩罚。

4.3.2.5 结论

此次国会议定书相比于第 38 条有关普通商业税务抵免的法案,总的来说更紧密地与参议院法案保持一致,因为大多数方案未被修改。虽然这对那些想要利用税收抵免的纳税人来说是一个非常好的消息(无论是为了减少他们的税务负担或是作为资助项目的一种方式),但是了解法案中其他规定如何影响整体债务仍然很重要。这些纳税人必须考虑到很多条款(例如降低企业税率、直接费用化和税基侵蚀与反滥用税)才能完整地理解会议协议是如何从税收抵免的角度影响他们的具体情况。此外,会议协议中的一些条款也可能会对个人税收抵免计划中的项目有一些较小的影响。

4.3.3 机构解读美国税改关于私募股权等税收条款

2017 年 12 月 22 日这周刚开始的时候,总统就在众议院和参议院通过了《减税与就业法》。[1] 该法可能对私募股权(PE)以及投资管理公司有更深的影响,同时总结了影响基金、交易、投资公司以及基金负责人或专业投资人员的因素。美国税收杂志《税务警报》对此进行了较为详细的报道与解读。

两院中参与《减税与就业法》法案的与会者有资格修订早期的法案,并在 2017 年 11 月 16 日众议院通过《减税与就业法》(众议院条例草案)之后不到一个月,2017 年 12 月 2 日参议院通过税法改革法案(参议院法案)不到两个星期使两个法案在立法语言上达成一致。会议委员会的联合解释性声明是与会议协议一起发布的。

---

[1] "US tax reform enacted — key provisions for private equity and alternative asset management industry," *Tax Alerts*, December 26, 2017.

4.3.3.1 重点

该法大体上坚持了"参议院法案"的框架,但也在两院法案之间进行了调和。营业税方面,法案主要采用参议院对企业所得税和个人所得税转移的方式,主要税率如下:

——合格穿透实体收入扣除 20%;

——最高企业所得税率为 21%,于 2018 年生效;

——最高个人所得税率为 37%,这将导致个人收入最高税率的整体下降。

该法还通过修改第 163(j)条针对超过经调整的应纳税所得额(ATI)30%的净利息费用限制了企业净利息费用的扣除。法案实施前四年,应纳税所得额的计算不需考虑折旧、摊销或消耗,从 2022 年开始,这些项目降低了,可能进一步限制利息的扣除。此外,与两院法案不同的是,该法删除了第 163(n)条规定中可能通过全球债务上限征收的额外利息费用限额。

4.3.3.2 基金相关问题

4.3.3.2.1 投资收入

法案保留对投资收益的优惠税率。净长期资本收益和合规股息收入继续按现行税率(即 20% 的最高税率)征税,同时受到 3.8% 的净投资所得税限制。

4.3.3.2.2 穿透收入:20% 的特殊扣除

该法主要依照参议院的规定,但为个人所有者以及信托和房地产提供 20%(而不是 23%)的国内合规穿透收入可扣除额。对于纳税人收入低于一定限额的情况,该项特殊规定允许扣除原本不合规的与服务有关的收入。此外,扣除的工资通常限制在 W-2 工资的 50% 以上,或者是工资的 25% 加上资本补贴的总和中,对应纳税所得额低于一定限额的个人实行工资限制。共同申报人的入息门槛是 315 000 美元。与此同时,该法继续维持投资收入的剥离。

根据该法,"特定服务贸易或业务"是指任何涉及健康、法律、咨询、田径、金融服务、经纪服务或其主要资产为一名或多名雇员或所有者的声誉或技能,或涉及由投资和投资管理交易、证券交易、合伙权益或商品交易组成的服务。

该法的穿透条款适用如下:

—私募股权基金。被视作投资者未从事交易或业务的私募股权投资基金的投资收益一般不具有获得 20% 的扣除;

—对冲基金和其他另类基金。交易基金赚取的有限类型的非投资收入可能有资格作为合格经营收入(QBI)征税的净营业收入。然而,除了"特定服务业务"以外,该法还采用了参议院 50% 的 W-2 工资限制(基于工资的 25% 加上资本补贴而得到的新替代限额),这对于应纳税收入超过 315 000 美元的个人(共同申报人)而言是一项全新的规定。

—分层基金结构。尽管该法并没有包括任何特定的分层规则或指导来说明如何通过基金结构畅通收入,但在分层实体的情况下,监管当局提供了处理穿透规则的申请。对于任何实施规则,可能合规的收入一般都应该具备如下特征:

(1)普通合伙实体。分配给普通合伙实体的合伙收益一般应保留其从基金中流出时的基本特征;

(2)资金的基金。根据基础投资组合基金的收益性质,一般对上层基金有相同的处置;

(3)穿透投资公司。营业转移收入应符合合格经营收入的资格。如果这种收入在运营合伙企业中有资格获得合格经营收入,它将如何通过一个或多个穿透路径流通仍不清楚,但大部分收入在通过基金结构分层后仍可能保持其资格。

—管理公司。该法紧密贴合参议院法案。管理活动可能是一个"特定服务业务",但"作为员工提供服务的行业或业务"不是"合规的贸易或业务"。特定的服务业务是被广义定义的(例如,包括"咨询""金融服务"以及其主要资产是其一名或多名雇员或所有者名誉或技能等的业务)。如果一家管理公司被认为是不合规的服务业务,那么将不受用于高收入纳税人 20% 的扣除额。

—业主有限责任合伙企业(MLPs)。该法允许将 20% 的扣除额分配给作为合伙企业纳税的上市合伙企业(PTP)的个人合伙人,因为它符合第 7704(c)条被动收入的特殊条件。这主要会使能源领域的业主有限责任合伙企业或者上市合伙企业受益,但不取决于其收入性质的私募股权投资或者资产管理上市合伙企业。

4.3.3.2.3　关于穿透企业州和地方税(SALT)的扣除

与个人不同,根据该法,穿透企业保留扣除实体级别州和地方税收的能力。

4.3.3.2.4　附股权益

该法采用与服务提供者相同的三年最低资产持有期限,以获得长期资本利得收益,但并没有进一步的修订来扩充这一规定,如涵盖其他类型的收入或收益。

4.3.3.2.5　有限合伙人自雇税

该法保留了投资专业人员的资格现状,这些国有法律有限合伙投资人声称免除自雇税。

4.3.3.2.6　国外合伙人出售合伙权益

该法延续参议院的方法,编纂 91–32 号税收裁定,有效扭转了希腊菱镁矿的决定。国外合伙人处置合伙企业的收益或亏损被视为实际关联收入(ECI),如果合伙企业持有的相关资产的出售收益或亏损被视为实际关联收入,那么就需要在美国纳税。此外,除非转让人证明其不是外国人,否则对买方或承让人征收预扣税〔类似于适用于外国人所有的美国房地产销售的 1980 年外商投资房地产法(FIRPTA)〕。这一规定对投资公司、基金和有限合伙人(包括基金投资者的基金)和某些管理公司销售交易的转移投资有潜在影响,该提案适用于 2017 年 11 月 27 日及其之后的销售或交易。纳税人在考虑 2017 年之前提交未清缴税款的退税申请时应参照本立法条款以及国税局(IRS)最近选择上诉希腊菱镁矿的决定。

4.3.3.2.7　合作关系终止

根据现行法律第 708(b)(1)(B)条规定,在 12 个月内出售或交换 50% 及以上的合伙资本和利润将导致合伙关系的"技术终止"。该法废除了自 2017 年 12 月 31 日以后开始的关于合伙税务年度的第 708(b)(1)(B)条款。

4.3.3.2.8　免税投资者

该法延续参议院的方法,对全日制学生总资产(不是直接用于教育机构)至少为 500 000 美元的私立大学的净投资收入新征收 1.4% 的消费税。

该法还采用参议院的做法要求免税投资者从 2018 年开始单独计算每个行业或企业的无关净应税收入。该法没有规定对超免税投资者(包括州和地方实体以及退休金计划)征收无关的商业所得税。

4.3.3.2.9　计算基础证券

参议院法案要求 2018 年 1 月 1 日及其之后处置的任何特定证券的成本以及持有期限按照先入先出(FIFO)原则确定。在和解过程中经过大范围的游说以及谈判之后,这一条款未被列入该法。

4.3.3.2.10　私人活动债券

该法并没有延续"众议院法案中的规定",废除了将合规私人活动债权利息总收入排除在外的规定。

4.3.3.2.11　收益确认

"参议院条例法"包括一项书面或者税收一致性规则,通过缩减规定,在某些情况下满足了"所有事件检验"。同其他被采纳的规则一样,这一规定通常要求纳税人根据第 451 条在纳税时确认收入或在适用的财务报表中考虑到收入(实际上要求在收入早期、当期,收到或确认为财务报表之前进行税收确认)。该条款指导纳税人遵循第 451 条下的收入确认规则,然后应用 P 章 V 部分的规则,包括原始发行折扣规则。在最终形式中,这一规定似乎不太可能要求加速收费和奖励支付,但是新的规定将如何影响持有市场折价和其他债务证券的基金仍不得而知。

4.3.3.2.12　其他包括房地产的税务问题

关于业主有限责任合伙企业或上市合伙企业的税收待遇,除了前面关于穿透扣除的描述,该法并没有其他改变。

该法在外商投资房地产法方面也没有变化。然而,它延续了参议院法案的以下规定：不动产交易或业务可以从利息费用扣除限制中选出，并使用替代折旧制度来使房产贬值。

该法还规定，在类似交易的情况下不得承认仅限于涉及不动产的收益。如果纳税人在交易所处置的资产在 2017 年 12 月 31 日或之前被处置，或者纳税人在 2017 年 12 月 31 日之前从交易所收到资产的，现行法律同样继续适用。

4.3.3.2.13 交易和投资公司相关问题

对于以 C 公司为结构的投资组合公司，从 2018 年起将减少 21% 的企业所得税税率，以及由于直接资本支出而产生的税盾应该增加自由现金流量。与现行法律相比，这些建议通常应该减轻任何潜在的利息扣除限制影响，并且除了在有限情况下（例如某些周期性业务情况）都会节省现金税。对于专业的交易人士来说，这些规定的相互关联尤为重要，因为他们需要对潜在交易进行税收模拟，并对现有投资组合公司进行潜在影响估计。

4.3.3.3 国内企业税

1. 减少企业所得税。该法要求从 2018 年 1 月 1 日起将永久性税率降至 21%，个人服务公司的特殊税率将被取消。

2. 企业替代性最低税率。与"众议院条例草案"一样，该法废除了公司的替代性最低税额。对于一家公司，该法允许替代性最低税额信用抵消任何纳税年度的正常纳税义务。替代性最低税额信用可以在 2017 年与 2022 年之间的任何纳税年度退还，税额等于税收年度最低税额抵免额超过允许抵免正常纳税义务信用额度的 50%（2021 年开始为 100%）。

3. 利息扣除限制。关于应纳税所得额限额的 30%，该法采用了在众议院和参议院之间妥协的方法。从 2018 年开始，企业净利息扣除额被限制在应纳税所得额的 30%，2018 年至 2021 年间将用税息折旧及摊销前利润（EBITDA）计算税收。2021 年后，与参议院法案类似，使用 ENIT（使用与参议院法案类似的方法计算并确定应纳税所得额）计算来确定应纳税所得额。2021 年后，当计算应纳税所得额时，折旧、摊销和消耗不允许加回，利息限额可能会大大降低，这可能对杠杆交易产生负面的现金税影响。

根据该法,不允许抵消的金额可能无限期结转。对纳税人的排除是为了满足 2 500 万美元的收入总额测试和某些接受监管的公用事业以及选择不动产交易或企业。

4. 有限资产的直接资本费用化。

该法采用参议院 100%红利折旧法,并于 2017 年 9 月 27 日至 2023 年 1 月 1 日之间,为投入使用的有限资产提供全额费用。2022 年以后,有限资产的 100%红利贬值阶段如下:

- 2023 年间,80%的资产投入使用;
- 2024 年间,60%的资产投入使用;
- 2025 年间,40%的资产投入使用;
- 2026 年间,20%的资产投入使用。

该法遵循"众议院法案",允许立即为新的和初次使用过的有限资产支付费用。这对于从第三方获得资本资产的资产交易或被视作资产交易的其他交易活动尤为重要。此外,现有的折旧资产似乎将按照当前的成本回收方法回收。

该法中没有任何规定允许立即支付包括商誉和其他第 197 项资产在内摊余的无形资产。

5. 净营业亏损(NOLs)。公司净营业亏损扣除限定在 2017 年后开始的纳税年度内应纳税所得额(不考虑净营业亏损扣除额)的 80%。净营业亏损回扣条款被废除,允许无限期结转。除此之外,这些变化可能会影响某些私募股权投资组合公司投资的税收保护。

6. 已收股息扣除(DRD)。根据新的 21%的企业所得税税率,降低国内公司收到的股息扣除额以符合已收股息扣除。该法不包括所谓的企业一体化机制。

4.3.3.4 美国国际税收

该法基本符合"参议院法案",改变了美国现行国际税收制度,包括:(1)实行营业收入的辖地税制;(2)对累计外汇收入征收一次性过渡税;(3)引入新的防止税基侵蚀规则。

7. 对国外股息 100%免税。与"参议院草案"一样，该法规定，美国公司 10%或更多从外国公司收到的股息全部免税，但"混合分红"并不符合该规则，前提是要求至少持有外国公司股票一年。如果美国公司在国外直接拥有股票，股息符合豁免条件，那么对于该公司作为合伙人分配得到的股利，法案允许 100%免税。

8. 视同遣返税。该法对美国股东在受控外国公司（CFC）或其他"特定外国公司"按比例应享有但未分配、1986 年以后非以前年度税收征收一次性过渡税，税率为 15.5%（现金或其他流动资产的范围）或 8%（非流动资产），并遵照第965（c）条规定中新的参与免税抵扣。美国股东可以选择在 8 年内缴纳税款，但最近 3 年内的还款额较大。

该法对通过合伙持有的特定外国公司作出明确说明。首先，法案解释，对于不是受控外国公司的外国公司，必须至少有一个美国股东是特定外国公司的国内公司，而这家外国公司的收入需缴纳过渡税；其次，法案明确适当的基准调整将分别增加合伙人或 S 类公司股东在其合伙人或 S 类公司利益中的外部基础，从而反映包含的全部金额。

9. 全球收益限制。大会委员会对全球收益限制条款感到震惊，因此消除了某些跨国投资组合公司获取外债融资时的潜在障碍。

10. 反税基侵蚀-无形资产。该法遵循"参议院法案"，对美国股东净受控外国公司收入整体征税，这被视为全球无形低税率收入（GILTI）。全球无形低税率收入的总收入超过有形折旧资产的特殊收益，不包括有效关联收入（ECI）、部分F 收入、高税收入、关联方股息和国外油气开采收入。特殊的回报率等于有形资产折旧中调整后的受控外国公司总收入的 10%，只有 80%的外国税收是作为外国税收抵免的。为了便于计算，所有的受控外国公司都被加总在一起。对于2017 年 12 月 31 日到 2026 年 1 月 1 日之间的纳税年度，全球无形低税率收入的最高有效率为 10.5%。而 2025 年 12 月 31 日以后开始的纳税年度，全球无形低税率收入的实际税率为 13.125%。

该法在"参议院法案"中保留了美国公司从国外无形资产中获得无形收入的税收优惠。纳税年度在 2017 年 12 月 31 日至 2026 年 1 月 1 日之间的国外无形收入(FDII)所得的实际税率为 13.125%。对于 2025 年 12 月 31 日后开始的纳税年度,国外无形收入的实际税率为 16.406%。根据第 904(d)(2)(D)条,其他项目金融服务收入并不包括在内。

11. 税基侵蚀以及税收滥用。法案延续"参议院法案"中最新的税基侵蚀反滥用税(BEAT)条款。反滥用税适用于至少有 5 亿美元平均年度收入纳入美国净收入税收并且已经使关联方可扣除总额达到 3%(对于银行以及某些证券交易商而言为 2%)的公司。根据该条款,公司缴纳税款时通常通过加回所有对当年(已修改应纳税所得额)国外子公司的可抵扣支付(税基支付)从而决定应缴税金。税基支付费用不包括销售货物的成本、支付的某些服务费用以及某些合格的衍生支付。该公司修改后的应纳税所得额超过其当年正常应纳税所得额(经调整后的免税额度)的 10%(对于 2017 年 12 月 31 日后发生税基支付或应付的纳税年度为 5%)是税基侵蚀导致的最小税额。对于 2025 年 12 月 31 日以后的纳税年度,税率从 10%上升至 12.5%。

12. 无形资产。"参议院法案条例"允许受控外国公司以免税方式向某些不被包括在法案里面的美国股东分配某类符合条件的无形资产。

该法采用了"众议院法案"条款,不再将 2017 年 12 月 31 日以后的某些自创无形资产(包括专利、发明或流程)作为资本资产。同样,来自资产折旧的收益或亏损也与普通资产类似。根据第 1231 条,这些资产也被排除在贸易或企业所用资产的范围以外。

13. 受控外国公司所有权和归属权规则。与"众议院条例"和"参议院条例草案"一样,该法废除了第 958(b)(4)条条例,于 2017 年纳税年度生效。此外,从 2018 年开始,"美国股东"的定义扩展为拥有 10%或更多受控外国公司价值投票权的美国个人。这些扩展的所有权和归属规则可能导致许多投资结构发生重大变化,尤其是当现行法律规定禁止外国公司在国外的子公司拥有受控外国公司地位时。管理者应该考虑对一次性过渡税决定、基金报告以及某些投资组合公司是否可能受到反延期或是反税基侵蚀措施的任何潜在影响。

4.3.3.5 其他投资组合公司问题

14. 高管薪酬限额［第 162（m）节］。该法遵循"参议院草案",并增加向上市公司高级管理人员支付赔偿金的 100 万美元扣除限额。一旦个人被认定为有保障的雇员,这个 100 万美元扣除限额可以在将来任何时候支付给这个人作为补偿(包括基于绩效的补偿)。而这些变化可能影响投资组合公司的管理团队。

15. 商业信用。该法保留了研发税收优惠制度。与两院法案类似,该法针对国内合格研究和试验(R&E)资本化支出以及 5 年内摊销(在美国之外进行的 R&E 为 15 年),但仅限于 2021 年以后纳税年度的支出。

关于第 199 条国内生产活动的排除,该法遵循"众议院法案",废除了从 2017 年以后开始的纳税年度的扣除。

法案保留了 2019 年以后到期的工作机会税收优惠的相关法律。此外,该法并未通过参议院法案对低收入住房优惠的修改。与此同时,根据该法,某些未使用的商业信用的扣除仍然适用。

4.3.3.6 私募股权投资(PE)、另类资产基金经理以及专业交易员

该法相关条款可能会对私募股权投资、另类资产管理负责人产生一些不利影响,因为减税主要集中在对中产阶级的减税。这些规定几乎肯定会对生活在大都市,包括东北走廊、加利福尼亚以及伊利诺伊州的个人产生严重影响。

1. 个人所得税税率。该法保留了 7 个税号,共同申报人的纳税起始收入为 60 万美元,最高税率 37%。自 2025 年 12 月 31 日的纳税年度中,新的个人所得税税率结构结束。

个人替代性最低税额。该法保留了个人替代性最低税额,但临时增加了免税额度(共同申报人为 109 400 美元)以及免税金额限制(共同申报人为 100 万美元)。

2. 州和地方税。该法规定州和地方税扣除上限为 10 000 美元,这是对资产

税和地方收入或销售税的混合限额。该法明确禁止个人在 2017 年为逃避新的 10 000 美元的限制就未来纳税年度的预缴所得税要求扣减。

3. 抵押利息扣除。该法消除了两院法案之间的差异,并为新购房人群提供高达 75 万美元的抵押贷款利息扣除。此外,自 2018 年到 2025 年间的纳税年度,房屋净值债务利息的扣除将被暂停。同时,该法没有修改现行法律对出售主要住宅收益的排除。

4. 医疗费用的扣除。该法保留了医疗费用项目的扣除,对 2017 年与 2018 年间超过调整后总收入(AGI)7.5%的费用有效,此后将改为 10%。

5.《平价医疗法》。根据《平价医疗法》,该法从 2019 年起将一些未能购买健康医疗保险的个人的税收降至零,从而有效地废除了"个人强制医保"。

6. 遗产税。法案并没有废除遗产税。根据"参议院条例草案",法案将 2018 年至 2025 年间纳税年度的不动产、赠予以及隔代资产转移的免税额加倍(从每人 500 万美元加到 1 000 万美元)。这个 1 000 万美元是 2011 年以后发生的通货膨胀指标。

7. 非合规递延补偿。该法并没有修改第 409(A)部分,但为了达到该部分的目的,排除了将雇员接受某些私人公司合规股票作为非限定的递延补偿计划。

4.4 联邦税改效应

4.4.1 税改与联邦财政

4.4.1.1 美财政部声称税改是赤字中性的

美国财政部发布分析报告,支持财政部长史蒂文·姆努钦(Steven Mnuchin)的主张,即美国税收改革计划中的减税措施将能自行买单。[1]

美国财政部税收政策办公室(OTP)基于税收联合委员会(JCT)2017 年

---

[1] "US Treasury Analysis Backs Deficit-Neutral Tax Reform Claim," *Global Daily Tax News*, December 15, 2017.

11 月 30 日公布的分析,对参议院财政委员会的税收改革方案进行了建模,预计该税改方案将在 10 年内增加 1 万亿美元的赤字。然而,税收政策办公室使用了更高的增长预期,预测未来 10 年国内生产总值增长率为 2.9%,以达到自己的结论。这比此前预测的 2.2% 的国内生产总值增长率提高了 0.7%,财政部预计其中一半来自企业税收的变化,另一半则来自穿透性税收和个税改革的变化,以及监管改革、基础设施建设和福利改革的共同影响。

分析认为:"年均实际增长率增长为 0.7%,这将使 10 年间税收收入增加约 1.8 万亿美元。"支出条款假设税改计划在现行法律的基础上会使 10 年内税收减少 1.5 万亿美元,1.8 万亿美元的新增收入将带来 3 000 亿美元的税收净增长,但受到税改方案中 5 年费用化条款的影响,大部分新增收入将来自后五年。

该分析由于过于简短而受到了批评。美国参议员伊丽莎白·洛伦(Elizabeth Ann Warren)称这一分析"完全不充分且毫无根据",并质疑分析结果的准确性。她在 2017 年 12 月 12 日致财政部长姆努钦的一封信中说道:"此前您再三承诺财政部会发布一份稳健的分析报告,表明共和党税改立法将自行承担税改成本,而您发布的报告只有一页,没有提供任何有意义的经济分析,并承认此次税改实际上不会为自己买单。"她还敦促财政部长姆努钦与上月启动的财政部督查办调查组展开全面合作,调查众议院税改方案是否存在任何经济分析缺失。

税收政策办公室分析指出,虽然税收联合委员会和财政部都没有公布报告,具体说明相比众议院税改计划增加的税收收入,但"我们相信最终结果不会有实质性的不同"。

4.4.1.2 税收政策中心认为税法对富人有利

税改立法中的个人所得税减税对富人的减税比例将更高。[1] 美国税收政策游说组织税收政策中心(TPC)公布了基于 2017 年 12 月 2 日通过的减税与就业法的分配估计数,与现行法律相比,"2019 年所有收入群体平均都会减税,使

---

[1] "US Senate Tax Bill Best for America's Top Earners," *Global Daily Tax News*, December 6, 2017.

总平均税后收入增长 1.6%",总体上,收入越高的群体,税收减少的比例占税后收入的比例越高,最大的减税比例是那些收入排在前 95% 到 99% 的人。

"截至 2025 年,不同收入人群的税收变化模式是类似的,尽管对大多数收入群体来说,平均减税额将略微变小,至 2027 年,总的减税将只有税后收入的 0.3%。平均而言,相对于现行法律,中低收入纳税人几乎看不到税收变化,而收入在最高 1% 的纳税人会得到平均 1.1% 的税后收入的减税。"至于税改对经济的影响,税收政策中心预计该立法将使 2018 年国内生产总值增长 0.7%,而到 2027 年增长 0.1%。分析指出,从 2018 年至 2027 年,应税所得的增加将使立法带来的税收收入亏损减少 1 790 亿美元。

相比而言,白宫经济顾问委员会预计税改带来的国内生产总值增长将在 3%~5% 之间。税收联合委员会在其最新的参议院提案动态评分中显示经济增长影响较低,国内生产总值增长为 0.8%。

4.4.2　联邦税改与跨国避税

4.4.2.1　税收基金会发现新税法仍造成企业倒置

最近,总部位于俄亥俄州的达纳公司宣布计划将总部迁至英国。美国游说组织税收基金会研究员鲍默留(Kyle Pomerleau)指出,对于 2018 年《减税与就业法》有关美国从全球税制向辖地税制的转型政策,需要解读,新税制并不能完全消除大企业的税收倒置动机。达纳公司首席财务官(CFO)在《华尔街日报》上表示,"新税法对我们也有好处"。该公司预计,以《减税与就业法》为依据,公司未来几年会减少约 6 亿美元税负。[1]

达纳公司的消息让人感到意外。因为《减税与就业法》的关键特征之一是向辖地税制转型,以减少或消除企业倒置的动机,企业往往希望避免对外国所得征收美国税收而进行倒置。辖地税制的实施使公司利润与总部所在地脱离关系。

---

[1] "Kyle Pomerleau, Inversions under the New Tax Law," *Tax Foundation*, March 13, 2018.

包括美国新税法在内的辖地税制完全消除了这种激励,因此,公司仍可通过将总部迁往其他税收管辖区节省税款,这并不奇怪。

10 年来,已有数十家企业将总部迁至外国管辖区,以避免美国的纳税义务。动因之一是美国的"全球企业税制",它将美国跨国公司的全球利润包含在国内税收中。在"全球企业税制"下,在英国开展业务的美国公司首先缴纳了 19% 的英国企业税,当美国公司将利润还给美国时,还要缴纳美国税,相当于美国 35% 的税率和英国 19% 的税率之差。这种制度的目标是确保美国跨国公司的所有利润税率不低于 35%。然而,美国公司可以通过将其总部迁至另一个司法管辖区,避免额外税收负担。

《减税与就业法》通过引入所谓的"辖地税制"解决激励问题。在辖地税制下,当公司利润返回美国时,跨国公司将不再重新缴纳国内税。这是通过所谓的"参与豁免"完成的。2017 年,经济合作与发展组织(OECD)35 个成员国中有 29 个拥有类似制度。

辖地税制将不再区分总部所在地。此举消除了企业因外国利润的美国纳税义务而倒置的动机。虽然在英国开展业务的美国公司仍将缴纳英国 19% 的税收,还将缴纳美国的国内利润税。但是,它不再需要为其海外利润支付额外的美国国内税。因此,无论是美国公司还是英国公司,其税收水平一样。这种简单的分析适用于理想化或"纯粹"的辖地税制。但是,实际上不存在"纯粹"的辖地税制。经济合作与发展组织国家的大部分辖地税制都具有全球税制特征。例如,大多数国家对其国内的跨国公司实行所谓的"公司金融顾问(CFC)规则",即对国内公司未分配的国外收入征税的政策。

各国之所以实行公司金融顾问规则是实践中很难实施辖地税制。辖地税制的目标是根据生产地征税,但这很难做到。拥有跨国生产流程的企业会在全球范围内扣除并报告收入以分配利润。有时可能很难确定特定国家的纳税额。这为企业留出了空间,可以利用复杂的跨境定价来分配税收辖区的收入和成本,从而限制其全球纳税义务。具体而言,公司面临着在低税收地区实现收入,并在高税收地区进行成本支出的激励机制。

新的美国辖地税制通过全球税制特征解决了这个问题。具体而言,法律对外国来源的利润实行最低税率,称为"GILTI"。根据最低税率,美国跨国公司的高回报海外利润每年以 10.5% 的税率缴纳美国税收。外国税收抵免将限制在上述利润外国税收的 80% 以内。此外,新法律将对出口相关的高回报利润"FDII"(外国来源无形资产收入)提供 13.125% 的降幅。

"最低税率"和"高回报利润"制度是企业高度机动性收入的"胡萝卜和大棒"。"最低税率"和"高回报利润"制度还为新的辖地税制提供额外支持,但也存在不利之处,即新的最低税只适用于美国公司。美国公司可能通过将其总部转移出美国而回避这种制度,这是以前的全球税收制度的特征之一。然而,目前还不清楚企业倒置动机是否会像以前在全球税制时代那样多发。新的最低税将外国利润纳入较低税率,即 10.5%(有限的外国税收抵免)与 35%。此税仅适用于 10% 以上的回报,而不是全部利润。但是,无论利润是否支付给美国,国税局每年都会征收这项新税。根据以前的法律,只要将这些利润再投资到海外,就可以推迟对公司海外利润征收额外税。

制定《减税与就业法》的议员必须作出重要权衡。企业税收本质上是复杂的,新的辖地税制确实使美国更加符合贸易伙伴的利益,并且减少了公司将总部迁出美国的动机。然而,新制度不可避免地会出现新的反税基侵蚀规定。这些新规定保留了以前全球税制的部分激励措施,因此一些企业仍然可以从倒置中受益。

4.4.2.2 联邦税法漏洞致跨国避税急剧增加

美国新税法漏洞可能致跨国公司避税数十亿美元。据美国媒体《每日星报》(*The Daily Star*)报道,由于共和党改革国际商业税,这一漏洞涉及 15.5% 或 8% 的税率——企业必须支付 2.6 万亿美元的海外利润。据哈佛大学法学院高级讲师斯蒂芬·谢伊(Stephen Shay)称,通过操纵外国现金头寸是新法的一个决定性因素,美国跨国公司可能通过将利润从较高利率转向较低利率来减少纳税。仅苹果公司就可以节省超过 40 亿美元。苹果发言人拒绝透露有关谢伊分析的记录,美国财政部和国税局官员没有回应路透社的询问征求意见。谢伊说"这显然是立法的结果"。[1]

税法改革是特朗普就任以来的第一个重大胜利。减税立法获得国会通过并在本月生效,实现了美国跨国公司多年来寻求的大规模减税和税法改革。变化之一是对跨国公司近年来在海外扣除的约 2.6 万亿美元利润进行一次性减税,"延期纳税"规则下,允许公司在海外免税的情况下持有利润,只要钱没有进入美国或遭返即可奏效。根据新法律,这种推迟将被取消,海外累计利润将被征收15.5% 的现金持有税或 8% 的非流动性投资税。这两项税率都远低于法律通过前对遭返的外国利润征收的 35% 的税率,并低于 21% 的企业所得税税率。为了将税率降低到更低的水平,跨国公司可以将外汇收入转化为 8% 的税率和 15.5%的税率。美国密歇根大学法学院国际税法专家鲁文·S. 阿维-约纳(Reuven S. Avi-Yonah)表示"即使在 11 月份立法出台之前,跨国公司也计划将现金转换为非现金资产,尽管目前还不完全清楚相关的细节"。公司将按照计算的外币现金头寸支付 15.5% 的费率,计算基准是过去两个纳税年度外币现金头寸的平均值和在 2018 年 1 月 1 日之前开始的最后一个纳税年度结束时的现金余额中的较大者。

跨国公司可以通过分配现金减少税款。谢伊说,跨国公司可以通过包括股息支付在内的合法分配减少他们的现金头寸,并通过更高的利率降低金额。他估计 9 月 30 日上一财年末苹果的外汇现金可能高达 2 890 亿美元,在过去两个纳税年度的平均值为 2 340 亿美元。为了避免这两个数字中的较高者支付15.5%,他表示,苹果可以通过分红或其他方式分配部分现金。根据谢伊的说法,将其 2018 年的头寸减少 550 亿美元至较低的两年平均水平将为该公司节省超过 40 亿美元的税款。

新法律规定交易主要是为了减少海外利润所得税。但税务专家表示,这种

---

[1] "U. S. loophole may let businesses dodge billions," *The Daily Star*, March 7, 2018.

反滥用措施并不自动适用，企业税务律师可能会认为它不适用于合法的公司行为。

4.4.2.3　税改导致跨国企业收益分析更难

新税法改变了衡量公司盈利水平的分析方法。据道琼斯新闻报道，2017 年 12 月份颁布的一项税务改革规定，对企业在美国以外地区的累计所得征收一次性税。但是，尽管企业所得税通常被计入公司 2017 年的收入账目中，公司可选择在未来 8 年内免息延期缴纳实际的税负。公司需在 2018 年作出的决定，可能会使得收益质量评估的传统方法即公司盈利比现金流不再适用。[1]

投资者们希望看到公司的盈利来源于营运所产生的现金。这表明公司有足够的钱给股东分红，并投资于公司未来发展。但会计专家认为，延期缴纳对在外国获得的收入"过渡税"，将使公司盈利与现金流的比较变得混乱。许多公司，包括微软（Microsoft）和强生（Johnson & Johnson），已经作出了延期纳税的选择。这意味着，他们 2017 年的收入减少了，但当年的现金流并未减少，这表明收入更充分地受到现金流支持。然后，在接下来的几年里，尽管收入不会受到影响，但公司的现金流将受到冲击，进而表现出现金流比实际情况更不利于盈利。例如，微软表示其将支付 178 亿美元的过渡税。这一数额是根据 2017 年的收入进行评估的，但现金流没有受到影响。但从 2018 年开始将会受到影响，根据法律，公司可以在 8 年的时间内分期缴纳，将占比 25% 最重的税负放在第 8 年。公司每年的运营现金流将减少 44.5 亿美元，而微软在 2017 年 6 月结束的最近一个财政年度中公布的运营现金流为 395 亿美元，这将占据很大一部分。

收入和现金流之间的脱节将迫使分析师和投资者反向分析企业数据以进行同类比较。不这样做的话，可能会得出具有误导性的结论。注册金融分析师协会金融报告政策小组的负责人桑德拉·彼得斯（Sandra Peters）说："这是投资者需要注意的。"在分析运营现金流低于盈利水平的公司时，这种错配可能尤为重

---

[1] "The Tax Law Is About to Make Analyzing Earnings Trickier," *Dow Jones News*, February 12, 2018.

要。以塑造者(Mondelez)国际公司为例,当它在 2018 年 1 月份宣布 2017 年第四季度收入时,它的累计国外收入纳税额为 13 亿美元,8 年付清。这表明其最高年纳税额将达到 3.25 亿美元,或者公司公布的 2017 年 26 亿美元运营现金流的 13%,这一数额低于其 29 亿美元的净收入。同样地,麦当劳公司已经支付 12 亿美元的过渡税,这意味着如果支付超过 8 年,每年最高可达 3 亿美元。该公司在截至 9 月的 12 个月内运营现金流为 53 亿美元,而净收入为 57 亿美元。公司发言人表示公司将"继续评估立法的会计影响"。麦当劳的发言人拒绝置评。

过渡税依据美国公司的海外利润进行评估,而不是 35% 的企业税率。作为税收改革的一部分,美国放弃了对那些利润的税权,而选择采用属地原则征收,这将只对在美国产生的利润征税,但并非之前旧税收制度中对过去收入征收一次性税。

其他复杂的因素也值得关注。例如,苹果公司此前的国外收入在美国负有很大的纳税义务,预计有一天它将收回部分利润,因此实际上这已经占了它所欠的 380 亿美元税款中的大部分。一些公司也在从递延所得税负债中获益,而现在美国降低了企业税率,这对公司来说不再那么重要了。

过渡税的到期会导致公司收入和现金流同步增加。强生计划在未来 8 年内支付约 100 亿美元,这意味着每年最多支付 25 亿美元,占截至 10 月 1 日的 12 个月内运营现金流报告的 216 亿美元的一部分。公司发言人说,由于税率较低将有助于在到期时"抵消"税款,现金流将有所增加。

4.4.3 联邦税改对各州的影响

4.4.3.1 传统基金会认为加州各选区均获减税

美国人每年将从减税中得到两次受益。一次是缴纳的税收减少,另一次是因为经济规模扩大,税前收入提高。传统基金会高级政策分析师迈克尔(Adam Michel)撰文进行了分析。[1]

---

[1] Adam Michel, "Every Congressional District in California Gets a Tax Cut This Year," www. heritage. org, July 30, 2018.

为确保更美好的未来和保护我们的薪水,国会必须使我们的减税永久化。由于 2017 年联邦税制改革,加利福尼亚州全州可预计在 2018 年减税 1 397 美元,在未来 10 年减税 24 376 美元。传统基金会的一个新的在线工具表明,加利福尼亚州每个区,以及全国各地的传统纳税人在 2018 年都将获得减税。

加州各选区均获得了减税。在加利福尼亚州,众议员米米·沃尔特斯(Mimi Walters)所在的拉古纳海滩市(RD-Laguna Beach)的平均减税额可高达 2 000 美元,减税比例约 9%。在较不富裕的地区,如众议员罗伊波·艾拉德(Roybal Allard)所在的当尼市(D-Downey)区,平均减税幅度超过他们之前支付税额的 20%,或者在 2018 年减税 500 美元。这一趋势将在全国各地出现:相对于他们以前支付的税额,低收入社区的所得税减幅最大。

美国人已经开始减税了。也许你已经注意到你的雇主 2018 年从你的薪水中扣除了偏少的税款。你抚养的家庭人数也会影响你的减税的规模。例如,第 45 区的典型四口之家可以获得 3 500 美元的减税,部分原因在于力度更大的儿童税收抵免。2018 年的减税措施已经在帮助美国人支付他们暑假的杂货费用,并且很快将有利于支持即将到来的返校购物。

2017 年税改不只是一次性储蓄。美国人实际上每年都会从减税中获益两次,一次是减税,另一种是税前收入增加,因为经济规模更大,更有活力。在接下来的 10 年里,劳尔·瑞兹(Raul Ruiz)代表所在的德拉金塔(D-La Quinta)地区的典型家庭可以获得近 16 000 美元的额外实得工资。同一地区的四口之家可以期待的额外实得工资超过 25 000 美元。这些好处包括收入增加、投资增长以及约 30 万个就业机会。

税收改革带来的最大好处是获得更大的经济增长。企业扩张和雇用更多员工需要时间。将工作岗位从国外收回需要时间,这些岗位是基于之前破旧的税法配置的。还有更多的事情要发生,虽然这需要多年才能实现,但我们已经看到很多企业在应对减税问题。自税收改革通过以来,美国税务改革已发生 600 多例公司宣布提供更多就业机会、更多的奖金、更高的工资、慈善捐赠和增加在美国的投资。这些公司都明确指出减税是增加奖金和投资的原因。

企业是美国历史上最大的就业机会增长所在。在未来几年,减税将继续提高工资,增加投资,并扩大经济机会。但这个未来并不确定。2017 年的许多减税计划将在 2025 年之后到期,国会中的一些人想在此之前废除它们。对家庭增加的实得工资的估计是基于减税在 2025 年到期的假设,所以如果减税延长,家庭收益可能会更大。反之亦然。如果废除或减少《减税与就业法》,许多预计的收益将会丢失。

《减税与就业法》对美国各地的美国人来说都是至关重要的。大多数美国人已经实现主要的经济利益,并将在未来几年继续存在。未来对改革的保护是获得长期经济利益的关键所在。为了确保更美好的未来并保护我们的薪水,国会必须使我们的减税永久化。

4.4.3.2 税收基金会分析《减税与就业法》对各州就业影响

预计 2018 年各州的新就业岗位数量将达到预期水平。根据《减税与就业法》,基于税收与增长模型,我们扩大了分析范围,考虑对整个联邦的影响。正如我们之前所说,《减税与就业法》将增加长期国内生产总值,提高工资并创造就业。美国税收游说组织税收基金会联邦与特别项目副总裁克定(Nicole Kaeding)和经济分析部副总裁与首席经济学家鲍默留(Kyle Pomerleau)联合撰写报告进行了分析。[1]

预测显示《减税与就业法》累计就业年效应。从 2018 年到 2025 年,全日制工作岗位(FTE)预计增加。截至 2025 年,整个国家预计新增 144 万个就业岗位。然而,由于许多条款将在当年到期,全日制工作岗位的累计就业人数将开始下降,在 2027 年下降到 122 万。

《减税与就业法》将带来 33.9 万个工作岗位的长期增长。这些结果反映了考虑所有经济效应逐步实现以及个别条款逐步到期后,税收计划的最终效果。

---

[1] Nicole Kaeding, Kyle Pomerleau, "The Jobs Impact of the Tax Cuts and Jobs Act by State, 2018—2027," taxfoundation. org, August 1, 2018.

然而,正如我们在其他地方指出的那样,个人所得税条款的永久化将扭转这一趋势,长远来看会增加就业岗位。

此外,我们还分解了对每个州的估计,结果显示累计年就业数量增加。例如,印第安纳州预计 2020 年将新增 14 781 个就业岗位,2023 年新增 25 762 个,2025 年新增 30 396 个岗位。与国家整体情况一样,印第安纳州在 2026 年和 2027 年累计就业人数将下降,到 2027 年降到 25 614 人。

4.4.3.3 联邦税改对州税的影响

美国知名税收杂志《税务警报》分析了美国税制改革政策对于州和地方税政策的影响。[1] 2017 年 12 月 15 日,众议院和参议院与会者表示同意最终版《减税与就业法》(以下简称国会议定书),该版协调了众议院和参议院早先通过版本的差异。12 月 19 日,众议院以 227：203 票通过了国会议定书。之后,在 12 月 19 日,在预算程序上要求取消三项无关紧要的违反预算和解进程的伯德规则的规定后,参议院也以 51：48 票通过了国会议定书。然后众议院需要再次就修改后的法案进行表决。12 月 20 日,众议院以 224：201 票通过修改后的会议协议。该法的最终版本(以下简称最终立法)现在正等着特朗普总统的签字。

大多数评论家认为,"最终立法"是自 1986 年以来联邦所得税法最重大的变化,并将影响个人、穿透企业(PTE)和公司。由于大多数州所得税法与联邦税收决定息息相关,预计最终立法的修改可能会对美国州和地方、个人、公司和营业税产生重大影响,尽管这些影响可能因各州对新的联邦规则的遵从而有根本的不同。本次快讯侧重于最终立法对各州税收的影响,包括合规问题、过渡税、反递延条款、反税基侵蚀条款和利息费用限制。

4.4.3.3.1 重点税制改革摘要

最终立法中的关键业务条款:

从 2018 年 1 月 1 日起,永久性地将 35% 的企业所得税税率降低到 21%;

---

[1] "Final Federal Tax Reform Bill Has State Tax Implications," *EY Tax Alerts*, December 22, 2017.

废除企业替代性最低税,从 2017 年后开始的纳税年度有效;

将净利息支出的扣除额限制在 2021 年前利息、税收、折旧和摊销前利润以及之后的息税前利润的 30%;

允许企业全额抵扣 2017 年 9 月 27 日以后和 2023 年前投入使用的某些新旧"合格不动产"的费用,并逐步减少增加的抵扣,从 2023 年开始,每 5 年下降 20%;

对 1986 年以后税收递延的外国收入征收一次性过渡税,流动资产 15.5%,非流动资产 8%;

建立参与免税制度,对 10% 的美国公司股东取得的外国公司支付的符合条件的股息实行 100% 已收股息扣除(DRD);

实行新的反递延规则,以确保受控外国公司(CFC)的"无形"收益缴纳美国和(或)外国最低税率的税;

通过有效降低所得税率鼓励美国公司向海外出售商品和提供服务;

实行新的"税基侵蚀和反滥用税",参照当年对外国子公司的所有可扣除支付计算,并适用于特定美国公司;

将净营业亏损(NOL)扣除限制在应纳税所得额的 80%,取消大部分纳税人的营业亏损抵免,并允许 2017 年后开始的纳税年度内产生的亏损无限期结转;

减少从国内公司取得的股息所允许的扣除额(从特定小企业以外的企业取得的或被视为"合格股息"的股息将从 70% 降到 50%,从持股 20% 的企业取得的股息将从 80% 降到 65%);

根据《美国税法典》(IRC)第 199 条,自 2017 年后开始废除国内生产抵税额;

允许特定穿透实体的个人所有者从联邦应纳税所得额中扣除"合格营业收入"的 20%,在 2017—2026 年前的纳税年度有效,导致穿透实体个人所有者的有效联邦税率较低;

同类交易中不认定收益仅限于涉及不动产的收益,从而废除在对个人资产和投资资产的同类交易中允许推迟获利的规则（目前正在进行的同类交易将适用过渡规则），对 2017 年后完成的交易有效；

将《美国税法典》第 1222 条规定的一年持有期改为三年持有期，以使应属收益提成的某些资本收益被认定为长期资本收益；

在工作机会税收抵免和新市场税收抵免方面保留现行法律（两者均于2019 年后到期）。

影响个人的"最终立法"的关键条款，通常将于 2017 年后起始的纳税年度生效，并于 2025 年底到期（除非另有说明），包括：

将个人所得税现行 7 级税率调整为 10%、12%、22%、24%、32%、35% 和 37%；

提高个人替代性最低税"免税额"，包括大幅提高不免税的起始点；

限制 750 000 美元或以上的新房按揭利息的扣除；

取消房屋净值贷款利息扣除；

将州税的分项扣除限制在资产税和所得税（或销售税）总额的 10 000 美元；

将儿童减税加倍至 2 000 美元（并将合格儿童的年龄限制提高至 18 岁），一般最多可获得 1 400 美元的退款；

保留遗产税，但免税额加倍并调整通货膨胀；

延长 2017 年和 2018 年调整后总收入（AGI）7.5% 的医疗费用扣除额，以及此后超过调整后总收入 10% 的费用；

从 2019 年起，通过将适用于未购买健康保险的个人的税率减至零，有效废除平价医疗法下"分担责任偿付"（或个人强制执行税收惩罚）。

4.4.3.3.2　对州所得税的影响

最终立法一旦通过，将影响州政府征收的企业和个人所得税。一般来说，大多数州所得税制将联邦应纳税所得额或调整后总收入作为州所得税起算点，但不会自动跟随联邦税率的变化。因此，除非各州税率与联邦税率降低保持一致，随着联邦税基的扩大，州所得税会随之上涨。不调整税率的州不采取任何措施就能大幅增收（纳税人也将缴纳更多的州税）。

4.4.3.3.3 税务遵从是关键

一般来说,各州通过以下几种方式之一遵从《美国税法典》(IRC):(1)在联邦税法发生变化时自动与之关联("滚动式"遵从州);(2)与特定日期的联邦税法关联("固定式"遵从州);(3)挑选不同的联邦税法条款和日期以遵循("选择性"遵从州)。大多数州一般将"州应税收入"定义为联邦应纳税收入或调整总收入,调增或调减特定项。但是,少数州先选择《美国税法典》条款,然后对实际条款稍作调整(如阿肯色州、加利福尼亚州和密西西比州),这意味着州的应纳税所得是独立于联邦计算的。

22 个州目前采用"滚动式"《美国税法典》遵从日期,因此,如果联邦税制改革,这些州通常会自动采纳联邦税收的变化,除非州政府选择与新的联邦条款脱钩(例如,在过去面临重大的《美国税法典》变动时,州政府往往颁布特别条款以去除他们认为成本过高的联邦举措,如加速折旧)。在州遵从或州税率无任何变化的情况下,一般会对纳税人的州有效税率产生即时影响。

相比之下,另外 20 个州目前采用"固定式"《美国税法典》遵从日期,如果将其遵从日期更改为相应的联邦税收改革条款的生效或之后的日期,通常只会将《美国税法典》的变更纳入其中,为适用联邦政府的变更,这些州通常需要更新其《美国税法典》遵从日期。因此,这些州的纳税人通常会继续使用《美国税法典》的联邦税改前版本确定该州有效税率,除非该州采取具体行动来更新其遵从日期。

剩余的 5 个州所得税采用"选择性"方法,只采用《美国税法典》的特定条款,通常是特定的日期。在这些州,纳税人通常可以看到采用"滚动式"和"固定式"遵从方式的混合,这会影响到州的有效税率。无论一个州采用何种方式,联邦税制改革都可能在州一级产生各种效应,这不仅取决于它们的遵从程度,还取决于每个州如何应对这些联邦税法变化,甚至取决于该州纳税人的文件申报(如水缘合并,全球合并,综合、独立实体申报)。许多州都有积极从联邦红利折旧条款中脱钩的历史。考虑到最终立法规定了即时费用化《美国税法典》第 168

（k）条中"合格不动产"100%的成本，这种脱钩的努力预计将会持续，这将进一步加剧联邦和州资产确认之间的差异。企业应准备在多个财务报告期间监控和评估联邦税改对州税收的影响，因为州政府的做法可能会与联邦所得税的目的有很大不同，具体取决于州政府如何以及何时遵从。

4.4.3.3.4　商业利息费用限制

最终立法将通过修改《美国税法典》第 163（j）条来限制所有商业利息费用扣除。新的限制通常同样适用于相关和不相关方债务。然而，与众议院和参议院法案不同的是，最终立法不包括本应成为《美国税法典》第 163（n）条中的全球债务上限规定的额外利息费用限制。

经修订的《美国税法典》第 163（j）条的限制将拒绝扣除超过经调整的应纳税所得额（ATI）的 30% 的商业利息费用以及任何商业利息收入。法案实施前四年，经调整的应纳税所得额的计算通常不考虑折旧、摊销或损耗。从 2022 年开始，这些项目通常会减少经调整的应纳税所得额，从而使 30% 的商业利息费用限制的计算仅基于与息税前利润（EBIT）相等的经调整的应纳税所得额。否则，经调整的应纳税所得额的定义会与现行《美国税法典》第 163（j）条的规定相似。可抵扣的利息费用需要与一笔"业务"相关，这通常意味着利息可以适当分配给贸易或商务。就此规定的目的而言，某些活动将被排除在贸易或商务之外（例如，雇员提供服务、不动产交易以及受管制的公用事业的某些活动）。小型交易的例外情况对于通过 2 500 万美元的总收益测试的交易至关重要。该条款在 2017 年后开始的纳税年度有效。

最终立法不包含"祖父"条款。因此，现有债务的利息将受制于新的 30% 的商业利息费用限制。根据最终立法，经调整的应纳税所得额的确定将在纳税申报层面进行，例如，对于一个合伙企业，这种限制将在合伙企业层面确定，而非合伙人层面；对于公司申报者，这种限制将在综合报税阶段确定。最终立法延续参议院法案的规定，对任何无效利息进行无限结转。该条款还包括特殊规定，允许穿透实体所有者在纳税年度使用剩余利息限额，并确保穿透实体的净收入不会

在合伙人层面重复计算。这项规定不适用于在过去 3 年间年均收入不超过
2 500 万美元的企业,也不适用某些受管制的公用事业或不动产交易或业务,除
非他们自行选择。最终立法还规定了在汽车和农机经销商及其他企业中普遍存
在"平面融资债务"利息的特殊例外情形。

　　由于新的商业利息费用限制将是用于确定联邦应纳税所得额(或个人调整
后总收入)的扣除计算的一部分,而且大多数州使用联邦应纳税所得额作为确定
州应纳税所得额的起算点,缺乏法制化脱钩程序的情况下,各州通常会遵守这一
规定。该规则在特定的州如何适用将取决于该州如何遵从《美国税法典》,特别
是《美国税法典》第 163(j) 条(即"滚动式"遵从州通常会自动跟随联邦的修订;
"固定式"遵从州通常不会适用这种变化,直到该州更新其《美国税法典》遵从日
期;"选择性"遵从州同样纳入该条款)。此外,允许无效利息的结转,就各州是
否会分摊它,以及是否会根据最终立法的规定,在《美国税法典》第 381 条和
382 条下施加限制而言,会产生不确定性。

　　最终立法规定公司申报者的限额将在综合报税阶段确定。由于大多数州,
即使是那些被要求或允许合并申报的州,也不遵循联邦统一申报法规,因此各州
可能会偏离联邦处理方式,并试图确定在个别实体一级的任何限制,可以想象,
即使各州将联邦规定直接或间接纳入其法律,这都将导致商业利息扣除限制在
州一级与联邦一级(甚至州之间)产生巨大差距。且在某种程度上,如果一个州
已经规定了向关联方支付的利息回扣,那么这个州的关联方利息费用回扣规则
的交叉可能会增加州立法工作的复杂性。

　　与新限制有关的另一个问题是将利息费用作为在联邦统一集团范围内限额计
算的总净效应的一部分,与特定利息收入结合起来清算。例如,在相同的所得税实
体中确定利息收入和利息费用以限制限额的影响,分开申报的州可能会受益吗?

　　最后,对 S 型公司、合伙企业和其他穿透实体,这些新的净利息费用扣除限
制的应用引发了各种各样的州所得税问题,包括州对联邦穿透实体处理方式的
遵从度以及州对企业与个人所有的穿透实体的不同待遇。

4.4.3.3.5　国际税收改革

1. 过渡税/预期分红

联邦税收改革的一个重要目标是使美国的国际税收制度比其他国家更具竞争力。为实现这一目标,最终立法将把美国从目前的全球税收体系转向更普遍的辖地体系,前瞻性地允许从外国子公司〔被动外国投资公司(PFIC)同时非受控外国公司的除外〕取得的利息100%扣除,其中美国母公司至少拥有10%的股份。如果外国公司在计算税款时可以扣除股息,通常不会允许10%美国公司股东从受控外国公司收到的任何股息再免税。此外,对于符合已收股息扣除条件被视为股息的分红部分,已经支付或累计税款一般不允许进行国外税收抵免或扣除。但是,如果美国公司是合伙企业的合伙人之一,股息符合免税条件,美国公司直接在外国企业中占有股份且是10%美国公司股东的话,美国公司收到的合伙企业分配股息一般允许免税。这些规则通常适用于2017年以后产生的分红。

最终立法还包括一次性过渡税(经修订的《美国税法典》第965节),其中美国跨国公司的外国法人子公司目前持有的某些以前未纳税的累计外国收入将被视为F附篇收入的特别内容被打回,以较低的税率征税。对于现金、现金等价物或某些其他短期资产(如不动产、厂房和设备等非流动性资产的累计收益)的收入部分,税率为15.5%或8%。上述税率是通过即时列入经修订的《美国税法典》第965(a)条的所有F附篇收入,然后根据经修订的《美国税法典》第965(c)条的扣除机制,得到15.5%或8%的税率(根据具体情况而定),取决于2018年之前开始的纳税年度的申报日期时美国股东自己的税率。

根据最终立法,这种一次性纳入F附篇收入将适用于外国公司在2018年以前开始的最后一个纳税年度,但无论累计数额有多大,均以自1986年起至2017年11月21日或2017年12月31日的税收递延累计收入及利润(E&P)来计算。在计算美国公司股东产生的F附篇收入时,任何受控外国公司的相关税收递延累计收入逆差一般都可以抵消其他受控外国公司的相关税收递延累计收益。最终立法通常也允许在所有附属集团成员间［通过经修订的《美国税法典》第 965（b）条对《美国税法典》第 1504 条的引用］进行净额结算。此外，征收过渡税的 1986 年后的 E&P 部分一般不包括外国公司在成为指定的外国公司前累积的 E&P。

最终立法同时保留了先前众议院和参议院两个版本的条款，允许美国股东选择在 8 年内支付过渡税，但延续参议院法案中规定的百分比付款时间表（递增税率如下：前 5 年为净应纳税所得的 8%，第 6 年为 15%，第 7 年为 20%，第 8 年为 25%）。此外，根据最终立法，如果美国公司在该规定颁布后 10 年内倒置，美国公司将被要求以 35% 的税率缴纳递延海外收入（减去已缴税款）的全部税款，在这种情况下，没有可用外国税收抵免。

目前，各州以各种方式处理 F 附篇收入的现有类别，以及这方面的外国股息。虽然目前许多州通过对联邦应税收入进行调整或采用自己的已收股息扣除从税基中排除子 F 附篇收入和外国股息，即使是在最终立法的新规下，各州对 F 附篇收入和外国股息的不同处理以及不允许扣除与非应税收入有关的某些支出的州级规则的运用可能会导致与联邦处理不同的预期之外的州所得税负。此外，派发 F 附篇收入或股息的外国子公司的直接比例所有权以及纳税人自己所在州的所得税申报方法可以显著影响纳税人如何对这些额外收入缴纳州税。此外，依据修订后的《美国税法典》第 965 条，新的 F 附篇收入和扣除"机制"将反映在联邦所得税申报表中，这可能会影响各州如何应用自己的已收股息扣除或费用驳回规定。最后，虽然联邦规定允许从一个受控外国公司与其他附属受控外国公司间 E&P 逆差结算，但包括合并申报的州在内的各州可能不遵从《美国税法典》第 1504 条的联邦归属规则，这似乎对新的 E&P 条款的适用性至关重要。无论如何，公司将需要仔细考虑他们申报和纳税的州将如何遵从联邦国际收入税收的重大变化，以及在哪个具体实体中确认收入。

当公司开始考虑这些新规对联邦所得税的影响时，他们也应立即同时考虑这些交易的州税收处理的影响，特别是基于过渡税确认的 F 附篇收入的规模可能很大，且国外子公司的预期分红的州税务处理可能会与以前大不相同。例如，根据目前的加利福尼亚州法律，F 附篇收入最初根本不需要纳税，尽管该州独特的水缘集团 F 附篇收入包含率不得不被考虑在内，以确定水缘集团的非美国成员是否必须由水缘集团合并申报，否则他们可能被排除在外。此外，来自各类受控外国公司的实际分红，包括根据联邦已交税收入（PTI）制度被排除在联邦应纳税收入之外的实际分红，将面临独特而复杂的加利福尼亚州已收股息扣除规则的挑战，这些规则可能导致所有、部分（来自持有超过 50% 且不由水缘集团合并申报的外国成员分红的 75% 已收股息扣除）或者没有任何分红被即时征收加利福尼亚州税。

2. 新反递延条款

新的反递延制度目的是对推定的"无形"收入的特定受控外国公司超额回报实行全球最低税率。最终立法将为某些国外来源收入的税收创造一个"胡萝卜"和"大棒"条款。根据新的《美国税法典》被称为"全球无形低税收入"（或GILTI）的第 951A 款，"大棒"将以新的受控外国公司收入目录形式出现，任何受控外国公司的美国股东会在一个纳税年度的总收入中纳入全球无形低税收入，其方式大致类似于 F 附篇收入的包含。这个计算过程很复杂，但是全球无形低税收入包含项一般会在美国股东层面的合计基础上计算，并考虑到所有受控外国公司的某些净"测试收入"和"测试亏损"。全球无形低税收入纳入的是美国股东的总"净受控外国公司测试收入"超过受控外国公司用于得到"测试收入"的可折旧有形资产回报的超额部分。

最后草案对应的"胡萝卜"是为美国公司"外国无形收入"（FDII）和全球无形低税收入包含项（包括对应《美国税法典》第 78 条的股息）形成的新扣税项目。与全球无形低税收入包含项类似，外国无形收入的计算过程复杂。新的扣除一般按照美国公司外国无形收入的 37.5% 和其全球无形低税收入包含项和相应的《美国税法典》第 78 条股息总和的 50% 计算，使得在新的 21% 的企业所得税税率下，美国公司的外国无形收入和全球无形低税收入（包括对应《美国税法典》第 78 条的股息)在 2017 年之后和 2026 年之前的纳税年度联邦有效税率分别达到 13.125% 和 10.5%,而 2025 年以后开始的纳税年度的扣除额较低,导致联邦有效税率分别为 16.406% 和 13.125%。将"胡萝卜"和"大棒"条款的影响结合起来,目的似乎是鼓励实现与直接通过美国业务向外国客户销售商品和服务有关的超额收益。

为实现州所得税的目标,新的扣除可能会被纳入美国纳税人的联邦应纳税所得额,并在某个州使用联邦应税所得作为起算点的情况下,通常会被纳入所在州的基本收入,除非该州选择不遵从该规定。各州可能会发现扣除额与州的有效税率不符并矫正这种偏差。

然而,从州所得税的角度来看,全球无形低税收入包含项可能更成问题,因为一个州如何处理并不一定完全取决于该州如何根据《美国税法典》第 951(a)条来处理现有 F 附篇收入。全球无形低税收入包含项并不是《美国税法典》第 951 条(a)包含项,而是在新的《美国税法典》第 951A 条下的一个独立包含项。事实上,最终立法明确指出全球无形低税收入包含项应当按照同样的方式处理,依据《美国税法典》第 951(a)(1)(A)条作为一个数额纳入,以便适用(仅《美国税法典》)的某些特定条款。一个州如何遵从及其所对应的处理方式需要仔细分析其对联邦应税收入尤其是 F 附篇收入确定的相关条款的法定遵从。例如,对于特定州的 F 附篇收入扣除的修订法规或其自己的已收股息扣除法规,全球无形低税收入包含项属于《美国税法典》第 951A 条下的独立包含项,而不是《美国税法典》第 951(a)款下的一个 F 附篇收入项,这很关键。

虽然外国无形收入相对容易追溯到州分摊因素的目的,但由于全球无形低税收入包含项是由一个本身并不直接盈利的美国股东确定的,就出现了如何处理分配因素表示的目的问题(以及增加潜在分配和集中的问题)。此外,在那些采用了避税立法的州(如阿拉斯加州、康涅狄格州、哥伦比亚特区、蒙大拿州、俄勒冈州、罗得岛州、西弗吉尼亚州),通常必须在其水缘集团申报安排中进行全球无形低税收入包容项特别股权割让以避免双重征税。最后,遵从州对国外收入的处理方式产生了新问题，即州是否可以在宪法特别是"外商投资条款"的限制下征税，以及这些税收像关税一样运作，并可能在进出口条款下被排除的可能性。

3. 对关联外资方特定付款的新反税基侵蚀规定

作为反税基侵蚀的一部分，最终立法采用了参议院法案中针对相关外资方特定付款的税基侵蚀规则——新税基侵蚀和反滥用税条款。根据新的《美国税法典》第 59A 条编写的新税基侵蚀和反滥用税将构成《美国税法典》下的新税，类似于"内置收益"税或替代性最低税，这适用于缴纳美国净所得税的公司〔不包括受管制投资公司（RICs）、房地产投资信托公司（REITs）和 S 类公司〕，在三年滚动期间，年均总收入至少达到 5 亿美元，且关联方的可扣除费用总计达公司当年扣除总额的 3%（银行和特定担保交易商的情况下为 2%）或者更多。

受新税基侵蚀和反滥用税管辖的公司通常会根据该条款确定所欠税额，即通过将当年所有对外国子公司支付的可抵扣款项（税基侵蚀支付）加当年调整后的应纳税所得额。税基侵蚀支付不包括销售货物的成本、就服务支付的特定金额以及特定的合格衍生付款。公司经调整的应纳税所得额超过当年正常应纳税额的 10%（在 2017 年后开始的纳税年度支付或累计的税基侵蚀款项纳税年度情况下为 5%）即是所负税基侵蚀的最小税额。对于 2025 年以后开始的纳税年度，税率将从 10% 上升至 12.5%。最终立法还对参议院法案草案作出了显著修改，这些条款大体废除了对利用包括低收入者住房税收抵免和某些可再生电力生产税收抵免在内的某些商业税收抵免的公司在新税基侵蚀和反滥用税计算中的惩罚。

新的新税基侵蚀和反滥用税似乎是一个全新的税收制度，不会直接被纳入联邦应税收入的确定中，因此不能直接被纳入州税基。但是，许多州已经采取了一些旨在限制"州税基"侵蚀的影响的措施，例如联合申报和关联方加回支付。考虑到他们已有的其他打击税基侵蚀问题的工具，一个州是否希望制定类似的制度是值得怀疑的。

4.4.3.3.6 净营业亏损的变化

对于 2017 年后开始的纳税年度的亏损,最终立法将通过废除大多数纳税人的净营业亏损结转来大幅调整联邦公司净营业亏损的处理方式,允许大多数纳税人无限期地结转净营业亏损,并将结转额限制在纳税人年度应纳税所得额的80%,类似于现行替代性最低税所规定的限额。由于大多数州在净营业亏损扣除之前使用联邦应纳税所得额来确定州应纳税所得额或单独计算的净营业亏损扣除额,所以这些变化中的大部分不会被州采用。然而,大多数州长期以来都不允许对净营业亏损进行结转,而且许多州只曾经推行了净营业亏损结转或同时实施了其他类似的限制。(例如,2016 年路易斯安那州实施了与最终立法类似的 72% 的限制;加利福尼亚州、新泽西州、伊利诺伊州和科罗拉多州在一段时间内限制或完全停止了净营业亏损扣除以弥补预算短缺;自 2007 年推行修订后的特许经营税以来,得克萨斯州根本不允许净营业亏损结转)。因此,这些新的联邦净营业亏损限制将只影响直接跟随联邦净营业亏损(如马里兰州和弗吉尼亚州)或直接遵从《美国税法典》第 172 条的一小部分州,除非这些州对税法进行修改以与新的联邦规则脱钩。

4.4.3.3.7 已收股息的扣除(DRD)变化

根据最终立法,为了反映较低的企业税率,针对从接收方公司持有 20% 或以上的公司获得的股息,当前的联邦已收股息扣除百分比将从 80% 减至 65%,其他股息从 70% 降为 50%。"合格股息"(基本上来自持有 80% 及以上的公司)将可以继续获得 100% 的已收股息扣除,而从联邦统一集团收到的股息将继续被排除。

从州所得税的角度来看,这些变化通常只会影响遵从联邦已收股息扣除规则的少数州的州税确定,也即是经过特殊扣除和净营业亏损结转后直接采用联邦应纳税所得额的州(如弗吉尼亚州、马里兰州和特拉华州)或遵循联邦规定的州。大多数州都有自己的已收股息扣除规则,且这些规则在州与州之间差别很大。此外,由于与会者声明的意图是为了降低已收股息扣除率以响应联邦总体税率的降低,那么州税决策者在没有降低本州企业税率的情况下也采取类似的做法不合理。因此,在很多州,除非各州选择遵从,否则这一措施似乎不太可能改变州应纳税收入的确定。

4.4.3.3.8 穿透实体(PTE)收入的个人扣除

根据 2017—2026 税收年度内有效的新《美国税法典》第 199A 条,从合伙企业〔包括有限责任公司(LLCs)〕、S 类公司和独资企业(包括不被视为个人所有者的有限责任公司)取得收入的个人(及信托和产业),每个穿透实体将被允许从穿透实体中申报 20%的"合格营业收入"扣除。这种特殊的穿透实体个人扣除通常不适用于某些特定服务业务(包括健康、法律、咨询、体育、金融服务和经纪服务等领域,但不包括工程和建筑服务)。尽管这些特定服务业务对穿透实体收入的扣除有所限制,但如果个人收入不超过一定数额,一项特殊规定将允许个人申报穿透实体扣除。最终立法还规定了有资格获得 20%扣除额的最高限额,这将基于企业支付的 W-2 工资,以及在某些情况下企业使用的特定资产的"未经调整的税基"。W-2 工资限制不适用于收入不超过一定数额的个人,投资收益和资本利得也将被排除在外。

该规定旨在缩小最终立法下适用于穿透实体收入的联邦所得税税率和适用于 C 类公司收入的新税率(即最高边际联邦企业所得税税率从 35%降至 21%)之间的差距。预期效果是使穿透实体所有者的税率降低至近似于 C 类企业。

最终立法最后一部分的内容并未包含在众议院和参议院法案中,这说明 20%的穿透实体扣除不能作为计算调整后的总收入的扣除项,但可作为降低应纳税所得额的扣除项。这个最后看似微不足道的定义区别对评估各州是否遵从穿透实体扣除至关重要。根据税务管理员联合会制定的明细表,截至 2017 年 1 月 1 日,几乎每个征收个人所得税的州确定州应纳税收入的起算点都是联邦"调整后总收入"。但下列五个州从联邦"应税收入"起算:科罗拉多州、爱达荷州、北达科他州、俄勒冈州、南卡罗来纳州和佛蒙特州。明细表还表明,在其余的征收个人所得税的州(即阿拉巴马州、阿肯色州、密西西比州、新罕布什尔州、新泽西州和宾夕法尼亚州)均不以联邦税基作为起算点。最后,九个州(即阿拉斯加州、佛罗里达州、内华达州、新罕布什尔州、南达科他州、田纳西州、得克萨斯州、华盛顿州和怀俄明州)根本不征收个人所得税。

因此,只有从联邦"应税收入"起算的这五个州的税收政策领导者必须考虑他们是否希望采用新的《美国税法典》第 199A 条对穿透实体所有者的 20% 扣除。也因此,除了以联邦"应税收入"作为个人所得税起算点的五个州之外的任何州,都可能不遵循 20% 穿透实体扣除的收益。在这些州,税收决策者将必须考虑是否要遵循政策效益。

4.4.3.3.9 个人州税减免

最终立法规定在 2017—2026 纳税年度内将个人(以及房产和信托)州和地方税扣除(SALT)的逐项扣除额限制在财产税、战争所得、超额利得税和所得税(或销售税)总额的 10 000 美元。这一限额通常不适用于在进行贸易或业务,或以其他方式取得收入时支付或应计的州税或外国税款。之前的参议院版本完全取消了州和地方税扣除,而众议院版本保留了高达 10 000 美元的州和地方税扣除,但仅限于不动产税。

尽管取消州和地方税扣除将对联邦一级的个人产生重大影响,但新的限制对州一级个人的直接影响非常小,因为根据现行法律,大多数州要求已扣除的州所得税加回联邦应纳税所得额后再确定州应纳税所得额。尽管存在州与联邦的差异,但为实现联邦个人所得税目的降低州税减免上限,加上联邦所得税税率的变化(部分下降,其他提高),可能会产生间接影响,让纳税人感觉他们需缴纳更多的州税。

因此,这些纳税人可能更关注他们的州纳税义务。此外,由于对穿透实体所有者规定的苛刻,某些企业可能会权衡作为 C 类公司运作是否更有利。另外,一些大型经营性穿透实体可能会向州政府咨询改变州所得税结构,以一个可扣税的实体级税取代向所有者征收的所得税。

4.4.3.3.10　保留抵免

除了研发税收抵免,低收入者住房税收抵免(LIHTC)和特定国外税收抵免外,众议院法案几乎取消了所有税收抵免,其中包括工作机会税收抵免(WOTC)等。然而,参议院法案通常会保留这些项目。尽管最终立法将对各种税收抵免计划作出大量修改,但绝大多数计划仍将保持实质不变。例如,工作机会税收抵免和新市场税收抵免(NMTC)与现行法律一致,并持续到 2019 年。此外,低收入者住房税收抵免在大体上没有变化,只有几个小的非税变化。历史重建税收抵免见证了所谓的 10% 的抵免被废除,并有 20% 的合格历史建筑抵免被修改,取消在投入使用的当年中获得抵免的受益,现在抵免将在 5 年内按比例分配。此外,政府发行的"税收抵免债券"已被废除,如合格区学院债券和建设美国债券。

其他保留的且根据现行法律一般保持不变的联邦抵免具体如下:

《美国税法典》第 45 条下的生产税收抵免(将继续目前的逐步取消);

《美国税法典》第 48 条下的投资税收抵免(将于 2022 年开始逐步取消);

《美国税法典》第 45F 条下雇主提供的托儿抵免;

《美国税法典》第 25D 条下的居住节能不动产;

《美国税法典》第 45J 条下的先进核电设施税收抵免。

最终立法将在《美国税法典》第 45S 条增加一项新的抵免,这将给予符合条件的雇员在享受家庭和医疗假期时减少的部分工资一般商业抵免。这项抵免只能用于 2018 年和 2019 年减少的工资。

如果这些抵免中的部分被废除了(根据众议院法案提议),对"搭载"在这种联邦税收抵免上的(即州计划通常采用大多数而非全部的,联邦税收抵免计划的规则,且一般依靠美国国税局进行监督)相应的州立税收抵免计划的影响存在很大的不确定性。此外,受影响的公司应考虑利用最终立法中的规定(如替代性最低税、新税基侵蚀与反滥用税,即时支出和较低的企业税率)重新计算其联邦所得税负债,以确定这些规定如何影响其利用上文提到的联邦税收抵免的能力。

4.4.3.3.11 其他改革

根据特定州如何遵从《美国税法典》,在最终立法中选择可能会对州所得税产生影响的其他变更包括以下方面。

对于 2017 年 9 月 27 日以后和 2023 年之前投入使用的"合格资产",红利折旧从 50% 提高到 100%。最终立法遵循众议院草案的规定,资产的原始使用不需要由纳税人开始。从 2023 年开始,增长的费用化标准将逐渐减少,每 5 年降低 20%。合格的资产将被排除,如同新修订的《美国税法典》第 163(j)条所述的 30% 商业利息限制,如某些公用事业财产和平面图融资财产。过渡规则将允许选择在 2017 年 9 月 27 日以后结束的第一个纳税年度适用 50% 的费用化标准。预计许多州会像过去一样与这一规定脱钩,尽管应该让州税收政策制定者了解到,这一规定应该与修订后的《美国税法典》第 163 条(j)中 30% 的商业利息限制同时考虑。

最终立法将增加资产折旧限制,并将计算机或外部设备从资产列表移除。对于 2017 年之后投入使用的资产,在这一日期之后的纳税年度,这些变更将会生效。

《美国税法典》第 179 条对于在 2017 年后开始的纳税年度投入使用的"合格资产"(即贸易或业务中使用的有形个人资产)的费用化标准增至 100 万美元,并从 250 万美元开始逐步减少;此外,"合格资产"将被扩大到包括用于提供住宿的某些可折旧个人资产,以及非住宅不动产的改善设施(如屋顶、供暖和财产保护系统)。各州可通过设置不同的门槛来与这一规定脱钩。

最终立法将限制涉及不动产的同类交易,从而废除允许递延商业和投资财产的同类交换收益规定(过渡规则适用于目前正在进行的同类交易),对于 2017 年后完成的交易有效。如果纳税人在交易中处置的财产在 2018 年以前被处置,或者纳税人在交易中接受的财产是在 2018 年或之前收到的,那么现行法律将继续适用于同类交换。

根据众议院法案的生效日期,在 2017 年之后的纳税年度,与在美国进行特定活动的有效收益扣除有关的国内生产，将在 2017 年后的税收年度被废除。几乎半数征企业所得税的州都已与该规定脱钩。

最终立法并不废除《美国税法典》第 118 条，这一条款下，一般公司的总收入不包括对资本的捐赠。相反，它保留了这一规定，但是规定"资本捐赠"不包括：a）客户或潜在客户的任何支持建设的捐赠或任何其他捐赠；b）任何政府实体或民间团体的任何捐赠（股东本身的出资除外）。

4.4.3.3.12　总结

随着联邦税制改革实施临近，纳税人应该考虑并行的州所得税问题。因此，所有纳税人都应在未来几个月集中精力利用州特有的模式来量化联邦税改的潜在影响，并确定和实施任何可用的减缓策略（特别注重具有时间敏感性的过渡税，这将影响 2017 纳税年度）。公司纳税人也应该提醒政府事务小组，从州所得税的角度考虑联邦税收改革对其业务的潜在影响，以便恰当的信息可以被传达给州立法机关，特别是因为州立法机关可能会在 2018 年初的定期立法会议期间（或在特别立法会议期间）迅速采取行动，以应对已颁布的联邦税收改革措施。此外，某些受管制的行业如公共事业的纳税人应该开始与其监管机构积极商议确定收回州所得税的机制。最后，较低的联邦企业所得税税率和海外收益的汇回可能会导致对美国的入境商业投资增加，因此应考虑州所得税，抵免和激励措施以及其他州税问题和机会。

4.4.4　联邦税改与金融投资

4.4.4.1　福克斯新闻认为美一季度资金回流加快

白宫对新税法带动资金回流乐观。美国福克斯新闻经济网络执行编辑欧哈罗兰（Suzanne O'Halloran）认为，据美国经济分析局（BEA）统计，2018 年一季度回流美国的资金超过 3 000 亿美金，为史上最高纪录。白宫经济顾问委员会主席凯文·哈塞特（Kevin Hassett）2018 年 6 月份在接受福克斯商业新闻采访时称："美国企业过去为了规避国内税收在海外建厂，现在由于有了新税法，他们已经不再那么做了,而是把资金带回国。"[1]

回流资金的使用方向尚未明朗。经济分析局注意到,海外公司将资金回流美国的主要驱动力,是境外赚取的利润返回美国时不再征税。哈塞特说,以前的做法非常愚蠢,从数据来看,2017 年同期回流资金仅为 380 亿美元。尽管经济分析局对回流资金的公司名称和金额保密,最新数据显示,首席执行官们正在信守他们在 2017 年 12 月底特朗普总统签署税改方案后不久许下的诺言,将海外赚得的利润输送回国。亲增长派的经济学家希望将回流资金用于雇佣、涨薪和其他有利于美国工人的行动,最终反映到经济层面上。因此,不少经济学家对国内生产总值的预测为 3%~4%。

美国上次资金回流急剧上涨发生在 2005 年。布什总统签署了《美国就业创造法》,提供了广泛的税收优惠的前提。不过,穆迪(Moody)分析的首席经济学家马克·赞迪(Mark Zandi)告诉福克斯商业,上一次资金回流对经济增长的作用很小,而本轮资金回流可能也是如此,他说:"回流资金的流向可能是股票回购、增加分红以及企业并购,这些对经济增长并无太大影响。"

这两次回流资金剧增存在一些差异之处。首先,一些美国企业巨头欢迎减税方案:向雇员提供一次性奖金、提高福利及其他财务津贴。例如,美国第一大纳税人苹果公司于 2018 年 1 月宣布,由于税收政策变化,未来 5 年内,它将在美国投资超过 3 500 亿美元。苹果同时宣布 iPhone 和 iMac 的制造商预计缴纳 380 亿美元的税收,为同类厂商最高。福克斯商业向苹果发出的关于其回流资金状态的问询尚未收到答复。其次,还要考虑一个因素:一些共和党人,包括众议院筹款委员会主席凯文·布兰迪(Kevin Brady)正在推动减税政策永久化,并可能抛出更进一步的税收优惠,例如税改 2.0。这对美国商业领袖来说意味着更多的确定性。

根据美国公共利益研究组织(USPIRG)的追踪,在 2017 年 12 月税改立法签

---

[1] Suzanne O'Halloran, "American money flowing back into America," www. foxbusiness. com, June 26, 2018.

署之前，美国公司海外账户约存有 2.6 万亿美元。

4.4.4.2 PIIE 认为美税改资金回流效应有限

尽管《2017 年减税与就业法》早已实施，但美国跨国公司并未在 2018 年上半年从海外业务中撤回大量现金。美国经济分析局数据显示，美国跨国公司汇回的资金为 4 650 亿美元，远高于 2017 年上半年汇回的 730 亿美元，但与美国总统特朗普预计的海量现金相比，这只是很小一部分。彼得森国际经济研究所（PIIE）高级研究员哈夫鲍尔（Gary Clyde Hufbauer）进行了分析。[1]

"我们预计很快就会有超过 4 万亿美元的现金汇回。"这是特朗普 2017 年8 月声称的，然而，2018 年第二季度的汇回金额仅为 1 700 亿美元，低于第一季度的 2 950 亿美元。巨额资金回流的前景可能有助于推动《减税与就业法》实施，但新税法没有提供令人信服的理由，让跨国公司将大量现金汇回国内。据估计，截至 2017 年底，跨国公司在海外持有未汇回收益资金约 3 万亿美元。这一数字中，有很大一部分是再投资于国外的厂房、设备和无形资产，使得可供汇回的现金和流动资产远低于 2 万亿美元，这一数字大约是特朗普预计的一半。

《减税与就业法》并没有赋予任何直接的动机将过去盈利中的任何部分汇回国内。《减税与就业法》对跨国公司 1986 年 12 月—2017 年 12 月在海外积累的现金和流动资产一次性征收 15.5% 的税收，对同期再投资海外的收入征收 8% 的税，这些将在未来 10 年内完成，跨国公司预计将亏损 3 390 亿美元。在 2018 年1 月 1 日之前，税法允许美国跨国公司无限期地将其积累的利润留在海外，除非它们将这些利润汇回本国，否则不会缴纳美国税。但根据《减税与就业法》，无论资金是否汇回，都应缴纳税款，也就是说，《减税与就业法》没有为资金的汇回提供额外的福利。此外，美联储经济学家认为，汇回资金与股票回购的关系比实际投资更为密切。

外国直接投资也并不活跃。从 2018 年 1 月 1 日起，《减税与就业法》通过将

---

[1] Gary Clyde Hufbauer, "Surprised? US Multinationals Didn't Repatriate a Gusher of Cash," piie.com, September 21, 2018.

企业税率从 35% 下调至 21% 的方式,为在美国的投资提供了强大的激励。
2018 年上半年,房屋建筑、设备和知识产权方面的私人国内投资总额达到
55 100 亿美元,同比增长 8%。然而,2018 年上半年,外国直接投资额为 830 亿
美元,远低于 2017 年上半年的 2 090 亿美元。特朗普政府的贸易保护主义政策
可能造成了太多的不确定性,以至于外国跨国公司不愿在美国投资,尽管美国的
企业税率更优惠。

宽松的信贷条件意味着跨国公司没有必要通过汇回现金来为支出提供资
金。虽然《减税与就业法》刺激了国内投资,并可能吸引外国直接投资流入,但
是 2018 年 6 月,AA 级债券利率为 3.5%,远高于 2017 年 6 月的 2.6%,但仍远低
于历史水平,美国相对于其他国家的强劲经济也许最终会促使跨国公司汇回超
过一万亿美元的现金,如果是这样,刺激来源于差别信贷和利率条件,而不是《减
税与就业法》提供的税收优惠。

4.4.4.3　美实务界认为税改对 M&A 影响较大

4.4.4.3.1　美国税改的广泛影响

《减税与就业法》将通过降低税率、改变减税的时间和限制条件,以及提高海
外现金使用的灵活性,对美国和全球的并购活动产生重大影响。美国全球投资
银行机构贝尔德(Baird's)副总裁布莱恩·多亚尔(Brian Doyal)撰写长文分析了
美国税制改革对不同类型公司和并购交易的影响。[1] 他认为以下是与许多并
购情况相似的情况。

《减税与就业法》的通过有利于并购活动,因为它消除了收购方和收购标的
未来税率水平的不确定性,因为前几个月税收改革的性质和时机不明确,可能导
致一些交易撮合者暂时离场。从 2018 税务年度开始,法定企业所得税税率从
35% 降至 21%,而企业替代性最低税已被废除。降低税率本质上增加了目标公
司的价值,为所有者提供了更大的利润份额。

---

[1]　Brian Doyal, "Impact of U. S. Tax Reform on M&A," www. rwbaird. com, September 27, 2018.

《减税与就业法》允许企业税前扣除从 2017 年 9 月 28 日到 2022 年底收购并投入使用的新的和使用过的合格财产的 100% 支出。通过提高收购资产成本的第一年减免额来降低近期税收义务，这一规定使得一些潜在收购的经济性更高，对买家来说更加可行，特别是在制造业或其他设备密集型行业，即使卖家用更高的销售价格来谈判——因为这样也提高了税盾价值。

4.4.4.3.2　对企业并购活动的影响

税改最适用于涉及公司作为收购者和销售者的交易：那些实际税率较低的企业将有更多的现金用于并购。对于那些已经有充足渠道获得低成本资本、现金充裕的大型企业来说，增加可抵扣成本的好处就不那么重要了。美国公司在境外持有超过 2 万亿美元的现金以推迟对未付收入的进一步征税，必须在最多 8 年的时间内汇回美国，并以 15.5% 的税率征税。虽然通过股票回购和股息能将 2004 年减税期间 90% 以上的现金汇回股东，但对于股票估值较高的公司，目前的回购诉求可能会降低。

在新的税收制度下，公司剥离活动应该会增加，可用目标的供应会变多。在之前的税收制度下，由于高税率和剥离低税基资产的影响，企业往往犹豫是否要对某些非核心资产进行剥离。这些公司应该对出售部分业务更加积极，因为新税制下剥离业务带来的收益适用税率较低。剥离公司还可以通过谈判销售价格获得更高的税后价值，销售价格反映了现在买家增加的税盾的一部分。关于购买合格资产成本的立即支出，上市公司必须权衡第一年扣除这些成本的税收优惠，与投资者对收购公告指引的反应，即由于加速折旧，短期内每股收益增幅降低。企业可以通过对增长和预期回报率指标的长期预测来反映收购计划的经济效益。

4.4.4.3.3　对跨境并购的影响

新的税法将对位于美国的企业和其他地域或市场的企业间的并购活动产生不同程度的影响：在之前的税收制度下，美国公司经常将资金投入海外市场，以获取海外市场的并购标的。现在，汇回的现金可以更容易地用于其他目的，包括国内收购。美国收购方对海外收购目标的兴趣应该会更大，因为它们广泛配置现金的能力增强了。美国公司的外国子公司将在主要产生利润的国家缴税，以规避跨国公司将利润过度转移到低税收地区的额外税收影响。此外，美国公司可以在至少一年的时间里，全额扣除通过持有海外公司 10% 以上股权而获得的来自外国的股息。

如上所述，较低的税率和直接可税前扣除的成本支出可能提高美国公司的预期价值。由于这一因素，具有价格意识的市场收购方可能更倾向于追求位于其他国家的目标。

4.4.4.3.4 对金融担保并购的影响

某些税务改革条款特别适用于私募股权公司进行的并购：对大多数公司来说，税收改革将使得 2018 年初所有未偿还债务的净利息支出扣除限制在调整后应纳税收入的 30% 以内，这与 2021 年以前的税息折旧及摊销前利润和之后的息税前利润类似。可抵扣限额增加了依赖于大量债务融资的收购的资金成本，许多出资方的收购就是如此。可能会让私募股权公司在追求某些目标时，在现金充裕的企业面前失去竞争力，尤其是如果杠杆融资市场的利率从历史低点大幅上升的话。此外，息税折旧及摊销前利润水平存在较大周期性波动的并购标的，可能会更少获得出资方的关注。

可能减轻可抵扣性减少的影响因素包括结转不允许扣除的利息费用的无限能力。此外，在《减税与就业法》提案通过后，亿美金（PitchBook）进行的一项出资方调查显示，超过三分之二的受访者预计 2018 年的交易将比 2017 年使用更多的股本。税收改革的其他规定提到应该帮助出资方达成收购计划的某些指标，包括由于降低税率改进的底线目标，这些正现金流特征可能至少在一定程度上反映在目标估值上。虽然附带权益将继续被视为资本利得，但符合长期资本利得标准条件的最低持有期限已从一年提高至三年。我们认为，这一规定可能导致保荐人保留某些投资组合公司，而不是在新的最低持有期限结束前退出。美国投资委员会———一家领先的私募股权投资游说团体———该委员会在《减税与就业法》通过之后发表的一份声明中称，《减税与就业法》"对私募股权投资来说是净利好"。

4.4.4.3.5　影响并购的其他规定

除了上述变化之外,税务改革的其他因素可能会影响并购交易的性质和时间:考虑到在《减税与就业法》下折旧税盾现值的增加,更多的交易可以构建为实际的或被认为的资产购买,例如通过该立法第338(h)(10)条的规定来进行选择,以便将获得的资产价值用于税收目的,作为最大化这种利益的手段。

并购标的估值应考虑到从 2018 年开始的税收年度中产生的净运营亏损的新限制,因为这些净经营亏损的上限为应纳税收入的 80%,不能追溯之前年份。这种限制特别关键,因为有关直接资本费用的规定增加了在任何一年发生大量资本支出注销的非经常项目支出的可能性。虽然现在净经营亏损可以无限期地延续下去,但较低的企业税率降低了未来和以前产生的净经营亏损以及其他税盾的价值。这种变化将减少出售股权的股东因这些税收属性而得到的补偿。适度降低个人税率可能会引发并购活动的增加,因为个人可能会因为利得税的降低而更愿意出售有限责任公司或 S 类公司。另一方面,非公司纳税人现在可以从这种流动实体获得的符合条件的企业收入中扣除 20%,这为保留企业提供了额外的激励,因为这种收入的实际税率要低得多。

上述信息和分析虽然没有涵盖《减税与就业法》对单个并购交易的所有影响,但却表明了税务改革对并购活动的重大而广泛的影响。《减税与就业法》的影响可能会在 2018 年晚些时候变得更加明显,因为企业有更多的时间来评估和调整新规定。对单个并购交易的税务影响取决于相关各方的实体选择和交易结构,因此最好直接与税务和并购顾问进行讨论。

4.4.4.4　税收基金会分析税改对金融业三大影响

众议院金融服务委员会举行听证,审议《减税与就业法》的影响,以及它与创新、经济增长和扩大就业的关系。我们之前曾撰文提出:《减税与就业法》最有利于经济增长的作用就是企业所得税税率的长期下调,它有望促进投资和生产力,且假以时日,可以提高工人工资。具体到新税改立法对金融服务行业的影响,税收基金会经济学家艾丽卡·约克(Erica York)认为,初步概括为以下三个方面。[1]

1.《减税与就业法》将企业所得税税率从35%下调至21%,对个人所得税各税率级距也进行了类似下调。利息所得税税率的下调会进而带来借款利息的下降。理论上来说,贷款利息的税负下降,贷方自然就会更愿意接受利率的下调。本季度免税市政债券利率低于企业债券利率的事实就是证据。因此,《减税与就业法》应该可以进一步扩大贷款规模,因为在其他条件相同的情况下,低利率是借贷的"催化剂"。

2. 与税改辩论期所提到的相关情况相反的是:对按揭利息以及有关联邦税、州税抵扣的限制似乎并没有对房地产市场产生负面影响。很多房地产业界人士曾经预测,税改对有利于房市的税前扣除所施加的限制可能会导致房价的大幅下跌。然而,美国当前的新建住宅规模正接近 11 年以来的最高点,房价不降反升,且有迹象表明:房地产市场活跃度将继续保持稳定。

3.《减税与就业法》对利息以及支付给美国联邦存款保险公司(Federal Deposit Insurance Corporation,FDIC)的保费的税前扣除等税收优惠进行了限制,而这些优惠被认为是有利于金融服务行业利润的。比如,利息支出若可以税前抵扣,就能降低税基,这样就可能会鼓励借贷人提高财务杠杆率。实际上,限制利息的税前扣除是降低金融服务业核心业务总体税负的代价。而且,企业所得税税率的下调也明显降低了某些税收优惠的价值,如信用合作社所得免税优惠,从而提高了传统银行与信用合作社之间的竞争公平性。

总之,我们可以预见:税率的下调将带来贷款规模的扩大和更多的投资现金流,假以时日,能够进一步提升经济增长和工薪水平,推动经济更健康发展。当然,我们也必须明白:新税改立法发挥效能需要一定的时间,而且经济生活中的一些其他变化也可能会对税改产生一定的抵消效应。

---

[1] Erica York, "Three Possible Impacts of the TCJA Related to the Financial Services Sector," taxfoundation. org, June 20, 2018.

4.4.4.5 税收遣返无助于解决美元走弱

据美国《每日星报》报道,依靠美国共和党税收立法帮助,促使跨国企业将海外利润转换成美元,以终结十年来最严重的美元下滑的投资者,可能不得不暂时放弃他们对长期反弹的期望。特朗普税改计划,部分目的,是让美国跨国企业名正言顺地将其外国子公司持有的近 2.6 万亿美元的利润遣返美国境内,特朗普当局降低了对此类累积所得的税率。企业迟迟不愿确认资产负债表上的这类利润,以规避美国高达 35% 的企业所得税。[1]

美元兑一篮子货币的汇率下跌了 8.1% 左右。由于美联储加息的速度比预期更慢,特朗普总统无法签署任何重要法律,这使美元遭受打击。但分析人士表示,就算该项税收立法能够立法,美元也无法长期获益,因为立法不能为企业即刻转换海外利润带来动力。与此同时,很多大型企业已将这部分利润换成了以美元计价的证券。

共和党人的提案与上一次海外利润减税政策不同。全球金融服务公司意大利联合信贷银行(Unicredit)表示,上一次的减税将近 3 000 亿美元带回美国国内。乔治·布什总统于 2004 年 10 月签署的立法在 12 个月的窗口期内将税率骤降至 5.25%,加上美联储积极地收紧货币政策,使得次年美元的汇率上涨了近 13%。然而,此次共和党人的法案在会议委员会上提出的法案将永久性地改变美国企业海外利润的纳税方式。

美国将不再对企业跨国境的大部分未来收益征税。因而,企业鲜有动力将之前累积的海外利润快速带回美国,因为税率不会再回到更高水平。根据多伦多道明证券的数据,高达 2 500 亿美元的海外收入可以无限期遣返。分析人士称,尽管这会提振美元,但在 4.5 万亿美元的全球货币市场上,遣返并不会成为一个重要的持续性因素。道明证券北美外汇策略主管马克·麦克米可(Mark McCormick)表示,"2005 年时,遣返是一次性且强制的,因而企业利用这一机会,

---

[1] Reuters, "Tax repatriation plan may not fix the dollar," *The Daily Star*, December 9, 2017.

美元也从中获益",但此次的税收立法并没有当时那么紧迫。迄今为止,该税收立法还未最终定稿。众议院通过的立法将允许企业在 8 年的时间里,以 14% 的税率,而非当前 35% 的税率将海外利润遣返国内,通过的参议院法案将税率定为 14.49%。

两项立法都不要求企业将海外利润转换为美元。对企业海外利润减税的期望和对更广泛美国预算赤字的预期,有助于美元在 2016 年 11 月特朗普赢得大选后不久便升至 2002 年以来的最高水平。

税收遣返不会直接提振美元。分析人士表示,目前国会两院已通过税收立法,"美元多头们又开始蠢蠢欲动"。然而,他们表示,这一导向是错误的,因为企业将遣返回国的绝大部分利润早已变成以美元计价的证券了。多伦多丰业银行首席外汇策略师肖恩·奥斯本(Shaun Osborne)表示,"由于一些大型美国企业已持有大量美元计价资产,就算有大规模的遣返浪潮也不会直接提振美元"。多数情况下,海外利润是以美国银行账户上持有的美元为基础的,但在企业的资产负债表上却被确认为海外资产。因此,它们并不会被视为美国收入,因而不需要缴纳美国的税收。布鲁金斯学会预估,海外现金余额最多的 15 家美国企业,其 95% 的海外利润都是以美元计价的现金或等价物的形式持有的。比如,微软公司在其年报中提及,截至 2018 年 6 月 30 日,其海外子公司持有的现金和短期投资中,近 92% 已投资于美元资产。

部分分析人士认为美元将迎来短期提振,长期仍看跌。美银美林首席货币分析师大卫·吴(David Woo)表示,"税制改革一经通过,你就会听到金钱迅速回流的巨大声音"。不过他预计美元的涨势不会延续到 2018 年二季度后,部分原因是考虑到税收计划对美国财政赤字的影响。富国银行集团投资组合策略师布莱恩·雅各布森(Brian Jacobsen)认为,长期看来,美元仍会下滑。他表示,税收立法的影响很大程度上反映在货币市场上,在未来 12 个月内几乎没有什么意料外的需求。

4.4.4.6　税收基金会认为税改推高利率有害

《减税与就业法》可能会推高利率。美国税收游说组织税收基金会高级研究员恩廷（Stephen J. Entin）指出，税改立法促增长条款导致利率上涨是积极信号，表明减税有利于集聚资本，这不应引起恐慌。然而，联储可能会选择提高利率，理由是担心增长造成通膨。联储提高利率会对经济产生负面影响，且部分抵消税改带来的经济增长预期。[1]

促增长条款通过提高投资和储蓄的回报发挥作用。税改最大的促增长条款是将企业所得税率降至 21.5%、对设备直接费用化，这将吸引更多投资。其他促增长条款包括部分减免企业税负，适度减免工资、薪金及存款利息所得税。这些都将鼓励更多投资、就业及储蓄。

减税提高了实物投资的税后回报有利于扩大生产规模。对工厂设备的更高投资回报导致投资增长，以扩大工厂、矿场、农场、商业地产及出租房屋，增加生产性实物资本数量。从而收益率会最终回归到减税前水平，资本存量将位于全新的、更高均衡水平。债券及其他形式的贷款利率往往随着实物投资回报率上升而上升。由于商业资产回报率高，投资者乐于支付更高的利息获得资金，用于购买更多机器等。储户通过购买债券，为正在增加产能的企业提供贷款，通过购买股票帮助企业发行新股筹集资金扩张，还可向企业直接投资，或通过合伙关系和风险投资基金进行投资。

4.4.4.6.1　对财政赤字的担忧真实存在但需理性对待

部分观察人士担心减税造成联邦预算赤字更大，联邦债务可能通过高利率吸收国民储蓄，"排挤"产业资本形成的私人借贷、阻碍扩张。不太可能出现这种情况，原因有二。

首先，减免企业税将以较高企业留存收益和抵消折旧的形式促进储蓄。税负转移企业的现金流更高。由于适度减免了工薪税，劳动参与度和工作时间将

---

[1]　Stephen J. Entin, "The Tax Reform Bill Will Raise Interest Rate. Good or Bad?", *Tax Foundation*, March 7, 2018.

适度延长,个人储蓄也会由于回报和税后收入提高而增加。州和地方政府收入增加,赤字减少。

其次,美国是全球大型、开放金融市场的一部分。由于美国居民和企业在国内比海外借贷多,且海外投资者为扩大美国生产,把资金汇入美国,世界储蓄将流向美国。这段时期联邦负债预计会适度扩张,因而国债违约风险下降。通过吸引资本流入为预算赤字融资,只需提高利率,即可,如把国债利率由 2.7% 提升至 3.0%。

但这不意味着预算赤字没有成本。无节制的联邦财政支出可能导致巨大的财政赤字,由此形成过高债务,提高利息支出,挤占其他政府优先支出。区分由促增长政策产生的财政赤字和额外政府消费产生的赤字至关重要。

4.4.4.6.2　联储的反应很重要

联储可能会通过提高利率应对税改。此举是由于担心经济增长或更高的联邦赤字导致通货膨胀。但实际上这不足为虑,通过减税降低生产成本、扩大资本存量和劳动力参与率,并不会引起通货膨胀。减税增加了商品和服务产量,以同样货币供应量追求更多商品会降低价格。联储预测通货膨胀采用的是"菲利普斯曲线"模型,道理是减税降低失业率,给工资带来上行压力,推升物价,导致通货膨胀,联储将此视为通货膨胀的根源。这一观点是错误的。减少失业可能带来工资上涨,但这不具有重复性。系统性通货膨胀是在一般物价水平上持续的、重复的、不间断的增长,只有在联储不断扩大货币供应的情况下发生。

4.4.4.6.3　结论

失业、工资和通胀之间不具有必然联系。如果触发了意外通货膨胀,商品就更多,带来短暂经济的增长。实际上增长是由通货膨胀引起的,并非由增长引发了通货膨胀。联储副主席兰德尔·夸尔斯(Randal Quarles)指出,联储比以往更加倾向于通过减税扩大产能、增加供给的可能性。产能增长型扩张可能不像需求驱动型扩张那样,给物价带来过大的上行压力,避免央行对信贷增长施加不必要、有害限制。不过,现在推翻菲利普斯曲线为时过早,必须密切关注联储,以免过早扼杀税制改革带来经济增长。

夸尔斯副主席 2018 年 2 月 26 日在第 34 届全美商业经济学会经济政策会议上指出:

> 经济增长的关键是增长体现生产能力的持续增长与否,或生产能力增长是否主要为总需求激增的产物。

> 2017 年下半年资本设备实际支出增速达两位数,近年来经济增长的投资枯竭症,有望最终被解决。

> 尽管经济活动回升,劳动市场收紧,但通货膨胀依然维持低位,这引发了人们对将通胀和经济挂钩的菲利普斯曲线分析框架的质疑。

> 推翻菲利普斯曲线还为时过早,劳动市场紧缩最终将体现在工资和物价上。

> 未来财政政策可能给经济增长带来相当大推动,不仅是因为需求增长,而且因为提高了经济潜能。

> 假设增速加快导致通胀更高,那么还有待观察。预计需求导向型增长相比于潜在增长,对物价的影响更积极。无论是通过提高劳动参与率,还是提高生产率,增加经济产能带来的增长对物价的压力都较小。

4.5　税收征收与监管

4.5.1　国税局发布税法过渡申报和缴税指南

国税局发布了常见问答,解释《美国税法典》第 965 条"过渡税"(《减税与就业法》组成部分)的纳税人申报义务和税款缴纳要求。常见问答内的操作指南是关于如何提交税法典第 965 条过渡税的 2017 年申报表。如果不按常见问答的指南操作,申报就可能会碰到问题。应当电子申报的纳税人得等到 2018 年 4 月 2 日以后申报,国税局要先升级系统。[1]

---

[1]　"IRS Issues Guidance on Code Sec. 965 Transition Tax Filing and Payment Requirements," http://fs-cpa. com/irs-issues-guidance-on-transition-tax-filing-and-payment-requirements/, March 14, 2018.

一般而言,税法典第 965 条对美国股东的外国子公司在 1986 年后的未缴税收益视同分配回国,征收一次性税收。以现金和现金等价物形式持有的外国收益按 15.5% 征税,留存收益按 8% 征税。纳税人可以选择按 8 年分期缴税。

收益金额的报告主体必须是递延外国所得公司(DFIC)的美国股东,或者国内合伙企业的直接或间接合伙人、S 类公司的股东,或者是身为递延外国所得公司美国股东的另一家穿透实体的受益人。常见问答的附录包含了一张表格,分个人和实体阐明了在 2017 年纳税申报表中怎样报告各项目。例如,个人在 1040 表第 21 行报告税法典第 965 条第 a 款的金额,该行左起加点标注了"第 965 条"。拥有税法典第 965 条所得的个人,其申报表中必须包含"《美国税法典》965 过渡税声明",在"伪证惩罚"下签名,若为电子申报,要用可移植文档格式,将文档命名为"965 tax"。问答提供了声明范本。纳税人必须保留充分记录,证明税法典第 965 条的包含金额、根据第 965 条第 c 款的扣除、第 965 条的应税净额,以及说明这些金额的计算过程的其他资料。常见问答还详细说明了如何作出税法典第 965 条的多个选择,包括按 8 年分期缴税的选择。纳税人作出任一项选择,都必须在申报表中附上声明,并在"伪证惩罚"下签名,若为电子申报,要用 PDF 格式。纳税人如果是特定外国公司的美国股东,必须在提交 2017 年申报表的同时提交 5471 表。国内合伙企业、S 类公司或其他穿透实体在 K-1 表中必须附上与税法典第 965 条第 a 款内容相关信息的声明。

税款必须分两笔支付。一笔是没有税法典第 965 条情形下的应付税款。另一笔是税法典第 965 条的应付税款。两笔税款都必须在适用的申报表的到期日前缴纳。关于税款缴纳的更多详情见常见问答。已提交 2017 年纳税申报表的纳税人应根据常见问答和附录的信息考虑是否提交一份修正申报表。

4.5.2 国税局终止离岸自愿披露计划

美国国税局宣布,将终止 2014 年离岸自愿披露计划(OVDP),该计划将于

2018 年 9 月 28 日结束。在计划结束前,未披露外国金融资产的美国纳税人,可在有限的时间内使用离岸自愿披露计划。[1]

一、背景。自 2009 年首次推出离岸自愿披露计划以来,已有超过 5.6 万名纳税人使用了国税局的披露项目。这些纳税人共支付了 111 亿美元的税款、利息和罚金。离岸自愿披露计划公布的数字在 2011 年达到峰值,当时约有 1.8 万人申请。在 2017 年,该数据已逐步下降到 600 人。这些项目使得美国纳税人能够自愿地解决过去与未申报的外国金融资产有关的不合规情况,以及未能提交外国信息的问题。

二、税收执法。美国国税局终止现行的离岸自愿披露计划,反映了第三方报告的进展情况,并提高了纳税人对纳税申报义务的认识。但是,国税局将继续使用其他方式来打击离岸避税。这些方式包括:(1)纳税人教育;(2)揭发者线索;(3)公民考试;(4)刑事起诉。

其他国税局遵从性计划仍将继续。尽管离岸自愿披露计划即将终止,但符合条件的纳税人仍可享受简化的申报遵从程序,这些程序适用于可能不知道其申报义务的纳税人。此外,国税局还将继续执行以下计划:(1)国税局-刑事调查自愿披露计划;(2)拖欠 FBAR(拖延提交外国银行及财务账户)提交程序;(3)拖欠国际信息资料程序。

4.5.3 国税局联邦税扣除限额政策受欢迎

早些时候,美国国税局宣布将出台法规和指南,以明确为规避州和地方税(SALT)在联邦税中一万美元扣除限额而调整收入的处理办法。美国税收政策游说组织税收基金会高级政策分析师瓦尔扎克(Jared Walczak)指出,迄今为止,纽约、新泽西和康涅狄格几个州已经通过了旨在使高收入纳税人规避上限的立法,其他地方正在进行立法。在该通知中,国税局强调了"实质重于形式"的原

---

[1] "IRS Ending Offshore Voluntary Disclosure Program (IR – 2018 – 52)," http://prod. resource. cch. com, March 14, 2018.

则,意指国税局关注支付的实质,而非名称或形式。[1]

虽然具体指南尚未出台,但对于以慈善捐款替代税收的办法来说,这显然是个坏消息,因为国税局在通知中强调,它关注的是支付是否满足了纳税义务,而非以某种方式对其调整。对其他解决方案的影响,如纽约州的选择性工薪税或康涅狄格州实体层面的税收替代,目前尚不明确,但对这两种方式也可能存在较大影响。

国税局认为,当公司自愿支付工薪税,从而获得雇员个人所得税的税收抵免时,实际上是在代其雇员支付所得税,这是完全合法的,但这并不会成功规避上限。此外,联邦对个人所得的定义包括穿透收入,这对以实体税进行替换的可行性提出质疑。

我们一再对州和地方税扣除上限规避措施持怀疑态度,这种应对策略在法律上存疑。减少分项扣除,包括设置州和地方税扣除限额,有助于抵偿税率的降低,因此,如果政策为那些高收入者恢复没有限额的扣除,那么这个群体将享受到双重的优惠,因为他们同时将继续享受低税率好处。

即将出台的国税局指南和条例应该受到欢迎。虽然现有法规、判例法和条例在这一问题上相当明确,但各州却搅了浑水。国税局的正式指南将有助于确保纳税人不依赖于各州的策略,因为那在法律上存疑,并且可能导致处罚和增加纳税义务。

4.5.4　联邦税收遵从成本高达 GDP 的 1.2%

申报纳税很费劲。除了实际应付税款,在提交申报表和确定应交所得税额的同时,发生了遵从成本。美国税收游说组织税收基金会经济学家埃尔希柏依(Amir El-Sibaie)对此进行了分析。[2]

税收遵从成本比估测结果大得多。税收基金会和其他组织长期以来一直在试

---

[1]　Jared Walczak,"IRS to issue guidance clarifying viability of SALT deduction cap workarounds," www. taxfoundation. org, May 23, 2018.

[2]　Amir El-Sibaie,"Tax Compliance Burden Could Cost America as much as 1. 2 Percent of its GDP," https://taxfoundation.org/tax-compliance-cost/, February 21, 2018.

图估测税收遵从成本。洛杉矶加州大学经济学助理教授本扎梯（Youssef Benzarti）使用了一种新的准实验方法，有助于解决这一问题。他发现，税收遵从成本比以往使用调查法所估测出的结果要大得多。多年来，信息和规章事务办公室（OIRA）汇编了美国人填写税收申报表所需的时间，但信息和规章事务办公室并未关注填写所费的成本。因而，为了估测提交纳税申报表所需的成本，本扎梯设计了一种新方法，这种方法在判断纳税人采取分项扣除还是标准扣除时考虑纳税人已知的偏好。

相关背景：纳税人申报联邦个人所得税时，需要在分项扣除还是标准扣除中作出选择。选择分项扣除的纳税人可以从所得中扣除数项费用，包括房贷利息、财产税、州和地方的所得税或销售税以及慈善捐赠。选择标准扣除的纳税人则根据现行法律按单身 12 000 美元、已婚联合申报者 24 000 美元、户主 18 000 美元的标准扣除。

纳税人在选择分项扣除或标准扣除时会考虑时间成本。尽管一眼看上去，如果分项扣除总额高于标准扣除额，纳税人应当选择分项扣除，但数据显示，纳税人的选择往往并非如此。本扎梯注意到他称之为"缺量"的这部分纳税人，本应选择分项扣除却选择了标准扣除。这些纳税人就在分项扣除的边际量上，可他们并没有选择分项扣除。具体来说，例如，这类纳税人若选择分项扣除，可作为已婚夫妻合计享有 24 005 美元的扣除，但他们却决定采取标准扣除，即使扣的少。这类即使省钱也不选择分项扣除的纳税人传递出一个信号，即他们认为比起所省的税金，分项扣除就遵从上来说成本更高。本扎梯用这些显示出来的偏好去估测分项扣除的成本，继而确定申报联邦所得税的总成本。

税收遵从成本从 175 美元至 591 美元不等。从个体来看，2016 年申报联邦所得税的成本为：自低收入单身纳税人的 175 美元至高收入已婚纳税人的 591 美元不等。总体来看，自 20 世纪 80 年代起，遵从成本稳步上升。1984 年，全国在税收遵从上耗费约 1 500 亿美元，2006 年上升至约 2 000 亿美元。纵然成本上升有纳税人数量增加的因素在，也有部分原因在于更多的纳税人在提交 1040 表格之外必须提交一些附加表。以上所有估测成本以 2016 年美元为单位。

这些估测是以 2017 年 12 月《减税与就业法》通过前的税法典为基础的。毫无疑问,《减税与就业法》的通过将改变税法典的遵从成本。标准扣除额几乎翻倍了,关于总扣除额和个人宽免的皮斯(Pease)限制(及其更为复杂的分级递减机制)被全部废除了。此外,替代性最低税(AMT)的宽免及其分级递减范围对各种申报状态者都提高了,这令许多纳税人得以完全规避了替代性最低税。

税法改革必须考虑税收遵从成本。接下来的 8 年间,议员和学术界将试图对《减税与就业法》下的税收遵从成本进行量化。新立法的某些方面使税法得以简化,但其另一些方面,例如对穿透性企业而言,税法变得更加繁杂。对税法复杂性的评估很重要,在议员决定要对《减税与就业法》下个人所得税的现行结构进行改革还是回归《减税与就业法》前的税法时,税收遵从成本是必须要考虑的因素。

4.5.5 外媒揭谷歌漏税 160 亿欧元手段

谷歌通过向百慕大空壳公司转移利润避税数十亿美元。据孟加拉国媒体《每日星报》报道,2016 年,字母表(Alphabet)公司的子公司谷歌向一家百慕大的空壳公司转移了 159 亿欧元(约合 192 亿美元),节省了数十亿美元的税款。谷歌使用两种结构,称为"双重爱尔兰"和"荷兰三明治",以保护其大部分国际利润免税。这一设置涉及将收入从一家爱尔兰子公司转移到一家没有员工的荷兰公司,然后再转移到另一家百慕大空壳公司。根据 2016 年 12 月 22 日谷歌向荷兰商会提交的文件,谷歌在 2016 年通过这种税收结构转移的资金比前一年高出 7%。谷歌发言人在一份声明中说:"我们支付了所有的税款,并遵守我们在全球各地经营的所有国家的税法。""我们仍然致力于帮助发展在线生态系统。"[1]

谷歌由于没有足额缴税面临着来自监管机构和当局的压力。2017 年,谷歌逃过了一项 11.2 亿欧元的法国税单。此前,一家法院裁定其爱尔兰子公司在法国的广告收入没有固定地址。欧盟一直在探索如何让美国科技公司支付更多的

---

[1] Jeremy Kahn, "Google's ogle Kahn," http://www.dailystar.com, January 4, 2018.

费用,因为美国许多科技公司都使用了类似的避税手段,2015 年,爱尔兰政府已经解决了允许实施"双重爱尔兰"税收安排的税务漏洞。但是,已经使用该架构的公司可以继续使用,直到 2020 年底。

根据美国财务报告,2016 年谷歌的全球有效税率为 19.3%,部分原因是其大部分国际利润转移至百慕大实体。通过 2016 年的资金转移,谷歌节省了 37 亿美元。税务专家罗伯特·威伦斯(Robert Willens)说,计算谷歌收入的更好方法是将爱尔兰 12.5% 的税率适用于转移到百慕大的资金数额,因为收入本来应该在爱尔兰征税。在这种情况下,谷歌仍将规避约 24 亿美元的税收。

美国新税法将对谷歌所持海外利润征税。谷歌在向美国证券交易委员会提交的文件中表示,截至 2016 年底,谷歌在海外持有 607 亿美元的资金,但尚未支付美国所得税或"外国预扣税"。多年来,美国税法赋予了美国公司一种鼓励海外收益的措施,即允许他们推迟缴纳美国税收,直到他们把这些利润返还给美国。美国通过的税法将要求企业对其迄今为止所持的海外收入进行纳税,这两种税率分别为:15.5% 用于现金或现金等价物;8% 用于流动性较低的资产。那些支付相对较低的全球有效税率的美国公司将支付美国的最低税额。新税以 10.5% 的税率起征,公司在全球有效税率为 13.125% 或更高的情况下不适用。

谷歌爱尔兰有限公司(Google Ireland Ltd.)持有谷歌的大部分国际广告收入,然后将这笔钱交给荷兰控股有限公司(Google Netherlands Holdings BV)。谷歌在新加坡的一家子公司,拥有该公司亚太地区的大部分收入。这家荷兰公司随后将这笔钱转让给谷歌爱尔兰控股公司,该公司有权在美国以外的地区授权搜索巨头谷歌的知识产权,而该公司总部位于百慕大,无须缴纳企业所得税。这两家爱尔兰实体的使用,使其结构成为"双重爱尔兰",而荷兰子公司作为两家爱尔兰公司之间的管道,挤在中间恰好组成"爱尔兰荷兰三明治"。

4.5.6 高盛因联邦税改出现巨亏

由于美国税改引发的一次性支出导致高盛报告出现罕见的季度亏损。据孟加拉国媒体《每日星报》报道,这家美国投资银行巨头报告称,第四季度营业收入下降 4.1%至 78 亿美元,亏损 21 亿美元,而 2017 年同期利润为 22 亿美元,公司股票在早盘交易中下跌 2.2%至 252.75 美元。这是高盛因受到一次性 44 亿美元支出的影响而出现的自 2011 年来首次季度亏损,主要是由于美国税改对外国收入的返还规定。这笔支出也拖累了年收益,使其下降了 48%至 37 亿美元。最近几周,许多大公司就美国税改的一次性负面影响发表了类似的申明。[1]

包括高盛在内的大多数公司看好美国减税的长期效果。他们认为这将导致收入的增加和经济的更快增长,在高盛的一份刊物中,首席执行官劳尔德·贝兰克梵(Lloyd Blankfein)提到减税是改善宏观环境的一个因素,尽管公司暂时面临着"挑战性的环境","在全球经济即将加速,美国新的税法给我们的企业提供顺势和领先的经营权的情况下,我们已经很好地准备好了服务我们的客户,并且在 9 月份的增长计划中列出了重大的进展"。在银行业务中,高盛从债券和股票承销中获得了可观的收益,财务咨询收入也增加了。

高盛的交易业务在最近几个季度因波动性低而陷入困境。该部门的收入比 2017 年同期下降了 34%,尤其是因备受关注的固定收入、大宗商品和货币交易减少 50%而导致下滑。它已经进入公众银行领域,而这一领域是被其竞争对手如摩根大通、美国银行和地区银行所主导的。高盛说,2017 年在线消费者贷款和存款平台的贷款超过 20 亿美元,并吸引了超过 50 亿美元的存款。

4.6 深化税制改革建议

4.6.1 保守势力鼓吹美减税措施宜永久化

在《减税与就业法》通过 6 个月纪念日之际,减税措施已使全美无数中小企业和个人获得财税优惠。《减税与就业法》使得中小企业有机会通过雇佣新员

---

[1] "Goldman Sachs reports quarterly loss on U. S. tax reform charge," http://www.dailystar.com, January 18, 2018.

工、购置新设备、提高工资、扩大经营实现再投资。正因为如此，中小企业的乐观情绪接近历史最高点。这的确令美国中小企业界蓬勃发展。传统基金会研究人员莫兰（Barbara Moran）发表了看法。[1]

我为自己是这小企业大家族的一员而自豪。我拥有并经营传送带小企业特许经营权及 Moran 品牌——一家提供特许经营机会的组织。这种特许经营模式的确是美国企业力量的核心，并将继续处于经济发展的中心。2018 年早些时候开始并持续至今的小企业乐观情绪很大程度上得益于 6 个月前通过的《减税与就业法》，它对真正的小企业产生了影响。事实上，美国税制改革协会发布的清单表明有超过 600 家公司和 400 万雇员在减税中受益。

从宏观上看，美国国民经济也同样受益。美国劳工统计局最新数据显示，就业机会持续增加、工资增长加快，失业率为 21 世纪以来最低。很多经济学家预测美国国内生产总值将以 3% 的速度增长，这比两年前有很大提升，当时只有这个的一半。

然而，华盛顿的某些人却认为这些好处和经济进步不值得保留，他们发誓要废除这有利于就业、有利于增长的立法。

希望还未破灭。当反小企业的政客们考虑取消减税之时，还有人在推进进一步扩大减税的议程。新减税立法最早于 2018 年夏天或将出台。当务之急，是将《减税与就业法》的所有举措永久化。尽管 2017 年减税立法中所包含的所得税减税政策已经是永久性的，但主要适用于小企业的新较低税率将于 2025 年到期。

议员不必就此止步。他们还可以进一步降低适用于小企业的穿透税率。如果说当前的经济状况是之前减税的结果，那么进一步减税必定将放大积极效应。

《减税与就业法》通过已有 6 个月，显然成了小企业的福音。希望破坏这一进展的计划不会得逞，相反，未来会有更多针对小企业的税收改革可期。

---

[1] Barbara Moran, "Tax Cuts Have Helped My Business Thrive. It's Time to Make Them Permanent," www.dailysignal.com, June 21, 2018.

4.6.2　保守势力鼓吹联邦减税永久化

美国保守势力传统基金会总裁詹姆斯(Kay Coles James)和美国国会众议员罗杰斯(Cathy McMorris Rodgers)在基金会喉舌《每日信号》撰文,指出正在进行的税制改革对于美国经济推动较大,他们的看法是:

➢ 又新增 213 000 个就业岗位,企业延续了美国历史上持续时间最长的就业增长趋势;

➢ 超过 650 家公司正将减少的税收用于员工奖金、加薪、慈善捐款和新投资;

➢ 美国历史上第一次出现就业岗位多于找工作的人。

美国出现历史上持续时间最长的就业增长期。当走进商店时,我们看到了一些奇妙的、直到最近才不寻常的东西:贴在前窗或挂在柜台后面的是一个"求助"的标志。从前几个夏天开始的变化是多么可喜! 2018 年每个月都有强劲的就业报告,少数民族的失业率目前处于历史低位。又有了 213 000 个新增就业岗位,企业延续了美国历史上持续时间最长的就业增长趋势。

自从国会于 2017 年 12 月通过了《减税与就业法》以来,政府一直在减税。因此,美国全国各地的家庭都从更高的薪水和更多的工作中受益,都变得更富裕了。根据传统基金会的一项新研究,仅 2018 年,华盛顿州第五区的普通家庭将在未来 10 年减税 13%,实发工资将增加超过 17 000 美元。特朗普总统承诺为中产阶级减税,这也正是国会所做的。与此同时,纽约第 15 区(美国收入最低的地区之一)的居民的所得税减少了约 30%。下次你听到有人说特朗普的减税只让富人受益,告诉他们南布朗克斯的居民 2018 年税收减少了三分之一。

税改的效应刚刚开始,希望保持这种势头。如果每年新税法到位了,美国工人及其家人将受益更多。超过 650 家公司正将减少的税收用于员工奖金、加薪、慈善捐款和新投资。例如,霹雳马蓝十字勋章(Premera Blue Cross)宣布将投入 4 000 万美元用于社区再投资。根据最近的一则报道,希望之家(Hope House),华盛顿东部的妇女庇护所,将获得 100 万美元以帮助更多妇女找到永久性住所。

企业将减税的好处转移给员工获得双赢。位于华盛顿州斯波坎的区域独立社区银行内陆国家银行(INB)是另一个很好的例子。内陆国家银行宣布通过将基本工资提高到每小时 15 美元并提供奖金,与员工共享税收节约。这样的故事在整个美国比比皆是。在每个州,企业都将减税的好处转移给员工。在每个国会选区,纳税人都享受减税。美国历史上第一次出现就业岗位多于找工作的人。更多的工人热切地去找现在很容易得到的工作,而非坐视观望。新求职者的大部分增长都来自女性、残疾人和少数民族,他们初次就业或在多年前经济不景气时退出后现在重新进入劳动力市场。

反对者却在推动一项旨在减少减税和扭转我们现在看到的巨大经济增长的运动。我们不能让这种情况发生。美国人现在比两年前更富裕,经济再次蓬勃发展。由于 2017 年国会通过的部分减税措施不是永久性的,因此需要延长并永久化。所有美国人都应享有自由、机会和繁荣。永久延长 2017 年的减税政策是确保他们以及他们的子孙后代能够做到这一点的关键。

4.6.3　税收基金会指出税收改革难途在前方

在《减税与就业法》通过实施之后,美国税收游说集团税收基金会联邦税收政策中心高级分析师格林伯格(Scott Greenberg)发表了研究报告《税收改革远未完成》,主要发现结果有 5 点,全部报告共分 7 个部分。[1]

> 2017 年 12 月,国会通过了《减税与就业法》,该法是 30 年来最重要的一部税收立法,但是,在改善美国税法方面仍有许多工作要做。

> 联储主要条款将在未来 8 年内到期。许多到期的规定应该永久化,理想情况是尽早而不是延后。与此同时,议员们应借此机会评估《减税与就业法》哪些内容需要改进。

> 在 2021 年和 2022 年,预计将出现若干政策变化,这些变化将增加美国商

---

[1]　Scott Greenberg, "Tax Reform isn't Done," *Tax Foundation*, March 8, 2018.

业投资的税收,议员们应当考虑预防或修改这些增税方案。

➤ 2025 年,《减税与就业法》个人所得税的大部分改革都将到期。国会在决定哪些成为永久性条款的时候,应该优先考虑那些扩大个人所得税税基及使税法更加简单和中性的政策。

➤《减税与就业法》没有覆盖需要改革的联邦税法的各方面。未来议员们应缩减现存财政支出,改革家庭储蓄的税收处理,并为建设提供更大的成本回收计划。

4.6.3.1 引言

联邦税法改革还有许多亟待解决的问题。《减税与就业法》对联邦所得税做出了若干重大改变,降低了公司和个人税率,限制了主要扣除项目,并为在海外取得收入的公司制定了一套新规则。在改革联邦税法方面,还有很多工作要做。首先,《减税与就业法》将在未来 8 年过期或变化。在 2021 年、2022 年,若干条款生效将提高对美国商业投资的税收。然后,到 2025 年底,几乎所有个人所得税率都将到期,大多数美国家庭下一年将需缴更多税。

解决联邦税法不确定性有很多工作要做。国会将确定《减税与就业法》哪些临时条款应允许到期,哪些条款应永久化。确切地说,很多领域都是联邦税法改革的目标,但《减税与就业法》没有完全解决。例如,税法继续对商业物业投资构成不利影响,家庭储蓄的税收规则糟糕,还包含数十项"税式支出"规定,为政策偏好经济活动提供优惠待遇。换言之,要使联邦税法更简单、更中性、更高效,还有很多工作要做。国会现在应考虑未来怎样改革。

4.6.3.2 税收改革概述

《减税与就业法》有多项条款在未来 8 年内过期或变更,这是联邦税法改革应重点关注的内容。

4.6.3.2.1 研发成本摊销

当公司花钱研究或试验时,可以即期扣除费用的全部支出,联邦税法从 1954 年开始就允许企业将研发支出费用化。然而根据《减税与就业法》,在

2021 年 12 月 31 日之后的纳税年度,发生研究和实验投入的公司,通常需在投入后 5 年内摊销成本,从而增加美国的研究投入成本,并且会加重研发企业税收负担。预计这一变化将使 2022 年、2027 年间的税收增加 1 200 亿美元。

4.6.3.2.2　息税前利润 30% 的利息抵扣限额

在颁布《减税与就业法》前,企业通常可扣除其支付的利息总额,仅受到小限制。《减税与就业法》核心条款之一,是对支付的商业利息扣除设定新限制,旨在降低对债务融资高过权益融资的偏好。从 2018 年开始,公司通常不再允许扣除超过其"调整后的应纳税所得额"30% 的部分利息。然而,"调整后的应纳税所得额"预计在 2021 年 12 月 31 日后会变更。

在 2021 年底之前,"调整后的应纳税所得额"和未扣除折扣、摊销的息税前利润概念类似,都是对企业所得的广义定义,但未包括企业申报与投资相关的扣除额。这意味着利息扣除限额门槛将相对较高,并且增加投资的企业达到抵扣门槛的风险并不会提高。但在 2021 年之后,净业务利息的扣除限额预计会变得更严格。因为"调整后的应纳税所得额"的定义计划变为类似于息税前利润概念:对企业收入的一种较窄的衡量标准,即去掉企业的投资相关扣除额。因此,2021 年后,利息扣除限额门槛将降低,增加投资的企业达到抵扣门槛的风险会提高。因此预计利息扣除限额将在 2021 年后大幅增加联邦收入。在 2018 年、2021 年间,预计每年平均增加 164 亿美元;在 2022 年、2027 年,将达到年均314 亿美元。

4.6.3.2.3　逐步取消企业短期投资的费用化

《减税与就业法》最重要的条款之一,通常被称为"完全费用化",就是允许企业即期扣除大多数短期投资的全部支出,例如,设备机器。但是,这项规定在2022 年 12 月 31 日后逐步取消。

一些背景可能会对理解这一规定的引入有帮助。在计算应税所得时,一般允许公司在支出产生后一年内,全额抵扣日常和必要业务费用。但是,对于企业的资本投资,则实行不同规则,如设备、机械和建筑物,一般不允许企业立即扣除这些费用的全部支出。相反,需要按折旧计划,随时间推移扣除投资成本。完全费用化不需要折旧计划,只需允许企业即时扣除投资成本,像其他业务支出一样。就《减税与就业法》而言,完全费用化规定适用于多数短期投资,而不适用于长期资产,如建筑物。这项规定的作用是降低在美投资成本。

短期投资完全费用化将在 2022 年 12 月 31 日后逐步取消。例如,在 2023 纳税年度,企业只能扣除其短期投资成本的 80%,到 2024 年,这一比例将下降到 60%,直到 2026 年底,该条款完全到期。这一条款逐步取消将增加美国国内投资设备和机器的成本。

4.6.3.2.4　个人所得税率降低到期

计划于 2025 年底到期的最大税收改革之一是降低居民个人所得税税率。在《减税与就业法》获得通过前,联邦个人所得税按 7 级税率征收,税率从 10% 到 39.6% 不等。《减税与就业法》的新税率表保留了相同的税级,但大幅降低了税率。还重新设置了税级适用起点和范围,减少了税收结构导致的婚姻惩罚税规模。新税率安排大幅度降低个人所得税。事实上,个人所得税率下调时《减税与就业法》最大的单一减税,使 2018 年、2025 年间联邦收入减少 1.16 万亿美元。2025 年 12 月 31 日之后,个人所得税率计划将恢复到《减税与就业法》之前的级距与税率。届时许多家庭在 2026 年的税收将显著增加。

4.6.3.2.5　增加的标准扣除额到期,取消个人免税额到期及新增儿童税收抵免到期

在颁布《减税与就业法》之前,联邦税法根据家庭成员数量降低家庭所得税率包括三项规定:标准扣除额、儿童税收抵免额和个人免税额。《减税与就业法》将这三项规定合并为两项,即个人免税额被淘汰,取而代之的是扩大标准扣除和儿童税收抵免。但是,所有改革都将在 2025 年底到期。具体而言,根据《减税与就业法》标准,单身人士标准扣除额从 6 500 美元增加到 12 000 美元,已婚合并申报人标准扣除额从 13 000 美元增加到 24 000 美元。最高儿童税收抵免额从每名儿童 1 000 美元增加到 2 000 美元,每增加一名非儿童抚养对象最多可

以得到 500 美元。此前,个人免税额允许家庭每个申报人和受抚养人按 4 150 美元每人减少应纳税所得额,现在这项规定被取消了。

就联邦收入而言,这三项变化会或多或少相互抵消。今后 8 年增加的标准扣除将使联邦收入减少 6 900 亿美元,取消个人免税将带来 1.16 万亿美元收入,扩大儿童减税使收入减少 4 740 亿美元。总的来说,这三项规定将在 2018 年、2025 财年使联邦收入总共减少 42 亿美元,数额并不大。尽管对联邦收入的净影响不大,但这三项变化是个人所得税的主要组成部分。例如,由于标准扣除增加,很可能较少的家庭会选择在未来几年逐项列出扣除额,这将简化纳税申请流程,并且转移纳税人对支持具体经济活动条款的关注。此外,这三项变化综合起来可以减少中低收入家庭的税收,同时提高高收入家庭的税收。

所有上述三项改革都将在 2025 年 12 月 31 日后过期:停止对个人免税,标准扣减和儿童税收抵免将减少。这会增加中低收入家庭的税收,减少高收入家庭的税收,并引导更多纳税人采取逐项扣减。

4.6.3.2.6 州和地方税收抵扣限额以及抵押贷款利息抵扣限额到期

近年来,家庭可用的两大分项扣除额是州和地方税收扣除额以及抵押贷款利息扣除额。以前各州和地方的税收扣除基本上是无限的,而抵押贷款利息扣除额是限于 100 万美元的房屋购置债务利息和 10 万元的房屋产权债务利息。根据《减税与就业法》相关条款,这两项扣除都受到新的限制。州和地方的税收扣除限于每户 1 万美元,而抵押贷款利息扣除限于 75 万美元的房屋购置债务利息,房屋产权债务利息不再扣除。这两项限制将显著地扩大个人所得税基:在 2018 年、2025 年间,《减税与就业法》逐项扣减的变化预计将使联邦收入增加 6 273 亿美元。

这些规定效果将减少房主和高税收国家和地区的税收优惠。最可能受这些限制影响的家庭是中高收入和高收入家庭,他们更有可能逐项扣减,更有可能拥有价值超过 75 万美元的房屋,并且更可能支付超过 1 万美元的州和地方税。

这些限制措施在 2025 年 12 月 31 日之后过期,并将缩小联邦税基、显著减少税收,同时扩大高税收州的高收入家庭和拥有房屋的高收入家庭的税收优惠。

4.6.3.2.7 更高的替代最低免税额到期

替代性最低税是要求高收入家庭在两个标准下两次计算税收,并按照税收较高的规则纳税的规定,目的是防止家庭过度受益于税收优惠,尽管它每年使约1 000 万户家庭计算替代性最低税,增加了纳税复杂度。《减税与就业法》使替代性最低税免除额显著增加,并且豁免门槛也得到提高。实际上,这意味着未来几年适用替代性最低税的家庭将大量减少。这种改革将于 2025 年 12 月 31 日之后到期,将有更多的家庭适用替代性最低税。

4.6.3.2.8 穿透业务收入扣除失效(§199A)

美国大多数企业都是"穿透企业":他们不需要缴纳企业所得税,而是将所得纳入股东个人所得税中纳税。《减税与就业法》的重大改革之一,是为从穿透企业取得收入的家庭建立了新的临时性抵扣(第 199A 节),该抵扣于 2025 年12 月 31 日后到期。

此前,来自穿透企业的收入与其他个人收入(例如工资和薪金)适用一样的税率。例如,在颁布《减税与就业法》之前,一个自营收入 10 万美元的家庭和一个获得 10 万美元工资和薪金的家庭支付相同的所得税。根据新的第 199A 条款扣减项目,现在来自穿透业务的收入须缴纳的税率通常比其他收入适用的税率低 20%。例如,不同于工资和薪金适用 37% 的税率,第 199A 条款扣除额允许符合条件的穿透业务收入适用最高税率 29.6%,也就是限制对高收入人群的好处,比如,收入超过 157 500 美元的家庭(如果已婚夫妇共同申请,则为 315 000 美元)没有资格对服务业务(如律师事务所和医疗行为)收入进行全额扣除。尽管有这些限制,许多税务专家表示担心,新的扣除规定将促进大规模的避税和赌博心态。

2025 年后,有穿透业务收入的家庭将不能申请第 199A 条扣除。这一改革将增加有穿透业务收入家庭的税收,从而增加联邦收入。此外,随着第 199A 款扣除到期,联邦税法的复杂性将降低,消除穿透业务相对于其他个人收入具有优惠待遇,并减少了避税机会。

4.6.3.2.9 有国外收入的企业税率提高

《减税与就业法》制定了适用于跨国企业的新规定。"全球无形低税收入"规定,旨在对在海外低税收地区获得高边际收益的美国公司实行当年纳税。"国外无形收入"规定,旨在对美国公司在美国持有的无形资产产生的国外收入提供较低的税率。被称为"税基侵蚀和反滥用税收"的规定对从美国向国外分支进行大量"税基侵蚀支付"的公司实行替代最低税率计算方法。三项规定在2025 年 12 月 31 日后更严格。按照全球无形低税收入,高边际国外收益的税率预计从 10.5%上升到 13.125%。按照国外无形收入,美国无形资产产生的国外收入低税率预计将从 13.125%上升至 16.406%。税基侵蚀和反滥用税收对跨国公司征收的税率预计将从 10%上升到 12.5%。

4.6.3.2.10 提高遗产税免除到期

当遗产总价值超过某个门槛值,联邦遗产税的税率将高达 40%,其中会减去某些扣除额。遗产税开始适用的门槛值被称为遗产税免除额,2017 年这一数值为每人 549 万美元。根据《减税与就业法》,2018 年遗产税免除额翻倍,达到每人 1 120 万美元。这将减少遗产税交税人数,并减少受其影响者需交纳的遗产税。改革在 2025 年 12 月 31 日到期。

4.6.3.3 稳定临时税法

上述税收条款是否修订取决于国会。毕竟,联邦议员在避免临时税收条款失效方面有很多经验。例如,以布什减税立法为例,2001—2003 年曾作为临时法通过,在 2010 年末,国会将之延长了两年,通过延期是在减税立法即将到期的两周前。在 2013 年初,国会通过了《2012 年美国纳税人减负法》,规定约 82%的布什减税措施变成了永久法律,仅有 18%的减税措施失效。所以,议员可能会采用类似方法处理《减税与就业法》临时条款,并且可能会采取行动,防止其中一些条款实际到期。事实上,特朗普政府最近公布的预算案的前提是所有在

2025 年到期的个人所得税改革延长实施, 而在 2021 年、2022 年企业税没有类似假设。

联邦税法在 8 年后存在相当大的不确定性。在理想状态下, 纳税人的经济决策能够合理预期税收后果。但临时规定破坏了纳税人的确定性。如某公司是否在美国新建实验室, 通常公司要计算实验室的预期税后利润, 以确定是否值得投资, 但由于联邦税法不确定, 计算过程中会产生许多关键待解问题。或许该公司属于穿透企业, 不知道是否在包括 2026 年后对实验室利润申报要进行第 199A 条扣减。公司也许有意使用实验室增加未来的研发支出, 但又不知道 2021 年后是否能全额扣除研发资金。也许公司已有很多债务, 担心投资实验室其超过利息扣除限制门槛, 因为在 2022 年将基于未扣减折旧摊销的息税前利润, 还是息税前利润都不确定。经济决策的不确定性有赖于《减税与就业法》决定。

4.6.3.4 2021 年、2022 年改革政策思考

《减税与就业法》将在 2021 年和 2022 年发生第一轮政策变更, 下列条款生效:

➢ 2021 年后, 企业需在 5 年内扣除研发成本, 而不是即期扣除全部支出;

➢ 2021 年后, 经营利息扣除限额将从未扣除折旧摊销的息税前利润的 30% 转为基于息税前利润的 30% 计算;

➢ 2022 年后, 全额费用化, 即允许企业即期扣除大部分设备机器成本, 将逐步取消。

所有以上改革都会增加联邦收入, 有助于抵消税改成本, 然而却会使美国的商业投资成本加重, 并可能带来负面经济后果。在 2021 年、2022 年处理税制变化时, 国会应该牢记以下几个方面。

4.6.3.4.1 研发支出的摊销。目前, 研发费用获得了最优惠的税收待遇

因为企业不仅可即期扣除研发费用, 还可以申报可观的研发扣减。研发费用获得如此优惠的税收待遇有充分理由: 私人研发支出能进行有效创新, 为整

个经济带来了积极的外部效应。在私人企业无法全部获取研发支出所有价值的情况下,由联邦政府提供补贴给予鼓励和奖励是合适的。

要求企业在 5 年内扣除研发支出可能会产生负面的经济影响。因为这会增加在美国的研发投资成本,这一变化还会使税法更加复杂,迫使企业在多年内记录另一组扣除,而不是简单地在他们发生的年份扣除费用,取消企业在 5 年内分摊研发费用的要求,允许企业继续即期扣除研发费是很好的选择。如果这种决定造成财政收入亏损,可扩大联邦税基解决。

4.6.3.4.2　税前利润 30% 的利息扣除限额。可抵扣商业利息限额是《减税与就业法》非常具有前景的条款之一

多年来,联邦税法为债务融资企业提供了明显的税收优惠,导致了企业决策扭曲,企业承担的债务过重。为解决这个问题,新的可抵扣商业利息限额旨在降低高杠杆企业债务融资税收收益。因此,2022 年计划收紧利息抵扣限制本身并不令人担忧。令人担忧的是,限制将转变为基于公司的息税前利润,而非未抵扣折旧摊销的息税前利润。

基于息税前利润的利息可扣除限额可能产生意想不到的后果。如企业资本投资越多,息税前收益越少,因此,投资水平越高,面临达到"息税前利润的 30%"更高的门槛风险,对企业投资产生不利影响。普遍问题是,最有理由发债的是那些寻求新投资的企业,但这些企业也是受息税前利润计算的利息抵减额最大的企业。

替代息税前利润的利息递减限额,以收紧利息抵减额的上限有多种选择。例如,不同于将商业利息扣除限额限定在"息税前利润的 30%",可以简单地将净利息抵减的限额替换为高于"税息折旧及摊销前利润的 15%",这对提高联邦税收将产生相同结果。

4.6.3.4.3　逐步取消短期资产的完全费用化

短期资产的完全费用化是《减税与就业法》最重要的条款之一。完全费用化会修正联邦税法对商业投资的根本偏见:事实上大部分商业费用可以即期扣

除,但资本支出需要在很长时间内扣除。费用化也是对税法的简化,允许公司简单地在支出发生当年扣除成本,而不必基于数十个折旧表。

完全费用化比降低企业法定税率对经济正面影响更大。因为整个税收变化集中于鼓励企业参与新投资,实践表明,企业通过显著提高资本投资水平应对费用化。国会应把完全费用化作为联邦税法中最优先永久化内容,不要让该条款在 2022 年后逐步取消。

4.6.3.5 2025 年政策变化的考量

《减税与就业法》2025 年 12 月 31 日以后,一些条款到期是第二轮改革,其中包括大部分个人所得条款。

- ➤ 个人所得税率计划恢复到《减税与就业法》之前的税率和门槛。
- ➤ 标准扣除和儿童税收抵免减少,个人豁免规定恢复。
- ➤ 州和地方税收扣除、抵押利息扣除限制到期。
- ➤ 替代性最低税免除额减少,更多家庭适用替代性最低税规定。
- ➤ 穿透业务收入的家庭扣除将到期。
- ➤ 三项国际条款(全球无形低税收入、国外无形收入和税基侵蚀和反滥用税收)预计将变得更加严格。
- ➤ 遗产税减免将减少,更多家庭需缴遗产税。

在决定哪些条款需永久化、哪些条款可以失效时必须考虑以下因素。

必须确定愿意接受 2026 年以后联邦收入的变化是多大。将于 2025 年后到期的大多数条款是减税,如果所有这些条款到期后失效,2026 年纳税人净税负增加。另外担心联邦赤字的议员可能指望通过计划增加税收,并可能不愿意无限期延长大幅度减税政策。

应评估那些有利于联邦税法的简化、高效和中性的到期条款。应考虑以下几点。

1. 标准扣除额、个人免税额和儿童税收抵免的改变,将通过引导更多家庭采取标准扣除而非逐项扣除简化联邦税法。总之,大致这三项变化是税收中性且略微激进的，所以，努力使它们永久化，可能获得两党支持。

2. 新的州和地方税收扣除限额及新抵押利息扣除限制，是扩大联邦税基的大胆尝试。如果希望抵消《减税与就业法》继续减税的成本，可能需要延长有关规定。由于州和地方税收扣除及抵押贷款利息扣除的理由较弱，因此新限额成为永久政策，需要积极努力。

3. 新的穿透扣除可能会滥用。特别是考虑到大多数企业所有者不受任何阻碍，以防止他们使用扣除实施避税时。此外，支持者仍没有明确说明穿透企业收入面临税率应低于工资和薪金收入税率的理由。因此，应警惕将穿透业务收入扣除项目按当前形式永久化。

4.6.3.6　税制改革的未来机遇

未来 8 年完善联邦税法的工作很多。毕竟《减税与就业法》并未涉及联邦税法改革的每个领域，还需要改革税法使之变得更简单、中性、高效。

4.6.3.6.1　限制并取消税式支出

联邦所得税法包含 100 多项"税式支出"条款，为特定经济活动或纳税人群体提供优惠税收待遇，导致联邦税收减少。《减税与就业法》的关键特征之一，是减少了许多税式支出中税收优惠，既有对特定条款设定新限额，也有降低边际税率，间接减少大部税式支出的税收优惠。《减税与就业法》只是彻底废除了一项主要税式支出，即第 199 条国内生产扣减，许多重大税式支出仍然存在，包括雇主健康保险费扣减，它从雇员获得的所得和工资税中扣除了健康福利，使联邦收入每年减少数千亿美元。因此，有更多机会通过取消税式支出、简化税法。未来税收改革立法应通过减少税式支出扩大税基，并利用税收降低边际税率或减少联邦赤字。

4.6.3.6.2　完善建筑的成本回收

联邦税法扭曲最严重之一是，投资于物业的企业，需在很长时间扣除投资成本。《减税与就业法》允许设备、机器等短期资产 100% 费用化。但是，并没有显著提高企业扣除长期资产投资的能力，如建筑物。因此，当公司购买物业时，通常还需在 27.5 年间扣除住宅建筑物成本,或在 39 年间扣除非住宅建筑成本。由于当前扣除给企业带来的价值大于以后的价值,因此,税法的这一特征对建筑新投资具有重大威慑作用,使公司在美国建造工厂、写字楼和公寓的困难加大,对经济产生明显负面影响。可通过多种途径,加速未来建筑物成本回收,减少对投资建筑物的歧视。可以缩短住宅和非住宅建筑物的折旧期,甚至允许企业即期扣除部分或所有建筑成本。另一种选择,实施"折旧指数"(即"中性成本回收"),允许企业引入反映通货膨胀和货币时间价值的因素,增加折旧扣减额。

4.6.3.6.3 改革家庭储蓄税

另一个需要改革的是家庭储蓄税。当前有很多税收有利的存款账户,包括传统型与罗斯的退休账户(Roth IRA)计划、罗斯 401(k)计划、美国医疗储蓄账户(HSA)和 529 计划等,几乎所有税收优惠储蓄账户都有不同规则和限制。这非常复杂、非常混乱,要简化。从经济角度看,家庭储蓄税还存在其他问题。理想的个人储蓄征税制度,允许家庭扣除存款金额,并按照提取全部金额,按普通所得征税,保证对当前和未来消费中性,即在消费发生时,对家庭一次征税。联邦税法大多不是这样。当家庭未使用税收优惠账户时,其储蓄需缴纳两层税收:一是储蓄本金,二是储蓄利息(税率 23.8%)。此外,企业所得税和遗产税也可作为另一层储蓄征税。这个制度会影响储蓄的正常回报,不利于将来消费。现行税法对储蓄的超常收益税过低(如,投资收益、垄断租金和表面为资本收益的劳动所得)。部分原因来自罗斯的退休账户计划、罗斯 401(k)计划。

未来税制改革应着重使个人储蓄减轻所得税负,平衡当前消费与未来消费,并确保所有超常收益扣税。可通过允许通用税收递延储蓄账户、取消遗产税及将继承资产转换为结转制来实现。

4.6.3.7 总结

税法改革应适时推进。人们经常说,税制改革是"一代人只有一次的机会",或者说税改"每 30 年仅有一次"。但是,只要联邦税法仍然复杂、效率低下,并且针对特定活动,国会应该有底气,随时颁布税收改革立法。

税法改革没有终点。目前，国会关于税收政策的首要任务，是解决许多条款在未来 8 年到期，减少纳税的不确定性。作为这一过程的一部分，国会还应广泛思考，未来联邦税法应该怎样改革。改进联邦税法，还有更多工作要做。《减税与就业法》不应该成为税收改革的结束，而是刚刚开始。

4.6.4　白宫试探二次减税可能

尽管美国税收改革已随《减税与就业法》生效开始实施，但关于减税和改革的讨论仍是国会议员们的首要议题。预计未来各委员会将会通过更多税收立法，其中可能不限于特定领域，如退休储蓄和国税局改革法等。2018 年 3 月 13 日，参议院多数党领袖米奇·麦康奈尔演讲时高度赞扬新出台的法律，认为其会大获成功，并抨击了民主党人一贯持有的批评态度。"即使数十亿美元用于加薪、奖金和新员工福利，他们（民主党人）也认为那些不值一提。"麦康奈尔说，"反对党的朋友们可能想要废除那些产生这些加薪、奖金、新工作、新投资的减税措施……幸运的是，国会共和党人不会让这种情况发生。"[1]

一、有关减税削减。麦康奈尔在他的演讲中引用了参议院民主党人宣布的计划，这些计划试图削减《减税与就业法》的减税和福利计划。参议院民主党提议，利用削减企业和个人减税措施的所得，资助一项 1 万亿美元的基础设施提案。舒默（schumer）说："我们希望削减共和党给予大公司和富人的税收优惠，并将这笔钱投入到创造就业的基础设施中。"

二、白宫的态度。与此同时，特朗普总统呼吁实施"第二阶段"减税政策。3 月 13 日，特朗普在白宫幽默地询问众议院税收委员会主席凯文·布拉迪（Kevin Brady）是否需要再减税？"他是减税之王……我听说，我们将进行第二阶段减税工作，"特朗普补充说，"我们对此非常认真。"

三、延长现行减税政策期限。在相关新闻中，众议院筹款委员会税收政策

---

[1]　Jessica Jeane, Lawmaker, "White House Continue to Talk Tax Reform," http://prod. resource. cch. com, March 14, 2018.

小组委员会举行了听证会,评估某些减税政策到期后税制改革的未来。来自不同行业的众多利益相关者将出席此次听证会。

4.6.5　传统基金会力推税改永久化

因为 2017 年颁布的大部分减税措施都不是永久性的。如果不延期,未来税负将回升。美国保守势力游说组织传统基金会高级政策分析师迈克尔(Adam Michel)撰文介绍了推动美国二次税改的观点。

2017 年的税改是一项有力的举措,修订了繁杂且阻碍增长的税法。减税使得典型的美国家庭 2018 年少交 1 400 美元税金。如果国会 2018 年在税制改革方面加倍努力,成效将更好。将 2017 年的所有减税措施永久化将极大地推动经济发展,但国会不应止步于此。议员应在 2017 年改革已取得的成就的基础上寻求进一步的改革。以下是他们应该考虑的三项促进增长的改革。

首先,也是最重要的是扩大税前扣除。税前扣除允许企业立即扣除其成本。旧的税法使企业要等待数年才能把投入从应税收入中扣除。企业不论是购置新的机器设备还是扩大现有工作空间甚至建造新的设施,这都将增加不必要的成本。2017 年税改最受关注的特点是降低了税率。但同样重要的政策是允许雇主对更多的投入进行税前扣除。税前扣除增强了企业对产业升级和业务扩展的负担能力,有利于创造更多就业机会并使雇主有能力提高工资。但 2017 年的改革并没有延伸到所有类型的投入,例如建造场所和店面。为进一步促进美国工人受益的经济增长,税改 2.0 应放开对所有投入的税前扣除。与税法永久化相结合,这一改革可能使 2017 年税改带来的国内生产总值增长翻一番。

其次,议员应简化管理个人退休账户的法规,并创建一个新的一般储蓄账户。个人退休储蓄账户如 401(k)和个人退休账户(IRA),对个人储蓄至关重要,因为其可以避免投入的双重征税。但由于其复杂性,许多美国人特别是那些受雇于小企业的美国人,没有从这些计划中受益。简化退休储蓄规则,并设立一个新的一般储蓄账户,其中的资金不用严格保留至退休,无论人们为何储蓄,这都将进一步激励储蓄。

最后，减税 2.0 应该完成 2017 年开始的未完成的教育改革。2017 年税改修改了大学储备金或"529"计划，允许父母用这些账户里的钱来支付中小学及学前教育费用。这是一个很好的进步。议员现在应采取下一步措施，并使储蓄在这些账户中的资金可用于支付家庭学校、职业和技术教育费用。这将使父母具备为公立学校系统之外教育选择买单的能力，为家庭提供更多的教育选择。此外，7 项现有的高度复杂的高等教育税收优惠政策也应合并为一项扩围和简化版的税收抵免。改革后的税收抵免将更有针对性地使有需要的人受益，为符合条件的人简化程序，并减少欺诈。

《减税与就业法》不只使少数人受益。把这里提到的改革植入永久化的税法后，将使企业为增长加大投入、个人储蓄以及学生获得其所需的教育都更加容易。2018 年美国每个国会区的一般纳税人都获减税。国会应确保这在未来的每一年都能实现甚至更好。

4.6.6　传统基金会推出二次税改框架

税改立法的诸多减税措施将在 8 年内到期。美国保守势力游说组织传统基金会税收与预算高级分析师迈克尔撰文指出，2017 年的税改立法在 2018 年为美国人均削减了约 1 400 美元的税负。但你可能忽略了，所有针对个人的减税措施都将在不到 8 年内到期。这也许听起来很遥远，但它会比我们想象的更快到来。[1]

共和党考虑将减税政策永久化。共和党人目前控制着国会两院。为什么不趁现在把减税永久化？众议院共和党人与其他两项重要改革一同提出了这一点。尽管很多具体细节仍在制定中，但该框架的改革思路将使所有美国人受益。

---

[1]　Kay Coles James, Cathy McMorris Rodgers, "Tax Cuts Only Help the Wealthy, Right? American Paychecks Show Otherwise," www. heritage. org, July 24, 2018.

4.6.6.1 延续个人减税

税改 2.0 框架主张"锁定对个人和小企业的减税"。众议院筹款委员会目的是"为我们的家庭、工人和中产阶级小企业增加确定性"。这是一个很好的优先级。国会应将税改立法中已经敲定的条款永久化。《减税与就业法》的永久版本可使经济规模增长 2.8%,超过税改前的预期。这对每个美国家庭而言是数千美元的额外收入,高于目前的预测。仅通过将临时条款永久化,国会就可以在 2017 年税改产生的经济利益之上获得额外的 60%。

4.6.6.2 简化家庭储蓄税收政策

税改 2.0 还包含帮助当地企业扩大退休储蓄和其他形式家庭储蓄的建议。议员应该将重点放在简化管理个人退休账户的法规,并创建一个更好度量的新的一般储蓄账户。像 401(k)和个人退休账户这样的个人退休储蓄账户,对个人储蓄至关重要,因为它们可以防止投资被双重征税。然而,许多美国人,尤其是那些受雇于小企业的,由于其复杂性和高遵从成本而无法受益于这些计划。简化退休储蓄规则,并创建一个新的一般储蓄账户,账户中的资金不必严格保留到退休,这将更有利于人们储蓄,无论他们的储蓄目的是什么。

2017 年税改立法修改了大学储蓄或"529"计划。允许父母提取这些账户中的资金来支付中小学及学前教育费用。这是一个很好的进步。正如 2.0 框架所述,议员应进一步采取措施,允许这些账户中存储的资金被用于家庭教育、职业和技术教育支出。这将有助于父母为公立学校系统以外的教育选择买单,让他们在孩子的教育中有更多的选择。

4.6.6.3 扩大税前扣除

要帮助新设企业抵销更多的初始启动成本,并消除发展障碍。2.0 框架中最粗略的部分提出,这里的重点应该是扩大和永久化税前扣除。税前扣除允许企业立即抵扣其成本。旧的税法中,企业要在数年之后才能将投资成本从应税收入中扣除。从投资新的机器设备到扩大现有工作空间甚至建造新设施,这都会增加额外的投资成本。税前扣除使新企业设立和成熟企业升级和扩展业务的成本更低，这可以带来更多就业机会，并使雇主有涨薪的能力。

但 2017 年的改革并没有将其扩展到所有类型的投资。为了进一步促进经济增长以帮助美国工人，税改 2.0 应该放开所有投资的税前扣除，例如制造场地和店面。与永久化税法相结合，这一改革可使 2017 年税改增加的国内生产总值翻上不止一倍。2017 年《减税与就业法》不仅使少数人受益。平均来看，美国每个国会选区的纳税人 2018 年都获减税。框架旨在确保这在未来的每一年都能实现，并变得更好。

4.6.7　美保守势力期待二次税改

白宫首席经济顾问表示，将在参议院推动"税改 2.0"进程，从保护家庭和小企业减税、家庭储蓄、支持企业创新三个方面继续推进减税政策措施，巩固减税法已经取得的经济成果。保守的美国智库传统基金会喉舌《每日星报》驻白宫记者卢卡斯（Fred Lucas）进行了分析。[1]

特朗普首席经济顾问表示，将在参议院推动"税改 2.0"减税。美国国家经济委员会主任拉里·库德洛（Larry Kudlow）表示"税改 2.0"有很多积极有益的内容，包含三项一揽子法案已在众议院获得通过，其中两项于 9 月通过，第三项也已通过。"这是促进经济增长的法案，其可能还会在参议院进一步修改，其他人可能会有所权衡"，"总统改变了美国经济的整体激励结构，取得了令人瞩目的成绩，"他补充说，"我们不打击企业，我们不是在惩罚成功。我们让人们以更低的税率保留更多的收入并投资，这是一个极好的激励。"

新立法将以 2017 年《减税与就业法》为基础，该法降低了个人所得税税率，并使企业税率与其他工业化国家的税率保持一致。与企业税率的降低不同，个税税率的降低将于 2025 年到期。

减税推动了美国的员工涨薪和企业扩张。以下三项法案，即税收改革 2.0，

---

[1]　Fred Lucas，"White House to Push Pro-Growth 'Tax Reform 2.0' in Senate," www. dailysignal. com，October 11, 2018.

将使个税减税永久化,并为企业制定新的费用扣除规则。

> "保护家庭和小企业减税法案",它将锁定个人和小企业的减税政策,帮助家庭和小企业蓬勃发展。税收基金会估计,永久性减税可创造 150 万个新就业岗位,并使国内生产总值增长 2%以上;

> "家庭储蓄法案",针对中产阶级收入者和年轻工人,通过扩大新的和现有的储蓄工具的使用范围,帮助他们为诸如退休、教育或突发紧急情况等重大事件进行储蓄;

> "美国创新法案",该法案旨在帮助和激励企业家拓展业务。

库德洛解释说:我们已经废除了相关法规和烦琐的程序,因此企业可以不受禁锢地扩张。税改的终极目标是强大的健康经济和繁荣以及更丰厚的回报。总统已经实施了这些工具,经济效果也正在显现。我们现在关注实际数据和事实,现实正在描绘一幅非常积极的画面,这在年初几乎没有人认为是可能的。所以让我们更加专注其中。

众议院筹款委员会主席、得克萨斯州众议员凯文·布拉迪(Kevin Brady)极力鼓吹这三个税收法案的通过。"由于缺乏媒体的报道,你可能错过了众议院通过的三项重要法案,这将有助于确保《减税与就业法》的持续发展,"布拉迪发表声明说,"被称为税改 2.0 的这些法案,将永久性地为个人和小企业减税,使家庭更易尽早储蓄,有更多的退休和教育储蓄,并帮助新公司扩大规模,抵扣更多的运营成本。"

布拉迪声称:2017 年 12 月特朗普总统签署的减税法改变了我们的经济发展轨迹。就业岗位从海外回流,制造业发展蓬勃,工资上涨,每周申请失业救济人数创下 49 年来新低。税改 2.0 建立在这一所谓巨大成功的基础上,确保工人保留更多的来之不易的薪水。他期待与参议院合作,通过这项重要的立法。

4.6.8　传统基金会力主二次税改

得益于《减税与就业法》的颁布,美国经济正在蓬勃发展。传统基金会经济学、预算与社保政策研究员格莱兹勒（Rachel Greszler）在保守媒体《每日星报》撰文进行了分析。工资上涨、大量工作岗位被创造出来，小型企业对未来的态度比以往任何时候都更加乐观。使这些减税措施永久化并通过额外的税收改革措施，将有助于维持更高的经济增长水平，为所有美国人创造长期利益。即便如此，如果政策制定者未能解决我们正在承担的不可持续的债务问题，那么这些好处将是有限的。而这至关重要，因为如果该问题没有得到解决，债务将不可避免地导致经济崩溃或数十年的经济萎靡。[1]

根本问题不是低税率。美国国家税务局在 2018 财年获得了创纪录的财政收入，因此问题在于政府支出过多，而且任何增税都无法解决这个问题。在不限制政府支出的情况下，减税只会意味着未来的税收增加。为了在尊重个人自由的同时实现财政正常，国会应通过取消税法中的税收抵免支出和减少联邦支出来实施税改 2.0。美国传统基金会（The Heritage Foundation）的收支平衡企划展示了如何做到这一点。通过在税法中消除目标明确且不适当的税收抵免或变相支出，可以额外增加 7 350 亿美元的税收收入。

摆脱这些税收抵免将超过税改 2.0 带来的 10 年内估计的 6 570 亿美元收入下降。其他措施也有助于实现这一目标，例如完全取消州和地方减税，以便在美国赚取相同收入的人支付相同的联邦税。州和地方的减税效率非常低，它主要使富人受益，对穷人的影响微乎其微。它还通过补贴州和地方税收增加以及阻止减税来鼓励财政管理不善。用税改 2.0 中包含的基于广泛的促进经济增长措施取代这种扣除和其他狭隘、低效的税收抵免将实现减税的所有好处，而不会产生更高债务的后果和风险。更好的建议是削减政府支出并实施上述减税措施进一步降低税收。

税改 2.0 将巩固我们的经济增长，并使美国工人的处境更好。但无论国会是否制定税改 2.0，无论其如何影响财政收入，有一点是肯定的：我们目前的赤

---

[1]　Rachel Greszler, "How Congress Can Make Tax Cuts Permanent Without Worsening the Debt," www.dailysignal. com, September 20, 2018.

字不能再持续下去了。如果不大幅削减联邦支出,任何减税措施都无法使美国的经济摆脱债务负担,而且在没有经济崩溃的情况下,任何税收增加都无法覆盖联邦支出。如果议员想要防止最终的经济崩溃或长期微弱的经济增长甚至经济衰退,他们将需要重新评估联邦政府的规模和范围。

美国传统基金会的收支平衡蓝图为国会提供了具体的方法。收支平衡蓝图认为,在未来十年内可以减少12.3万亿美元的支出,到2025年实现预算平衡,并在2028年将预计债务减少23%。

税制改革2.0有可能为美国经济带来长期而显著的增长。为了在未来不增税的情况下实现这一前景,议员应该将税收改革2.0与常规税收政策结合起来,这些政策将摆脱税法中狭隘、不恰当和有害的补贴和抵免,以及实施结构性支出改革以缩小联邦政府债务的规模和范围。

4.6.9　共和党谋求加大税改力度

据众议院高级税务议员表示,预计2019年将有条件地实施一项新的10%的中等收入的减税计划。虽然国会山很大程度上已经预料到了这一时间表,但这与特朗普总统最初预测的"这项措施将出现于2018年11月份"大相径庭。[1]

4.6.9.1　新国会,新减税

在2018年10月26日的电视采访中,众议院筹款委员会主席凯文·布拉迪在谈到减税时说:"如果共和党保持对众议院和参议院的控制,我们希望在新的国会会议上推进这一进程。"然而,特朗普总统在几天前表示,将在10月29日左右提出一项减税"决议"。

民主党议员一直批评特朗普的声明,认为这不过是2018年11月6日中期选举前出于政治因素所驱动的言论。几个国会民主党高层计划将部分废除2017年12月颁布的《减税与就业法》,另一方面,共和党人则希望在《减税与就

---

[1] Jessica Jeane, Federal and State Tax News Highlights, C. 1, Brady, "New Middle-Income Tax Cut Conditionally Expected in 2019," researchhelp. cch. com, October 29, 2018.

业法》的减税基础上继续努力。

布拉迪在 2018 年 10 月 26 日表示："特朗普总统正在考虑的是重点放在中产阶级工人和家庭上的 10% 的削减。他仍然认为中产阶级家庭处于紧要关头。我们一直在与白宫和财政部合作，就如何最好地解决这一问题提出建议。"

4.6.9.2 所得税削减预测

目前，共和党在国会山很可能会保留对参议院的控制权，但仍有一些预测认为共和党将失去众议院多数席位。共和党可能需要保留对两院的控制权，才有可能批准进一步的个人减税或使《减税与就业法》的减税措施永久化。

众议院通过了"税改 2.0"的一揽子方案，其中包括使《减税与就业法》的个人减税措施永久化，并加强各种储蓄账户和商业创新。参议院对在年底前把该一揽子计划作为一个整体几乎没有兴趣，尽管对退休和储蓄措施进行考虑仍然是可能的。

4.6.10 税收基金会分析二次税改有必要

众议院筹款委员会发布税改 2.0 框架。众议院筹款委员会发布了众人期待已久的税制改革 2.0 框架，该框架将使得《减税与就业法》的个人所得税改革永久化，并配合实施其他改革。税收基金会经济学家约克（Erica York）和该基金会联邦与特殊项目副总裁克丁（Nicole Kaeding）共同撰文，指出了美国进行二次税改的必要性。[1]

税改 2.0 将实现，一是永久性所得税税率和扣除额于 2025 年到期：税收基金会的税收和增长模型估计，这将促进长期国内生产总值（2.2%）和工资（0.9%）的强劲增长，并创造 150 万个额外工作岗位，但同时每年减少 1 120 亿美元的联邦收入。

二是简化退休储蓄账户：目前，针对退休储蓄的税务处理充斥着各种各样

---

[1] Erica York, Nicole Kaeding, "Tax Reform 2.0 Framework a Good Start," taxfoundation. org, July 24, 2018.

的规则限制,而且这十多种不同类型的退休账户规则都各有差异。尽管该框架并未具体说明议员们将如何改革目前的退休储蓄结构,但创建一个普通储蓄账户是对当前长期储蓄选择的显著改善,对于那些无法通过雇主获得退休储蓄的美国人更是如此。

三是改善对初创企业的税收待遇:尽管尚不清楚众议院可能会考虑哪些条款,但议员们可以让第 179 条税收扣除额增加,或者为初创企业的成本制定扣减标准,或者实现其他选择。美国税务基金会(Tax Foundation)经济学家凯尔·波默洛(Kyle Pomerleau)在国会就如何消除税法对初创企业的阻碍进行了验证阐述。

四是《减税与就业法》对经济增长有利却有大部分减税条款将在 10 年内到期。《减税与就业法》是一项促增长的税收改革,可以帮助美国创造就业机会,提高工资,扩张经济。但是,《减税与就业法》的大部分条款将在未来 10 年到期。布拉迪主席提出的新框架建议将个人所得税条款永久化,从而为个人提供确定性保障。我们预计,长期来看,个人所得税条款的永久化将使美国经济规模增长2.2%,但同时每年联邦收入基于静态基础减少 1 650 亿美元。

五是普通储蓄账户的纳入也是一项值得补充的内容。目前,我们的税法对十多种不同类型的个人储蓄账户实施不同的限制与规则。因此,简化这种复杂的结构是一项亟须的改革。

4.6.11 税收基金会主张资本利得税与通胀挂钩

H. R. 6444 法案将资本利得税与通货膨胀挂钩。众议员德文·努涅斯(Devin Nunes)最近提出的法案——H. R. 6444 是将资本利得税与通货膨胀挂钩的最新举措。美国税收政策游说组织税收基金会政策分析师弗恩瓦尔特(Alec Fornwalt)撰文指出,这是一项与常识相符的改革,因为与通货膨胀相关的收益并不代表财富随时间的实际增长。[1]

─────────

[1]　Alec Fornwalt, "Capital Gains Taxes Should Be Indexed to Inflation," taxfoundation. org, July 23, 2018.

与收入相关的税收大部分已经根据通货膨胀进行了调整,从而确保只对个人实际收入的增长而非名义增加征税。正如史蒂夫·恩廷(Steve Entin)2018 年早些时候提出的那样,将这一政策扩展到资本利得尤为重要。有一个例子可以帮助说明不对投资者资本利得税与通货膨胀挂钩所产生的问题。2000 年的美元比 2018 年同单位美元拥有更多购买力。当投资者购买资产(如股票的一部分)时,该资产可能会随着时间的推移而增值。当该资产未来以某一较高价值出售时,其一部分增长价值缘于通货膨胀。如果在征税时忽略了通货膨胀,那么投资者就会对没有获得的收益额外负税。

例如,假设投资者在 2000 年将 5 000 美元投入股市。根据现行法律,如果在这 18 年中这 5 000 美元增长为 8 000 美元,那么需要对增长的 3 000 美元征税,从而导致 450 美元的纳税义务。问题是,2000 年的 5 000 美元相当于 2018 年大约 7 100 美元。也就是说,在 3 000 美元的增长中,2 100 美元是由于通货膨胀引起。这意味着投资者只赚了 900 美元,而不是 3 000 美元。而根据新法案,只需对当时实际赚取的 900 美元征税。

表 1　资本利得税:与通胀挂钩和不与通胀挂钩的对比

与 通 胀 挂 钩		与通胀不挂钩	
2000 年投资	5 000 美元	2000 年投资	5 000 美元
2018 年售出价值	8 000 美元	2018 年售出价值	8 000 美元
资本利得(考虑通胀)	900 美元	资本利得(未考虑通胀)	3 000 美元
资本利得税(15%)	135 美元	资本利得税(15%)	450 美元

更糟的是,如果一项投资的收益率低于通货膨胀率,那么投资者就需要对那些根本没有获得的收益进行纳税。如果在 2000 年投资 5 000 美元的投资者 2018 年以 7 000 美元的价格出售,那么该资产实际上是贬值的。但是,根据现行税收政策,投资者仍将承担税收义务。

因此,国会应该考虑将资本利得税与通货膨胀挂钩,从而确保对投资者的实际收益而非通货膨胀征税。

4.6.12 众议院拟议更新税改法案

2017 年的税改立法对美国工人来说是个福音,使得美国工人切实感受到了减税带来的好处,除了 2018 年每个家庭平均减税 1 400 美元外,现在还有更多的工作岗位可供选择。就在上个月,平均工资上浮了 2.9%,这是自 2009 年夏天以来工资的最大涨幅。众议院筹款委员会计划审议被称为"税改 2.0"的三项新法案。法案将使 2017 年税改的大部分减税政策永久化,引入对家庭储蓄的新的简化措施,并对新创企业伸出援手,法案具有三个主要亮点。[1]

4.6.12.1 保护个人和小企业减税

《2018 年保护个人及小企业减税法案》将永久性延长《减税与就业法》中的临时条款,这些条款目前定于 2025 年后失效。主要规定包括:

➢ 永久性降低个人所得税税率及门槛;

➢ 永久性扩大标准扣除额:个人申报者 12 000 美元,家庭申报者 24 000 美元;

➢ 永久性将儿童税收抵免加倍至每位儿童 2 000 美元,提高终止门槛;永久废除个人免税和抚养费减免;永久化 500 美元的非子女抚养减免;

➢ 设定州和地方扣除的永久性上限为 10 000 美元,新抵押贷款的抵押利息减免上限为 750 000 美元;永久废除逐项扣除和各种其他较小的个人分项扣除;

➢ 永久性增加遗产税和赠予税及替代性最低减税和分阶段减免;

➢ 对税负转嫁企业所得实行 20% 的永久性减免;

➢ 将调整后的总收入 7.5% 以上的医疗费用减免延长两年,到 2020 年降低 10% 的税改前水平。

国会应使税收法案中已通过商定的条款永久化。这将继续刺激经济增长,同时避免美国人民免受未来增税的影响。

---

[1] Adam Michel, "Here Are 3 Major Ways Tax Reform 2.0 Would Help Americans," www.dailysignal.com, September 11, 2018.

4.6.12.2 简化并扩大家庭储蓄

税改 2.0 的第二部分就是《2018 年家庭储蓄法案》。该法案包含四项重要改革以简化退休储蓄，创建新的通用储蓄账户，扩展 529 教育储蓄账户，允许美国家庭通过自由储蓄支撑育儿假。

1. 退休储蓄。个人退休储蓄账户，如 401 账户，对个人退休储蓄至关重要，因为它们可以避免投资被重复征税，鼓励人们为自己的退休生涯储蓄。然而由于这些计划的复杂性和高合规成本，很多美国人，特别是受雇于小企业的美国人并未充分利用它们。

税改 2.0 将允许小企业主联合提供退休福利，废除新缴费的最高年龄，增加对最低分配规则的最新豁免，此外还包含了其他修订。尽管离急需完成的全面退休税改还很远，但已向正确方向迈出一小步。

2. 通用储蓄账户。税改 2.0 包括允许纳税人每年缴费最高达 2 500 美元的小企业通用储蓄账户提现免税，且并非严格受用于退休。在加拿大和英国，这些简化账户已被证明是成功的，这将帮助美国人在不附加退休条件的情况下，保护更多的储蓄免于征税。

令人遗憾的是，每年 2 500 美元的缴费限额太低了。人生跌宕起伏，收入多的年份里应该可以储蓄，在条件好的时候把钱存起来以备不时之需。根据目前提议的限额，家庭应在孩子出生的前 18 年里每年存钱，即使这样还存不到很多私立高校一年的学费。

3. 教育储蓄。2017 年的改革修订了大学储蓄或"529"计划，允许父母使用这些账户里的钱支付 K-12 费用，这是一大进步。税改 2.0 将建立在这些改革的基础上，允许 529 账户里的资金用于家庭教育、学徒和学生贷款费用。改革将帮助父母和学生支付传统教育体系外的教育选项，为美国人的教育提供更多选项。

4. 新生儿及领养储蓄。税改 2.0 允许家庭使用自己的退休账户支撑新生儿出生或领养的育儿假。允许工人从个人退休账户或是 401 账户中免罚提款用于家庭假,有助于增加获得负担得起的、可持续的家庭假的机会。

4.6.12.3 鼓励新企业创新

税改 2.0 的第三部分,也是最后一部分就是《2018 年美国创新法案》。该法案允许新创企业和企业家们冲销更多的初始启动成本。目前,新创企业的初始启动成本只允许抵扣 5 000 美元,这迫使它们在未来 15 年内冲销剩余成本,这就使得新创企业的成本更高。

根据税改 2.0,新创企业的初始启动成本可以抵扣 20 000 美元,并提高了它们向新所有者转移其他税收优惠的能力,这些变化必然会使新创小企业受益,但众议院共和党议程中缺少一个明显的组成部分。就像冲销启动费用一样,已建企业的费用也应当扩大且永久化。

费用化将允许企业即刻扣除成本。根据旧税法,企业要等待数年后才能从应纳税所得中扣除投资成本。这就带来了不必要的增加投资成本的后果,从新设备和机器到扩展现有工作空间甚至是建造新设施都是如此。费用化使新创企业开业和成熟企业升级并扩大经营变得更容易负担,这就带来了更多的就业机会,使雇主能提高工资待遇。

税改 2.0 包含一系列惠及美国人的重要改革,但仍有其他重要优先事项未涉及。比如,2017 年税收改革法案的国际条款依然复杂,对税负转嫁企业的补贴也是如此。最终应该完全废除替代性最低税、州和地方减税、医疗费减免,对新企业投资的费用化应当扩大。

国会不愿意降低联邦支出的增长率,这正加重我们的负债,并威胁后代的繁荣。为了巩固当前基础广泛的经济扩张,国会必须使减税永久化,对联邦预算进行有意义的限制。

2017 年的《减税与就业法》不仅惠及少数人,美国每个国会选区的普通纳税人都会获得减税,未来 10 年内有望获得数万美元的额外实得工资。构成税改 2.0 的三个法案将使 2017 年的税改变得永久化,未来的每一年都会变得更好。

4.6.13　布鲁金斯学会主张完善《减税与就业法》

《2017 年减税与就业法》未能兑现诸多税改承诺。美国自由派研究机构布鲁金斯学会访问学者本杰明·哈里斯(Benjamin H. Harris)和高级研究员亚当·鲁尼(Adam Looney)认为,该立法的成本过高使收益远低于预计支出水平,并将赤字和债务置于不可持续轨道上。[1] 许多条款是暂时的和过期的,需要在条例中加以澄清,否则可能无法承受来自贸易伙伴的法律挑战——立法为个人和企业制造了不确定性,并将未来的决策者置于艰难的处境。虽然该立法提供了暂时的经济刺激措施,但对于长期经济增长的推动作用微乎其微,甚至对美国人未来生活水平的影响更小。此外,它没有实现税制改革的其他目标,使税收制度变得更加复杂和难以管理,同时制造了新的避税或违规机会。

幸运的是,这些漏洞可以修复。在 1980 年,那部 1981 年颁布的不明智的减税政策让财政赤字飞速攀升,幸好在随后几年中得到迅速修订,最终在 1986 年进行了全面改革。历史或许很快就会重演,美国将从中受益,当有机会重新审视税收改革时,决策者有机会建立一个促进增长的、更简单的、可持续的和更公平的税法。在《减税与就业法:错失建立可持续税法的良机》一书中,本杰明·哈里斯和亚当·鲁尼提出了当修改或废除《减税与就业法》的时机到来时,改善税法的 6 种方法。

一、鼓励新投资。任何为已承诺的资本带来意外收益的新改革,最终都只能以阻碍增长的方式来抵消这些成本,比如提高税收或增加借贷。这使得任何能增加旧资本回报的改革都难以促进经济增长,扭转或重新获得《减税与就业法》的意外收益应该是重中之重。

二、限制企业避税和利润转移。《减税与就业法》在国际税收改革方面的做法总体是合理的,尤其是如果美国继续受制于过去使用的基本企业税收结构和税基的情况下。然而,该计划在减少利润转移方面做得太少,鼓励各国在国际税

---

[1]　Benjamin H. Harris, Adam Looney, "The Tax Cuts and Jobs Act was a missed opportunity to establish a sustainable tax code," www. brookings. edu, May 4, 2018.

率和规范上竞相降低税率,并保留了美国公司在海外开展业务的激励措施,一些具体的改进将对税收制度大有裨益。

三、促进统一税收。在《减税与就业法》中,股东层面的税率几乎没有变化,但企业或递延政策的变化加剧了许多预先存在的扭曲现象,公司和递延的低税率以及支出拨备增加了税收支出的成本。投资税率继续面临着明显不同的有效和边际税率,具体取决于持有投资的账户类型、资产出售时间以及投资的融资方式。所有这些扭曲现象都会通过将投资从最有效的用途中分流出来减少经济活动,解决这些缺点是任何改革的关键组成部分。

四、消除个税优惠扭曲。税法创造了一系列令人眼花缭乱的激励机制,扭曲了经济行为。在某些情况下,这些激励措施通过解决现有的扭曲现象或奖励带来了积极的社会效益,提高了效率。许多的扭曲现象是微不足道的,但有些却对美国经济有着深远的影响,旨在实现最大化可持续增长的改革,至少应该解决最严重的激励扭曲问题。

五、鼓励就业。税收改革还可以通过有针对性地降低边际收益率来增加收入,特别是对降低税率有高回应率的劳动力。降低对低收入者、已婚人员和老年劳动力的有效边际税率的改革可以增加劳动力人口数量和工作时间。

六、提高合规性。由于其复杂的设计,目前的税法既提供了避税机会又为想要遵守法律的纳税人创造了挑战。不遵守规定的成本通常以"税收缺口"来衡量,即"所欠税款与实际缴纳税款之间的差额"。对税收缺口的合理估计约为每年 5 000 亿到 6 500 亿美元不等。由于其规模庞大,即使是微小的、持续的税收缺口的减少,也可大幅度减少财政赤字。

国会应该效仿以前税收改革所作出的努力,通过实施促进真正的长期增长的改革来扭转《减税与就业法》所造成的长期损害。

4.6.14 布鲁金斯学会施压对中产阶级减税

关于减税措施对中产阶级带来的好处,各方看法不一,根据财政部公布的最新数据,减税措施只增加了联邦预算赤字,目前 2018 财年的赤字为 7 790 亿美元。数据表明,中产阶级在美国的处境并不乐观,无论是收入的增幅还是享受减税政策带来的好处,中产阶级都不占优势,这种状况如不改变,美国中产阶级的境况将变得更糟。最近在蒙大拿州的一次集会上,特朗普总统称"共和党人通过了美国历史上最大的减税立法",不幸的是,这并不是事实,最近的减税措施并非对每个人都有好处。美国自由主义的智库布鲁金斯学会高级研究员索希尔(Isabel V. Sawhill)发表了见解。[1]

4.6.14.1 中产阶级的收入增长比富人和穷人都要慢

有数据表明中产阶级境况不佳,这一事实令人震惊。停滞不前的收入、机会差距和脆弱的家庭都是担心中产阶级的理由,公共政策在改善这些方面收效甚微。在计入税收和转移支付后,中产阶级家庭平均收入的增长明显落后于收入最低以及收入最高的五分之一家庭。从 1979 年到 2014 年,最富有的 20% 人群的收入增长了 97%,是中产阶级收入的两倍多。即使是收入最低的五分之一人口的收入增长也更快,达到 69%,比中产阶级的收入增长高出三分之二。简而言之,公共政策和经济都在将中产阶级抛在身后。

4.6.14.2 中产阶级的收入增长最慢

2017 年《减税与就业法》无助于中产阶级,并将加剧这一趋势。根据税收政策中心的分析,无论是现在还是将来,法律都倾向于富人。到 2027 年,税法的收益则完全流向了富人。税收联合委员会(JCT)使用一种不同的方法得出了类似的结论。到 2027 年,税法将使中产阶级的境况变得更糟。

共和党人希望将税法延长到 2027 年以后,但这几乎不可能。有一种观点认为,从长远来看,增加投资将导致更高的工资。这一理论认为,较低的企业利率和暂时扩大的企业支出将刺激美国的投资,从而带来更多的资本和更高生产率的工人。随着工人生产率的提高,企业将提高工资,所有这些都将在长期内慢慢发生。

---

[1] Isabel V. Sawhill, Christopher Pulliam, "The middle class needs a tax cut: Trump didn't give it to them," www. brookings. edu, October 16, 2018.

4.6.15　美网络销售税起纷争

2018 年 4 月 17 日,美国最高法院受理零售(Wayfair)公司对南达科他州的诉讼。这项起诉是关于南达科他州一项法律的合宪性,该项法律要求,对南达科他州的居民交易量超过 200 美元或者交易额超过 10 万美元的网络供应商征收销售税。起诉人试图推翻 1992 年的奎尔裁决,该裁决基于"存在实体"的标准认为各州不得向在该州没有人员或财产的供应商强制征收销售税。与经营实体是现状标准的说法相违背,在 45 个州中有 31 个州已经将其销售税的征收范围扩大到在该州内没有经营实体的卖家。美国税收游说组织税收基金会专家毕晓普-亨奇曼(Joseph Bishop-Henchman)就此进行了解读。[1]

有些法律制定精良,但许多法律并非如此,这些法律对来自其他州的卖方施加了显著和有差别的合规负担。迄今为止,联邦和州法院都维持了这些法律,美国最高法院也很有可能这样做。

国会可以在法院作出决定之前采取行动。由众议员克里斯蒂·诺姆(Kristi Noem)发起的拟议远程交易公平法案(RTPA)将授权各州对其居民进行的互联网采购征收销售税,前提是该州对其销售税制采取有效的简化措施。相比以前的联邦提案,远程交易公平法案提供更多的纳税人保护,并最终使那些遵从这一法案的州的销售税征收比工资税、所得税或失业税征收还更加简单和轻松。

在没有法院或国会行动的情况下,各州正在创造商业条款试图避免的情形:无限的税务规定使州与州之间的税负重重。诸如远程交易公平法案,流动劳动力、商业活动税简化法(BATSA)以及数字商品和服务税收公平法等国会提案,将取代存在实体标准,以防止基于间接和瞬时活动的税收,比如互联网"饼干"(cookies)、推介链接和机场中途停留。

许多州滥用"存在实体规定"来大大扩大他们的征税权力。这些法规包括纽约系的点击链接、科罗拉多级的报告和通知以及马萨诸塞式"饼干"链接。此

[1]　Joseph Bishop-Henchman, "Should Congress Act Before SCOTUS On Online Sales Taxes?", *Tax Foundation*, March 13, 2018.

外,多个州和法院拒绝对商业和个人所得税应用存在实体标准。

4.6.15.1 22 个州采用了点击链接奈克瑟斯(Nexus)规定

2008 年,纽约州通过了一项法律,该项法律将存在实体的定义扩大到包括以下来自其他州的卖方,与本州的网站有补偿推介协议;每年对州内的销售额超过 1 万美元。除非被反驳,奈克瑟斯将被推定成立。在 Overstock. com 公司诉纽约州税务和财务部门的案件中,这一法规得以实现,该案发现与本州推介客户取得报酬的非雇员签订的合同构成了实质性的联系。21 个州采用了相同或几乎相同的法规,美元门槛值设定为 2 000 美元到 50 000 美元不等,有些州没有能力反驳奈克瑟斯推定。当零售商使用独立的承包商时,即使这些承包商不参与维持州内市场或大量货物流通,这些法规也会产生存在实体。尽管这些法规提供了反驳征求发生推定的能力,但反驳这种推定本质上是徒劳的,因为很难证明个人在互联网上做了什么。因此,由于互联网的全球性,这些点击链接法适用范围更广,不仅包括在特定州内进行销售的零售商,还包括实际上可能不会在特定州销售的零售商。

4.6.15.2 10 个州遵循通报法

2010 年,科罗拉多州颁布了一项法规,要求非商店零售商:在交易时向科罗拉多购买者提供"交易通知",通知他们该购买可能需缴纳科罗拉多州使用税;提供购买额超过 500 美元的购买者的"年度购买汇总",其中包含购买日期、金额和类别;向科罗拉多州税务局提交年度报告,列示客户的姓名、地址和购买总额。在直接营销会(Direct Mktg Ass'n)诉布罗尔(Brohl)一案中,第十巡回法庭在得出大翎毛(Quill)的控股权适用于销售和使用税征收而不是强制执行监管要求的结论后,维持了科罗拉多州的法规,9 个州采用了类似的法律。这些法规还引起了要求向州政府官员报告每个客户在线选购物品的相关隐私问题。

4.6.15.3 3 个州采用了完全忽略实体存在的销售税条款

3 个州对其税收权力采取了更深远的废除。这些法规要求向州内的任何经济行为主体收取销售税。阿拉巴马州要求对在州内销售额超过 25 万美元的任何供应商和从事任何一个广泛活动清单的供应商征收销售税。密西西比州采用了相同的规定,而田纳西州也有相似的规定,但门槛提高到 50 万美元。

4.6.15.4　2 个州采用"饼干奈克瑟斯"(Cookie Nexus)规定

2017 年 9 月 22 日,马萨诸塞州提出 Reg. 830,要求对过去 12 个月内在马萨诸塞州的互联网销售额超过 50 万美元,销售量超过 100 单的供应商征收销售和使用税,如果供应商满足以下条件:已经通过物业利益和(或)使用州内软件(使得州内居民可下载"应用程序")和辅助数据(在州内居民的网络浏览器上放置"饼干")形成了实体存在;与内容分发网络有合同和(或)关系;使用市场装配商和(或)送货公司。马萨诸塞随后撤回了这项规定,但已开始重新签发该规定。然而,俄亥俄州将该标准作为法律,自 2018 年 1 月 1 日起生效。各州税务管理人员之间的讨论表明,其他州可能会考虑采用类似的应用程序和"饼干奈克瑟斯"规定。根据奈克瑟斯标准,马萨诸塞州和俄亥俄州有权征收地球上的任何线上商店,只要他们的居民访问了供应商的网站或下载其应用程序。

4.6.15.5　6 个州采纳南达科他州的挑战性法律

南达科他州的法律最大限度地减少了征收销售税的负担。通过以下方式坚持州与州之间的销售税管理标准;要求州和地方的销售税基实现统一;尽量降低当地销售税率,南达科他州的税率必须为 1% 或 2%;对所有最终零售交易征收销售税和使用税,不得任意豁免或混淆特殊税率;采用有意义的最低限度阈值排除税负超过收益的州际活动;以及禁止追溯征收。此外,州不得歧视州际贸易,允许州外零售商支付与州内零售商相同的税收,并且该法规的销售税和使用税仅适用于南达科他州公平分摊的州际商业,南达科他州居民的采购不受任何其他州的征税约束。南达科他州的法律已经成为印第安纳州、缅因州、北达科他州、佛蒙特州和怀俄明州的法律模板,门槛值为相似的年销售额 10 万美元或 200 单交易。这个案件中佛蒙特州和怀俄明州的法律在等待法院的裁决,印第安纳法律正在受到挑战。

4.6.15.6　许多州忽略了收入和营业税的实体存在

俄亥俄州、华盛顿州和西弗吉尼亚州颁布了法律，并且这些州的法院支持这些法律征收营业税而不考虑实体存在。各州越来越多地将营业税应用于在州内没有实体存在的州外企业，只需一笔交易就将州外销售商拖入他们的征税范围，州税务部门调查列出了数百种情景，在这些情景中各州总结奈克瑟斯已由非实体型企业组成。

4.6.15.7　美国最高法院会采取行动维护州权力

即将出现的南达科他诉零售案件有几种可能的结果：重申大翎毛控股权，但是可能性很小；维持南达科他州法律的"狭隘"裁决，但不对未来案件提供任何指导，这可能会导致所有州采取各种有害法规来扩大其税收权力；广泛的裁决让州拥有较大的自由；或者维护南达科他州法律的判决，但明确规定哪些州际商业的州税是合宪的。2018 年 3 月 5 日，税务基金会提交了一份友好简讯，不支持任何一方，敦促最后的解决。

我们简单认为，南达科他州的法律是合宪的，但是大翎毛案件不必被推翻。该案件的实体存在标准从宪法上采用了真正重要的代理人：州税不能给州际商业造成负担，不能歧视州际商业，并且不能对公平份额的州际商业征税。我们简要介绍了几十起过去的案例，以及创始人发表的声明，以支持对商业条款的解读。在收入和营业税方面，实体存在实际上导致了对州际商业的更广泛的州税收，对企业和商务旅客的税收仅限于该州短暂或偶然的人员。

4.6.15.8　远程交易公平法案和其他建议将对州税权加以限制

各种国会建议削减州税务机关，以确保州税收不会给州际商业造成负担，不会因州际商业而对州内商业产生歧视，并且他们的税收不超过其在州际贸易中的份额：

> 流动劳动力法案将州所得税限制在该州境内至少 30 天（现在许多税收从第 1 天起）的实体；

> 商业活动税简化法要求在企业税或总收入税征收前会对该州的活动设定

门槛值；

> 数字商品和服务税收公平法规定州（购买者的地址）可以对无处不在的数字交易征税；"远程交易平等法"允许各州对其居民（只有身处该州的居民）在互联网上的采购征收销售税，只要州对其销售税制采取有意义的简化。

这些提案都超出了实体存在标准，因为该标准允许各州根据互联网饼干、转介链接和机场中途停留等非定向和瞬时活动征税。

4.6.15.9　结论

如果没有国会或法院的行动，各州正在创造商业条款试图避免的情况：对健全税收政策的呼声，对仅向州内企业和享有服务的居民征收税款的呼声，被使用州税法来让州内的消费者和企业受益的人掩盖了。国会应该采取行动重建对州税收权力的限制，而这些限制应该包括一个与其施加的负担一致的奈克瑟斯标准。像远程交易公平法案、流动劳动力和商业活动税简化法这样的国会提案将取代实体存在标准，以防止基于互联网饼干、转介链接和机场中途停留等非定向和瞬时活动的征税。

4.6.16　税收基金会提出瓶装水征税与财政问题

密歇根众议院议案（HB 5656）提议按瓶装矿泉水批发价的 4% 征收消费税。美国游说组织税收基金会各州项目研究员德伦卡德（Scott Drenkard）指出，2017 年同一时间，缅因州提议（HP 0356）对瓶装水公司每 25 加仑的矿泉水征收 1 美分提取税。两项议案很大程度上源于政治动力，也揭开了州税收政策改革新篇章，因为目前还没有哪个州对瓶装水公司征收提取税。那么当各州想保护和管理自然资源时，上述类型的税收是否有意义？

4.6.16.1　以往经验

水是可再生的，这点很重要。瓶装水的征税模式与石油和天然气开采税的征税模式类似。但石油和天然气资源的一个重要特征是它们不可再生，一且耗尽,子孙后代将无法再拥有。石油和天然气的不可再生引发的问题便是谁有权利开采资源,这代人还是下一代?提取税通常是政府对当前开采行为征收一定的税收,表面上看是为了与未来的居民分享税收。例如,怀俄明州将开采税收入存入信托基金,为未来的经济衰退投资储备,这是代际转移的一种方式。饮用水提取则是通过水循环来处理可再生资源。当前提取矿泉水并不意味着后代子孙将无水可用。这使得运用征税手段来解决代际问题缺乏足够的说服力。

4.6.16.2　我们支付的不是水费,而是搬运费

支持征税者的论据之一是瓶装水公司并没有为水买单,买单的是最终用水的居民。这并不完全正确。在现实中,没有人真正为水买单,我们支付的是水的搬运费用。如果我们从市政供水系统中获取水源,我需要为水的净化和输送买单。但如果我们从后院的井里抽水,我们则无须支付水费,只需要花钱凿井并把水引入家中。瓶装水的故事同理:人们在杂货铺的货架上挑选自然资源并通过便捷的快递运送到家。终端用户仍在支付运费,支付对象是瓶装水公司而不是公用事业部门。

4.6.16.3　只关注瓶装水是短视行为

支持者似乎只关注对瓶装水征税,而不包括对居民生活或农业用水。事实上,用于灌溉的农业用水(占全国用水量的绝大多数)还经常得到政府供水部门的补贴,因为收取的水费并不能完全负担供水基础设施的建设和维护费用。瓶装水公司方面,装瓶基础设施和运输成本则完全由装瓶水公司承担,并在消费环节被转嫁给了消费者。

4.6.16.4　结语

传统开采税不适用于瓶装水行业。巧合的是,在其他地区,官员们提议对含糖饮料征收重税,称是为了引导消费者食用瓶装水。那么对瓶装水征税的议案则会把事情往相反的方向推进。当然,这两项议案的共同之处在于增加税收用于新项目支出。如果这才是我们的目的,那我们最好是坦诚面对,通过拓宽税基

而不是对特定对象加税来为新项目支出买单。

4.6.17 美国商会希望为中小企业减负

每年 1 月份的纳税日是美国近 3 000 万小企业主年年都担心的事情。国会希望在 2019 年 4 月 15 日那天减轻普通企业的痛苦,并为员工提供更多薪水,为实现这一目标,国会通过了 2017 年的《减税与就业法》。[1]

小企业不要等到 2019 年才向税务顾问或注册会计师(CPA)咨询如何从税制改革中获益。税收筹划是向税务专业人士购买的服务之一,而非仅仅是每年的纳税申报等琐事。在纳税季外,利用专业人士的税收经验可以使其拥有更多的时间帮企业筹划如何留住更多资金。

新税法为小企业主带来了好处。但首先要记住的是,许多税务筹划的基本细节没有改变:按季度预估的支付、法律和专业服务、供应和设备、商务旅行和商务餐饮等最常见的业务支出实际上与税改前的规则相同。对退休账户(SEP -IRA)和简易税率(SIMPLES)等自雇型退休计划来说也毫无变化。遗憾的是自雇税、净投资所得税或是额外的联邦医疗保险附加税也毫无变化。

以下事项已经发生了改变:首先,对于所有小企业主来说,所得税率全面下调。原有的从 10% 到 39.6% 的 6 级税率已变成现有的从 10% 到 37% 的 7 级税率。高低税率之间的级差更宽,税率比以前更低。其次,国会还进一步降低了小企业主的实际税率。它被称为"合格经营收入"(QBI)扣除,并受到广泛关注,该税收条款具有一定的复杂性,最好的办法是设想两套独立的合格经营收入规则:一套适用于年应税收入(扣除所有减免,包含逐项减免后的收入)少于315 000 美元的家庭,另一套适用于所有其他人。如果你已婚,且年应税收入少于 315 000 美元(单身人士年应税收入少于 157 500 美元),那么合格经营收入规则十分简单:获取业务利润(即来自申报表 C、E 或 F 所列交易或业务的净利

---

[1] Tomas M. Sullian, Ryan Ellis, "What do the Big Tax Reform Changes Mean for Your Small Business? We've Got Answers," https://www.uschamber.com, May 2, 2018.

润),并申报该商业利润 20% 的减免,非常简单。商业利润税率因此降低了 20%。如果收入在上述水平之上,情况就会稍微复杂一点。已婚人士的年应税收入接近 415 000 美元时,20% 的合格经营收入减免将按比例减免(单身人士年应税收入 207 500 美元)。

无论你从事哪种类型的业务都无关紧要,是否有雇员也无关紧要,绝大多数小企业主将能申请上述简单的减免。

"替代型"合格经营收入适用于更加成熟的小企业,它们的利润和其他收入使得其 1040 表中的应税收入超出了上述范围。有"护栏"来处理这类企业,护栏也只针对这类企业。为何国会要纳入这些企业?人们担心,经验丰富、高收入的工薪阶层会将其 W-2s 表转换为企业的 1099s 表,为了逃税而申请合格经营收入减税。

第一道"护栏"就是企业不能从事特定的服务业。特定服务业是指健康、法律、会计、精算学、表演艺术、咨询、体育、金融服务、经济服务或任何一个以一名乃至多名员工或企业主的声誉或技能为主要资产的行业。

通过了第一道护栏,还会面临第二道——工资测试。对于成熟的、非服务型的企业来说,合格经营收入减税是利润的 20% 或企业所支付的 W-2 工资的一半中较低的那个。这么做的目的是确保企业不仅仅是一个寻求合格经营收入减税而隐藏薪水的复杂纳税人。如果一个非服务型企业拥有大量工资,就有很大机会获得合格经营收入减税。

工资水平不高还有其他方法通过第二道护栏。就是采用等于利润的 20% 或 W-2 工资的四分之一加上未经调整的合格资产的 2.5% 中的较低者作为合格经营收入减税。这种替代方法对拥有大量资产的企业最有用,不会造成沉重的工资负担。

如果一个成熟的企业能够通过这两道护栏,即服务收入测试和工资支付测试,那么它就有资格获得合格经营收入减税。假设其商业收入以最高税率征税,这就意味着对其商业收入的降税幅度将从 37% 降到 29.6%,这是自 1986 年税收改革立法以来的最低税率。

如果在这一点上你感到迷惑,我们建议你尽快向税务专家或注册会计师咨询。值得注意的是,根据税收改革立法,所有企业都会获得减税,即使是那些没有获得合格经营收入减税的企业。对最高税率企业来说最糟糕的情况就是其商业收入税率从旧税法下的 39.6% 降至如今的 37%。税务专家密切关注这些规则,像美国商会这样的商业倡导组织也在向美国国税局施压,要求他们发布详细的指导意见。

4.7　美国税收竞争力

4.7.1　2019 年州商业税景气指数——企业所得税排名

美国非营利研究机构税务基金会州税收政策中心高级政策分析师瓦尔扎克 (Jared Walczak) 发布了《2019 年各州商业税景气指数》报告,报告共分企业所得税、个人所得税、营业税、财产税和失业保险税,详细总结了美国各州税收政策动向,本部分主要发布各州企业所得税部分的排名。[1]

企业所得税是衡量各州商业活动的主体税。大部分州针对公司利润征收企业所得税,而部分州征收毛收入税,只允许少数甚至不允许商业费用扣除。

与其他仅关注税负的研究不同,《指数》衡量的是各州税制结构的好坏。它关注的是州收入的来源方式,而非收入多寡,因为总有更好和更糟的征税方法。比如,该指数的企业所得税部分对各州的评分不仅基于企业所得税税率和纳税等级,还基于他们如何处理净经营亏损,是否征收毛收入式税,而这比企业所得税更具经济杀伤性,企业是否能将购买机器和设备的支出完全费用化,以及各州是否会因通货膨胀而对纳税等级进行指数化设置。

---

[1]　Jared Walczak, " Ranking Corporate Income Taxes on the 2019 State Business Tax Climate Index," taxfoundation. org, October 3, 2018.

表 2 美国各地商业税景气指数（2016—2019 年）（企业所得税部分）

排　名	2016 年	2017 年	2018 年	2019 年	2018—2019 年变化
阿拉巴马州	22	13	18	20	−2
阿拉斯加州	25	26	26	25	+1
亚利桑那州	21	18	15	17	−2
阿肯色州	39	41	41	40	+1
加利福尼亚州	34	32	31	31	0
科罗拉多州	13	15	13	16	−3
康涅狄格州	35	34	33	29	+4
特拉华州	50	50	50	50	0
佛罗里达州	17	18	19	6	+13
夏威夷	11	12	14	14	0
爱达荷州	23	25	25	26	−1
伊利诺伊州	30	27	34	39	−5
印第安纳州	26	24	24	18	+6
艾奥瓦州	48	48	48	48	0
堪萨斯州	36	35	35	34	+1
肯塔基州	28	29	28	27	+1
路易斯安那州	32	36	36	36	0
缅因州	41	39	39	41	−2
马里兰州	19	20	21	22	−1
马萨诸塞州	37	38	38	37	+1
密歇根州	10	10	10	11	−1
明尼苏达州	43	43	43	42	+1
密西西比州	12	14	12	15	−3
密苏里州	3	5	5	4	+1
蒙大拿州	15	11	11	12	−1
内布拉斯加州	27	28	27	28	−1
内华达州	38	37	37	33	+4
新罕布什尔州	47	46	46	45	+1

排　　名	2016 年	2017 年	2018 年	2019 年	2018—2019 年变化
新泽西州	40	42	42	47	−5
新墨西哥州	24	23	20	21	−1
纽约市	8	6	6	7	−1
北卡罗来纳州	5	3	3	3	0
北达科他州	16	17	17	23	−6
俄亥俄州	46	47	47	46	+1
俄克拉荷马州	9	9	9	9	0
俄勒冈州	29	30	29	30	−1
宾夕法尼亚州	45	44	44	43	+1
南卡罗来纳州	14	16	16	19	−3
南达科他州	1	1	1	1	0
田纳西州	18	21	22	24	−2
得克萨斯州	49	49	49	49	0
犹他州	4	4	4	5	−1
佛蒙特州	42	40	40	38	+2
弗吉尼亚州	6	7	7	10	−3
华盛顿州	44	45	45	44	+1
西弗吉尼亚州	20	22	23	13	+10
威斯康星州	31	31	30	35	−5
怀俄明州	1	1	1	1	0
哥伦比亚地区	37	31	28	27	+1

　　注：排名 1 的为最好，排名 50 的为最差，所有评分均基于财年。华盛顿的评分和排名不影响其他州。来源：税收基金会。

4.7.2　2019 年州商业税景气指数——营业税排名

　　美国非营利研究机构税务基金会州税收政策中心高级政策分析师娄海德（Katherine Loughead）近期发布了《2019 年各州商业税景气指数》报告，报告共分企业所得税、个人所得税、营业税、财产税和失业保险税，详细总结了美国各州税

收政策动向,本部分主要发布各州企业营业税部分的排名。以下内容是关于
《2019 年州商业税景气指数》(以下简称《指数》)营业税部分的排名情况。[1]

各州的营业税税率和结构可以或多或少地吸引企业,发布营业税排名出于
以下两个主要原因：一些州针对营业投入征收营业税,这会抬高生产成本；营业
税税率增加,消费者可能会降低购买量或转向低税率地区购买。

理想的营业税适用于宽税基的最终消费品和服务,少有免税,且税率很低。
宽税基、低税率的税收结构最大限度地减少了因税收差异而导致消费者改变购
买行为时可能出现的经济扭曲。此外,营业税的减免缩小了税基,抬高了那些仍
需纳税的商品及服务的营业税率,使税率比其他必要税率更高。

结构良好的营业税适用于销售环节的最终使用者,但不适用于机器、原材料
和其他商业投入的销售,因为针对这些产品征税会增加生产成本并最终以更高
的价格转嫁给消费者。

避免对商业投入征税的州在《指数》上有更好的表现。得分最高的是那些没
有征收州营业税的地方：新罕布什尔州、特拉华州、蒙大拿州、俄勒冈州和阿拉
斯加州。得分次高的州包括：怀俄明州、缅因州、威斯康星州、内布拉斯加州、弗
吉尼亚州、密歇根州和印第安纳州,这些州都拥有结构良好的营业税及税率适度
的消费税。得分最低的州营业税率高,消费税率高,或是针对大量商业投入征
税,这部分州包括路易斯安那州、华盛顿州、阿拉巴马州、亚利桑那州、田纳西州
和新泽西州。

表 3　州商业税景气指数（2016—2019 年）（营业税部分）

排　　名	2016 年	2017 年	2018 年	2019 年	2018—2019 年变化
阿拉巴马州	48	48	48	48	0
阿拉斯加州	5	5	5	5	0
亚利桑那州	46	47	47	47	0

[1] Katherine Loughead, "Ranking Sales Taxes on the 2019 State Business Tax Climate Index," taxfoundation. org, October 17, 2018.

排　名	2016 年	2017 年	2018 年	2019 年	2018—2019 年变化
阿肯色州	47	44	44	44	0
加利福尼亚州	42	40	41	43	−2
科罗拉多州	39	39	39	38	+1
康涅狄格州	30	29	28	30	−2
特拉华州	1	1	1	2	−1
佛罗里达州	22	22	22	22	0
夏威夷	24	26	26	24	+2
爱达荷州	28	27	27	26	+1
伊利诺伊州	34	35	35	36	−1
印第安纳州	17	12	10	12	−2
艾奥瓦州	19	20	19	19	0
堪萨斯州	33	28	31	31	0
肯塔基州	14	13	14	14	0
路易斯安那州	49	50	50	50	0
缅因州	8	8	8	7	+1
马里兰州	16	17	18	18	0
马萨诸塞州	18	18	13	13	0
密歇根州	10	11	12	11	+1
明尼苏达州	26	25	25	27	−2
密西西比州	38	38	38	35	+3
密苏里州	25	24	24	25	−1
蒙大拿州	3	3	3	3	0
内布拉斯加州	9	9	9	9	0
内华达州	40	41	42	40	+2
新罕布什尔州	2	2	2	1	+1
新泽西州	44	45	46	45	+1
新墨西哥州	41	42	40	41	−1
纽约市	43	43	43	42	+1

排　　名	2016 年	2017 年	2018 年	2019 年	2018—2019 年变化
北卡罗来纳州	20	19	20	20	0
北达科他州	32	32	32	32	0
俄亥俄州	29	31	30	28	+2
俄克拉荷马州	36	36	36	39	−3
俄勒冈州	4	4	4	4	0
宾夕法尼亚州	21	21	21	21	0
罗德岛	23	23	23	23	0
南卡罗来纳州	31	30	33	34	−1
南达科他州	27	33	34	33	+1
田纳西州	45	46	45	46	−1
得克萨斯州	37	37	37	37	0
犹他州	13	16	17	16	+1
佛蒙特州	15	15	16	15	+1
弗吉尼亚州	11	10	11	10	+1
华盛顿州	50	49	49	49	0
西弗吉尼亚州	12	14	15	17	−2
威斯康星州	7	7	7	8	−1
怀俄明州	6	6	6	6	0

注：排名 1 的为最好，排名 50 的为最差，所有评分都是基于财年的。华盛顿的评分和排名不影响其他州。来源：税收基金会。

4.8　小结

联邦税制改革助推了美国经济的回升。截至 2018 年底，美国国内就业在增加，经济增长也有所加快，资本出现了一定程度的回流，这些都对于中期选举产生了影响，但也并未遏制民主党的进一步共识，除了夺回了在国会众议院的多数席位，还提出了有关联邦财税改革的进一步思考，总的来看，2018 年联邦税改的国际国内影响主要表现出五大特征。[1]

第一,联邦财政赤字急剧增加,债务屡创新高,新的更大规模债务危机正在逼近。目前联邦债务总额已超过 22 万亿美元,自 2007 年金融危机以来翻了一番多,联邦债务率接近国内生产总值的 110%,增长约 30%。近期还出现短长期利率倒挂现象。历史上美国曾出现过 10 次利率倒挂,有 9 次导致经济衰退、1 次导致经济增速放缓。因此,我们认为,税改正在酝酿新的债务危机,如果爆发,这次规模可能将更大。

第二,海外资本大规模回流并未出现。据美国商务部统计,税改以来全年回流资金总额为 6 537 亿美元,其中第一、二、三、四季度分别为 2 949 亿美元、1 837 亿美元、927 亿美元和 824 亿美元,显示了逐季下降之势。相比之下,税改正式开始前的 2017 年第三季度,海外汇回资金即有 551 亿美元。而且一些大企业税改前就承诺纳税并汇回资金,如苹果公司承诺缴税 380 亿美元,税款如果全部按照 15.5% 的税率计算,并且资金一次性回流,仅苹果回流资金的数额就应高达 2 451.61 亿美元,由此可见,通过降税刺激资本回流的政策并非成功之举。

第三,股票回购操作导致美国股市急剧波动。2018 年美国股市主要指数从夏季的最高点分别下跌了 16% 到 26%,纳斯达克综合指数从 8 月份至 12 月底已下跌 22%。12 月份是美国股市自 1931 年以来最差的月份。从数据看,2018 年是自 2007 年以来美国企业现金回购股票多于资本支出的年份,上半年回购额达到 3 840 亿美元,到 9 月中旬共达 7 620 亿美元,同比增加了 48%,前十大回购企业的回购额占全部增量的 78%。高盛预计全年股票回购资金将高达 1 万亿美元。

第四,企业并未大幅增加对实体经济投资。据 2018 年 10 月份全国商业经济学协会(NABE)调查数据显示,一年来,美国税改只是对于提高企业销售额和增加利润率有作用,对于增加就业和投资几乎没有作用,而且汇回资金大多用于

----

[1] 李超民:《美国税改一周年,成效究竟如何?》,https://www.jiemian.com/article/3010264.html,2019 年,4 月 3 日。

分红和股票回购，在投资、增加雇员和研发投入方面所做很少。9 月的联储研究报告亦明白地显示出同样情况。美国商务部三季度报告也显示，企业投资在一、二季度高增长过后，三季度已大幅回落。三季度的非居民商业投资年化后季度投资率只有 0.8%，设备投资率只有 0.4%。例如，联邦快递只准备根据税改政策提高工人工资，更新邮件转运中心，一些大型销售企业则准备投资数据设备，实现企业转型。但是进口和存货大幅增加状况提示，美国企业针对特朗普扩大对中国贸易战的预期，在大量低成本增加库存，未来还将通过价格手段把关税成本转嫁给消费者。

第五，美联邦税改对全球各国税制稳定形成冲击。首先，欧盟开始了 25 年来力度最大的税制改革，提出"欧盟单一增值税区域建设方案"，以完善和加快增值税制度现代化，避免增值税滥用造成财政收入流失，减少欧盟内部跨境贸易成本，简化欧盟单一市场企业经营规则，并设定了建设日程。其次，欧盟加快了反避税体制建设步伐，发布了有关跨国企业的公开国别报告，就"巴拿马文件"提出税收调查建议，公布非合作税收管辖地黑名单，提出协调解决跨境增值税欺诈建议，实施反洗钱与反避税新规等。第三，欧盟推出数字单一市场战略与数字税收政策并抛出了公平的数字经济所得税建议，通过改革公司税规则，确保数字业务公司利润在成员国申报。此外，其他主要经济体也纷纷开始下调税率，以抵消美国联邦税率全面下调对于本国经济的冲击。

面对美国新税法实施后的成效，实务界和理论界都在进行评估，并陆续提出了新的税制改革思想。第一，美国内对联邦税改效果评价喜忧参半。从 2018 年 10 月份美国全国商业经济学协会调查结果看：66% 的受访者认为，2017 年公司税法在权益和效率方面都优于 1986 年公司税法；但有 25% 的受访者认为，新税法比起 1986 年税法要"差点"或"相当差"，另认为新旧税法没有差异的有 6%。此外，受访者对于新税法的个人税权益与效率基本上持否定态度，只有 31% 认为新税法比 1986 年税制更优，13% 认为新旧个税政策没什么变化，另有 34% 的认为"不太好"，说相当差的有 20%。最新的富国银行和盖洛普小企业指数表明，

80%的小企业目前财务状况非常好或还算好;55%企业收入增加了;从 1 月份以来的 12 个月,27%的企业雇佣人数增加了;47%的企业认为,现在贷款更加容易。由此可见,要全面评价美联邦税改的实际成效,尚要待纳税数字公布之后。

第二,美国共和党在中期选举前酝酿了新的降税措施。2018 年 9 月众议院通过三个税改新立法:第一项是税制改革 2.0 版本《保护家庭与小企业减税法》,把 2025 年到期终止的《减税与就业法》有关个人与小企业的减税政策永久化;第二项是《美国创新法》,将完善针对初创企业成本扣除的规定,把所有有关规定合并实施。纳税人在纳税年度可以选择扣除实际投产企业创业总金额和组织支出 2 万美元,超过 12 万美元的部分可以从中减除(但结果不得小于零),剩余部分支出在 180 个月内逐步摊销;第三项是《家庭储蓄法》,通过建立退休账户等新型储蓄工具,鼓励家庭增加储蓄。据沃顿商学院测算,减税 2.0 版本将造成联邦财政减收 6 310 亿美元,而这笔负担最终将由美国的下一代负担,同时减税还会进一步威胁美国社会保障制度的安全。但随着中期选举后,民主党在众议院扳回主导权,共和党进一步税改面临不确定性,而且随着美国政治进入新一轮大选周期,各种新的税制改革思想也在陆续提出,尤以民主党的税制改革思想值得关注。

第三,民主党正在提出自己的税改方案。美国民主党抓住了财税改革要解决财政收入这个焦点问题,基于解决当前联邦财政收入缺口这个头号难题,2018 年 1 月,先是国会民主党众议员提出,针对年所得超过 1 000 万美元的富人按照70%边际税率征税,实现联邦财政收入 10 年内增加 7 200 亿美元设想,既解决税收公平问题,又解决筹措财政收入问题。接着伊丽莎白·华伦参议员提出征收"超级富翁"税,按照她的设想,联邦税制应从对所得征税转型为对财富征税,税率为个人资产超过 5 000 万美元的富人按照边际税率2%开征,10 亿美元以上边际税率定为3%。这样联邦政府在 10 年内将有望筹措税收资金 2.75 万亿美元,恰好能够抵消特朗普减税政策造成的 2 万亿美元左右的财政新亏空。

美国前财长萨默斯和宾州大学教授莎琳则提出了更加详细的税改方案,这套方案沿着传统的扩大税基、堵塞漏税、强化遵从、减少优惠路线展开,同时还提出要部分取消特朗普当局的税改政策。具体的措施主要包括:强化国税局税务执法和加强审计,以增加财政收入;取消公司所得税优惠政策;取消个人所得税优惠政策,重开针对投资基金经理的附带收益税;对于遗产按照增值办法进行征税;富人税前扣除应当上要封顶;终止新税法中给予穿透企业 20% 的税前扣除政策;降低遗产税门槛;将公司所得税率提高到 25%。

　　上述新的税改思想,无论现实性价值如何,一方面反映了美国社会对于联邦财政根本难题的担忧,另一方面也正在成为特朗普税改争论之外的税改新焦点。实际上,从税改一年来的美国经济运行状况已经看出端倪,特朗普当局的税改,为美国社会画了一个非常诱人的煎饼,但是这个煎饼是否能煎好,是寄托在减税能够推动美国经济长期稳定增长基础上的,然而无论从历史的经验,还是从理论上推定,那个煎饼可能永远不会自动掉在人们餐桌上,因为联邦财政的长期持续性难料。

第 5 章　《2018 美国国防战略报告》与军费

5.1　美国三大安全战略与国防支出背景

2017年美国《国家安全战略》报告将矛头对准了中国。[1] 这份国家安全战略报告规划了美国今后四年的军事和外交政策、国防支出、贸易谈判和国际合作蓝图,将保护国土安全、促进美国繁荣、以实力求和平、彰显美国影响力等定位为国家安全的四大支撑,同时也是国家安全战略的四大目标。报告认为,"我们的新战略以有原则的现实主义为基础,以我们的国家利益为核心,植根于我们永恒的价值观"。

《国家安全战略》将中国军队视作对美国霸权的"威胁"。《国家安全战略》报告声称,中国"正建立仅次于美国的装备精良的军队。它的核武库不仅不断增长,而且日益多样化"。

因此特朗普当局认为"需要更新"美国的国防能力。首要的是美国的"军事能力",这是霸权的核心,联合武装力量将在任何冲突中赢得挑战,其他能力还包括国防工业基础、核力量、外层空间、网络空间和情报能力等。为此,将从五个方面实现建设目标,一、使美军拥有远远超过战胜对手杀伤能力所需的武器系统;二、毫不迟疑地向武装部队提供所需装备;三、必须拥有足够的军队规模,实现军事现代化,确保美军随时迎敌;四、必须在训练、后勤和维护方面提高美军标准;

---

[1]　The White House, "National Security Strategy Reports," https://www. whitehouse. gov/wp-content/ uploads/2017/12/NSS-Final-12-18-2017-0905. pdf, September 11, 2019.

五、保持美军在空中、海上、陆地、外层空间、网络空间五大空间击败对手的能力。

特朗普认为保持美国的经济繁荣必须建设强大国防。这既是在全球保持美国影响力和实力的经济基础，也是特朗普野心勃勃的"重建美军"计划的军费经济基础。只有保持经济繁荣才能够支撑美国军费支出，美国 2018 财年军费支出已达 7 000 多亿美元，但问题是，特朗普大规模减税政策能否吸引美企和美元大规模回流美国，如愿实现特朗普"薄税多收"的期望，从而为军费提升奠定基础，不确定性很大。因而，特朗普能否达成其战略目标，也存在很大不确定性。

"国防战略"位于"国家安全战略"之下、"国家军事战略"之上。"国防战略"根据"国家安全战略"制定并服从和服务于"国家安全战略"，同时"国家安全战略"又是制定"军事战略"的依据，并规定了"军事战略"的内容和方向。《2018 美国国防战略报告》（以下简称《国防战略》）是五角大楼 10 年来发布的首份《国防战略报告》，由美国国防部部长马蒂斯主持撰写，完整版内容未公开。

《2018 年国家军事战略》旨在落实《国家安全战略》和《国防战略》的要求。《2018 年国家军事战略》规划了美军联合部队的部署、发展和设计，以及如何保持军事优势。2015 年邓福德上任美军参谋长联席会议主席后不久，开始撰写《国家军事战略》，经过 2016 年、2018 年两次更新，于 2018 年 7 月 12 日公布了非保密版概要。主要包括五大内容：一是应急作战计划，"已针对俄罗斯、伊朗、朝鲜等威胁的各种突发事件，制定了应急计划"；二是应对跨地域挑战；三是建设美军联合部队；四是建立势均力敌的部队；五是强化盟友纽带。[1]

总之，特朗普当局三大安全战略的出台，标志着美国的国家安全思想和战略已经发生质变，而将中俄公开列为战略对手，也标志着美国的国防与军事政策将发生重大变化，加大国防支出是所必然的，但是在目前联邦赤字已极高程度，军费支出占联邦财政支出总额的 40% 背景下，2018 年美军支出超过 7 000 亿美元，超过世界各国军费支出的总和，企图创造美国的绝对军事优势，但是这也将排斥

---

[1]　"The 2018 National Military Strategy，" nssarchive. us/national-military-strategy-2018，September 11，2019.

联邦财政实现其他的经济社会政策目标。

5.2 《2018 美国国防战略报告》与 2019 年国防预算

5.2.1 军事专家解读 2018 年美国国防战略

近期国防部部长吉姆·马蒂斯(Jim Mattis)发布了《2018 美国国防战略报告》。[1] 美国约翰·霍普金斯大学国际研究学院(SAIS)研究中心副教授、布鲁金斯学会高级研究员卡林(Mara Karlin)就此发表看法指出,这表明由国会授权的《国防战略》将取代过去四年间的国防评估。但不同的关键是:《国防战略》内部被详细分类。因此,马蒂斯发布的这份文件更像是对美国国防部门提供的更详细、深远的战略指导文件的一个非分类摘要。通过亲自发布《国防战略》,马蒂斯部长成功地证明这是他的策略,而不单单是数百名勤奋工作的五角大楼员工奋斗的成果。这也就向高级国防官员和国会议员发出了一个关键信号,表明他支持并愿意为《国防战略》的实施提供便利,当然,这极具挑战性。

《国防战略》最惹人注意的就是内容精练。这 11 页纸比其前身《四年国防评估报告》短约 80%。值得称赞的是,马蒂斯部长和他的团队基本避免了困扰于太多策略的"圣诞树现象",每个参与者都将自己的"装饰品"——或"宠物问题"放在文档中。《国防战略》的表达力求精练直接,如同国防部部长马蒂斯在约翰·霍普金斯大学高等国际研究学院公布的那样,他的语言与《国防战略》本身一样坦诚,并且应该激起所有关心美国国家安全的人的真正恐惧:"我们的竞争优势已经在战争的每一个领域中都被侵蚀了。"

5.2.1.1 需要考虑的关键问题

在解决国防困境时,《国防战略》遵循着与近年来国防部门一致路径的关键性选择。根据这一战略,美国军方将可靠地应对各种冲突下的挑战者;尽管美国

---

[1] Mara Karlin, "How to read the *2018 National Defense Strategy*," Brookings institution, January 21, 2018.

在中东地区仍陷入混乱，但仍会将重点放在亚太和欧洲地区；同时，近期将冒风险为未来的冲突做准备以及进行现代化建设；当然也会与世界各地的同盟继续保持密切联系与合作。

5.2.1.2　未来安全环境下的运行

《国防战略》关于未来安全环境的诊断与当今国际社会普遍接受的分析一致。《国防战略》还就如何有效运作提供了解决方案。虽然美国军方面临着与美国国家安全利益相关的五个挑战——中国、俄罗斯、朝鲜、伊朗以及其他因素，但在这一策略中，优先考虑两个最突出的冲突，包括高端地带以及灰色地带的冲突。具体而言，这意味着美国军方将倾向于与中国和俄罗斯竞争，极大可能分别在中国南海、中国东海以及欧洲地区展开。

亚太和欧洲是美国军方在《国防战略》实施过程中的主要地区。然而，这种优先级的划分——特别是对态度以及投资的调整——在未分类策略中是含糊不清的。据《国防战略》称，美国军方仍将在中东地区驻扎，但重点关注亚洲和欧洲。这种紧张局势困扰着前政府管理者，并且在国防部部长马蒂斯亲自上手的情况下实施起来很难实现。

关于《国防战略》的保险杠杆标签——"竞争、威慑和胜出"，应从主要竞争对手的角度来看待，强调杀伤力或者现代化以及时刻备战应该被视作帮助美国军方重新获得对中国和俄罗斯竞争优势的武器。根据这一策略，优先考虑未来冲突的准备工作将以牺牲今天对抗非暴力国家行为者的战争为代价。

能否在未来的安全环境中成功实施很大程度上受到美国同盟和合作伙伴的影响。他们作为《国防战略》的关键性因素起到作用，马蒂斯部长在公开文件时说到，此前他一直在与其他同盟国家军队开战，继续深化与盟友以及合作伙伴的战略规划和协作是《国防战略》的标志，但在过去一年里特朗普当局疏远了美国的各种盟友和合作伙伴，这只会使得《国防战略》的实施更加艰难。

5.2.1.3　真正站不住脚的部分

国防策略专家关注到《国防战略》中存在几个站不住脚的部分。即部队规划构架、兵力态势以及就业和一些经常被孤立的问题。其中部队规划构架概述了美国军队将如何根据总统对其能力的期望进行规划和塑造。虽然它的未分类描述并不令人满意或认可，因为它们没有详细解释国家安全挑战，但对未分类的部队规划结构的修改意味着对未来部队建设的重大调整。《国防战略》将部队规划构架从最后一个公开的非分类版本中转移出来，强调军方将能够击败两类侵略者。除了在其他地区（包括美国本土）作出一系列努力之外，新构建还专注于打败一个单一大国。这种调整既明智又符合战略对战略竞争的重视。

《国防战略》推出全球运作模式集中管理军队。美国兵力散布在世界各地，但规模、架构以及优先性意味着适当的兵力并不总是能出现在正确的时间以及适当的地方。全球运作模式意味着"致命、敏捷、灵活"，这一切都将促进重点关注与中国和俄罗斯的冲突，并有助于在冲突中取得所谓胜利。此外，这种模式对其他方面（包括保护本土、参与灰色地带、削弱攻击以及激战）同样也有意义，尤其是根据其重点领域分层的力量。值得关注的是这种努力是如何得到实施与完成的，尤其是在之前的国防部部长也试图这样做的情况下。而且，兵队管理与规划可以更好地联系协调国防部管理当今的兵力以及发展未来力量的关系。尽管如此，真正实施起来同样困难。

作战原则以及专业的军事教育经常被当成两个孤立的问题。这两个问题的解决强调了未来的战争和胜利并不仅仅取决于正确的解决方案，而且与美国军队如何利用其现有资源有关。马蒂斯部长关于职业军事教育的言辞中充分肯定了《国防战略》的明智，声称现在的军事教育"停滞不前，更多关注于以牺牲致命性和独创性为代价而完成强制性任务"，这种教育经常是作为在伊拉克和阿富汗战争的调整机会，而《国防战略》直接将课堂上的时间与战争中的成功联系起来。

5.2.1.4　为此付出的代价

《国防战略》的实施需要考虑财政预算问题。强调与中国和俄罗斯的竞争，实现未来力量现代化以及恢复准备就绪的战略应体现在该部门的投资中。简单而言,赢家和输家都应该清楚国防部门关于 6 亿多美元的规划。尽管《国防战略》概述了包括核能、太空、网络和导弹防御在内的一系列投资领域,但对于部门不再管理资源的情况并没有多少说明。如果部门预算以及日常运作没有实质性的变化,那么《国防战略》将无法得到执行。《国防战略》简短的风险表述向国会提供了一个关于资金的鲜明信息。"如果没有可持续和可预期的投资来恢复备战状态并使得军队实现现代化以适应当今时代,我们将迅速失去战略优势,从而形成一个联合部队,此后,其遗留体系将不能起到保护本国人员的作用。"迄今为止,国会表示不愿意听到类似的担忧,人们也希望这次能够按计划实施。

2018 年国防战略在加快美国军方前进的方向上是令人头疼的尝试,而俄罗斯等国家可能会以担忧的眼光来解读。

5.2.2　军工势力游说保证国防支出

据国会预算办公室的估计,美国军队重建将面临重重困难,迫于联邦财政赤字激增的压力,实现军队重建的诸多项目由于缺乏资金无法实施,五角大楼试图通过内部改革实现储蓄为重建筹措资金的做法也充满不确定性,美国军队重建仍然任重道远。美国保守主义国防智库莱克星顿研究所副总裁戈尔(Daniel Goure)撰文进行了分析。[1]

特朗普感觉到了财政赤字激增的压力。财政部指出 2018 年美国债务激增 17% 至 7 790 亿美元之后,特朗普明显感觉到了压力,宣布国会预算将在 2020 财年降至 7 000 亿美元左右,这一宣布释放了一个明确的信号,即预算趋势不再保持向上发展。

今天美国国家安全的两难困境与 20 世纪 30 年代西方盟国的困境不同。当时,面对欧洲和亚洲不断增长的强大威胁,建立自己的军队至关重要。然而,大萧条和糟糕的经济政策的持续影响使得增加国防支出无能为力。结果,战争来

---

[1]　Daniel Goure, "Can Trump Rebuild The Military As Deficits Balloon?" breakingdefense.com, October 18, 2018.

临时,法国和英国准备不足。目前美国国防领导人警告说,同样的情况可能再次发生在美国。在国会的支持下,特朗普政府为了避免上述情况,已经为建立大规模美国军队的计划支付了首期款项。最近通过的 2019 财年国防授权法规定了717 亿美元的国防预算。特朗普总统于 2018 年 9 月 28 日签署了相应的拨款法。

2019 年国防预算最高额比 2018 年的 7 000 亿美元略有增加。该战略的目的是制定一项反映新的国家安全战略的预算,特别是需要为与其他大国的竞争作好准备。因此,政府为了准备应对危机、启动现代化并重建美国军队,而预先补充国防预算。

为了响应新的国家安全战略的要求,空军部长希瑟·威尔逊(Heather Wilson)在空军协会年度会议上宣布,她必须将空军从 312 个增加到 384 个中队,以应对大国竞争时代所带来的挑战。这一增加将包括五个轰炸机中队、七个战斗机中队和 14 个加油中队。扩大的部队将需要配备 4 万名飞行员。

其他部门也已经作了相应的规划。2016 年底,海军提出 355 艘战舰的目标,比目前的舰队规模增加了 76 艘灰色船体,比海军先前的目标 308 艘增加了47 艘。达到新的更高的目标需要保持旧船服役更长的时间,以及在未来 30 年内建造 57 至 67 艘不同类别的船只。只需增加 1.5 万人来应对额外的船只,但所需的人力增加,包括岸上建设,可能高达 4 万人。

陆军长期认为,为了满足当前的需求并填补现有部队的人员短缺,需要将现役军人从目前的 46 万人增加到 49.5 万人。陆军国民警卫队和后备军队也会有额外适度的增长。特朗普总统曾表示希望看到陆军增加到 52 万人。此外,陆军正在对其现有装备进行现代化改造,如艾布拉姆斯坦克和帕拉丁自动火炮,增加了新的功能,包括 M-SHORAD 防空系统,甚至将步兵旅战斗队转变为装甲编队,最重要的是,总参谋长马克·米莱(Mark Milley)的六个现代化优先事项可能导致重大的收购计划。

这个更大、更现代化的军队会花多少钱?获得额外的 B-21 轰炸机、F-35 联合攻击战斗机和 KC-46 加油机以及所有其他平台来填补 74 个中队无疑将需要为空军的收购账户提供数十亿美元。以后的雷达将更快、更智能、更具连续性并能够同时执行多项任务，空军早些时候计划向该部队增加五个战斗机中队，估计耗资约 80 亿美元，还不包括人员和维护。一项估计的结果是，每年需要 50 亿美元才能支付空军需要的额外 4 万人的费用。为此，每年应增加 130 亿美元用于新增中队的运营和维护。

美国国会预算办公室估计，从现在到 2047 年之间，为达到海军部队规模目标需要购买额外的 76 艘船，对应着每年额外 54 亿美元的支出。这是对 2019 年特朗普政府增加的近 50 亿美元的补充。4 万人的海军力量增加很可能导致每年 50 亿美元的账单。

陆军正在花费数十亿美元升级坦克和装甲战车。增加人员特别是达到 54 万人的目标，每年将花费近 100 亿美元。总体而言，陆军的额外成本每年可能超过 200 亿美元。

这三项新部队结构在 2020 年及以后，可能要增加国防预算 500 亿至 750 亿美元。五角大楼意识到，不能指望国防支出进一步大幅增加。那么，五角大楼将在哪里找到额外资源为服务雄心勃勃的增长计划提供所需的资金？国防部领导人承认他们将不得不通过对储蓄进行允许的再投资以找到额外的资金。负责立法事务的助理国防部部长罗伯特·胡德（Robert Hood）表示："我们希望能够提高效率节省大量的美元，投资超音速或者其他任何需要投资的东西。这是我们度过接下来几年的努力重心。"

五角大楼试图通过内部改革实现储蓄的做法向来缺乏成功的经验。2011 年，当时的国防部部长罗伯特·盖茨（Robert Gates）宣布计划在五年内节省 1 780 亿美元的国防支出，其中 1 000 亿美元将来自高效措施。到目前为止，没有证据表明实际上实现了减少开销所带来的任何预期节省。所采取的任何节约都采用了传统方式——通过终止武器计划或削减军队规模。

平滑的国防预算可能是军方最好的情况。2011 年预算控制法（BCA）所要求的支出上限确实有可能在 2020 年回归。大家可能还记得，预算控制法通过限制国防和非国防的自由支配支出,在十年内实施了约 9 000 亿美元的强制性储蓄。国会在 2018 年和 2019 年为五角大楼提供了更多的资金,因为它取消了这两年的上限。如果民主党人在 11 月的中期选举中通过国会一个或两个议院,那么预算僵局和自动设置预算控制法上限的前景就会越来越强。

预算控制法仅限制可分配给基本国防预算的金额,它不限制海外应急行动的支出。然而,如果要重新制定预算上限,国防支出的下降将是巨大的。在预算控制法情景下,2020 年基本国防支出上限为 5 760 亿美元,比 2019 年提供的 6 470 亿美元下降约 700 亿美元。在这方面,特朗普总统的影响力有限。

即使破裂的国会能够找到避免预算控制法上限在 2020 年和 2021 年生效的方法,但是长期预算问题会威胁当前的国防建设,并将新计划降级到幻想阶段。正如洛伦·汤普森(Loren Thompson)所指出的那样,国债利息支付的增加可能会使所有可自由支配的支出超出联邦预算。"利率每提高 1% 的就会增加 2 000 亿美元的年度偿债成本。按 5% 的利率计算,维持当前债务需要四分之一的联邦预算。"

即使维持目前的军事建设,也缺乏足够的资源。美国将支付 74 个额外的空军中队、47 个额外的海军舰艇和大约 4 万名士兵的想法很难让人信服。

5.3　国防支出与《2019 财年国防授权法案》

5.3.1　众议院通过《2019 财年国防授权法案》

继众议院通过约翰·麦凯恩(John McCain)《2019 财年国防授权法案》(NDAA,以下简称《国防授权法案》)后,众议院预算委员会主席史蒂夫·沃马克(Steve Womack)和众议员杰克·伯格曼(Jack Bergman)发声表示支持。主席沃马克和众议员伯格曼代表众议院预算委员会参加了两党两院共同参与的国防授权法案协商会谈,会议最终通过了该项立法。[1]

---

[1] "House Approves FY 2019 NDAA Conference Report," budget. house. gov, July 26, 2018.

预算委员会沃马克主席支持国防授权法案获得通过。他说："我很高兴众议员们重申了我们国家勇敢维护者和国家战士的承诺。""随着全球和国内威胁的不断增加……让我感到鼓舞的是，国防授权法案会议确保了我们的服务人员拥有最好的资源、培训和支持，以便他们装备齐全并随时准备完成各项任务。"

"提供共同防御是宪法赋予国会的首要义务，2019 年财年中，国防授权法案将为我们的男女军人们提供成功保卫我们国家和盟友所需的资源，"众议院代表伯格曼说，"在海军陆战队服役后，我很清楚我们国家每天面临的危险和威胁。无论是地缘政治威胁还是恐怖主义组织，我们必须让所有敌人都意识到美国军队装备精良、训练有素、可以他们无法企及的武力应对挑衅。"

《国防授权法案》每年必须向众议院和参议院军事委员会报告并立法的法案，从而授权为国家军队提供资金。2018 年 5 月 24 日，众议院通过 2019 财政年度国防授权法案报告，而参议院于 2018 年 6 月 18 日通过了不同版本的法案。而该会议委员会的报告解决了两院报告间的差异。

5.3.2　传统基金会施压《2019 财年国防授权法案》

特朗普签署了以"约翰·S. 麦凯恩"命名的 2019 财年的《国防授权法案》，这是自 1978 年以来国防授权法案具备法律效力进程最快的一次。美国保守势力游说组织传统基金会军事预算专家巴特尔斯（Frederico Bartels）撰文进行评论。[1]

2019 财年的《国防授权法案》快速获得通过实属罕见。今年的《国防授权法案》接近 800 页。2018 年如此早地通过 2019 财年的《国防授权法案》预示着一定程度的稳定性和可预见性，这在国防部近年历史上实属罕见。尽管有 2018 年和 2019 年的成功，美国人民不能也不应认为大功告成了。40 年前，授权法案只有 16 页长，名为《1978 年国防部拨款授权法案》。2018 年的《国防授权法案》都

---

[1] Frederico Bartels, "The Earliest Signing of the NDAA in 40 Years Is a Giant Step in Rebuilding the Military," August 14, 2018.

快 800 页了。况且签署的时间又这么早,上一次能在 10 月 1 日前签署《国防授权法案》要追溯到 1997 年了。2018 年如此早通过 2019 财年《国防授权法案》预示着一定程度的稳定性和可预见性,这在国防部近年历史上实属罕见,这有助于我们重建军队。

2019 财年国防授权法案得以早获通过有两个重要因素:2018 年《两党预算法》以及参议院军事委员会主席约翰·麦凯恩议员缺席的影响。《两党预算法》有其缺点,且意味着 2018 年和 2019 年的实质性预算控制,但它也为该两年度赢得了亟须的国防预算增长。在《国防授权法案》保障下,2019 年国防基础预算为 6 470 亿美元,略超过 2018 年的 6 390 亿美元。增加的一定量的预算数字平息了政策制定者通常对于《国防授权法案》最大的争论。它使得参众两院根除了那些如何在预算上平衡国防与其他重要事项的辩论。

麦凯恩(McCain)议员自 2017 年 12 月起就在亚利桑那州治疗脑癌。在麦凯恩缺席期间,军事委员会共和党第二议员詹姆士·英霍夫(Jim Inhofe)代行军事委员主席职责。英霍夫议员多次强调,《国防授权法案》和军事委员会的工作是由麦凯恩规划的。以缺席主席的名字命名《国防授权法案》是对麦凯恩议员在多个议案中发挥的影响力和作用的认可。这是对其工作重要性的认可,不仅仅是对其在 2019 年议案中的影响,而且是对其在整个国防事业贡献的认可。

德拉姆堡的签字仪式确实带来了很多积极影响。但这并不意味着重建军队努力已达终点。美国军队陷于传统基金会的美国军事力量指标所述的恶化状态是一个渐进的过程。同样地,要重建军队也必然是一个渐进的过程。这不是两年就能达成的事儿。当国防部长詹姆斯·马蒂斯谈到重建努力时,他说持续且增长的资金需求至少要延续到 2023 年,才能完全重建军事能力。要想建立直面国防战略所描绘的威胁的能力,国防预算必须得到更多的资源。《预算控制法》对国家投入国防的最高限额将在 2020 年及 2021 年达到。如果美国将遵守这些限额,那么 2019 年基础预算要缩减 710 亿美元。这要求我们不断向国会和美国人民解释证明国防预算和军队重建的理由。

5.3.3 军工势力关注两院《2019 年国防授权法案》裂痕

参议院已通过了 2019 年度 7 160 亿美元国防支出法案。众议院和参议院议员表示,他们希望在 7 月底之前结束双方的会谈,并希望在 2019 年 10 月开始之前将所有问题解决。国会两院表示,他们可以在 7 月底前处理好他们的分歧,但仍存在一些真正的分歧亟须解决,且白宫早晚会提出严肃反对。美国军工游说集团喉舌"防务快讯"刊登了迈克里利(Paul McLeary)的评论。[1]

尽管两个法案都要求比白宫提出的更多的船只、更多的飞机以及更多的部队,但是它们之间仍存在着一些巨大的差距。白宫肯定会权衡一些阻碍特朗普政府政策的措施。其中一个最大的差异在于武装部队的规模。白宫和众议院都要求增加 15 600 名士兵,但参议院的要求只有大约一半,即出资扩充约 8 600 名士兵,将其余资金用于装备和培训。参议院和众议院法案在赋予五角大楼文职人员权力上也有差异。参议院希望增加国防部副部长的政策责任,政策近年来已丧失一些对联席会议的传统定位,而众议院正在寻求削减两个文职支持机构并对其他人进行重组,在部分地区削减约 25% 的文职人员。这两项改革对各方来说都是独特的,使得两个提案在下月进行商讨的时机已成熟,议员可坐下来起草立法草案。

一些备受争议的参议院修正案没有成功。共和党参议员鲍勃·科克尔(Bob Corker)试图取消对钢铁和铝的关税失败,这是特朗普总统对美国盟友施加压力;参议院武装部队民主党人杰克·里德(Jack Reed)的修正案试图阻止特朗普政府制定开发一种新的低产、潜艇发射的核弹道导弹计划也被搁置。参议院投票决定将 6 500 万美元用于武器开发。

该法案中更令人惊讶的否决票之一来自加利福尼亚州民主党人黛安·范斯坦(Dianne Feinstein),她表示反对的是核问题。"国会不应该将其对核武器的权力交给特朗普总统。不幸的是,这正是该法案将通过取消国会对建立未来核武器的

---

[1] Paul McLeary, " Senate NDAA Breaks With House, Trump On ZTE, Troop Numbers," breakingdefense.com, June 19, 2018.

监督所做的事,"她说,"虽然我支持我们的部队和国防法案中的许多关键条款,但我投了反对票,因为其危险条款授权使用新的低产核武器并取消国会监督。"

白宫在国会山的最后几周的预算往复中一直保持沉默,他们可能想要权衡另一项参议院条款。在政府与中兴通讯达成协议——只要该公司支付了 10 亿美元的罚款并实施了新的管理措施就中止制裁之后,美国商务部在本月早些时候取消了制裁。

政府官员希望国会远离这一协议,但参议院遵循了军方和情报官员的引导,他们对中兴通讯或华为等公司的技术使用表示担忧,声称他们可能用于在美国进行间谍或网络攻击活动。

然而这种表述在会议期间可能会遇到麻烦,因为众议院军事委员会主席马克·索恩伯里(Mac Thornberry)表示他准备从法案中删除任何与军方无直接关系的内容。但是参议院常在这种冲突中取胜,因为该法案要求每位参议员都不能拒绝并支持最终法案。特朗普如果选择权衡,这一点可能会起到决定性作用。

5.4　国防支出与太空军

5.4.1　美太空军五年预算 130 亿美元

美国太空部队的规模似乎在扩大。美国军工利益集团媒体"防务快讯"对此进行了分析认为,空军空间和导弹系统中心(Space and Missile Systems Center, SMC)是毁誉参半的美国军用卫星和导弹的建设者,根据空军的太空部队计划,它将成为国防空间发展局的一部分,该机构吹嘘"非常权威,能够迅速有效地行动"。空军部长希瑟·威尔逊(Heather Wilson)办公室的 16 页备忘录中的另一个要点是,新的太空部队和太空司令部第一年将花费 33.2 亿美元,第一个五年国防计划中将增加至 129.2 亿美元。[1]

---

[1]　Colin Clark, "Space Force & Command To Cost $13B For First Five Years: SecAF Memo," breakingdefense.com, September 17, 2018.

以下是空间和导弹系统中心（SMC）获得这些特殊权利的方法。首先,它将与"陆军的空间和导弹防御司令部的组成部分,以及海军的空间和海战系统的组成部分"一起移动到新的太空开发署（SDA）。美国太空开发本质上将成为新成立的空军快速能力办公室,其"已经被国会授予迅速发展空间能力的特别授权和豁免权"。其次,为了再次将情报界与太空紧密联系在一起,该计划建议由下一任国家侦察办公室主任"同时担任"空军快速能力办公室的直接负责人,建立对这些组织的统一指挥,这是一项耐人寻味的努力。这种黑与白的统一经常被谋求,也经常受到批评,但直到现在,从来没有发生过。早在 2001 年,皮特·蒂茨（Pete Teets）就曾同时担任空军副部长和国家勘测局主任,四年后被取消。2005 年,当时还是众议院情报和技术情报小组委员会主席的空军部长希瑟·威尔逊（Heather Wilson）表示,皮特·蒂茨没有足够的时间同时聚焦于两个空间。这份备忘录向国家情报局局长发出了一个重要的信号,它表示这一新的设置"决不"会对国家情报局产生不利影响。备忘录表示,"批评收集的建立将继续存在"。备忘录还说,太空开发署的副手应该是"双重职务的",并且是来自新的太空司令部的作战人员,"以确保与战斗机的协调和一致"。

这个新的太空司令部和太空部队将如何拼凑在一起？备忘录中称,所有从事国家安全空间或相关活动的空间方案,包括所有国防部的和美国政府机构的,都将调整到太空部队部门。备忘录中提到的政府机构包括导弹防御局、国家航天局、美国国防部高级研究计划局、战略能力办公室、美国国家航空航天局和国家海洋和大气局、商务部的空间交通管理办公室和其他实体。威尔逊办公室的 9 月 14 日的备忘录还表示,五角大楼不应按照 2019 年《国防授权法案》的要求,设立一名空间事务助理部长,该立法绕开了总统建立一个新的军事部门的政策立场。

美国空军的底线是什么？空军的备忘录展示了"最具成本效益的立即解决关键问题,并实现迅速和全面地落实一个独立和平等的空间力量部门的办法"。

5.4.2　传统基金会支持特朗普建太空军

美国总统特朗普指挥五角大楼创建"太空部队"（Space Force），以作为美国军方的第六支分支和美国国防部的第五支部队。这一倡议可能让一些人感到意外，但有证据表明，他的声明既没有引起国防部部长，也没有引起参谋长联席会议主席的注意。美国保守势力传统基金会国防政策专家维纳布尔（John Venable）在《每日信号》上发表了分析。

《2018 年国防授权法案》指示国防部副部长对美国空间安全的组织和管理结构进行审查。美国国防部于 3 月 1 日向国会提交了一份临时报告。五角大楼最高层官员在将这份报告提交国会之前对它进行了审查。鉴于这份报告的建议事关重大的军事和政治风险，国防部部长詹姆斯·马蒂斯将调查结果已转交给了他的上级。在报告发表两周后，奥巴马在加州的米拉马海军陆战队航空站发表演讲时提出了创建太空部队的想法。虽然有些人会认为他的言论是偶然的，但这种怀疑的理由很是单薄。

最终报告的具体建议可能与中期报告的建议有所不同，但经验表明，从现在到官员们 8 月份向国会提交最终版本之间的对比来看，主要建议不太可能发生重大变化。在收到国防部的最终报告后，国会很可能会通过总统将签署的空间部队法案。

鉴于政府的决定似乎近在咫尺，我们需要从反对这一倡议转向确保执行带来的不仅仅是另一层官僚主义这一方向进行努力。太空部队的建设需要重新确立美国在这一关键领域的主导地位——不仅要存在，而且要成为世界上最强大的太空作战力量。我们还有很多工作要做。

今天，60 个组织对美国的空间指挥和控制进行管理，其中 11 个组织被指控监督，8 个组织被指控收购，另外 6 个定义了空间系统的需求。没有一个单独的实体或人监督这三种努力中的任何一种，也没有人控制这一项目。这 60 个组织中只有 3 个属于空军，而将这 3 个组织合并成另一个组织并称之为空间部队相对容易，但此举只会给目前存在的问题增加一种官僚主义的感觉。

为了使太空部队成为国防部的有效补充，我们需要做大。空间部队必须吸收这 60 个空间组织中的绝大多数，并应给予它们必要的权威和资金，以便获取在空间领域进行战斗和取得胜利的手段。国会已经开始起草《2019 财年国防授权法案》的最新草案。该法案指示国防部部长制定一项太空作战政策，不仅包括弹性、防御攻击的能力或识别发射导弹的国家的能力，而且要在所有级别的战争中击败太空中的任何对手。

当本届政府通过将国防部的空间资源整合为一项服务，然后拨出所需的资金来展示这些能力，太空部队将使美国在这一关键领域重新领先于所有其他国家。

5.4.3　军工势力质疑特朗普太空军方案

美国已经拥有陆军、海军、空军、海军陆战队员和海岸警卫队员。如果满足特朗普总统的想法，我们可能还要有太空部队，但参议院可能会不同意。特朗普在国家空间委员会会议上说："我正下令国防部和五角大楼即刻开始组建太空部队作为武装部队第六分支所需的流程。这是一份重要的声明，乔·邓福德（Gen. Dunford）将军或许可以执行这项任务……我们在地球以外的命运不仅仅是国家认同问题，还是国家安全问题。"美国军工游说集团网站"防务快讯"研究人员克拉克（Colin Clark）对此进行了关注。[1]

参谋长联席会议主席邓福德将军无法执行这项任务。他可以为新的军队制定计划，但特朗普总统单方面宣布希望美国创建一支太空军队，并入其他五军，除非国会立法，否则这无法实现。目前参议院已经拒绝了创建新军的要求。

战略和国际研究中心的国防航天专家托德·哈里森（Todd Harrison）表示，他对国会是否能将太空军队的表述纳入这一阶段的国防授权法案持怀疑态度。这种重大变化通常需要经过多年的讨论。当然，军队和国会在过去 20 年的大部

---

[1] John Venable, "Done Right, Trump's Space Force Would Put the US on Top," www.dailysignal.com, June 21, 2018.

分时间里一直就此争论不休。我们在 1985 年曾有过太空司令部,但在 2002 年被当时的国防部部长唐纳德·拉姆斯菲尔德(Donald Rumsfeld)归入战略司令部。此后,太空倡导者、飞行员、情报官员和文职专家一直在争论是否应当建立太空司令部或太空军队,抑或将两者相结合。

现在如果你想清楚了解空军的感受,但又不是公开地表达,空军协会米切尔研究所所长大卫·德普图拉(Dave Deptula)就是最佳选择:他在一封电邮中说,"建立一支独立的太空武装部队可能是国家安全太空事业的未来,但现在还为时尚早。关键是要通过保证太空部门完全融入广泛的国安事业,以确保任何新的太空部队最大限度地提高军事效力。现在考虑采用一种更谨慎周全、基于现状的方法评估自主军事太空武装部队是否以及何时成为最佳前景,还为时不晚。国会需要通过确定新的太空军队所需的条件,加紧作出明智的决定"。

当然,国会中的一些人,特别是众议院军事委员会(HASC)战略部队小组委员会负责人、众议员迈克·罗杰斯(Mike Rogers)及委员会副主席吉姆·库珀(Jim Cooper)都在努力争取创建太空军队,认为空军飞行员的倡导没有得到足够重视,这对我们是危险的。2017 年的国防授权法要求国防部副部长帕特里克·沙纳汉(Patrick Shanahan)考虑创建太空军队,并在 12 月底提交最终报告。在该研究完成之前,五角大楼不太可能有进一步行动。

在没有法律效力的情况下,特朗普的声明也可能让空军无法抵抗总统的要求,尽管从国防部部长吉姆·马蒂斯到空军部长希瑟·威尔逊(Heather Wilson)所有相关高层决策者都表示这是在错误的时间做错误的事。

正如德普图拉在邮件中指出的那样,"将太空军队从今天的空军航空航天事业中剥离可能会破坏第三维度综合效应的协同作用,这需要几十年的发展,且其目前是国家的战斗优势"。但特朗普总统一再表明,他作出决定需要的只有直觉。我们怀疑特朗普的直觉是否考虑了"综合效应的协同作用"。总统不太可能考虑的其他问题包括与空军合作密切的情报组织国家侦察局(NRO)将如何与新军队合作。"一个很大的未知数是对国家侦察局和其他从事太空事务的机构的举措"，哈里森在今天的电话问询中说。

国防部女发言人达纳·怀特(Dana White)发表声明指出太空军队的情报影响："我们理解总统的指导。我们的政策委员会将开始研究这个问题，这对空军、陆军、海军陆战队和海岸警卫队的情报行动都有影响。与国会合作需要深思熟虑，因为涉及多个利益相关者的大量投入。"国防政策委员会直接向马蒂斯报告。可以肯定，无论委员会向马蒂斯提出何种建议，委员会成员暨航空航天公司的前首席执行官万达·奥斯汀(Wanda Austin)将起关键作用。在太空情报问题上有长期经验的国会前女议员简·哈曼(Jane Harman)也无疑举足轻重。如果参议院能够被说服，建成任何有意义的太空军队还需 18 到 24 个月。

5.5 国防支出与军事联盟

5.5.1 特朗普要求北约军费支出翻倍

美国总统特朗普告诉北约盟国，希望北约国家将国内生产总值的 4% 用于国防，是目前商定 2% 的目标的两倍，但据"防务快讯"高级记者迈克里利(Paul McLeary)分析，在未来几年，大多数北约成员国不可能就这一目标达成协议。[1]

特朗普在国家元首闭门会议期间向北约盟国施压。他提出要求，要为联盟在和平时期的军事支出制定了一个新的、几乎无法实现的目标，努力实现当前国防支出承诺。尽管北约领导人承认，他们需要在军事能力现代化方面更积极，但许多盟国未能达成实现 2% 目标的计划，这已经引起了总统的愤怒。白宫发言人萨拉·桑德斯(Sarah Sanders)向记者证实，特朗普总统确实提出了这一要求，称总统"希望看到我们的盟友分担更多的军费负担，并且至少履行他们已经承诺的义务"。

对于欧洲那些较小的国家来说，这样的增长几乎不可能实现，并且目前还不

---

[1] Paul McLeary, "Breaking Invdefense, In Surprise Move, Trump Makes New Demand On NATO Spending," breakingdefense.com, September 14, 2018.

清楚欧洲各国是否会通过公众或政治的支持来支撑这种令人窒息的国防支出增长。2017 年,美国将其国内生产总值的 3.1% 用于国防,而爱沙尼亚、希腊、波兰和英国则是少数几个国防支出超过 2% 目标的国家,绝大部分其他国家的这个数字几乎没有超过 1%。当天早些时候,在特朗普抨击德国购买俄罗斯石油和天然气之后,北约秘书长延斯·斯托尔滕贝格(Jens Stoltenberg)试图表达对联盟长期缓慢进程的态度,他说,盟军要实现更公平的军费负担分配,并指出欧洲各盟国和加拿大预计将从现在到 2024 年之间额外花费 2 660 亿美元用于国防事务。

2017 年北约的国防支出出现了"一代人以来"的最大增幅。斯托尔滕贝格表示,"我们看到,所有盟国都已开始根据 2017 年协商一致制定的国家计划增加国防支出"。在美国新安全中心负责欧洲和北约问题的雷切尔·里索(Rachel Rizzo)说,尽管盟友已经改变了多年国防支出减少的局势,态度变得更积极,但将国防支出与国内生产总值百分比挂钩是有问题的,仅关注数字而不是该国的能力,"是衡量盟国关系以及他们对北约集体防御使命所做贡献的一种不适当的方式。正因为如此,各盟国把信息传递从仅仅花费在国防上的硬通货转变过来是正确的"。

德国为联盟做得更多,而不是仅把支出花在本国的防御。德国国际安全与事务研究所研究员克劳迪亚·马霍尔(Claudia Major)说,除向阿富汗部署部队外,所以,2% 是对北约各国的贡献效率和结果没有太大影响的衡量标准。"特朗普不仅对北约有看法。他一般不喜欢联盟和盟军的团结,而这正是北约联盟和多元框架的原则。"她说,"他没有看到其中的价值,也没有意识到美国也从中受益。美国面临的主要挑战是跨大西洋关系正在发生变化,北约只是这一变化其中的一个因素。我们对特朗普与欧洲之间关系的原则和目标存在根本分歧。这不仅仅是北约的问题——并将在北约问题之后继续存在。"

尽管特朗普继续批评《北大西洋公约》,但他签署了这份长达 23 页的北约宣言,对其他 28 个盟友重申了 2014 年承诺的达到的 2% 目标。

5.5.2 北约承诺提高国防支出

北约秘书长延斯·斯托尔滕贝格表示,盟国正在加强对国防支出的承诺,并向特朗普总统提供一些承诺,但是,北约反对以麦凯恩的名字命名总部。美国保守游说集团传统基金会驻白宫记者弗雷德·卢卡斯(Fred Lucas)进行了分析。[1]

以麦凯恩的名字命名北约总部的努力遭到挫败。美国传统基金会在华盛顿举办的一次会议上,斯托尔滕贝格对观众表示,国际防务联盟可能不会以2018年8月25日过世的参议员约翰·麦凯恩的名字对其总部进行命名,他是一位资深的亚利桑那州共和党人、著名的国防鹰派人士。"特朗普总统在这个问题上直言不讳,我感谢他在国防支出方面的领导作用。"保守派智囊团的国会山总部表示,"自从特朗普总统上台以来,北约在欧洲和加拿大的盟友在国防上又多花了410亿美元。"

英国的命名提案遭到冷对。英国国会议员汤姆·图根哈特(Tom Tugendhat)要求斯托尔滕贝格在一位著名的国际主义者麦凯恩去世之后以他的名字命名北约在布鲁塞尔的总部,很少有人在战斗、囚禁和国会中为我们的联盟做出如此多的贡献。他提醒我们应该做什么,其他前鹰派人士也支持这一提议。北约秘书长汤姆·图根哈特(Tom Tugendhat)表示,"北约盟国和我个人非常尊敬已故参议员约翰·麦凯恩,原因有很多,但最重要的原因是他对北约和跨大西洋联盟的大力支持"。斯托尔滕贝格说:"我相信我们应该向约翰·麦凯恩致敬,但不一定要通过以他的名字来命名一幢建筑来表达我们的尊敬。实际上,我们每天都在向他致敬,因为我们和北约站在一起,在大西洋两岸建立强大的威慑和防御力量。"北约通过维护欧洲的和平与稳定,通过增强美国的军事力量使美国受益。

北约盟国需要在共同的安全上投入更多资金。所有的成员国都同意在

---

[1] Fred Lucas, "NATO Chief Credits Trump for Allies' Boosting Defense Spending," www. dailysignal. com, September 14, 2018.

2024 年之前停止削减国防预算、增加国防支出,并将支出调整到国内生产总值的 2%。我们正在取得实际性进展,2017 年,欧洲和加拿大的北约盟国实际增加了 5.2%的国防预算,这是 25 年来的最大增幅。2018 年将是国防支出连续上升的第 4 年。曾经的国防支出趋势是下降,现在的趋势是上升。但我们还有很长的路要走,在总统候选人时期,特朗普就曾称北约已经"过时"了并批评盟友没有承担公平的国防支出负担,在他成为总统后,特朗普表示他认为北约不会过时。

北约再次强调防御性质不变。斯托尔滕贝格说,自 2001 年 9 月 11 日美国遭受恐怖袭击以来,作为北约联盟的一部分,数十万人的欧洲和加拿大军队与美国军队一起在阿富汗作战。北约现在仍然在阿富汗驻军,以防止它成为"国际恐怖分子的避风港"。他还详细谈到了俄罗斯和阿富汗的战争,并指出"北约不管现在还是将来都是一个防御联盟,对所有的盟友都是如此"。

俄罗斯仍是北约强化支出的动因。俄罗斯和格鲁吉亚以及乌克兰的战争是北约盟国自冷战结束以来首次加大国防投入的主要原因。"北约没有完全照搬俄罗斯正在做的事情,但是,当我们看到俄罗斯的强硬态度使我们面临国防安全挑战时,我们就会作出反应。"

北约及其成员国必须愿意与俄罗斯进行谈判。

5.5.3 美国防公司将生产转移到印度

美大型国防公司将战斗机生产转移到印度。美国军工游说集团"防务快讯"国防预算评论员迈克里利发表了评论。[1] 随着大型国防公司将其战斗机生产投向印度,纳伦德拉·莫迪(Narendra Modi)政府要求他们在印度进行制造,这可能与特朗普美国第一哲学不一致。特朗普政府为对承诺大幅增加向印度出口技术和武器的公司清除了障碍,使该国与北约成员国以及日本和澳大利亚等盟国,

---

[1]　paul mcleary, " Despite Trump's Rhetoric, U. S. Defense Firms Pitch Moving Production To India, " breakingdefense.com, July 31, 2018.

在出口支持条款方面处于同等地位。

转移生产在武器交易合同中十分常见。虽然新的情况可能为美国主要国防公司与印度政府锁定数十亿美元的交易铺平了道路，这些交易可能会附带将生产转移到印度，就像美国国防巨头洛克希德·马丁公司（Lockheed Martin）和波音公司（The Boeing Company）曾说过的那样，哪怕它与特朗普政府在国内创造更多制造业工作岗位的焦点背道而驰。在武器出口业务中众所周知，这种抵消是此类交易的重要内容，也是谈判的关键所在。

美将武器生产转移至印度暗含对抗中国的战略意图。美国商务部部长威尔伯·罗斯（Wilbur Ross）宣布，这是美国政府继续努力拉拢德里（Delhi）的一部分，部分原因是对抗中国。授予印度战略贸易地位的同时，印度军方正在考虑花费数百亿美元购买美国国防制造商生产的无人机、战斗机和直升机。罗斯在一次美国商会会议上发表讲话说，此举反映了印度遵守多边出口规则的努力，并"将提高印度国防和高科技产品带来的供应链效率"。

印度对俄罗斯武器进口的依赖不会轻易改变。印度驻美国大使瑙泰杰·萨尔纳（Navtej Sarna）补充说，这是出于对印度作为经济体和安全伙伴的信任，因为这将有利于转移更敏感的国防技术，并且在很大程度上"充实"印度的国防伙伴关系。但新的贸易地位能做到的只有这么多，而且印度长达数十年来对俄罗斯武器的依赖超过对美国或欧洲的设备的依赖，这种情况短期内没有任何改变的迹象，这一事实让国会山的许多人感到不安。

在华盛顿，最近通过了《2019 年国防授权法案》。众议院同意国防部部长詹姆斯·马蒂斯取消对曾购买过俄罗斯武器的伙伴国的制裁的提议，但参议院尚未接受该提议，预计 2018 年 7 月会进行投票。马蒂斯在向议员发出的一系列信件中表示，豁免将允许五角大楼与印度、越南和印度尼西亚等国建立更紧密的联系，让他们与美国建立更紧密的关系，而不是因为他们拥有俄罗斯装备而惩罚他们。

印度军方采购操作的长期混乱局面仍然是重大障碍。印度国防部前国防部副部长、空军将领马赫斯瓦兰(Matheswaran)告诉华盛顿斯蒂姆森中心的听众,印度政府和军方经常寻求对他们认为的"技术空白进行填补",而不是做战略性的建设。"他们的采购一团糟,他们不一致,他们厌恶风险,他们有的只是很多问题。"一位要求匿名发言的前白宫官员告诉我:"广义上讲,印度在后冷战时期曾试图使采购多样化,作为潜在合作伙伴的政治弥补。""他们开始的利益输送超过他们实际付出的代价,最终他们以一种不连贯的方式构建这种极其混乱的军事力量。"咨询公司最近的一项研究显示,目前美国约占印度国防进口量的12%,预计这一数字直到 2023 年将保持每年 6.2% 的增长率。

多国参与印度武器市场的供应。印度的国防预算超过 530 亿美元,在世界上排名第五,正如咨询公司的分析中所指出的那样,它"也是最具竞争力的一个",印度本国公司和来自俄罗斯、法国、以色列和美国的公司瓜分了这个市场,例如,空军驾驶俄罗斯米格和法国阵风战斗机,以及美国的 C‑17 和 C‑130 运输机及以色列苍鹭无人机。

近年来,法国已成为几个激烈争夺奖项的大赢家。2016 年签署 36 架"阵风"(Rafale)战斗机价值 86 亿美元的合同,这将成为印度的主要核输送飞机,以及六艘潜水艇潜艇价值 46 亿美元的交易。作为政府"印度制造"计划的一部分,潜艇上的大部分工作将在孟买的马札冈(Mazagon)造船厂完成。

俄罗斯不会退出印度武器市场。莫斯科即将与印度签订一份价值 32 亿美元的四架 S‑400 地对空导弹系统合同,这是与印度政府合作的价值约 120 亿美元的俄罗斯武器交易的一部分。这两个国家也即将完成另外 48 架 Mi‑17‑V5 军用运输通用直升机的 11 亿美元交易,预计俄罗斯总统普京 2018 年 10 月访问印度期间将完成最终签署。根据当地报道,该合同将要求由印度国防工业完成 30% 的工作,这是莫迪政府推动印度制造业的一部分。这个和美国联合的直升机装配厂在该国的旋转翼舰队中制造了奇努克(Chinooks)和阿帕奇(Apaches)。

印度武器市场采购的现状不会改变。印度政府表示,这种混合搭配方式没有问题,即使它确实使供应链复杂化。目前,下一个能获得利益的大合同是印度空军 110 架飞机的采购要求,预计价值高达 150 亿美元。波音公司宣布将与印度公司印度斯坦航空有限公司(Hindustan Aeronautics Limited)和马辛德拉防御系统(Mahindra Defense Systems)一起在该国生产其 F / A – 18 大黄蜂,如果赢得合同,洛克希德·马丁公司(Lockheed Martin)承诺将其整个 F – 16 生产线从南卡罗来纳州的格林维尔迁移到印度,可能会牺牲掉南卡罗来纳州 250 个工作岗位。"F – 16 为印度工业提供了一个成为世界上最大的战斗机生态系统的中心的独特机会",洛克希德执行官维克·拉尔(Vivek Lall)2018 年早些时候在他的演讲中表示,该公司已准备好为喷气式飞机配备目前与 F – 35 上相同的目标跟踪装置,以及头盔式跟踪系统和新的无线电数据链系统。瑞典国防巨头萨博集团(Saab Group)也在争夺战斗机订单,并已宣布:如果它赢得竞争,它准备将其 Gripen – E 战斗机生产的"全部"技术转移到印度。波音公司与印度制造商塔塔集团(Tata Group)合作,已经将部分阿帕奇直升机机身制造业务转移到印度,该工厂最终将成为波音公司全球营销的唯一供应商。该承诺是波音公司在 2015 年赢得 22 架阿帕奇直升机和 15 架奇努克直升机的 31 亿美元订单的关键之一。

印度战斗机的订单将在未来几个月内震撼公布。但竞争仅仅是美国大规模推动的一部分,其中还包括五角大楼首位武器买主艾伦·罗德(Ellen Lord)最近的访问,以及即将到来的"二加二"会议:印度国防部部长尼尔马拉·西塔拉曼(Nirmala Sitharaman)、前外交部部长苏什马·斯瓦拉杰(Sushma Swaraj)与对手方詹姆斯·马蒂斯和迈克·蓬佩奥(Mike Pompeo)会晤。印度官员宣布,他们将以 10 亿美元的价格购买由洛克希德和雷声制造的先进导弹系统(NASAMS – II),用于替换俄罗斯制造的伯朝拉(Pechora)防空系统。

5.6 小结

特朗普总统建立太空军将进一步加大美国军事支出。但回溯历史,美国的太空军事活动由来已久,耗资巨大。1959 年美国艾森豪威尔当局发射了第一颗间谍卫星"科罗纳"(Corona);20 世纪 60 年代美国的太空军事计划包括了 Dyna-Soar 计划、载人轨道实验室计划(MOL);20 世纪 80 年代和 20 世纪 90 年代的航天飞机飞行计划。美国国防部的太空军事计划包括了间谍卫星计划、国防先进研究计划署(DARPA)项目以及美国国家侦察局(National Reconnaissance Office)等。其中美国空军是所有军种太空活动采办的大户。[1]

美国建立太空军并非特朗普首创。建立太空军的想法要追溯到艾森豪威尔时期,当时苏联发射了第一颗人造卫星,于是美国国内即开始有有关的争论,美国认为苏联卫星可以为苏联导弹导航,打击美国目标。于是艾森豪威尔指示,由美国国防部管理所有的太空活动,并由美国科学家为国防部出谋划策,对于这项决策实施贡献较大的包括时任总统科学顾问詹姆斯·基利安(James Killian)和副总统尼克松,尼克松认为,应当建设太空民用机构进行国际宇航合作,并通过向国防部提供有关军事情报加强美国国防。但是美国国家安全委员会对于尼克松的建议不感兴趣,1960 年肯尼迪总统上台后曾经短暂考虑过这项建议,但是仍旧放弃了,因为肯尼迪主张太空非军事化,不过肯尼迪主张防御性武器除外。美国的太空政策当时很强调控制太空军事化,例如 20 世纪 80 年代包含反卫星项目的"星球大战计划",而这项计划的内容之一是想打破空军空置采办计划,因为担心由飞行员控制的美国空军会将军事目标置于太空目标之前,从而花更多的钱购买战机。

特朗普当局的进攻性安全战略十分明显。有关美国建立太空军的想法已经有十多年了,而建设太空军也将面临新的财政难题,由谁来管理太空军颇难决策,但是有关的争论持续了十多年悬而不决,美国官僚阶层反对的主要原因则是建立太空军要花多长时间,花多少钱不确定。美国在 2017 年已经有了建立太空部队(U. S. Space Corps)的尝试,当时众议院武装力量委员会起草了《2018 年国

[1] Elizabeth Howell, "Trump's Space Force Push Reopens Arguments About Military in Space," https://www.space.com/40942-trump-space-force-reopens-military-debate.html, June 20, 2018.

防安全授权法》，其中就包含新的太空部队的内容。特朗普建设美国军事优势的重大步骤之一，是建立第六军种"太空军"（Space Force），[1]他的建议引起了有关管理美国太空军事活动的争论，尽管这种军事建设思想并不新颖，但引起的争论又是值得关注的。特朗普认为，美国应当统治太空（American dominance in space），太空军与空军都是独立的，它们同等重要。有建议提出，让美国空军部管理太空军，而太空军也将在参谋长联席会议中占有席位，但是由于美国高级军事官员不同意这一提案而作罢。

特朗普建设美国太空军的决定引起了美国社会的争论。一是保护美国的太空卫星系统。美国军事和海军历史学家巴里·施特劳斯（Barry Strauss）、海军军事专家约翰逊·富瑞斯（Joan Johnson-Freese）、乔治·华盛顿大学教授约翰·洛格斯登（John Logsdon）都认为，一是后勤问题、预算问题目前都有一些矛盾，因为资源有限，国会一定会吵翻天；二是建立太空军将迎来一些机遇，因为目前美国空军管理着太空资产的采办预算，而其他军种也在插手；三是美国还要保证在不违背国际协定的情况下，保护太空资产，因为摧毁进攻性太空武器将产生很多碎片；五是特朗普总统的所谓"统治太空"的理念如何落实，存在认知难题。[2]

总之，美国建立太空军将加剧本已十分困难的财政困境。2018 年是美国太空军事活动开始六十周年，当前美国在太空军事化方面的支出，比其他所有太空探索大国之和还多，在太空中的卫星数量也占据优势，美国的太空军事技术也是世界领先的，特朗普上台之后提出建设太空军议题，也将在提高美国军事优势方面大大推进一步，其中军事管理体制的统一也是重要方面，但是，巨额投入也将进一步增加美国军费支出的负担。

---

[1] Alan Boyle，"President Donald Trump revives the policy debate over creating military Space Force，" https：//www. geekwire. com/2018/president-donald-trump-revives-policy-debate-creating-military-space-force/，March 13，2018.

[2] Elizabeth Howell，"Trump's Space Force Push Reopens Arguments About Military in Space，" https：//www. space. com/40942-trump-space-force-reopens-military-debate. html，June 20，2018.

第 6 章　结　论

国会中期选举，特朗普总统在贸易战中完成了。通常由于中期选举结果常被视为对总统前两年表现的公投，所以在 2018 年中期选举中，共和党丢掉众议院多数席位表达了美国选民对于特朗普政策的警示。尽管特朗普秉持"美国优先"大旗，要使"美国重新伟大"，然而，从美国的长远利益上看，他宣布退出《跨太平洋伙伴关系协定》、退出《巴黎气候协定》、退出联合国教科文组织、重新谈判《北美自由贸易协定》、废除奥巴马医保法、强化非法移民政策、通过税改向跨国公司输送税收收益等，都未必获得多数美国人民的支持。尤其是特朗普的短期政策视野，更将导致他付出更大成本，其中发动对华贸易战的代价将越来越大。《福布斯》杂志指出，2018 年特朗普当局对中国、俄罗斯、巴西、欧盟以及北美自由贸易协定成员的加拿大和墨西哥，要么直接开打关税战，要么软硬兼施施加关税威胁，都与选举有关。首当其冲的是美国的钢铝行业，据美国财税咨询事务所雷诺耳力模型计算，在 2018 年 8 月初将受到 1 050 亿美元关税的影响，由于关税战的主要特点是"一报还一报"，所以美国钢铝产业将遭受 2 100 亿美元关税影响。如果全面实施关税加税，美国经济成本将很可能达到 1.3 万亿美元，进而影响美国中期选举结果。[1] 从中期选举最后的结果看，必须承认这一预测是准确的，所以我们认为，特朗普总统存在战略短视，他的政治决策目前还受制于

[1] Kenneth Rapoza, "Here's How Much This Trade War Might Cost Us," https://www. forbes. com/sites/ kenrapoza/2018/08/03/heres-how-much-this-trade-war-might-cost-us/#5e5cc6f33f98, September 12, 2018.

个人的商人特质，而且在接下来的两年里，不可能发生逆转。

中期选举对于美国国家的政治走向具有重大的影响。首先，体现在"潜在的政治与政策影响力上面"。2018 年中期选举后，民主党一举扩大了 7 个州长职位，与共和党州长的比例扩大到了 23∶26，这是自 1994 年中期选举以来两党中期选举竞争州长席位的最好战绩，参议员亚伦·福特（Aaron Ford）在内华达州从共和党手中夺得了总检察长席位、蒂詹·姆斯（Tish James）成为纽约州第一位非裔女性美国检察官、基思·埃利森（Keith Ellison）成为第一位穆斯林国会议员、威廉·通（William Tong）成为康涅狄格州第一位亚裔美国检察官，中期选举后在美国州检察官中，民主党人士的数量将领先。在各州议会改选中，民主党获得了科罗拉多州、伊利诺伊州、缅因州、新墨西哥州、纽约州的三连胜（Trifectas），即民主党同时控制了州议会参议院和众议院以及州长职位，中期选举后民主党控制的三连胜州由 7 个增加到了 12 个，民主党的胜利有助于重划选区。目前共和党在丢掉 5 个州议院（参议院和众议院）后仍旧控制着 67 个州议院，2019 年将减少到 62 个，全部州议院数量为 99 个。[1]

其次，中期选举的重要性体现在民生方面。民主党在 2016 年大选失败后，一直耿耿于怀，声称必须夺回国会控制权，"为在各个层面上回击特朗普及共和党政策增加政治杠杆"，并在特朗普执政的接下来两年内组织特朗普立法。而中期选举后形成的政治格局也将奠定 2020 年大选两党阵线格局。地方选举胜利也会直接影响民生，地方官员直接决定了本地的税收、学区、自来水、医疗、执法以及司法等地方事务。[2]

最后，中期选举揭示了美国政治面临"百年未有之大变局"。布鲁斯·戈尔丁（Bruce Golding）认为，2018 年中期选举"进一步暴露并可能恶化美国机体中根深蒂固的癌症"，暴露美国的意识形态危机，更暴露了美国与其他国家关系的恶

[1]　Mona Mohib, "The Significance of the 2018 Midterm Elections," November 9, 2018, https://www.takestockblog.com/2018/11/significance-2018-midterm-elections/.

[2]　Larris Marks, "Why the 2018 Midterm Elections Are Important," https://fayettedemocraticwomen.org/2017/02/16/why-the-2018-midterm-elections-are-important/.

化。中期选举是美国有史以来竞争最为激烈的一次,主要表现在筹款总额、投票注册人数、提前投票率以及女性参选人数等。虽然特朗普借助于共和党控制国会的声威,然而还是丢掉了众议院多数,这将对他的施政计划产生阻力。虽然特朗普上任 21 个月后增加了 410 万个就业岗位,但是仍旧不及奥巴马就任 21 个月后增加就业岗位 450 万个之多。尽管特朗普进行了税改,放松了监管,用关税战保护了美国产业,然而预算赤字和公共债务难题、贸易战的长期负面影响、税改后新的收入不均以及对于美国环境的长期伤害,"都将在接下来的选举中发威"。而且失业率的 50 年新低、医保改革、移民政策、工资过低、社会保障难题等都不会消除。最后特朗普的执政风格也会反映在选举结果中,并影响到 2020 年连任大选,已经逝世的美国政治家麦凯恩的鲜明政治态度告诉了美国选民应当怎么做,而特朗普也可能为此付出代价。[1]

最后,"大衰退"余波仍在推动美国政治向保守复归。大衰退结束十年后,联邦财政治理面临更多难题,年度赤字更多、债务水平更高、利率水平更低、行政当局更加贪婪,通过毫无节制地借贷政策,填补经常账户赤字,这些都在积累越来越大的财政风险。但美国政治长期走向保守,也是大衰退后的重要政治趋势。如果说奥巴马首任时期的 2010 年中期选举中,民主党失利是某种信号的话,2016 年特朗普当选则预示了保守势力的较大胜利。[2] 但共和党取胜还只是美国政治长期趋势的短期反应。

---

[1] Bruce Golding, "The significance of the US midterm elections," http://www.jamaicaobserver.com/news/the-significance-of-the-us-midterm-elections_148445? profile = 1096, November 4, 2018.

[2] Andrew Prokop, "The 2018 midterms are nearly two years away. Start paying attention now." https://www.vox.com/policy-and-politics/2017/1/3/13976258/midterm-elections-2018-explained.